LENGUA ESPAÑOLA del NUEVO MUNDO

Practical Dictionary of the Spanish of the New World

Diccionario Práctico de la LENGUA ESPAÑOLA del NUEVO MUNDO

Practical Dictionary of the Spanish of the New World

Dictionary Compiled by
Daniel Alcaraz G

NTC National Textbook Company
a division of *NTC Publishing Group* • Lincolnwood, Illinois USA

Manufactured in the United States of America.

2 3 4 5 6 7 8 9 BC 9 8 7 6 5 4 3 2 1

NOTA PRELIMINAR

Las necesidades prácticas de la vida escolar diaria en todos los niveles, desde los últimos años de la primaria hasta los cursos en la universidad y en las carreras técnicas y comerciales, obligan al estudiante a contar con un diccionario breve y de fácil manejo, que pueda ir con él a todas partes, para resolverle las dudas del idioma y facilitarle la redacción de trabajos de toda índole.

Era preciso que a la larga enumeración de palabras con su explicación respectiva le acompañara una serie de ayudas complementarias de tipo visual en su mayoría, útiles para consulta rápida y gráfica, como son: diagramas de los aparatos del cuerpo humano, mapas, figuras geométricas, formularios y otros instrumentos prácticos de trabajo escolar. Por eso se han incluido también en esta publicación.

El tamaño manual y el precio económico ponen este diccionario al alcance de cualquier estudiante y lo hacen compañero inseparable, no solo del alumno, sino también del maestro y de todo aquel que necesite tener siempre a la mano un amigo fiel para el buen uso del idioma.

Sistema Muscular

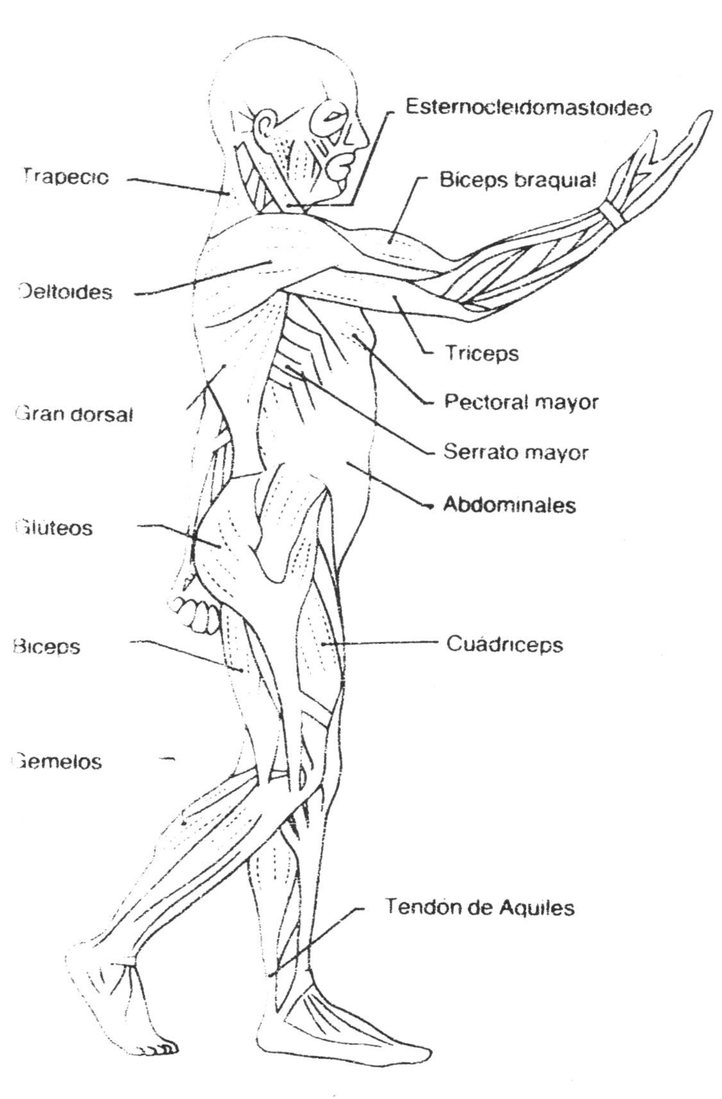

Aparato Respiratorio

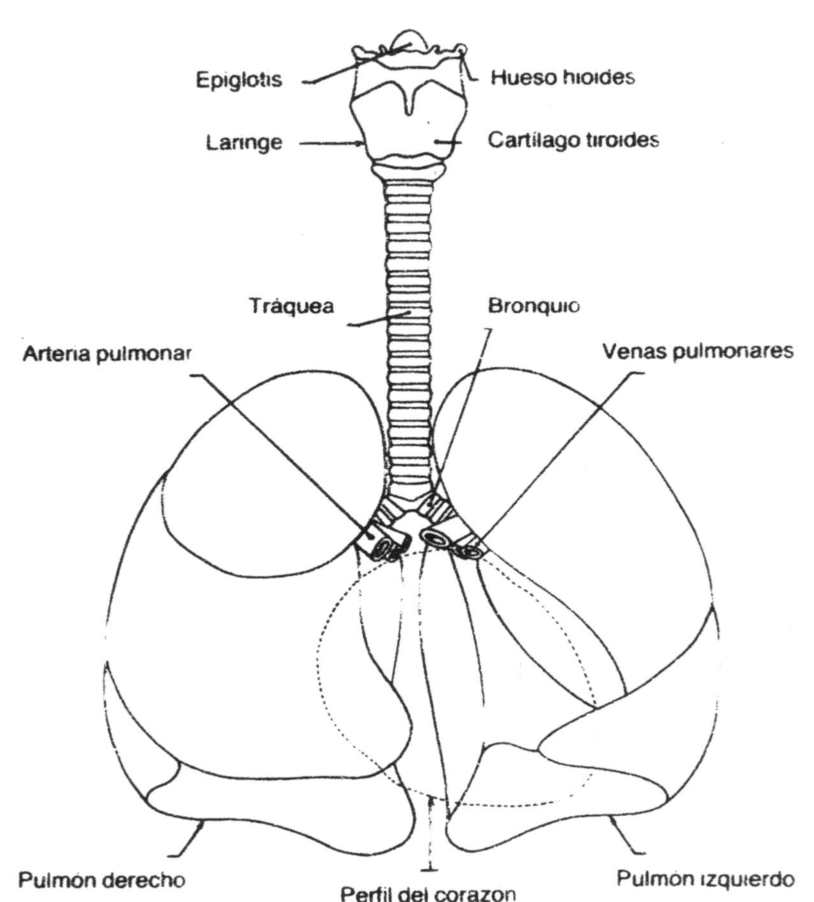

Aparato Urinario

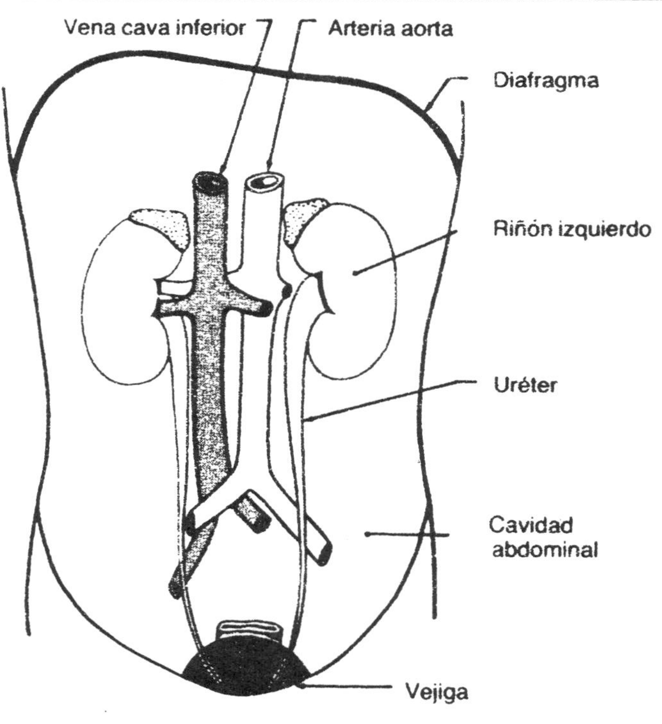

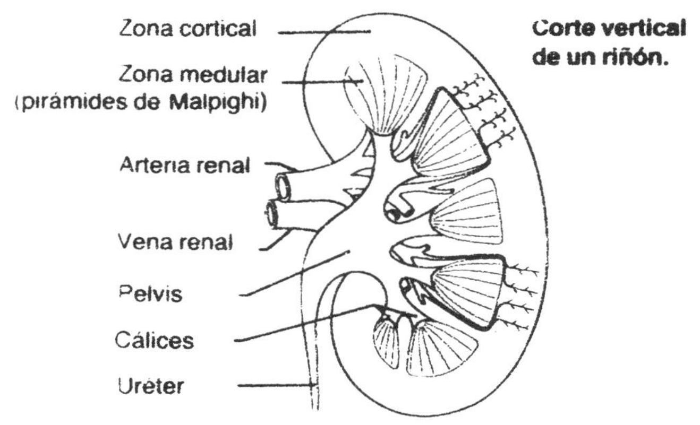

Corte vertical de un riñón.

Circulación Sanguínea

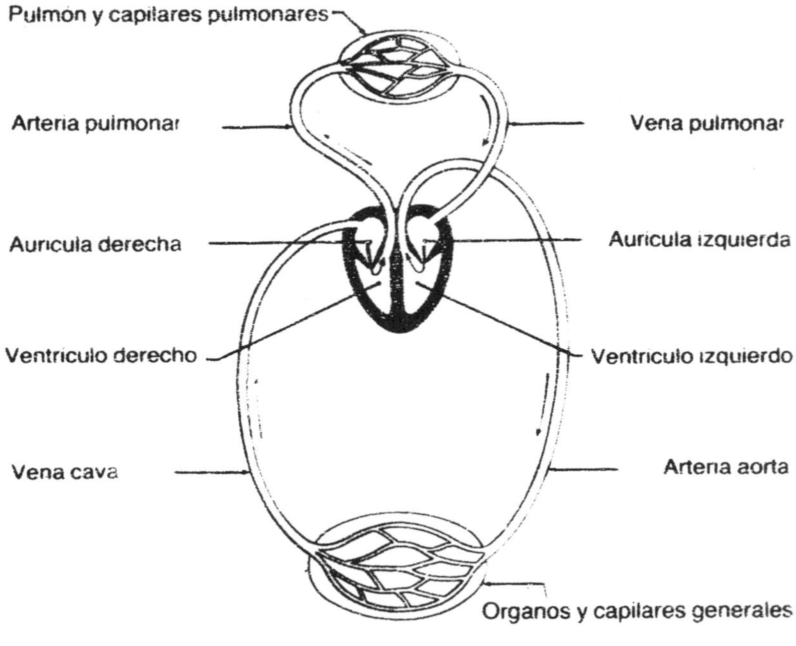

Pulmón y capilares pulmonares
Arteria pulmonar
Vena pulmonar
Aurícula derecha
Aurícula izquierda
Ventrículo derecho
Ventrículo izquierdo
Vena cava
Arteria aorta
Organos y capilares generales

Arteria aorta
Arteria pulmonar
Vena cava superior
Venas pulmonares
Válvulas sigmoideas
Vena coronaria
AI
AD
VI
Vena cava inferior
VD
Válvula tricúspide
Válvula mitral
Pilares

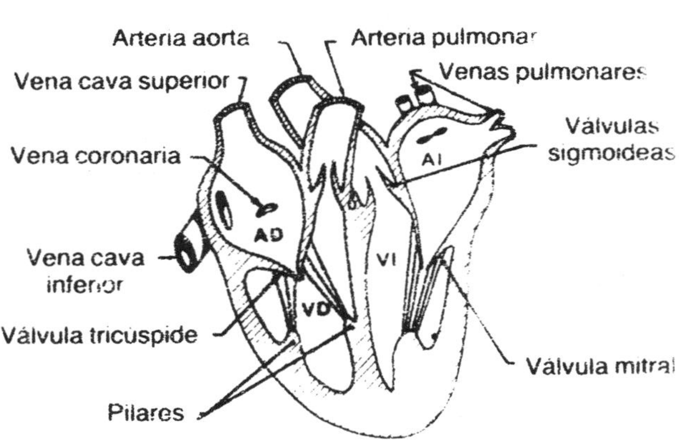

Aparato Digestivo

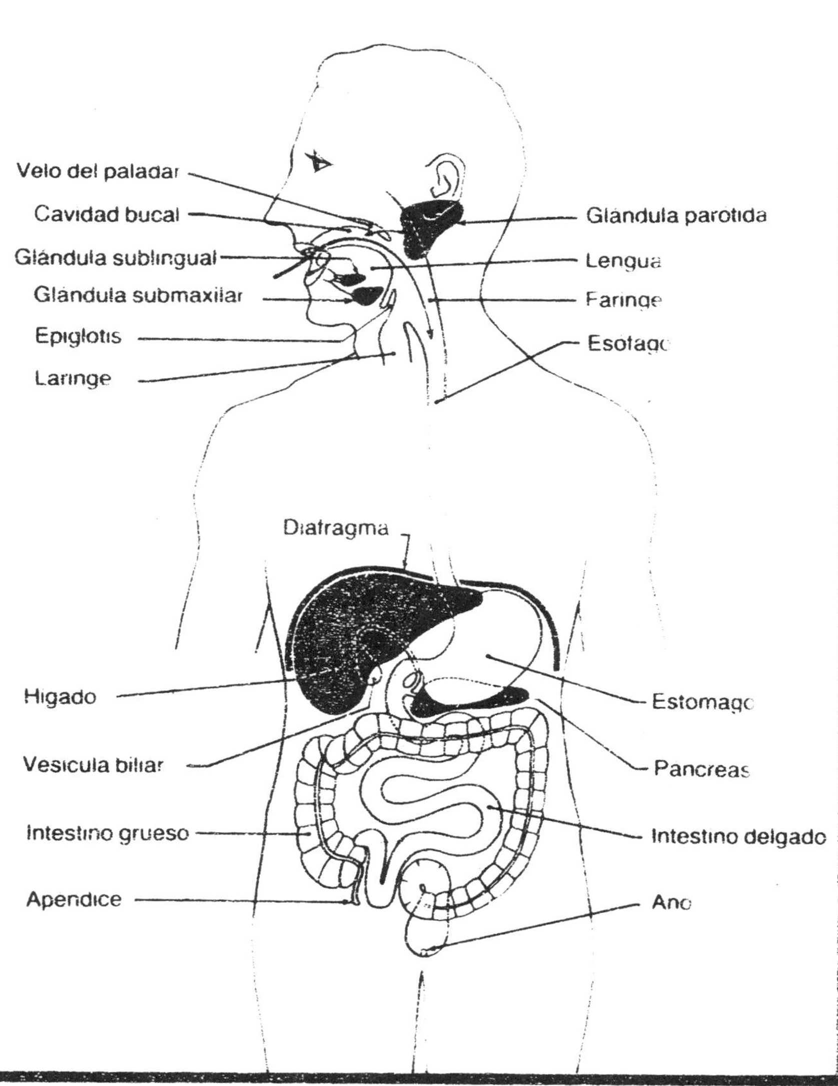

Esqueleto Humano

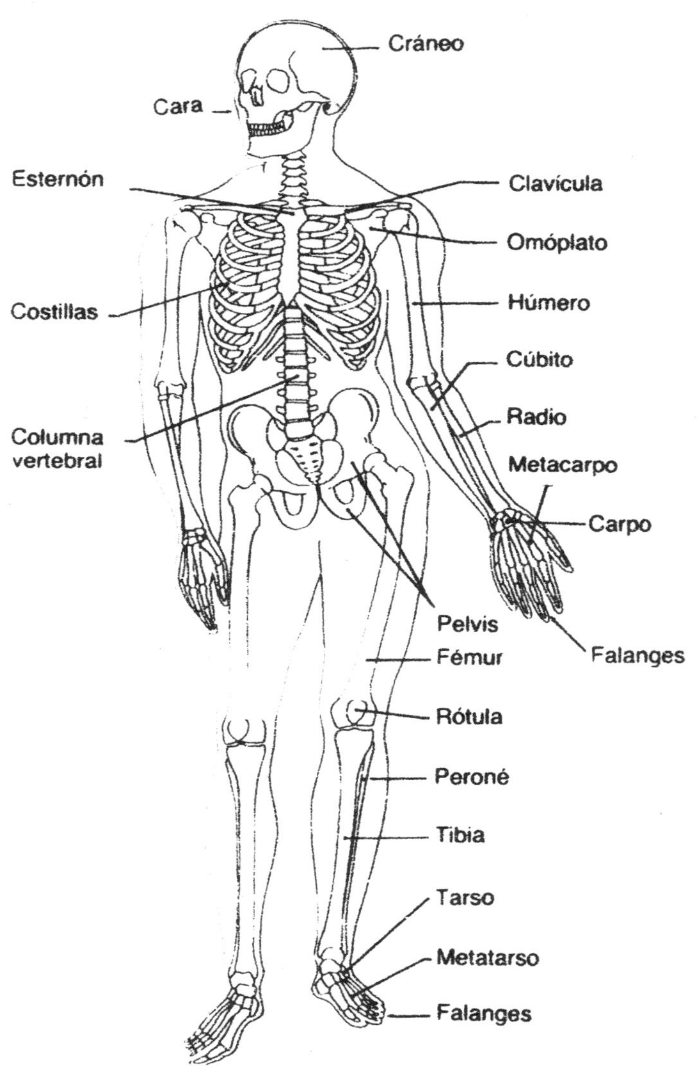

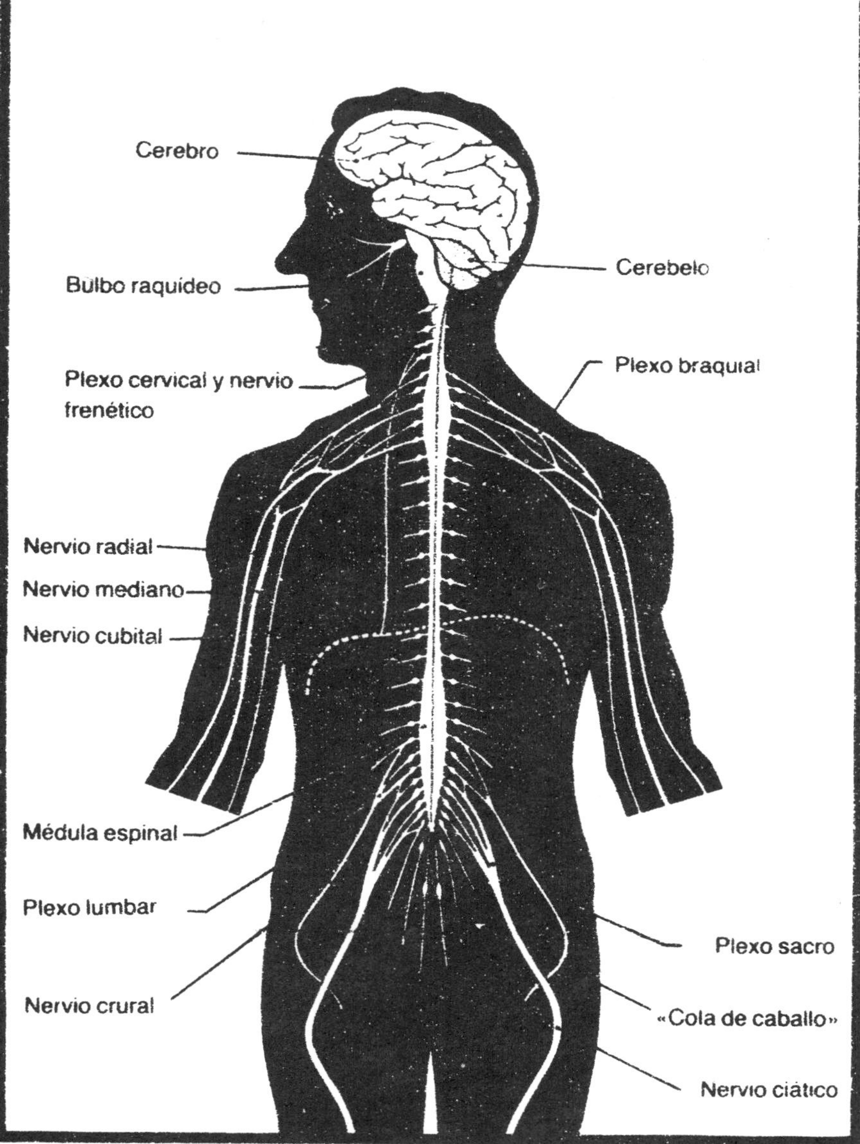
Sistema Nervioso
Cerebro
Cerebelo
Bulbo raquídeo
Plexo braquial
Plexo cervical y nervio frenético
Nervio radial
Nervio mediano
Nervio cubital
Médula espinal
Plexo lumbar
Plexo sacro
Nervio crural
«Cola de caballo»
Nervio ciático

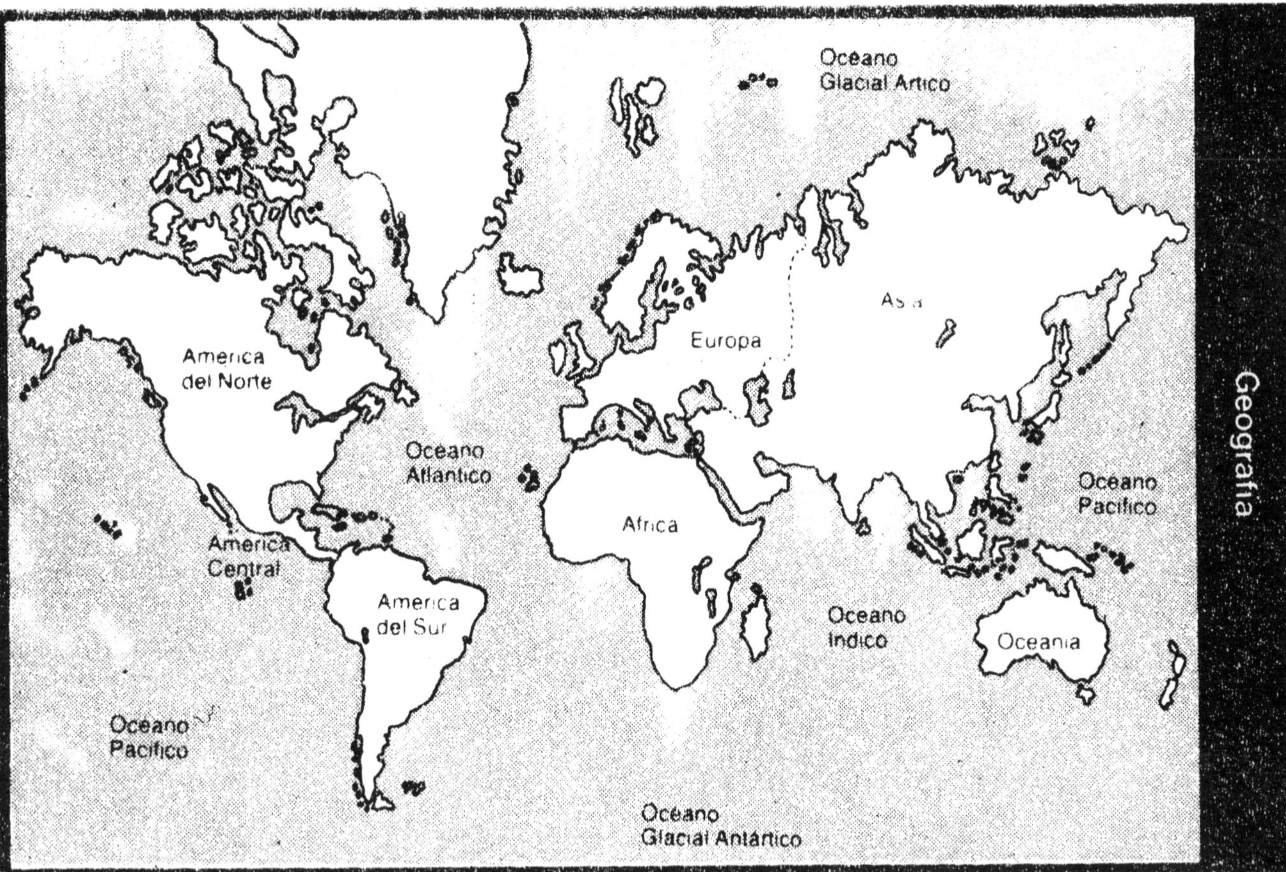
Geografia
Océano Glacial Artico
America del Norte
Europa
Asia
Océano Atlantico
America Central
America del Sur
Africa
Océano Pacifico
Océano Indico
Oceania
Océano Pacifico
Océano Glacial Antártico

Geografía

Golfo de Mexico
Yucatan
Quintana Roo
Campeche
Tabasco
Chiapas
Veracruz
Oaxaca
Tlaxcala
Puebla
Hidalgo
Queretaro
Mexico
D F
Morelos
Guerrero
Michoacan
Guanajuato
San Luis
Potosi
Tamaulipas
N. Leon
Zacatecas
Aguascalientes
Jalisco
Colima
Nayarit
Durango
Sonora
Baja California Norte
Baja California Sur
Oceano Pacifico

Planisferio

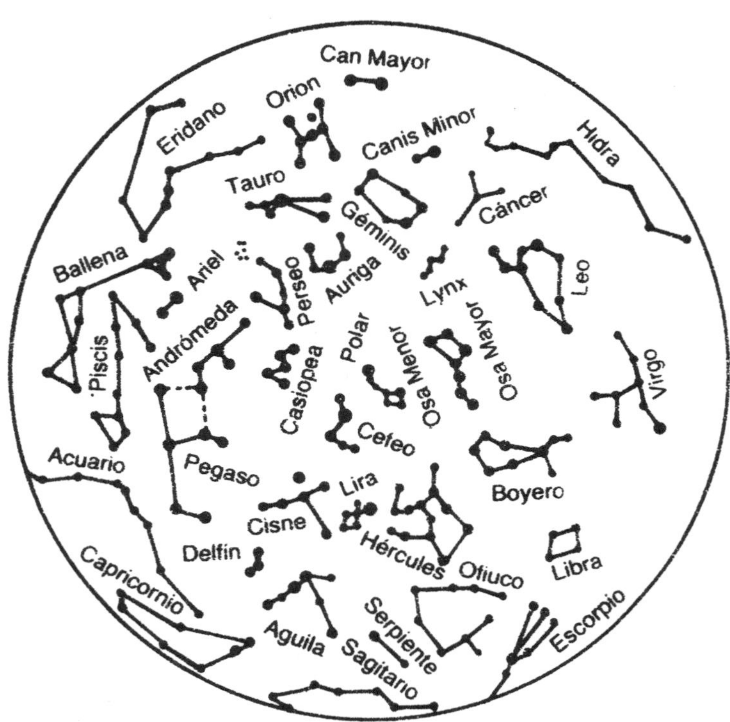

Las estrellas

Son soles. Pueden ser centro de sistemas planetarios. La más próxima es Alfa del Centauro, a 40 billones de Kms. La luz de algunas tarda siglos en llegar a la Tierra. Las más lejanas se encuentran a cien mil años luz. El diámetro de las pequeñas es igual al del sol. El diámetro de las mayores puede ser unas 30 veces el del sol. Las supergigantes pueden llegar a ser cien millones de veces mayores que el Sol. Su substancia es un gas mil veces más ligero que el aire atmosférico. Las estrellas enanas blancas tienen densidad = 100.000.000 (átomos casi sin electrones). Hay otras cuyo brillo no es constante. Otras, Cefeidas, variables de corto período. Las nuevas, primero débiles, se inflaman rápidamente. Otras: rojas, amarillas y blancas (de 15.000°)

Sistema Solar

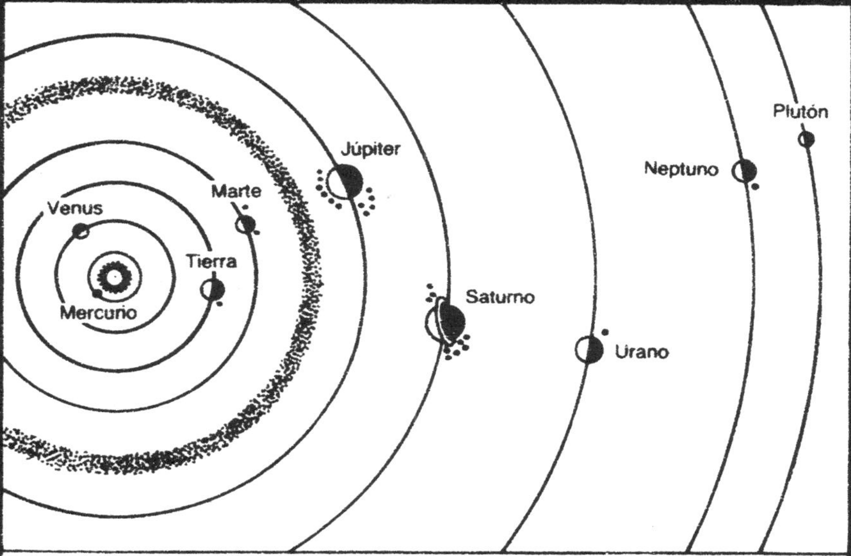

Plutón
Júpiter
Neptuno
Marte
Venus
Tierra
Mercurio
Saturno
Urano

Planeta	Distancia al Sol en m. km	Diámetro en km	Volumen	Masa	Intensidad gravedad	Rotación eje, días	Traslación	Temperatura	N.° de satélites
Mercurio	58	4.900	0,05	0,053	0,41	58 días	88 días	+400° C	0
Venus	108	12.400	0.92	0,821	0,86	250 días	225 días	+130° C	0
Tierra	149	12.756	1	1	1	24 h 3'	365,15 días	+ 40° C	1
Marte	228	6.890	0,15	0,108	0,39	24 h 37'	686,9 días	+ 10° C	2
Júpiter	770	143.000	1.295	317.990	3	9 h 55'	12 años	- 130° C	12
Saturno	1.428	120.700	745	95.100	1	10 h 10'	29 años	- 180° C	10
Urano	2.873	49.000	63	14.600	1	10 h 56'	84 años	- 190° C	5
Neptuno	4.501	46.000	78	17.300	0.97	15 h 40'	165 años	- 200° C	2
Plutón	5.904	9.800	?	0,8	1	?	247 años	- 200° C	0

Datos del Sol

Volumen: 1.300.000 mayor que el de la Tierra. **Diámetro:** 1.391.000 Kms., casi dos veces el de la órbita lunar. **Distancia a la Tierra:** 150.000.000 Kms. **La luz (Velocidad:** 300.000 Kms. por segundo), tarda 8'18" en llegar a la Tierra. **Densidad media respecto al agua:** 1,41.

Datos de la Luna

Diámetro: 3.473 Kms. **Distancia a la Tierra:** 384.403 Kms. **Rotación:** 27 días, 7 horas. **Densidad:** 0,607. **Gravedad:** 0,166. **Volumen:** 0,49. **Masa:** 0,81. **Velocidad alrededor de la Tierra:** 1,02 Km. por seg. **Temperatura:** - 180°C y - 120°C.

Geometría

Triángulo

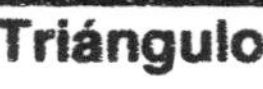

$S = \frac{bh}{2}$

Cilindro

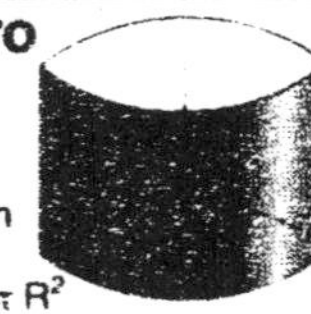

$Sl = 2\pi Rh$

$St = Sl + 2\pi R^2$

Elipse

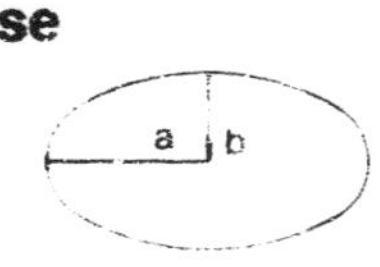

$S = \pi ab$

Rectángulo

$S = bh$

Pirámide

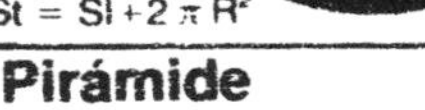

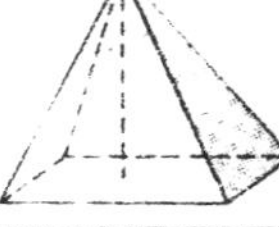

$Sl = \frac{Pa}{2}$

$St = Sl + B$

Huso esférico

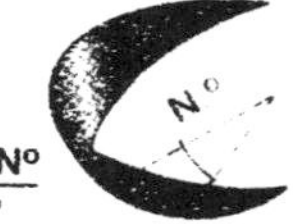

$S = \frac{4\pi R^2 N^\circ}{360^\circ}$

Rombo

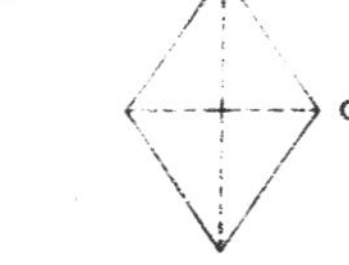

$S = \frac{Dd}{2}$

Cono

$Sl = \pi Rg$

$St = Sl + \pi R^2$

Tetraedro

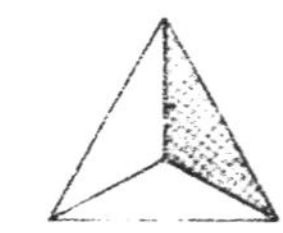

$S = a^2\sqrt{3}$

Trapecio

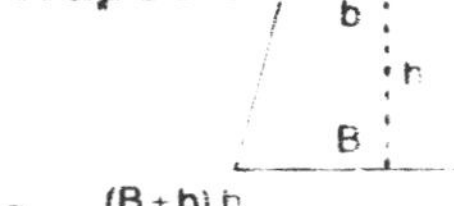

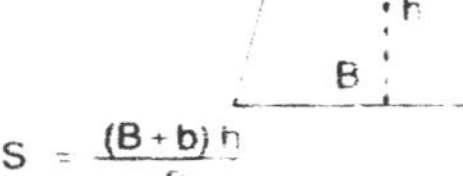

$S = \frac{(B+b)h}{2}$

Polígono regular

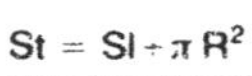

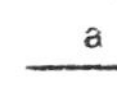

$S = \frac{Pa}{2}$

Cubo

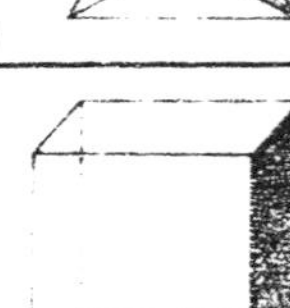

$S = 6a^2$

Círculo

$S = \pi r^2$

$L = 2\pi r$

Esfera

$S = 4\pi R^2$

Octaedro

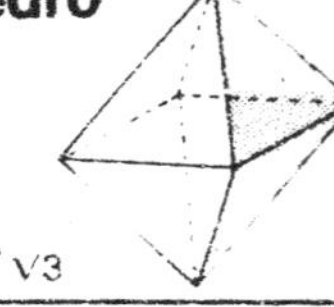

$S = 2a^2\sqrt{3}$

Sector circular

$S = \frac{\pi r^2 N^\circ}{360^\circ}$

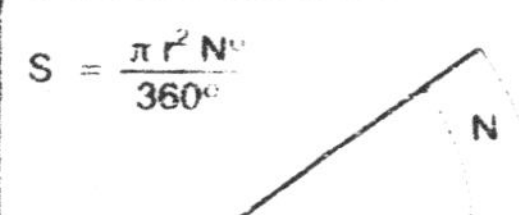

Casquete

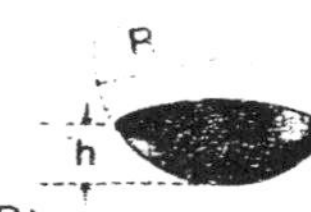

$S = 2\pi Rh$

Dodecaedro

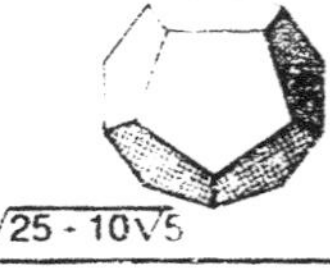

$S = 3a^2\sqrt{25 + 10\sqrt{5}}$

Prisma

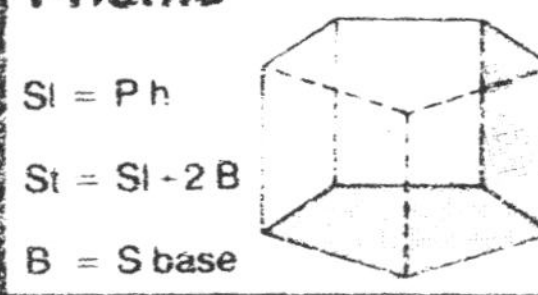

$Sl = Ph$

$St = Sl + 2B$

$B = S\ base$

Zona

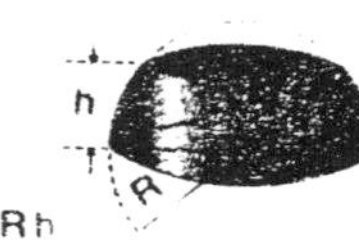

$S = 2\pi Rh$

Icosaedro

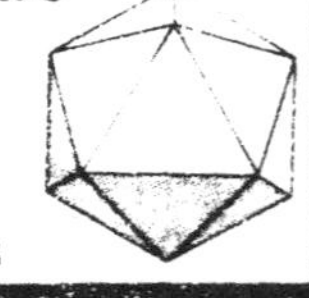

$S = 5a^2\sqrt{3}$

Geometria

Paralelepípedo
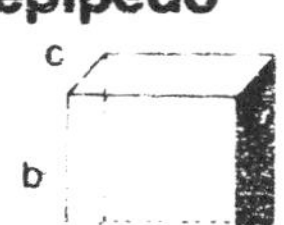

$V = abc$

Esfera

$V = 4/3\pi r^3$

Elipsoide

$V = 4/3\pi a b^2$

Prisma
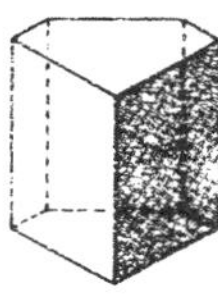

$V = Bh$

Sector esférico

$V = 2/3\pi r^2 h$

Toro
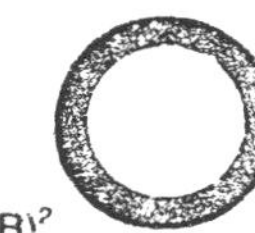

$V = 2R(\pi R)^2$

Cilindro
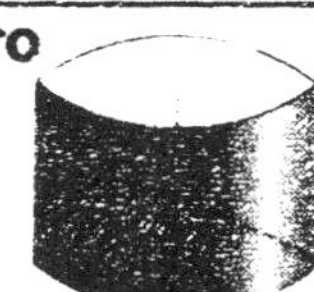

$V = \pi r^2 h$

Casquete

$V = \pi h^2 (R - h/3)$

Tetaedro
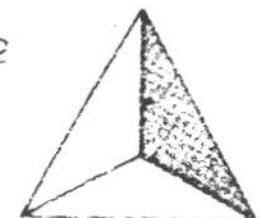

$V = \frac{a^3}{12}\sqrt{2}$

Pirámide
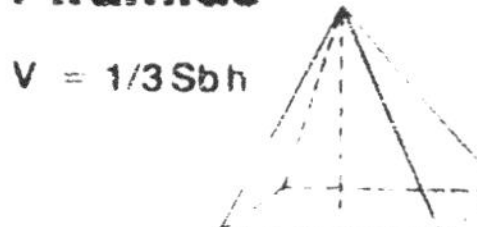
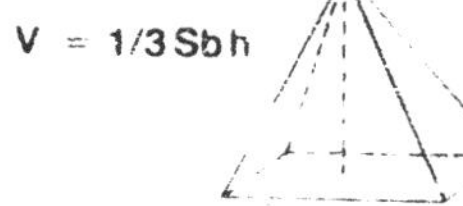

$V = 1/3\, Sbh$

Zona
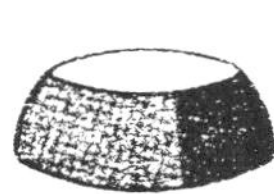
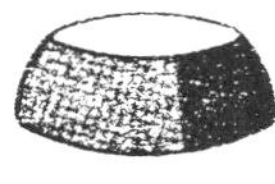

$V = 1/6\pi h^3 + \frac{\pi h}{2}(r^2 + r'^2)$

Cubo
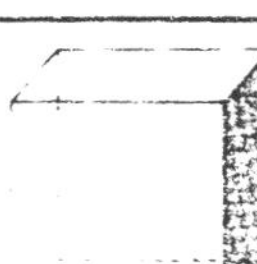

$V = a^3$

Cono

$V = 1/3\, Sbh$

Cuña

$V = \frac{4/3\pi r^3 h}{360}$

Octaedro
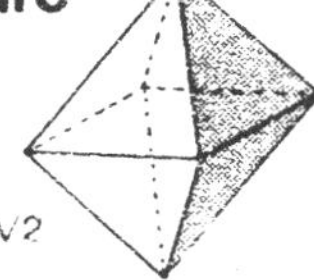

$V = \frac{a^3}{3}\sqrt{2}$

Tronco Pirámide
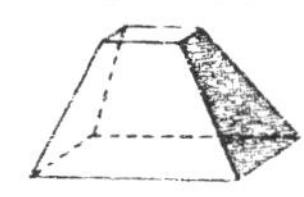

$V = h/3(B + b + \sqrt{Bb})$

Paraboloide
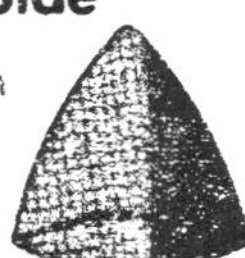

$V = 1/2\pi r^2 h$

Dodecaedro
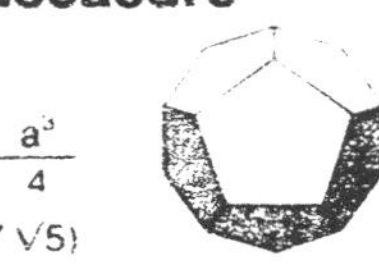

$V = \frac{a^3}{4}(15 + 7\sqrt{5})$

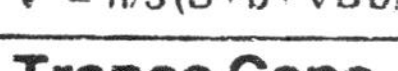

Tronco Cono
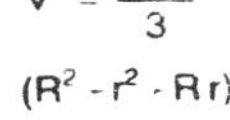

$V = \frac{\pi h}{3}(R^2 + r^2 + Rr)$

Cilindro truncado

$V = \frac{a+b}{2}\pi r^2$

Icosaedro
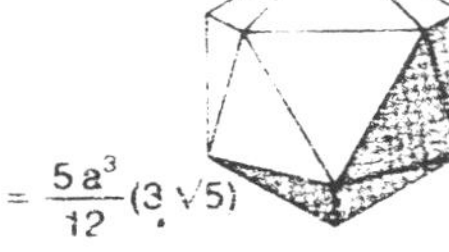

$V = \frac{5a^3}{12}(3 + \sqrt{5})$

Matemáticas

m^3			dm^3			cm^3	Ha = Hm^2	i = crt: 100
Tm	Qm	Mg	Kg	Hg	Dg	g	a = Dm^2	d = Nrt: 100
Kl	Hl	Dl	l	dl	cl	ml	ca = m^2	I.C.: $C = c\,(1 + r)^n$

Log. 2 = 0,301030
Log. 3 = 0,477121
Log. 5 = 0,698970
$\sqrt{\pi} = 1{,}7725$
$1/\pi = 0{,}3183$
$\pi^2 = 9{,}8696$
e = 2,7118

Milla mar = Long. de un minuto de meridiano = 1.852 m.

Nudo = Milla por hora **Pulgada** (") = 25,4 mm

$\sqrt{2} = 1{,}4142$	$\sqrt{5} = 2{,}2361$
$\sqrt{3} = 1{,}7321$	$\sqrt{7} = 2{,}6458$

Teor. de Pitágoras
$a^2 = b^2 + c^2$

$\sqrt{a\,b} = \sqrt{a}\,\sqrt{b}$	$\sqrt{a : b} = \sqrt{a} : \sqrt{b}$
$a^0 = 1$	$a^m\,a^n = a^{m+n}$
$a^m : a^n = a^{m-n}$	$(a^m)^n = a^{m\,n}$
$a^{m/n} = \sqrt[n]{a^m}$	$a^{-n} = 1/a^n$
$a^{-m/n} = \dfrac{1}{\sqrt[n]{a^m}}$	$a^{-0,n} = \dfrac{1}{\sqrt[10]{a^n}}$
$\sqrt[m]{\sqrt[n]{a}} = \sqrt[mn]{a}$	$\sqrt[n]{a^m} = \sqrt[ns]{a^{m\,s}}$

Ecuación de la recta: $y = m\,x + b$

Ecuación de la circunferencia: $r^2 = (x - a)^2 + (y - b)^2$

Ecuación de la elipse: $\dfrac{x^2}{a^2} + \dfrac{y^2}{b^2} = 1$

Ecuación de la hipérbola: $\dfrac{x^2}{a^2} - \dfrac{y^2}{b^2} = 1$

Ecuación de la parábola: $y^2 = 2\,px$

Distancia 2 puntos: $\sqrt{(x_2 - x_1)^2 + (y_2 - y_1)^2}$

Distancia punto a recta: $\dfrac{Ax_1 + By_1 + C}{\pm\sqrt{A^2 + B^2}}$

Teorema de Pitágoras en el Ortoedro $d^2 = a^2 + b^2 + c^2$

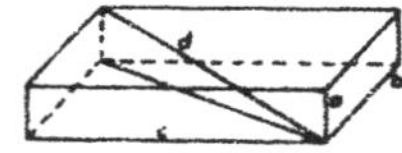

Teorema de Euler

En el Poliedro: n.º de caras + vértices = n.º de aristas + 2

Media artim. $\dfrac{a + b + \ldots}{n}$

Media geom. $\sqrt[n]{ab\ldots}$

N.º diag. polig. = $\dfrac{n(n - 3)}{2}$

Valor ángulo inscrito y semiinscrito: mitad del arco entre sus lados
interior: semisuma de arcos
exterior: semidiferencia de arcos

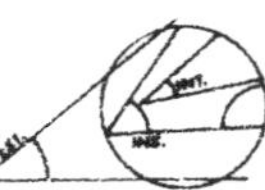

$\text{sen}\ \dfrac{\alpha}{2} = \pm\sqrt{\dfrac{1 - \cos\alpha}{2}}$

$\cos\ \dfrac{\alpha}{2} = \pm\sqrt{\dfrac{1 + \cos\alpha}{2}}$

$\text{tg}\ \dfrac{\alpha}{2} = \pm\sqrt{\dfrac{1 - \cos\alpha}{1 + \cos\alpha}}$

$\text{ctg}\ \dfrac{\alpha}{2} = \pm\sqrt{\dfrac{1 + \cos\alpha}{1 - \cos\alpha}}$

Valor del lado y apotema de polígonos notables

Polígono	En función del r. del círculo circuns.	Polígono	En función del r. del círculo inscr.
	Lado = $R\sqrt{3}$ Apotema = $R/2$		Lado = $2r\sqrt{3}$ Apotema = r
	Lado = $R\sqrt{2}$ Apotema = $R\sqrt{2/2}$		Lado = 2r Apotema = r
	Lado = L = R Apotema = $R\sqrt{3/2}$		Lado = $2r\sqrt{3/3}$ Apotema = r

División Aurea de un segmento

$\dfrac{AC}{AB} = \dfrac{AB}{BC}$

AC = 2OC

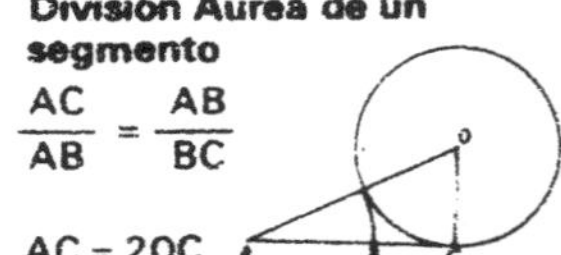

Matemáticas

Progresión aritmética

$a_n = a_1 + r(n-1)$

$S = \dfrac{(a_1 + a_n)\,n}{2}$

Progresión geométrica

$a_n = a_1 R^{n-1}$

$P = \sqrt{(a_1\, a_n)^n}$

$S = \dfrac{a_n R - a_1}{R - 1}$

Ecuac. 2.° grado

$ax^2 + bx + c = 0$

$x = \dfrac{-b \pm \sqrt{b^2 - 4ac}}{2a}$

$x_1 + x_2 = -\dfrac{b}{a}$ | $x_1 \cdot x_2 = \dfrac{c}{a}$

∡	0°	30°	45°	60°	90°	180°	270°
sen	0	1/2	$\sqrt{2}/2$	$\sqrt{3}/2$	1	0	−1
cos	1	$\sqrt{3}/2$	$\sqrt{2}/2$	1/2	0	−1	0
tg	0	$\sqrt{3}/3$	1	$\sqrt{3}$	∞	0	−∞
ctg	∞	$\sqrt{3}$	1	$\sqrt{3}/3$	0	−∞	0

$\text{sen}(a \pm b) = \text{sen}\, a \cos b \pm \cos a \,\text{sen}\, b$

$\cos(a \pm b) = \cos a \cos b \mp \text{sen}\, a\, \text{sen}\, b$

$\text{tg}(a \pm b) = \dfrac{\text{tg}\, a \pm \text{tg}\, b}{1 \mp \text{tg}\, a\, \text{tg}\, b}$

$\text{sen}\, 2\alpha = 2\, \text{sen}\alpha \cos\alpha$

$\cos 2\alpha = \cos^2\alpha - \text{sen}^2\alpha$

$\text{tg}\, 2\alpha = \dfrac{2\, \text{tg}\alpha}{1 - \text{tg}^2\alpha}$

Variac.: $V_m^n = m(m-1)(m-2)\ldots(m-n+1)$ **Permut.** $P_m = m(m-1)(m-2)\ldots3 \cdot 2 \cdot 1 = m!$

Comb.: $C_m^n = \dfrac{m(m-1)(m-2)\ldots(m-n+1)}{1 \cdot 2 \cdot 3 \ldots n}$

Log. $a \cdot b$ = Log. a + Log. b

Log. 1 = 0

Binomio de Newton: $(x \pm a)^m = \binom{m}{0} x^m \pm \binom{m}{1} x^{m-1} a + \binom{m}{2} x^{m-2} a^2 \pm \ldots \pm \binom{m}{m-1} x^{m-m+1} a^{m-1} \pm \binom{m}{m} a^m$

$\binom{m}{n} = \dfrac{m!}{n!\,(m-n)!}$

Log. a/b = Log. a − Log. b

Log. 10 = 1

Generatriz de una fracción periódica para: $e,\widehat{abc} = \dfrac{eabc - e}{999}$

Periódica mixta: $m,a\widehat{bc} = \dfrac{mabc - ma}{990}$

$(a \pm b)^2 = a^2 \pm 2ab + b^2$ $(a + b)(a - b) = a^2 - b^2$

$(a + b)^3 = a^3 + 3a^2b + 3ab^2 + b^3$

$(a - b)^3 = a^3 - 3a^2b + 3ab^2 - b^3$

Mediatrices: Circuncentro (círculo circunscrito)

Log. $\sqrt[n]{b} = \dfrac{\text{Log. } b}{n}$

Bisectrices: Incentro (círculo inscrito)

Log. $(a)^n = n$ Log. a

Medianas: Baricentro = Centro de gravedad del △ ; distancia doble al vértice que al lado

Altura: Ortocentro

Teorema de la bisectriz: La bisectriz interior o exterior de un triángulo divide al lado opuesto en dos partes que son proporcionales a los lados contiguos

Teorema del cateto: Un cateto es media proporcional entre la hipotenusa y su proyección sobre ella

Teorema de la altura: La altura es media proporcional entre los segmentos en que divide a la hipotenusa

ABREVIATURAS USADAS EN ESTE DICCIONARIO

adj.	adjetivo
adv.	adverbio
alb.	albañilería
amb.	ambiguo
Amér.	América
anat.	anatomía
arit.	aritmética
arq.	arquitectura
art.	artes
astr.	astronomía
aum.	aumentativo
bot.	botánica
carp.	carpintería
cir.	cirugía
Col.	Colombia
com.	comercio, común
comp.	comparativo
conj.	conjunción
dep.	deportes
desp.	despectivo
Ec.	Ecuador
ejem.	ejemplo
elec.	electricidad
etc.	etcétera
expr.	expresión
f.	substantivo femenino
fam.	familiar
far. o farm.	farmacia
fig.	figurado
fil.	filosofía
fís.	física
fisiol.	fisiología
for.	forense
geom.	geometría
gram.	gramática
hist.	historia
Hond.	Honduras
impers.	impersonal
indef.	indefinido
indet.	indeterminado
interj.	interjección
intr.	verbo intransitivo
irreg.	irregular
l.	locución o frase
lat.	latín
liturg.	liturgia
loc.	locución, localidad
m.	substantivo masculino
mar.	marina
mat.	matemáticas
med.	medicina
Méx.	México
mil.	milicia
min.	minería
miner.	mineralogía
mit.	mitología
mús.	música
negat.	negativo
neol.	neologismo
ópt.	óptica
p.a.	participio activo
p. p.	participio pasivo
pal.	paleontología
pat.	patología
poét.	poético
pl.	plural
pref.	prefijo
prep.	preposición
pron.	pronombre
quím.	química
r.	verbo reflexivo
relat.	relativo
ret.	retórica
Ríopl.	Río de la Plata
s.	substantivo
sup.	superlativo
T.	También
taur.	tauromaquia
T. adj.	También adjetivo
T. f.	También substantivo femenino
T. m.	También substantivo masculino
T. r.	También verbo reflexivo
T. s.	También substantivo
tr.	verbo transitivo
U.t.	Usase también
Venez.	Venezuela
zool.	zoología

A

a f. primera letra del alfabeto.
aaronita adj. descendiente de Aarón. U.t.c.s.
ababol m. amapola.
abacería f. tienda de comestibles.
abacero, ra m. f. vendedor de comestibles.
ábaco m. cuadro de madera que se emplea para enseñar a los niños los rudimentos de la aritmética. Parte superior del capitel.
abad. m. superior de un monasterio.
abadesa f. superiora de un monasterio.
abada f. bada; rinoceronte.
abadejo m. bacalao; reyezuelo; carraleja; cantárida.
abadía f. dignidad de abad o de abadesa; iglesia o monasterio; casa del cura.
abajo adv. lugar o parte inferior.
abalanzar tr. poner una balanza en el fiel; equilibrar; lanzar; arrojarse sin consideración.
abaldonar tr. envilecer; afrentar.
abalear tr. limpiar el trigo, la cebada, etc.
abalizar tr. indicar con balizas.
abalorio m. cuentecilla de vidrio con abertura redonda.
abaluarte tr. dar fuerza y vigor con baluartes.
aballestar tr. tirar de los cabos a fin de ponerlos rígidos.
abanderado m. el que lleva la bandera en un regimiento, en una procesión, etc.
abanderamiento m. hecho público o solemne de abanderar.
abanderar tr. registrar a un buque extranjero bajo la bandera de una nación.
abandonado, da adj. negligente, desaliñado, desprevenido. U.t.c.s.
abandonamiento m. abandono.
abandonar tr. apartarse de alguna persona, cosa o asunto emprendido; entregarse a las pasiones; confiar; olvidar.
abanicar tr. y r. producir aire con el abanico. U.m.c.r.
abanico m. objeto para producirse aire; al abrirse forma un semicírculo.
abano m. abanico que se cuelga del techo.
abanto m. ave de rapiña parecida al buitre, que habita en Africa; adj. hombre atolondrado; toro fácil de espantarse.
abaratar tr. intr. y r. hacer barata una cosa; reducir el precio.
abarca f. zapato de cuero que se asegura con correas en el tobillo.
abarcador, ra adj. el que abarca.
abarcar tr. ajustar con los brazos; rodear; comprender; hacerse cargo de varios negocios a un tiempo.
abarloar tr. poner el costado de un buque cerca del de otro.
abarquero, ra adj. persona que fabrica o vende abarcas.
abarquillar tr. doblar una cosa en forma de barquillo.
abarraganarse tr. amancebarse. U t.c.r.
abarrancadero m. lugar del que sólo puede salirse con gran dificultad; situación de la que es difícil salir.
abarrancar tr. construir barrancos, crear dificultades en lances o negocios.
abarrotar tr. afianzar con barrotes. atestar hasta los espacios pequeños con abarrotes.
abarrote m. porción pequeña de ropa u otras cosas muy bien atadas; artículos comerciales.
abarrotero, ra m. f. comerciante en abarrotes.
abastardar intr. bastardear.
abastecedor, ra adj. el que abastece.
abastecer tr. suministrar provisiones.
abastecimiento m. el hecho de abastecerse.
abasto m. abastecimiento de víveres.
abate m. presbítero extranjero, especialmente francés o italiano.
abatimiento m. decaimiento físico o moral de una persona.
abatir tr. derrocar; decaer el ánimo; descender; humillar. U.t.c.r.
abdicación f. el hecho de abdicar.
abdicar tr. renunciar o ceder algún derecho; facultad o poder.
abdomen m. cavidad del cuerpo humano en la que se contienen los principales órganos del aparato digestivo.
abducción f. movimiento mediante el cual un miembro se aleja del eje medio que divide al cuerpo en dos partes iguales.

abductor m. músculo que realiza la abducción. U.t.c.s.

abecedario m. serie ordenada de las letras de un idioma.

abedul m. árbol de unos diez metros de altura que abunda en los montes de Europa.

abeja f. insecto de unos quince milímetros de largo, habita principalmente en las colmenas y fabrica la miel y la cera.

abejar m. colmenar.

abejarrón m. abejorro.

abejero, ra m. y f. abejaruco, colmenero.

abejón m. zángano, abejorro.

abejorro m. insecto de tres centímetros de largo, con la trompa casi igual al cuerpo, zumba mucho al volar y roe las hojas de las plantas.

abellacado, da adj. el que actúa vilmente; bellaco.

abellacar tr. envilecer. U.t.c.r.

abemolar tr. hacer suave una situación; dulcificar el tono de la voz.

aberración f. error; desvío de los astros ocasionado por la velocidad de la luz combinada con la de la Tierra.

abertura f. acción de abrir; agujero o grieta; hendidura.

abestiado, da adj. semejante a la bestia.

abestiarse r. embrutecerse.

abeto m. árbol de la familia de las coníferas, su madera, poco resistente vale por su tamaño y blancura.

abetunado, da adj. semejante al betún.

abiertamente adv. con franqueza; hablar sin reserva.

abierto, ta p.p. irreg. de abrir; despejado; llano; campo sin cercas o murallas.

abigarrar tr. aplicar a alguna cosa multitud de colores, sin la combinación adecuada.

abigeo, a m. f. el que hurta ganado.

ab intestato l. adv. sin testamento; descuidadamente.

abisinio, nia adj. de Abisinia, t. s.

abismar tr. hundirse, confundirse, entregarse al dolor.

abismo m. profundidad inmensa; precipicio.

abjurar tr. arrepentirse de un error con juramento; abjurar con solemnidad una religión.

ablandabrevas com. persona inútil.

ablación f. extirpación de algún órgano del cuerpo.

ablandar tr. poner suave alguna cosa; suavizar; calmar.

ablativo m. gram. uno de los casos de la declinación.

ablución f. acción de lavar o lavarse.

abnegación f. sacrificio voluntario de los afectos o intereses.

abobado, da adj. parecido al bobo.

abobar tr. convertir en bobo a alguno.

abocado, da adj. aproximado; vino grato al paladar.

abocar tr. aproximar a las tropas al sitio del combate; reunión de varias personas para tratar un asunto; acercar.

abocardado, da adj. dícese de aquello cuya boca semeja una trompeta.

abocardar tr. ampliar la abertura de un tubo o de un agujero.

abochornar tr. causar bochorno el excesivo calor; sonrojar. T.r.

abofetear tr. dar de bofetadas.

abocetar tr. pintar bocetos.

abocinado, da adj. semejante a una bocina.

abogado, da adj. intercesor; hombre o mujer que ejerce la abogacía.

abogar tr. hablar en favor de alguien o defender algo en un juicio.

abogador, ra adj. el que llama o convoca.

abohetado, da adj. inflamado; abultado.

abolengo m. herencia de los antepasados; ascendencia de abuelos.

abolir tr. suprimir.

abolsado, ada adj. que toma figura de bolsa.

abolsarse r. hacerse bolsa.

abollar tr. golpear una cosa y hacerle bollos.

abombar tr. atolondrar; empezar a corromperse; producir formas convexas.

abominable adj. digno de aversión; abominado; aborrecido; condenado.

abominar tr. odiar; despreciar; maldecir; aborrecer.

abonado, da adj. dícese de aquél

en que se puede fiar por su caudal; persona que compra y paga en abonos.

abonanzar intr. mejorarse el tiempo.

abonar tr. salir por fiador de alguno; mejorar la condición de alguna cosa; tomar en cuenta.

abono m. materia que aumenta la fertilidad de las tierras laborables; fianza; garantía; seguridad que adquiere el que se abona.

abordar tr. chocar una embarcación con otra; atracar la nave a un muelle; emprender tareas difíciles.

aborígenes m. pl. primeros habitantes de un país.

aborrascarse r. empezar el tiempo a aborrascarse.

aborrecer tr. detestar; molestar; abandonar las aves sus huevos y nidos. U.t.c.r.

aborrecidamente adv. con odio.

aborrecido, da. adj. fastidiado.

aborrecimiento m. aborrecer; tedio.

aborregarse r. extenderse en el cielo nubes blanquecinas.

abortar tr. dar a luz antes de tiempo; fracasar un negocio; acabar una enfermedad antes de su completo desarrollo. U.t.c.intr.

aborto m. cosa abortada.

abortón m. cuadrúpedo nacido antes de tiempo.

abotagarse r. inflarse el cuerpo.

abotinado adj. hecho en forma de botín.

abotonar tr. unir con botones alguna prenda de vestir; arrojar botones las plantas.

abovedado, da adj. de forma corva.

abozalar tr. colocar bozales.

abra f. grieta; abertura entre montañas; lugar seguro para las embarcaciones.

abracadabra f. palabra cabalística que se le considera hábil para curar enfermedades.

abrasión f. efecto de desgastar por fricción; erosión.

abrasivo, va adj. que desgasta por fricción. T.s.

abrasar tr. consumir; reducir a brasas; agitarse por alguna pasión.

abraxas m. talismán usado en Oriente y en el cual estaba grabada esta palabra.

abrazadera f. pieza que sirve para asegurar alguna cosa ciñéndola.

abrazar tr. estrechar entre los brazos; entender; admitir.

ábrego m. viento sur.

abrelatas m. instrumento para abrir botes metálicos.

abrevadero m. lugar adecuado para que beba el ganado.

abrevar tr. dar de beber al ganado; regar.

abreviador, ra adj. oficial romano encargado de resumir los documentos.

abreviar tr. apresurar; cortar; disminuir.

abreviatura f. palabra representada con sólo algunas de sus letras.

abridor adj. que abre.

abrigado m. lugar protejido contra el viento; cosa que abriga.

abrigar tr. resguardar del frío. T.r.; tratándose de efectos, ideas o deseos, tenerlos.

abrigo m. defensa contra el frío; cosa que abriga; sobretodo; lugar defendido de vientos o ataques.

abril m. cuarto mes del año; cosa agradable por su colorido.

abrillantar tr. iluminar o dar brillantez a alguna cosa.

abrir tr. dejar libre lo cerrado.

abrochar tr. unir con broches.

abrogación f. acción y efecto de anular.

abrogar tr. revocar; abolir.

abrojo m. planta de largos tallos dañina a los sembrados; objeto de hierro con púas.

abroquelar tr. defender con el broquel.

abrótano m. planta de uso medicinal para el pelo.

abrumar tr. ocasionar molestia; cubrirse de bruma el horizonte.

abrupto, ta adj. montaña escarpada; abrupta.

absceso m. exceso de pus; tumor.

abscisa f. una de las distancias que determinan la posición de un punto sobre un plano.

abscisión f. cortar un tumor.

absentismo m. costumbre de que el propietario de fincas viva ausente de ellas.

absentista m. f. que practica el absentismo. T. adj.

ábside f. parte abovedada de los templos que sobresale en la fachada posterior.

absintio m. ajenjo (planta).

absolución f. acción de absolver.

absolutamente adv. de manera absoluta.
absolutismo m. gobierno absoluto.
absolutista s. partidario del absolutismo.
absoluto, ta adj. libre; sin ningún poder o fuerza superior.
absolutorio, ria adj. que absuelve.
absolver tr. liberar a un acusado.
absorber tr. atraer con fuerza; consumir totalmente.
absorción f. acción de absorber.
absorto, ta adj. admirado.
abstemio, mia adj. el que no bebe vino.
abstención f. abstenerse.
abstenerse r. privarse voluntariamente de algo.
absterger tr. purificar una llaga o superficie pútrida.
abstinencia f. ayuno; abstenerse; privarse de comer carne por cuestiones religiosas.
abstinente adj. que practica la abstinencia.
abstracción f. acción de abstraer o abstraerse.
abstracto, ta adj. indica cualidad sin nombrar al sujeto.
abstraer tr. considerar aisladas cosas estrechamente ligadas; extasiarse; distraerse.
abstraído, da adj. distraído.
abstruso, sa adj. difícil de entenderlo; muy oculto.
absuelto, ta adj. absolver, p.p. de absolver.
absurdo, da adj. opuesto al entenmiento; irrazonable.
abuchear intr. sisear.
abuela f. mujer anciana; madre del padre o de la madre.
abuelastro, tra m. f. padres de los padrastros.
abuelo m. hombre anciano; padre del padre o de la madre.
abulia f. débil voluntad; falta de energía.
abultado, da adj. prominente; hinchado.
abultar intr. aumentar el volumen de algo; formar bulto; ponderar.
abundamiento m. abundancia.
abundancia f. demasiada cantidad.
abundar intr. gran cantidad; haber exceso de alguna cosa.
abundosamente adv. abundantemente.
abundoso, sa adj. abundante.
abuñuelar tr. ajar; esponjar; freír en figura de buñuelo.
¡abur! interj. ¡agur!
aburrido, da adj. que causa fastidio.
aburrimiento m. incomodidad por algún disgusto; tedio; fastidio.
aburrir tr. cansar; fastidiar. U.t.c.r.
abusador, ra adj. que abusa. T.s.
abusivo, va adj. que se realiza por abuso.
abuso m. abusar de la confianza, de la autoridad o de las costumbres.
abyecto, ta adj. vil; humillado.
acabado, da adj. terminado; destruído; arruinado.
acaballado, da adj. semejante al perfil de la cabeza del caballo.
acaballerar tr. considerar a alguien como caballero.
acabar tr. finalizar; morir.
acabestrillar intr. acostumbrar al cabestro.
acabildar tr. reunir a varias personas con algún fin.
acacia f. arbusto leguminoso de agradable aspecto por sus racimos de flores olorosas.
academia f. lugar de enseñanza; sociedad de artistas, letrados, etc.
académicamente adv. de manera académica.
academizar tr. dar carácter académico a algo.
acaecer intr. suceder.
acaecimiento m. suceso; acontecimiento.
acalenturarse r. iniciarse la calentura.
acalorado, da adj. vehemente; sofocado; enardecido.
acaloramiento m. encendimiento; mucho calor.
acallador, ra. adj. el que calla; el que calma.
acallar tr. calmar; sosegar. U.t.c.r.
acamado, da adj. ganado echado para dormir; mieses recostadas por la fuerza de la lluvia, viento, etc.
acamastronarse tr. transformarse en camastro o camastrón.
acampar tr. permanecer algún tiempo en sitio despoblado. U.t. c. intr.
acanelado, da adj. color canela.

acantáceo, a m. y f. planta dicotiledónea de forma de acanto.
acantilado, da adj. parte más honda del mar que tiene forma de cantil; costa que se corta verticalmente.
acanto m. planta de largas hojas espinosas.
acantonar tr. alojar a las tropas en muchos lugares. U.t.c.r.
acañonear tr. atacar al enemigo con cañones.
acaparador, ra adj. y s. el que acapara.
acaracolado, da adj. semejante a la figura del caracol.
acaramelar tr. transformar el azúcar en caramelo; mostrarse amable y tierno.
acardenalar tr. mancharse el cutis de color cárdeno; formar cardenales en la piel.
acariciar tr. rozar con amor; soñar en algo placentero.
acáridos m. pl. arácnidos parásitos del tipo ácaro como el parásito que produce la sarna.
ácaro m. parásito pequeño sin ojos y con mandíbulas que terminan en forma de pinzas.
acarreador, ra adj. el que acarrea.
acarreamiento m. acarreo.
acarrear tr. transportar en cualquier objeto.
acartonarse r. ponerse enjuto; seco.
acaso m. acontecimiento inesperado; adverbio de duda.
acastillado, da adj. semejante a un castillo.
acatalepsia f. no llegar a la certeza de algún entendimiento.
acatar tr. respetar; obedecer.
acatarrarse r. resfriarse; enfermar de catarro.
acaudalar tr. reunir un caudal.
acaudillar tr. ser jefe de algún partido; dirigir tropas.
acaule m. planta de tallo demasiado corto e imperceptible.
acceder intr. aceptar; no negar.
accesible adj. de fácil alcance; que tiene acceso.
accesión f. acción de acceder; cosa accesoria.
accésit m. recompensa más baja que el premio en algunos certámenes.
acceso m. entrada; llegar; ayuntamiento.
accesorio, ria adj. que depende de lo principal; que se le une a lo esencial.
accidentado, da adj. agitado, borrascoso.
accidental adj. no esencial; casual.
accidentalmente adv. casualmente.
accidentar tr. producir accidente; r. padecer un accidente que priva de sentido o de movimiento.
accidente m. suceso casual y casi siempre desagradable.
acción f. operación; impresión; actividad de una potencia.
accionar tr. gesticular y hacer movimientos para hacer comprender alguna cosa; acompañar con esto al discurso.
accionista m. com. dueño de acciones de una sociedad.
acebo m. arbusto de hojas crespas y espinosas.
acebolladura f. desunión de dos capas contiguas en la madera.
acebuche m. olivo silvestre.
acecinar tr. salar las carnes y secarlas al humo.
acechanza f. asechanza.
acechar tr. observar con cautela.
acedar tr. poner agria alguna cosa.
acedera f. planta poligonácea comestible y de sabor ácido.
acederilla f. planta poligonácea semejante a la acedera.
acedía f. calidad de acedo; malestar estomacal por la acidez de los alimentos; aspereza en el trato.
acedo, da adj. áspero; agrio.
acéfalo, la adj. carente de cabeza.
aceitar tr. untar de aceite; lubricar; engrasar.
aceite m. líquido grasoso que se extrae de la aceituna y en ocasiones de otros frutos o semillas.
aceitera f. vasija para aceitar; alcuza.
aceitero, ra adj. el que vende aceite; recipiente para guardar el aceite.
aceitoso, sa adj. que tiene aceite.
aceituna f. fruto del olivo.
aceitunero, ra adj. el que recoge o vende aceitunas.
aceituno m. olivo.
aceleración f. acción y efecto de acelerar.
acelerador m. mecanismo para regular la velocidad del automóvil.
acelerar tr. apresurar el paso o la velocidad.

acelga f. planta comestible de hojas jugosas; persona de cara escuálida.
acémila f. mula o macho de carga; tributo que se pagaba en siglos pasados.
acemita f. pan de acemite.
acemite m. salvado con harina; potaje de trigo tostado.
acendrado, da adj. puro; inmaculado.
acendrar tr. depurar los metales mediante el fuego; limpiar.
acento m. cargar el tono de la pronunciación en algunas palabras; signo que se pone sobre la vocal tónica.
acentuar tr. dar la debida pronunciación a las palabras habladas o escritas.
aceña f. molino harinero que gira bajo el influjo del agua, situado generalmente dentro del cauce de un río.
acepción f. sentido en que se toma una palabra o frase.
acepillar tr. alisar con cepillo, metales o madera.
aceptable adj. lo que merece ser aceptado.
aceptar tr. recibir voluntariamente algún regalo u ofrecimiento; comprometerse al pago de alguna letra.
acepto, ta adj. bien recibido.
acequia f. canal por donde van las aguas para el riego.
acera f. orilla de la calle reservada para los peatones; fila de casas situada a orillas de la calle.
acerado, da adj. de acero; incisivo.
acerar tr. transformar en acero principalmente al hierro; enriquecer al agua con tintura de acero para hacerlo medicinal.
acerbo, ba adj. desagradable al gusto; duro; cruel.
acercar tr. poner cerca alguna cosa. U.t.c.r.
acerico m. almohadilla que se coloca generalmente sobre las grandes para proporcionar mayor comodidad y descanso; alfiletero.
acernadar tr. aplicar cernadas.
acero m. hierro con carbono para darle mayor fuerza y flexibilidad.
acerola f. fruto del acerolo, rojo o amarillo y de sabor dulce.
acérrimo, ma adj. sup. demasiado fuerte; vigoroso
acertar tr. llegar al punto al que se dirige alguna cosa; encontrar el medio para lograr alguna cosa; encontrar lo oculto.
acertijo m. cosa que se da a acertar para entretenimiento; adivinanza.
acervo m. conjunto o montón de legumbres.
acético, ca adj. perteneciente al vinagre o sus derivados.
acetileno m. hidrocarburo gaseoso que se obtiene por la acción del agua sobre el carburo de calcio.
acetímetro m. aparato que sirve para conocer la concentración del vinagre.
acetona f. líquido derivado de la destilación de un acetato y tiene olor parecido al del éter
acezar tr. jadear
aciago, ga adj. infausto; de mala suerte
acial m. instrumento para oprimir el hocico de alguna bestia, para mantenerla quieta y poder herrarla
aciano m. planta perenne de uso medicinal.
acíbar m. aloe; substancia de sabor amargo que se usa como purgante.
acicalado, da adj. muy pulcro; bruñido.
acicalar tr. limpiar; bruñir las armas; arreglar a una persona.
acicate m. especie de espuela con punta de hierro; que incita.
acicatear tr. incitar, estimular
acidez f. calidad de ácido
acidia f. pereza; flojedad.
acidioso, sa adj. perezoso; flojo
ácido, da adj. de sabor agrio; compuesto por sales en unión de cualquier óxido metálico
acídulo, la adj. poco ácido.
aciguatarse r. contraer aguatera ponerse pálido; amarillo
ácimo adj. ázimo; sin levadura.
acimut m. ángulo que con el meridiano forma el círculo vertical que pasa por un punto de la esfera terrestre o del globo terráqueo.
ación f. correa que sostiene al estribo en la silla de montar.
acirate m. especie de lindero que divide las heredades; callecillas de los jardines
acitara f. citara; pared que sirve

de costado a las casas; cobertura de silla de montar.

aclamar tr. dar voces la multitud para honrar a una persona; conferir la multitud algún cargo u honor.

aclarar tr. suprimir lo que impide la claridad o transparencia de algo; explicar; desenredar; amanecer.

aclimatar tr. adaptar a un clima distinto. U.t.c.r.

aclocarse r. enclocarse la gallina.

acobardamiento m. acción y efecto de acobardarse.

acobardar tr. provocar miedo; temor. U.t.c.r.

acochinar tr. matar a uno que no puede defenderse.

acocear tr. dar coces; ultrajar.

acodar tr. descansar el codo sobre algo; meter debajo de tierra el tallo de alguna planta sin cortarlo del tronco, quedando fuera el cogollo para que la parte enterrada eche raíces.

acodillar tr. doblar en figura de codo; en varios juegos, dar codillo.

acogedizo, za adj. que se acoge sin dificultad.

acogedor, ra adj. el que acoge. U.t.c.s.

acoger tr. permitir uno en su casa a varias personas; refugiar; aceptar; recibir; patrocinar; amparar.

acogollar tr. proteger a las plantas contra el frío, cubriéndolas.

acojinar Amér. rellenar; paralizarse una máquina a causa de un acojinamiento.

acolchar tr. colocar lana o algodón entre dos telas e hilvanarlas.

acolchonar tr. acolchar.

acolgar intr. colgarse una cosa hacia una parte.

acollar tr. enterrar bajo tierra el pie de los árboles o plantas.

acollonar tr. acobardar. U.t.c.r.

acomedirse r. realizar espontáneamente una tarea que no corresponde.

acometer tr. embestir; desembocar.

acometida f. sitio en donde la línea de conducción de algún fluido se une a la principal.

acometividad f. tendencia a atacar o pelear.

acomodadizo, za adj. que se adapta a todo fácilmente.

acomodamiento m. convenio acerca de algo; conveniencia.

acomodar tr. arreglar; ajustar adaptar. U.t.c.r.

acomodaticio, cia adj. acomodadizo.

acomodo m. empleo; trabajo.

acompañado, da adj. el que va con compañía.

acompañar tr. estar con otros; vecindad de una cosa con otra tomar parte en las alegrías o penas de otros; ejecutar el acompañamiento musical.

acompasadamente adv. en forma de compás.

acompasado, da adj. hecho a manera de compás; el que habla o actúa reposadamente.

acondicionado, da adj. de agradable o desagradable condición o genio.

acondicionar tr. preparar; disponer.

acongojar tr. cansar; sufrir; amargar.

acónito m. planta aproximadamente de metro y medio de altura y raíz fusiforme, tiene uso medicinal y decorativo.

aconsejar tr. brindar consejo; recibir consejo de otro.

acontecer intr. suceder; acaecer.

acontecimiento m. evento; suceso.

acopiar tr. reunir alguna cosa en grandes cantidades.

acopladura f. acción de acoplar, pieza que acopla.

acoplamiento m. acción de acoplar o juntar.

acoplar tr. unir entre sí dos o más cuerpos de modo que ajusten; unir dos animales para la yunta.

acoquinar tr. provocar miedo. U.t.c.r.

acorazado m. buque de guerra de grandes dimensiones y blindado.

acorazonado, da adj. de figura de corazón.

acorcharse r. ponerse como corcho perder la sensibilidad de algún miembro.

acordada f. mandato expedido por un tribunal para que sea ejecutado por un inferior.

acordar tr. resolver de común acuerdo o por mayoría de votos, recordar; despertar.

acorde adj. conforme; m. mús.

conjunto de sonidos combinados armónicamente.
acordelar tr. medir con cuerda; fijar perímetros en el terreno utilizando cordeles.
acordeón m. instrumento musical formado por un fuelle y dos cajas que contienen algunas teclas.
acordonado, da adj. arreglado como cordón.
acordonamiento m. acción y efecto de acordonar.
acordonar tr. apretar con un cordón; rodear algún lugar para incomunicarlo.
acores m. pl. erupción infantil que se desarrolla en la cabeza.
acorralar tr. meter el ganado en el corral; encerrar; confundir.
acortar tr. hacer menor la cantidad, capacidad o longitud de alguna cosa.
acosar tr. perseguir a alguien o a alguien sin descanso; hacer que el caballo corra.
acostar tr. tenderse para descansar o dormir.
acostumbrar tr. tener costumbre de algo.
acotación f. nota marginal en un escrito.
acotar tr. asegurar la propiedad de algún terreno mediante cotas; señalar.
acotillo m. martillo empleado en las herrerías.
acoyundar tr. uncir a los bueyes.
acoyuntar tr. juntar dos labradores sus yuntas para labrar por cuenta de entrambos.
acracia f. doctrina de los ácratas.
ácrata adj. y s. anarquista o partidario de la ausencia de cualquier autoridad.
acre adj. áspero y picante.
acre m. medida agraria inglesa que es igual a 40 áreas y 47 centiáreas.
acrecentar tr. agrandar; aumentar. U.t.c.r.
acrecer tr. hacer mayor. U.t.c. intr. y c.r.
acreditado, da adj. de reputación.
acreditar tr. dar crédito a algo; concederle reputación y fama.
acreedor, ra s. el que tiene derecho para pedir o cobrar algo.
acribar tr. acribillar.
acribillar tr. hacer muchos agujeros en algún objeto; apuñalar.
acriminar tr. imputar o acusar de culpa.
acrimonia f. calidad de acre; desabrimiento.
acriollarse r. Amér. contraer el extranjero las costumbres del país.
acrisolar tr. depurar los metales por la acción del fuego.
acritud f. acrimonia.
acrobacia f. propio de acróbatas.
acróbata m. el que actúa en el trapecio o cuerda.
acromático, ca adj. cristal que impide ver los objetos con los colores del arco iris.
acromegalia f. desarrollo anormal de las extremidades y la cabeza.
acrópolis f. sitio más alto y fortificado en las ciudades griegas.
acromio m. parte superior del omóplato.
acróstico, ca adj. poema cuyas letras iniciales de cada uno de sus versos forman un nombre o una frase.
acta f. informe pormenorizado de los asuntos tratados en alguna junta.
actinómetro m. aparato que sirve para medir lo intenso de los rayos solares.
actitud f. postura del cuerpo casi siempre derivada de las distintas manifestaciones del ánimo.
activar tr. excitar; apresurar.
actividad f. habilidad en el obrar.
activo, va adj. el que es eficaz en el obrar; diligente.
acto m. acción; hecho; división de obras teatrales.
actor m. que actúa en el teatro; que figura desempeñando algún papel en un suceso; demandante.
actriz f. que actúa en el teatro.
actuación f. acción de actuar; pl. for. autos o diligencias de un procedimiento judicial.
actual adj. presente; acontece en el tiempo en que se habla.
actuar tr. accionar; apoyar hipótesis públicas en las facultades; proceder en un juicio; ejercer profesión u oficio.
actuaria f. antigua embarcación romana.
actuario m. secretario que da fe en los asuntos judiciales; persona capacitada en cálculo, estadística y finanzas en las compañías de seguros.

acuario m. lugar en donde se deposita alguna cantidad de agua para tener ahí animales o vegetales acuáticos.
acuartelar tr. concentrar la tropa en cuarteles. U.t.c.r.
acuartillar intr. doblar las caballerías las cuartillas al andar por exceso de carga o por agotamiento.
acuático, ca adj. que habita en el agua; relativo al agua.
acuciar tr. dar prisa; estimular; desear ardientemente.
acucioso, sa adj. diligente, solícito.
acuchillado, da adj. el que a fuerza de escarmientos es prudente.
acuchillar tr. herir o matar a cuchilladas; reñir con cuchillo.
acudimiento m. acción de acudir.
acudir intr. ir a un sitio convenido; valerse de alguien; presentarse frecuentemente a algún lugar.
acueducto m. conducto por donde pasa el agua para abastecer a una población.
acuerdo m. resolución de alguna junta o congreso; determinar una cosa después de reflexionar.
acuidad f. calidad de agudo.
acuífero, ra adj. que encierra dentro de sí agua.
aculebrinado, da adj. cañón semejante a la culebrina.
acullá adv. a la parte contraria del que está hablando.
acumulador adj. y s. que acumula; m. aparato para almacenar energía eléctrica.
acumular tr. amontonar; juntar; reunir. U.t.c.r.
acuñación f. acción y efecto de acuñar.
acuñar tr. sellar metales con el troquel, principalmente monedas y medallas.
acuoso, sa adj. rico en agua; semejante al agua; jugoso.
acurrucarse r. encogerse para protegerse del frío.
acusado, da adj. persona a la que se acusa.
acusador, ra adj. el que acusa.
acusar tr. atribuir a otro alguna culpa; denunciar; declarar uno sus culpas.
acusativo m. gram. caso que indica complemento directo.
acusón, na adj. que tiene la costumbre de acusar.
acústica f. parte de la Física que estudia el origen y la propagación de los sonidos.
acústico, ca adj. relativo al oído o a la acústica.
acutángulo adj. triángulo con ángulos agudos.
achacar tr. atribuir. U.t.c.r.
achacana f. alcachofa boliviana.
achacoso, sa adj. lleno de achaques
achaflanar tr. formar chaflanes.
achaparrado, da adj. rechoncho, bajo.
achaque m. indisposición ligera y habitual.
acharolar tr. barnizar con charol o con algo semejante.
achatamiento m. acción y efecto de achatar o achatarse.
achicar tr. disminuir el tamaño de algo; acobardar.
achicoria f. planta comestible y vitaminosa.
achicharrar tr. tostar algo hasta quemarlo; calentar con exceso
achichinque Méx. servidor fiel y competente.
achinelado, da adj. con forma de chinela.
achique m. acción y efecto de achicar.
achispar tr. poner casi ebrio a alguien.
adagio m. sentencia breve y moral; aire lento del ritmo musical
adalid m. caudillo de tropa; jefe de algún partido.
adamascado, da adj. semejante al damasco.
adamascar tr. fabricar telas labradas como el damasco.
adamitas m. pl. herejes que aparecían desnudos en sus reuniones para imitar a Adán en el Paraíso.
adaptar tr. ajustar una cosa con otra. U.t.c.r.
adaraja f. diente
adarga f. escudo de cuero de forma ovalada o acorazonada.
adarme m. peso de ciento setenta y nueve centigramos; porción mínima de una cosa.
adarve m. camino en lo alto de una fortaleza o muro.
adecenar tr. separar por decenas.
adecentarse r. arreglarse; ponerse presentable.
adecuar tr. acondicionar una cosa a otra. U.s.c.r.
adefagia f. voracidad

adefesio m. despropósito; cosa ridícula.
adehala f. lo que se concede sobre el precio de algo.
adehesar tr. convertir un terreno en dehesa.
adelantado, da adj. precoz; aventajado; atrevido; aprovechado.
adelantar tr. llevar para adelante; dar prisa; acelerar. U.t.c.r.
adelanto m. anticipo; regreso.
adelfa f. arbusto de la familia de las apocináceas, venoso y de hojas muy semejantes a las del laurel y racimos de flores blancas y amarillas.
adelfal m. lugar provisto de adelfas.
adelgazar tr. ponerse delgada una persona; hacer delgada a alguna cosa; depurar; enflaquecer.
adema f. madero; resguardo de madera que protege las obras subterráneas.
ademán m. movimiento del cuerpo que expresa alguna pasión del animo.
además adv. a más de esto.
adenia f. hipertrofia de los ganglios linfáticos.
adenitis f. inflamación de los ganglios linfáticos.
adenoide adj. adenoideo; f. pl. hipertrofia del tejido ganglionar.
adenoideo adj. de aspecto parecido al de las glándulas.
adentellar tr. hincar los dientes; morder.
adentro adv. estar adentro; interior.
adepto, ta adj. socio de alguna congregación casi siempre clandestina.
aderezar tr. arreglar; adornar; sazonar.
aderezo m. aquello con que se adorna; juego de joyas.
adeudo m. pago a la aduana por alguna mercancía; el hecho de adeudar.
adherencia f. unión física; fig. enlace.
adherir intr. unirse una cosa con otra; estar de acuerdo con alguna opinión.
adhesivo, va adj. el que puede adherirse.
adición f. acción de agregar.
adicional adj. lo que se añade o agrega.
adicto, ta adj. partidario de algo; dedicado a algo.
adiestrador, ra adj. el que adiestra.
adinamia f. pérdida de las fuerzas; debilidad.
adinerar tr. enriquecer; poseer dinero en abundancia.
adiós interj. de despedida.
adintelado, da adj. arco que tiende a transformarse en línea recta.
adiposis f. exceso de grasa (enfermedad).
adiposo, sa adj. abundante en grasa.
aditamento m. añadidura.
adivinación f. acción y efecto de adivinar.
adivinador, ra adj. el que adivina. U.t.c.s.
adivinanza f. acertijo.
adivinar tr. dar con algo oculto o desconocido, por medio de agüeros o por medio de conjeturas.
adivino, na adj. adivinador.
adjetivar tr. utilizar el sustantivo como adjetivo.
adjetivo m. palabra que se agrega al sustantivo para calificarlo o determinarlo.
adjudicar tr. declarar que un objeto pertenece a alguna persona; adueñarse de algo.
adjuntar tr. juntar una cosa con otra.
adjunto, ta adj. que está pegado a otra cosa. U.t.c.s.
adminículo m. lo que se emplea como auxiliar en una ayuda o intento.
administración f. acción de administrar; oficina del administrador.
administrar tr. gobernar; regir.
administrativo, va adj. referente a la administración.
admirable adj. digno de admiración.
admiración f. hecho de admirar; estimar; objeto admirable.
admirar tr. provocar sorpresa; apreciar.
admisible adj. con derecho a ser admitido.
admitir tr. recibir; aceptar; reconocer.
admonición f. amonestación.
adobado, da adj. carne con adobo.
adobar tr. preparar algún manjar;

poner en adobo las carnes; componer las pieles.
adobe m. ladrillo grande y secado por el sol.
adobo m. salsa para sazonar; acción de adobar.
adocenado, da adj. de poco valor; corriente; vulgar.
adocenar tr. separar en docenas.
adoctrinar tr. doctrinar; enseñar.
adolecer intr. padecer alguna enfermedad.
adolescencia f. edad posterior a la infancia, hasta los veinticinco años.
adonde adv. a qué parte; donde.
adondequiera adv. dondequiera; a cualquier lugar.
adonis m. nombre mitológico; joven hermoso.
adoptador, ra adj. el que adopta. U.t.c.s.
adoptar tr. reconocer legítimamente a un hijo que no es propio; tomar resoluciones premeditadas.
adoptivo, va adj. persona que adopta; persona a quien se adopta.
adoquín m. piedra labrada y rectangular utilizada para empedrados.
adoquinar tr. empedrar con adoquines.
adorar tr. venerar; reverenciar.
adoratorio m. templo en el que se adoraba a los ídolos.
adormecer tr. provocar sueño; sosegar; entorpecer.
adormidera f. planta oriental papaverácea de cuyo fruto se extrae el opio.
adormitarse r. medio dormirse.
adornar tr. embellecer con adornos; engalanar.
adorno m. lo que se emplea para mejorar algo.
adosar tr. colocar a una cosa junto a otra por la espalda.
adquirente adj. adquiridor. U.t.c.s.
adquiridor, ra adj. el que adquiere.
adquirir tr. obtener por sí mismo; conseguir.
adquisición f. acción de adquirir; lo adquirido.
adquisidor, ra adj. adquiridor. U. t.c.s.
adrede adv. de propósito.
ad referéndum (latín) a condición de ser aprobado por el superior.
adrenalina f. sustancia alcaloidea obtenida por procedimientos químicos; en poca cantidad se extrae también de las glándulas suprarrenales.
adriático, ca adj. relativo al mar o golfo de Venecia.
aduana f. oficina situada en las costas para cobrar los derechos de los objetos importados o exportados.
aduar m. conjunto de chozas o barracas habitadas por beduínos.
aducar m. seda que protege exteriormente al capullo del gusano de seda.
aducción f. movimiento que acerca a algún miembro del cuerpo al eje de éste.
aducir tr. discutir alguna razón.
adueñarse r. apropiarse alguna cosa.
adufe m. pandero.
aduja f. ruedas circulares formadas al recogerse un cable.
adujar tr. mar. recoger un cabo o vela enroscándolos.
adulador, ra adj. el que adula.
adular tr. halagar por interés.
adulterar tr. alterar algo; cometer adulterio.
adulterio m. unión ilegítima de hombre y mujer, siendo uno o los dos casados.
adúltero, ra adj. el que comete adulterio. U.t.c.s.
adulto, ta adj. edad posterior a la adolescencia; grado de perfección. U.t.c.s.
adunar tr. juntar, ligar. T.r.
adusto, ta adj. lo que es austero; rígido; melancólico.
ad valórem (latín) l. adv. con arreglo al valor.
advenedizo, za adj. extranjero; forastero. U.t.c.s.
advenimiento m. llegada solemne, principalmente de algún gobernante o pontífice.
advenir intr. llegar.
adventicio, cia adj. extraño a lo propio.
adventista com. partidario de la secta que espera un segundo advenimiento de Cristo. T. adj.
adverbio m. parte de la oración que modifica la acción expresada por el verbo.
adversario, ria adj. enemigo; persona en contra. U.t.c.s.
adversativo, va adj. que expresa un sentido contrario.
adversidad f. suerte contraria; desgracia.

adverso, sa adj. contrario, desfavorable.
advertencia f. acción de advertir.
advertido, da adj. con capacidad y experiencia.
advertir tr. tener la atención fija; observar; aconsejar.
adviento m. tiempo santo que celebra la iglesia cuatro domingos antes de Navidad.
adyacente adj. cosa colocada próxima a otra.
aedo m. poeta primitivo; especie de juglar.
aellas f. llaves.
aerífero, ra adj. que lleva aire.
aerodinámica f. rama de la mecánica que estudia la fuerza y el movimiento de los gases.
aerodinámico ca adj. referente a la aerodinámica.
aerofumigación f. fumigación con insecticidas, hecha con aviones.
aerófobo, ba adj. el que tiene aversión al aire.
aerolito m. bólido que cae del espacio.
aeromancia [-mancía] f. superstición por las señales del aire.
aerómetro m. aparato que mide la densidad del aire.
aeronato, ta adj. y s. nacido en un avión.
aeronauta adj. persona que navega por el aire. U.t.c.s.
aeronáutica f. arte de la navegación por el aire.
aeronáutico, ca adj. relativo a la aeronáutica.
aeronave f. globo que contiene un gas de menor densidad que el aire.
aeroplano m. aparato volador más pesado que el aire.
aeropostal adj. referente al correo aéreo.
aeropuerto m. estación de salida y llegada de aviones comerciales.
aerostática f. parte de la mecánica que se dedica al estudio del equilibrio de los gases.
aeróstato m. globo aerostático.
aerotecnia f. estudio de las aplicaciones del aire a la industria.
afable adj. delicado; con simpatía en la conversación y el trato.
afamado, da adj. famoso.
afamar tr. hacer famoso a algo; crearle fama.
afán m. trabajo intenso y penoso; anhelo impetuoso.
afanar intr. dedicarse al trabajo con esmero; trabajar corporal e intensamente.
afanípteros s. pl. zool. insectos chupadores, sin alas, como la pulga.
afanoso, sa adj. que se afana.
afascalar tr. hacer fascales.
afasia f. perder el habla por enfermedad del cerebro.
afear tr. hacer feo a algo.
afección f. afición; cariño; simpatía; impresión que deja una cosa en otra.
afectar tr. hacer exagerados y poco naturales los modales y las palabras; alardear; causar sensación. U.t.c.r.
afectividad f. conjunto de los fenómenos afectivos.
afectivo, va adj. relativo a la sensibilidad o afecto.
afecto, ta adj. con simpatía y cariño a algo.
afectuosamente adv. con afecto.
afectuoso, sa adj. amoroso; cariñoso; expresivo.
afeitar tr. hermosear con afeites; raer con navaja la barba, el bigote o el pelo.
afeite m. cosmético.
afelio m. punto de la órbita de algún planeta que está más lejos que el Sol.
afelpado, da adj. semejante a la felpa.
afeminado, da adj. el que en su voz y modales se parece a la mujer.
aferente adj. anat. que trae: **vaso aferente**.
aféresis f. supresión de letras al principio de una palabra.
aferrado, da adj. terco; obstinado.
aferrar tr. asir con fuerza; plegar una vela o bandera; amarrar las anclas. U.t.s. intr.
afgano, na adj. y s. de Afganistán.
afianzador, ra adj. que afianza.
afianzar tr. dar garantía por alguno para asegurar intereses; afirmar con puntales. U.t.c.r.
afición f. amor a algo.
afidávit m. declaración jurada y por escrito.
afijo m. letra o letras que se unen a la raíz de una voz simple para formar una voz compuesta.
afilador, ra adj. el que afila objetos cortantes. U.t.c.s.
afilar tr. agudizar el filo de algún arma o instrumento; adelgazar.

afiliado, da adj. que forma parte de alguna sociedad.
afiliar tr. reunir; asociar unas personas con otras para formar una sociedad. U.t.c.r.
afiligranar tr. formar filigrana; embellecer; pulir.
áfilo, la adj. bot. que no tiene hojas.
afilón m. correa para asentar el filo.
afilosofado, da adj. el que ostenta modales de filósofo.
afín adj. inmediato; contiguo.
afinador, ra adj. que afina; m. el que afina instrumentos músicos.
afinar tr. perfeccionar; retocar algo por última vez; poner acordes los instrumentos musicales.
afincar intr. fincar.
afinidad f. parecido de una cosa con otra; parentesco contraído por matrimonio; tendencia de los cuerpos para combinarse.
afirmar tr. hacer firme algo; tener certeza. U.t.c.r.
aflautado, da adj. semejante a la flauta.
aflicción f. acción de afligirse; pena.
afligir tr. dar pena o incomodidad física. U.t.c.r.
aflojar tr. hacer menor la presión; soltar; disminuir la fuerza o aplicación.
aflorar intr. asomar a la superficie del terreno de un filón mineral.
afluencia f. acción de afluir; abundancia de expresiones.
afluente p. a. de afluir.
afluir intr. llegar una concurrencia numerosa a algún lugar.
aflujo m. afluencia abundante de líquido a algún tejido orgánico.
afonía f. falta de la voz.
afónico, ca adj. falto de sonido.
áfono, na adj. falto de sonido.
aforar tr. recibir aforoso una propiedad; valuar los artículos comerciales para el pago de impuestos.
aforismo m. sentencia breve y didáctica que se considera como regla en alguna ciencia o arte.
aforo m. acción y efecto de aforar.
aforrar tr. cubrir con forro alguna cosa.
a fortiori (latín) con mayor razón.
afortunadamente adv. con fortuna o buena suerte.
afrancesado, da adj. imitador de los franceses.
afrecho m. salvado.
afrenta f. vergüenza que es consecuencia de alguna ofensa; intimación.
afrentoso, sa adj. que causa afrenta.
afrodisiaco, ca [-síaco, ca] adj. medicina que sirve de excitante al apetito venéreo.
afrodita adj. que reproduce sin requerir al otro sexo.
afrontar tr. colocar una cosa enfrente de otra; echar en cara; arrostrar. U.t.c. intr.
afta f. ulcerilla que aparece en el tubo digestivo.
aftoso, sa adj. enfermo de aftas.
afuera adv. lugar exterior; fuera del sitio donde se está; alrededores de algún país o pueblo.
afusión f. arrojar agua a cualquier parte del cuerpo como medicina terapéutica.
agachadiza f. ave zancuda que abunda en arroyos y pantanos, donde se agacha y esconde.
agacharse r. inclinarse; retirarse del trato social.
agalla f. excrecencia que se forma en algunos árboles como el roble, por la picadura de insectos; amígdala.
ágape m. banquete con fines caritativos que celebraban antiguamente los cristianos.
agarbado, da adj. garboso.
agarbanzado, da adj. semejante al garbanzo.
agaricina f. substancia grasosa que se extrae del agárico.
agárico m. hongo que carece de tallo y es parásito en el tronco de algunos árboles, como la encina.
agarrada f. pelea; riña.
agarradero m. asa de algún objeto; tenedero.
agarrado, da adj. mezquino; miserable.
agarrador, ra adj. el que agarra; almohadilla para coger la plancha; corchete. U.t.c.s.
agarrar tr. coger con la mano; asir fuertemente; sorprender. U.t.c.r.
agarrochar tr. matar a los toros con garrocha.
agarrotar tr. sujetar con cuerdas que se retuercen utilizando un palo.

agasajar tr. halagar mostrando expresiones de afecto.
ágata f. cuarzo jaspeado o listado de varias clases.
agave m. pita.
agavillar tr. formar gavillas.
agavillador, ra adj. el que agavilla.
agazapar tr. prender a alguien; agacharse como gazapo.
agencia f. oficina del agente; sucursal de alguna empresa.
agenciar tr. promover diligencias para lograr algo; obtener algo con diligencia. U.t.c.r.
agencioso, sa adj. oficioso o diligente.
agenesia f. impotencia para engendrar.
agerasia f. vejez libre de achaques.
agigantado, da adj. de estatura muy elevada; algo sobresaliente.
ágil adj. ligero.
agiotaje m. especulación sobre los fondos públicos.
agitador, ra adj. que agita; varilla para revolver líquidos. U.t.c.s.
agitanado, da adj. que parece gitano o de gitanos.
agitar tr. mover rápidamente; inquietar. U.t.c.r.
aglomerar tr. amontonar, juntar.
aglutinación f. acción y efecto de aglutinar.
aglutinante p. a. de aglutinar; que aglutina.
aglutinar tr. pegar; tener unida una cosa a otra por medio de un emplasto.
agnación f. parentesco de consanguinidad entre agnados.
agnado, da adj. pariente por consanguinidad en relación con otro, cuando ambos provienen de un mismo tronco de varón a varón. U.t.c.s.
agnosticismo m. doctrina filosófica que afirma que el entendimiento humano no puede dar acceso a toda noción de lo absoluto.
agnóstico, ca adj. que profesa el agnosticismo. T.s.
agobiar tr. doblar el cuerpo hacia abajo; humillar; deprimir. U.t.c.r.
agolpamiento m. acción y efecto de agolparse.
agolpar tr. juntarse de golpe en un lugar. U.t.c.r.
agonal adj. relativo a los certámenes y juegos públicos.
agonía f. angustia del moribundo; pena intensa.
agonizar intr. estar un enfermo en agonía.
ágora f. plaza pública en las ciudades griegas.
agorafobia f. horror a los espacios abiertos.
agorar tr. predecir lo futuro; adivinar.
agorero, ra adj. que adivina por agüeros; que pronostica sin base. U.t.c.s.
agostadero m. lugar donde pasta el ganado en el verano.
agostar tr. secarse las plantas por el calor excesivo; pastar el ganado en el agostadero.
agotamiento m. acción de agotar.
agotar tr. consumir; extraer todo el líquido de una capacidad cualquiera. U.t.c.r.
agraciado, da adj. que tiene gracia; gracioso.
agraciar tr. dar gracias a una persona o cosa; hacer una merced.
agradable adj. que agrada.
agradar intr. complacer; gustar.
agradecer tr. sentir y expresar gratitud.
agrado m. afabilidad para tratar a la gente.
agramar tr. romper el cáñamo para separar del tallo la fibra.
agramilar tr. cortar los ladrillos para igualarlos; figurar con pintura hiladas de ladrillos.
agramiza f. desperdicio del cáñamo agramado.
agrandar tr. hacer más grande alguna cosa. U.t.c.r.
agranujado, da adj. que forma granos irregularmente; que es granuja.
agrario, ria adj. relativo al campo.
agrarismo m. partido político que apoya a los agraristas.
agravar tr. hacer que una cosa sea más grave y molesta de lo que era.
agraviar tr. hacer agravio; agravar.
agravio m. injuria que menoscaba el honor; ofensa; humillación.
agravioso, sa adj. que implica o causa agravios.
agraz m. uva sin madurar.
agrazón m. uva silvestre que nunca madura.
agredido m. víctima de la agresión.
agredir tr. atacar a alguien para dañarlo.
agregado, da adj. reunión de co-

sas semejantes que forman un cuerpo.
agregar tr. anexar; unir varias cosas a otras.
agremán m. labor de pasamanería en forma de cinta.
agremiar tr. juntar un gremio. U.t.c.r.
agresión f. acción y efecto de agredir.
agresividad f. tendencia a acometer.
agresivo, va adj. propenso a agredir.
agresor, ra adj. el que ataca los derechos de otros.
agriar tr. ponerse agria alguna cosa; exasperar. U.t.c.r.
agricultura f. arte de cultivar la tierra.
agrietar tr. abrir grietas o hendiduras.
agrimensura f. arte de medir tierras
agrimonia f. planta rosácea de uso medicinal como astringente.
agrio, gria adj. ácido; desabrido; intolerable.
agrología f. parte de la agronomía que estudia los suelos propicios a la vegetación.
agronomía f. conjunto de reglas para el cultivo de la tierra.
agrónomo m. persona que estudia agronomía.
agrupación f. acción y efecto de agrupar.
agrupar tr. acción de agrupar.
agrura f. calidad de agrio; sabor agrio.
agua f. líquido compuesto por oxígeno e hidrógeno.
aguacate m. árbol americano que da una fruta sin sabor dulce.
aguacero m. lluvia abundante.
aguachirle f. licor sin fuerza; fig. cosa baladí.
aguadija f. líquido claro que aparece en los granos o llagas.
aguado, da adj. poco espeso.
aguador, ra adj. el que vende agua.
aguaducho m. avenida de agua que tiene gran fuerza.
aguafuerte m. lámina sacada por el grabado del agua fuerte.
aguafuertista m. el que graba al agua fuerte.
aguagoma f. goma diluída en agua.
aguajes m. aguadero.
aguají m. pescado de los mares de las Antillas, de un metro de largo y cuya carne no es comestible.
aguamanil m. jarro para echar agua en la palangana.
aguamanos m. agua para lavar las manos.
aguamarina f. piedra preciosa muy apreciada en joyería, transparente y de color verde mar.
aguanoso, sa adj. con mucha agua y humedad.
aguantar tr. contener; aceptar con molestia; reprimir. U.t.c.r.
aguante m. vigor para resistir algo; paciencia.
aguapié m. vino de agua y orujo pisado.
aguar tr. mezclar un licor con agua; frustrar algo agradable. U. t.c.r.
aguará m. Ríopl. especie de zorro grande.
aguardar tr. esperar.
aguardentoso, sa adj. bebida con aguardiente; persona que bebe mucho aguardiente.
aguardiente m. alcohol diluído en agua.
aguarrás f. aceite de trementina que fácilmente se transforma en gas.
aguasal f. salmuera.
aguatocha f. bomba.
aguaturmá f. planta herbácea con hojas ovaladas y vellosas y flores amarillentas cuya raíz es comestible.
aguazal m. lugar donde se estanca el agua de lluvia.
agudez f. agudeza.
agudeza f. sutileza en la punta de algún arma u otra cosa; perspicacia.
agudo, da adj. sutil; afilado; perspicaz; penetrante.
agüera f. canal para conducir el agua de lluvia a las heredades.
agüero m. presagio formado por hechos sin fundamento.
aguerrido, da adj. ejercitado en el combate.
aguijada f. vara con punta de fierro para picar a la yunta.
aguijón m. punta de la aguijada; púa de algunos insectos.
aguijonear tr. aguijar; excitar.
águila f. ave rapaz de vista penetrante, vigorosa y rápida.
aguileño, ña adj. de rostro largo y delgado y de nariz corva.
aguín m. árbol conífero con ramas entrelazadas y conos redondeados.

aguja f. varilla de acero, aguda por una punta y con un ojo por la otra, útil para coser; varilla metálica que tiene varios usos; algunas herramientas en forma de aguja; obelisco; brújula náutica.
agujal m. agujero que queda en la pared al sacar las agujas de los tapiales.
agujar tr. herir con aguja.
agujazo m. punzada de aguja.
agujerear tr. formar agujeros.
agujero, ra adj. persona que fabrica o vende agujas; abertura redonda en cualquier objeto.
agujeta f. cintas con herretes en las puntas; útiles para amarrar algo; dolor que se experimenta después de un movimiento violento.
¡agur! interj. ¡adiós!
agusanarse r. criar gusanos alguna cosa.
agustino, na adj. religioso de la orden de San Agustín.
aguzado, da adj. con forma aguda.
aguzanieves f. pájaro cuyo largo es igual a su cola, habita en lugares húmedos y constantemente mueve la cola.
aguzar tr. adelgazar la punta de algún objeto.
¡ah! interj. expresa diversos estados del ánimo.
aherrumbrarse r. tomar una cosa color o sabor de hierro.
ahijado, da adj. persona respecto de sus padrinos.
ahijar tr. adoptar un hijo; procrear.
ahilar intr. formar hilera yendo uno tras otro.
ahínco m. eficacia para realizar o solicitar algo.
ahitar tr. indigestar; limitar un terreno con mojones.
ahíto, ta adj. indigestado; hastiado de algo; quieto.
ahocinarse r. ir los ríos por quebradas angostas.
ahogadero, ra adj. cordel que se ponía en el cuello del que iba a ser ahorcado; correa que ciñe el pescuezo de las bestias. U.t.c.s.
ahogado, da adj. lugar de poca ventilación; persona que muere asfixiada en el agua.
ahogar tr. privar de la vida a alquien quitándole la respiración; sofocar; apagar.
ahogo m. dificultad penosa; apremio.
ahondar tr. profundizar alguna cavidad; penetrar en lo más recóndito de algo. U.t.c. intr.
ahora adv. en este momento.
ahorcadizo, za adj. caza muerta en lazo.
ahorcaperros m. nudo corredizo.
ahorcar tr. quitar la vida a alguien colgándolo del cuello, principalmente en la horca; dejar.
ahormar tr. adaptar algo a su horma; ajustar.
ahornagarse r. abrasarse la tierra y sus frutos por el exceso de calor.
ahorquillar tr. sujetar con horquillas; formar horquillas.
ahorrar tr. reservar algo de lo que se gana; evitar algo complicado. U.t.c.r.
ahorrativo, va adj. el que ahorra en su gasto más de lo conveniente.
ahorro m. lo que se ahorra.
ahoyar intr. hacer hoyos.
ahuchar tr. guardar en hucha; guardar en sitio seguro lo ahorrado.
ahuecar tr. hacer hueca alguna cosa; ensanchar; hacer más grave el tono de la voz.
ahuehuete m. árbol conífero cuya madera es parecida a la del ciprés.
ahumado, da adj. objetos transparentes con color parecido al del humo.
ahumar tr. hacer que algo reciba humo; salir humo de cosas quemadas.
ahusado, da adj. semejante al huso
ahusar tr. poner algo en forma de huso.
ahuyentar tr. obligar a huir.
aijada f. aguijada.
aimarás adj. indios que habitan cerca del lago Titicaca, entre Perú y Bolivia.
airar tr. hacer sentir ira.
aire m. gas que contiene vapor de agua, nitrógeno, oxígeno, argo y otros gases más; gallardía.
airón m. garza real; penacho de algunas aves; conjunto de plumas que adornan cascos o sombreros.
airosidad f. garbo

airoso, sa adj. lugar que recibe mucho aire; gallardo; el que sale con éxito de alguna empresa.
aislador, ra adj. que aisla; objeto que sirve para evitar que pase el calor. U.t.c.s.
aislamiento m. acción de aislar; fig. incomunicación, desamparo.
aislar tr. cercar de agua algún lugar; separar una cosa de otras; apartar del trato social a alguien. U.t.c.r.
¡ajá! interj. expresa aprobación de algo.
ajabeba f. flauta de los moros.
ajamonarse r. transformarse en jamona una mujer.
ajar m. terreno sembrado de ajos.
ajar tr. maltratar algo.
ajarafe m. terreno elevado y amplio; azotea.
ajear intr. quejarse la perdiz cuando la cazan.
ajedrez m. juego entre dos personas, se utilizan treinta y dos piezas sobre un tablero dividido en sesenta y cuatro escaques.
ajenjo m. planta perenne de uso medicinal, amarga y olorosa; licor con ajenjo.
ajeno, na adj. que es propio de otro; extraño; lejano.
ajetrearse r. fatigarse a causa de algún trabajo o viaje.
ají m. pimiento; rostro encendido.
ajiaceite m. mezcla de ajos machacados y aceite.
ajicomino m. compuesto de ajo y cominos.
ajilimoje m. salsa con todo lo indispensable para los guisados.
ajilimójili m. ajilimoje.
ajimez m. ventana en forma de arco que tiene en el centro una columna.
ajo m. planta liliácea cuyo bulbo redondo y oloroso se emplea para condimentar los alimentos.
ajobar tr. cargar a cuestas algo.
ajonjera f. planta perenne y compuesta de hojas puntiagudas con espinas y flores amarillentas.
ajonjolí m. planta herbácea con hojas en forma de triángulo, flores blancas o rosas y cuyo fruto tiene muchas semillas menudas y comestibles.
ajorar tr conducir por fuerza algo de un lugar a otro.
ajorca f. argolla que usaban las mujeres en las muñecas, brazos o tobillos a manera de adorno.
ajuanetado, da adj. juanetudo.
ajuar m. conjunto de muebles y enseres de una casa.
ajuiciar intr. hacer que alguien tenga juicio; juzgar.
ajustado, da adj. lo que es justo; recto.
ajustador, ra adj. que ajusta; armador ajustado al cuerpo. U. t.c.s.
ajustar tr. hacer justa una cosa; acomodar; arreglar; concordar.
ajusticiado, da m. f. reo a quien se ha aplicado la pena de muerte.
ajusticiar tr. castigar con la pena de muerte.
al contracción de la preposición a y el artículo el.
ala f. miembro de las aves e insectos útil para volar; parte inferior de un sombrero; lado de un edificio.
Alá m. nombre que los orientales dan a Dios.
alabancioso, sa adj. jactancioso.
alabanza f. acción de alabar.
alabar tr. elogiar con palabras; vanagloriarse.
alabardero m. soldado armado de alabarda.
alabastrina f. hoja transparente de alabastro yesoso.
alabastrino, na adj. parecido al alabastro.
alabastro m. mármol con visos de diferentes colores y de hermoso pulimento.
álabe m. estera a los lados del carro.
alabear r. torcerse la madera desapareciendo su superficie plana.
alacena f. hueco hecho en la pared con puertas y destinado para guardar varias cosas.
alacrán m. arácnido pulmonado que al picar introduce una ponzoña que causa irritación.
alacranera f. planta leguminosa con hojas en forma de corazón; flores amariposadas y cuyo fruto es parecido a la cola del alacrán.
alacridad f. diligencia del ánimo para efectuar algo.
aladares m. porción de cabellos que caen sobre las sienes.
aladierna f. arbusto perenne de hojas verdes coriáceas, su fruto es pequeño, negro y jugoso.

aladierno m. aladierna.
alado, da adj. que tiene alas; fig. ligero, veloz.
aladrada f. surco.
aladrero m. carpintero que labra madera para las minas.
aladro m. arado.
álaga f. fanfarrón que da un grano largo y amarillento.
alagadizo, za adj. que fácilmente se encharca.
alamar m. botón sobrepuesto que va a la orilla del saco o capa para abotonarse o adornar.
alambicado, da adj. logrado poco a poco; sutil.
alambicar tr. destilar; observar algo hasta lo más recóndito.
alambique m. instrumento que sirve para extraer al fuego y por destilación, esencia de algún líquido.
alambrada f. red de alambre para defensa.
alambrado m. cerco de alambres.
alambrar tr. rodear un lugar con alambre.
alambre m. hilo de algún metal; cable de alambre.
alambrera f. enrejado de alambre para ventanas, puertas; cobertera de red de alambre.
alameda f. lugar provisto de álamos.
alamín m. oficial que antiguamente controlaba los precios.
álamo m. árbol salicíneo de gran altura y flores colgantes cuya madera es permeable.
alampar intr. tener ansia por obtener algo.
alancear tr. dar con lanzas. U. t.c.r.
alano, na adj. invasor de la Península Ibérica a principios del siglo v; relativo a este pueblo. U. t.c.s.
alarbe adj. árabe; hombre ignorante o brutal. U.t.c.s.
alarde m. formación para pasar reseña al ejército; ostentación de algo.
alardear intr. hacer alarde.
alargar tr. hacer una cosa de mayor longitud; estirar.
alarida f. vocería.
alarido m. grito angustioso por algún dolor o pena; grito de alegría.
alarife m. maestro de obras.
alarma f. aviso para defenderse; inquietud.
alarmar tr. producir alarma; asustar. U.t.c.r.
alarmista adj. que hace cundir noticias alarmantes.
alazán, na adj. lo que es de color rojo o canela; caballo o yegua de pelo alazán. U.t.c.s.
alazor f. planta compuesta de hojas espinosas cuyas flores azafranadas se emplean para teñir.
alba f. amanecer; primera luz del día, anterior a la salida del Sol.
albacea f. el que se encarga de vigilar los bienes del muerto y hacer cumplir sus últimas órdenes.
albada f. alborada; jabonera.
albahaca f. planta labiada de hojas lampiñas y flores purpúreas y aromáticas.
albanés, sa adj. de Albania. T.s.
albaicín m. barrio en forma de pendiente.
albañal m. canal para que salgan las aguas sucias e inmundas.
albañil m. el que hace trabajos de albañilería.
albar adj. blanco.
albarán m. papel que comúnmente se pega en los vidrios de las casas que se rentan.
albarazo m. semejante a la lepra.
albarda f. la pieza más importante del aparejo de las bestias de carga.
albardar tr. enalbardar.
albardilla f. silla utilizada para domar potros; lana apretada que a veces los borregos tienen en el lomo; almohadilla de cuero que llevan en el hombro los aguadores.
albardón m. aparejo más elevado que la albarda.
albaricoque m. fruto del albaricoquero; drupa redonda y amarillenta de rico sabor y cuyo hueso es una almendra amarga.
albaricoquero m. árbol rosáseo de hojas como corazón y flores blancas siendo su fruto el albaricoque.
albariza f. laguna salobre.
albarrada f. pared de piedra seca; cerca de tierra.
albarrana f. cebolla albarrana; torres que se ponían en las murallas.

albayalde m. carbonato de plomo utilizado en la pintura.
albazano, na adj. que tiene color castaño oscuro.
albear intr. blanquear.
albedrío m. libertad para actuar a merced de una voluntad desordenada.
albedro m. madroño.
albéitar m. veterinario.
albeitería f. veterinaria.
albenda f. colgadura antigua hecha de lienzo con labores que simulaban flores o animales.
alberca f. depósito artificial de agua.
albérchigo m. albaricoque.
albergar tr. hospedar.
albergue m. sitio de albergue; hospedaje.
albero, ra adj. blanco; m. terreno blanquecino.
albigense adj. originario de Albí; herejes que invadieron la Francia en el siglo XIII y atacaban a los sacramentos y al rito eclesiástico.
albín m. hematites; color carmesí oscuro.
albinismo m. ausencia congénita de pigmento en el hombre, en los animales y en ciertas plantas.
albino, na adj. que no tiene pigmento en la piel; de pelo blanco; hijo de morisco y europea o viceversa. U.t.c.s.
albitana f. contrarroda; contracodaste.
albo, ba adj. término poético para señalar lo blanco.
albóndiga f. bola de carne o pescado picado, mezclado con pan y huevos.
albor m. albura; comienzo de la luz del día.
alborada f. el amanecer; toque militar que anuncia el día.
alborga f. calzado rústico de soga semejante a la alpargata.
albornoz m. capa con capucha; tela hecha como cordoncillo.
alborotadizo, za adj. que fácilmente se alborota o inquieta.
alborotado, da adj. que actúa sin reflexionar y precipitadamente.
alborotar tr. inquietar.
alboroto m. estrépito ocasionado por alguna muchedumbre; tumulto; motín; inquietud.
alborozo m. alegría o regocijo profundo.
albricias f. pl. regalo que se da por una sorpresa.
albufera f. laguna que se forma del agua del mar.
albugíneo adj. relativo al blanco de los ojos.
álbum m. libro en blanco y encuadernado con lujo y en cuyas hojas se reúnen escritos, piezas de música, retratos, etc.
albumen m. fécula que cubre el embrión de varias plantas sirviéndoles de alimento.
albúmina f. sustancia sin color ni sabor compuesta de carbono, hidrógeno, nitrógeno, oxígeno y azufre.
albuminoide m. cuerpo orgánico parte fundamental de los tejidos.
albur m. pez melacopterigio abdominal, cuya carne blanca y de sabor agradable tiene multitud de espinas pequeñas.
albur m. jugar; confiar al azar.
albura f. extremada blancura; capa que está debajo de la corteza de algunos vegetales.
alcabala f. impuesto que se pagaba al fisco en las operaciones de compraventa o en cualquier tratado comercial.
alcachofa f. planta hortense y compuesta cuya raíz produce unos frutos que son comestibles antes de alcanzar su desarrollo.
alcahaz m. jaula de gran capacidad para guardar aves.
alcahuete, ta m. f. persona que solicita mujeres para otros; fig. chismoso.
alcahuetear tr. inducir a alguna mujer para tratar lascivamente a un hombre; actuar de alcahuete.
alcaide m. el que guarda algún castillo o fortaleza bajo juramento; vigilante de los presos.
alcaidesa f. mujer del alcalde.
alcaidía f. oficina del alcalde.
alcalde m. presidente de un ayuntamiento o municipio; juez que impone justicia y orden en algún pueblo; el que dirige una danza.
alcalescencia f. quím. estado de las sustancias orgánicas en que se forma el amoníaco.
álcali m. óxido muy soluble en el

agua y que puede ser una base enérgica.
alcalímetro m. instrumento que mide la cantidad de álcali que tienen los carbonatos.
alcalino, na adj. que contiene álcali.
alcaloide m. quím. base salificable de procedencia orgánica.
alcance m. acción de perseguir; distancia alcanzada por algo; saldo; talento; trascendencia.
alcancía f. objeto generalmente de barro con una hendedura estrecha para echar monedas y guardarlas.
alcántara f. sustancia de olor característico y color blanco, se encuentra en el alcanforero y en algunas plantas lauráceas.
alcantarilla f. puente pequeño debajo del cual pasan las aguas o alguna carretera sin importancia; acueducto.
alcanzadura f. contusión que los caballos se hacen con los pies.
alcanzar tr. juntarse a algo que va adelante; tomar algo alargando la mano; conseguir; lograr; comprender.
alcaparra f. botón de flor que se usa como condimento.
alcaparrón m. baya con figura de higo que se encuentra en la alcaparra.
alcaraván m. ave zancuda con cuerpo rojo, excepto la cabeza que es negra.
alcaravea f. planta cuyas semillas por tener un olor penetrante sirven para condimento.
alcarraza f. recipiente de arcilla que hace que el agua que contiene se resuma.
alcarria f. terreno elevado con poca hierba.
alcartaz m. cucurucho.
alcatifa f. alfombra de buena calidad.
alcatraz m. alcartaz.
alcaudón m. pájaro carnívoro con el cuerpo color ceniza y las alas y la cola negras.
alcázar m. fortaleza; residencia de la familia real aunque no esté fortificada; espacio entre la popa y la toldilla.
alce m. anta; en los naipes, conjunto de cartas que se corta antes de ser distribuídas.
alción m. martín pescador; zoófito de la clase de los pólipos.
alcista com. persona que juega al alza de los valores.
alcoba f. habitación para dormir; caja.
alcohol m. líquido formado al destilar el vino u otros licores.
alcohólico, ca adj. relativo al alcohol; que tiene alcohol; alcoholizado.
alcoholímetro m. aerómetro que determina la cantidad de alcohol que hay en algún líquido.
alcoholismo m. enfermedad producida por el exceso de bebidas alcohólicas.
alcor m. colina o collado.
alcornoque m. árbol cupulífero que se conserva siempre verde y su corteza es el corcho.
alcotán m. ave rapaz muy parecida al halcón con la cola roja.
alcotana f. herramienta de albañilería.
alcoyano, na adj. originario de Alcoy. U.t.c.s.
alcurnia f. ascendencia.
alcuza f. recipiente cónico hecho de hoja de lata.
alcuzcuz m. pasta hecha con harina y miel, es de origen moro.
aldaba f. pieza de hierro o de bronce que se coloca en las puertas para llamar.
aldabía f. madero que sostiene la armazón de un tabique colgado.
aldabilla f. gancho que sirve para cerrar puertas, cofres, etc.
aldabón m. aldaba grande; asa de cofre.
aldea f. pueblo sin jurisdicción y con muy pocos habitantes.
aldeanamente adj. al estilo de la aldea.
aldeano, na adj. y s. natural de una aldea, perteneciente a ella.
aldebarán f. estrella más importante en la constelación de Tauro.
aldehído m. líquido volátil que se obtiene oxidando un alcohol.
aldehuela f. aldea.
alear tr. mover los brazos como si fueran alas.
aleatorio, ria adj. relativo al azar; causa de algo inesperado.
alebrarse r. pegarse al suelo; acobardarse.
aleccionar tr. instruir; enseñar.
alechigar tr. dulcificar; acostar.

aledaño, ña adj. que linda con algo; límite. U.t.c.s.
alefato m. abecedario de los hebreos.
alegar tr. defender citando alguna prueba; utilizar méritos para obtener algo.
alegato m. escrito del defensor que contiene hechos o ejemplos que favorecen a su cliente.
alegoría f. figura de la retórica mediante la cual una cosa es representada por medio de otra distinta.
alegre adj. que expresa júbilo; alegría.
alegro m. movimiento moderadamente vivo del ritmo musical.
alegrón m. alegría inmensa y repentina.
alejandrino, na adj. originario de Alejandría; relativo a Alejandro Magno; verso de catorce sílabas.
alejar tr. colocar más lejos. U.t.c.r.
alelar tr. poner lelo.
alelí m. alhelí.
aleluya f. voz gozosa de la iglesia; estampa pequeña.
alemanda f. danza típica de los alemanes.
alentada f. respiración ininterrumpida.
alentado, da adj. fuerte a la fatiga; afanoso.
alentar intr. respirar; animar; U. t.c.tr. y r.
alepín m. tela de lana de buena calidad.
alerce m. árbol conífero de elevada altura, cuya fruta es más pequeña que la del pino.
alergia f. susceptibilidad morbosa de un individuo a la acción de ciertas sustancias.
alergólogo, ga m. f. especialista en enfermedades alérgicas
alero m. parte que sale del tejado y desvía el agua de lluvia.
alerta f. que está vigilando.
alesna f. lesna.
alesnado, da adj. con punta en forma de lesna.
aletada f. movimiento de las alas.
aletargar tr. causar letargo.
aletear intr. estar moviendo las aves sus alas sin volar.
aleve adj. con alevosía. U.t.c.s.
alevosía f. traición, perfidia.
alexifármaco, ca adj. y s. med. contraveno.
alezo m. faja de lienzo para vendar el vientre.
alfa f. primera letra del alfabeto griego.
alfabéticamente adv. por el orden del alfabeto.
alfabético, ca adj. relativo al alfabeto.
alfabeto m. abecedario; conjunto de letras.
alfajía f. madero para cercos de puertas y ventanas.
alfajor m. alajú.
alfalfa f. arbusto de Italia, leguminoso y con flores amarillas que se usa para forraje.
alfandoque m. pasta de jengibre; panela.
alfaneque m. ave de cetrería que abunda en Africa y es semejante al halcón.
alfanje m. sable corto y corvo.
alfaque m. banco de arena en la desembocadura de los ríos.
alfaquí m. sabio musulmán.
alfar m. obrador de alfarero; arcilla.
alfaraz m. caballo de tropa musulmán.
alfarería f. arte de hacer vasijas de barro; sitio donde se venden.
alfarero m. fabricante de vasijas de barro.
alfarje m. aparato que se usa en los molinos de aceite para moler la aceituna antes de prensarla.
alfarjía f. alfajía.
alféizar m. vuelta de la pared en el corte de alguna puerta o ventana.
alfeñicarse r. simular dulzura remilgándose; adelgazarse.
alfeñique m. pasta de azúcar cocida; persona de complexión endeble.
alferazgo m. cargo del alférez.
alferecía f. epilepsia infantil; alferazgo.
alférez m. abanderado en la infantería y caballería; oficial inferior al teniente.
alfil m. pieza del ajedrez que se mueve en sentido diagonal.
alfiler m. clavillo de metal con punta en uno de sus extremos, útil para sujetar alguna parte del vestido, tocado, etc.
alfolí m. granero; depósito de sal.
alfombra f. tejido con que se cubre el suelo.
alfombrilla f. erupción semejante

a la del sarampión, pero sin catarro.
alfóncigo m. árbol terebintáceo, cuyo fruto es una drupa con una pequeña almendra comestible llamada pistacho.
alfonsino, na adj. perteneciente a alguno de los reyes llamados Alfonso; m. antigua moneda española.
alforfón m. planta poligonácea cuyo fruto es utilizado en España para hacer pan.
alforja f. especie de talega con dos bolsas grandes para guardar cosas que se trasladan de un lugar a otro.
alforza f. pliegue horizontal que se hace a una ropa.
alga f. planta acuática cuyo tallo parece cinta, algunas son comestibles y otras medicinales o útiles para abono.
algaida f. lugar abundante en matorrales espesos; médano.
algalia f. sustancia útil en perfumería, blanca, de olor penetrante y sabor ácido; se saca del gato montés o de algalia.
algara f. tropa de a caballo que salía a robar la tierra del enemigo.
algarabía f. lengua árabe; mala pronunciación al hablar; gritería de varias personas que hablan a un tiempo.
algarada f. vocería que causa una muchedumbre.
algarrada f. fiesta en que se corre un toro con vara larga; novillada.
algarroba f. planta leguminosa con flores blancas y cuya semilla ya seca sirve de comestible a las palomas y a la caballería.
algarrobo m. árbol leguminoso que tiene como fruto la algarroba.
algazul m. planta ficoidea que abunda en las estepas.
álgebra f. rama de las matemáticas que trata de la cantidad considerada en general, expresada por medio de letras.
algebraico, ca adj. relativo al álgebra.
algidez f. frialdad glacial del cuerpo.
algo pron. expresa algo que no se nombra o cantidad indeterminada.
algodón m. planta malcácea cuyo fruto es una cápsula que tiene varias semillas envueltas en una borra muy larga y blanca; borra que envuelve a las semillas del algodón.
algodonero, ra adj. relativo al algodón.
algorín m. lugar apropiado para el cultivo de la aceituna.
algoritmia f. **algoritmo** m. ciencia del cálculo aritmético o algebraico.
algoritmo m. teoría de los números.
alguacil m. oficial de justicia que está al servicio de un tribunal; antiguo gobernante.
alguno, na adj. que se aplica en forma vaga a una persona o cosa.
alhaja f. joya; objeto de valor.
alharma f. planta rutácea cuyas semillas son comestibles.
alhelí m. planta crucífera de varios colores y aromática.
alheña f. arbusto aleáceo cuyo fruto es una baya parecida al guisante.
alhóndiga f. casa pública para la compra y venta de granos, principalmente de trigo.
alhondiguero m. que cuida la alhóndiga.
alhorre m. excremento de los niños recién nacidos; erupción infantil.
alhucema f. espliego.
alhumajo m. hoja del pino.
aliáceo adj. semejante al ajo.
alianza f. acción de unirse algo; parentesco contraído al casarse.
alianzarse r. aliarse.
alias adv. lat. por otro nombre; apodo.
alible adj. capaz de nutrir.
alicaído, da adj. con alas caídas; débil; desanimado.
alicante m. víbora venenosa.
alicantina f. malicia para engañar.
alicatado m. obra de azulejos de estilo árabe.
alicates m. pl. tenacillas con puntas cónicas útiles para coger objetos pequeños.
aliciente m. atractivo.
alidada f. regla que tiene algunos aparatos topográficos, útiles para dirigir visuales.
alienable adj. enajenable.
aliento m. acción de alentar; respiración; soplo.

aligación f. mezcla de unas cosas con otras.
aligar tr. ligar. U.t.c.r.
alígero adj. poét. que tiene alas; veloz.
alijar tr. moderar la carga de una embarcación; ejido.
alijo m. acción de alijar; conjunto de objetos de contrabando.
alimanisco, ca adj. tela labrada, alemanisco.
alimaña f. animal que perjudica la caza menor.
alimañero f. el que destruye alimañas.
alimentación f. acción y efecto de alimentar.
alimentador, ra adj. que alimenta. U.t.c.s.
alimentar tr. dar alimento; vigorizar. U.t.c.r.
alimento m. lo que nutre a las personas, animales, plantas, etc.
alinear tr. colocar en línea recta. U.t.c.r.
aliñar tr. aderezar; concertar.
aliño . m. acción de aliñarse; adorno.
alioli m. Ajiaceite.
aliquebrar tr. quebrar las alas. U. t.c.r.
alisal m. lugar con alisos.
alisar tr. hacer lisa una cosa; arreglar el cabello; lugar con alisos.
alisios m. pl. vientos alisios o tropicales.
aliso m. árbol betuláceo con flores blancas y frutos rojizos; su madera es útil para fabricar instrumentos musicales.
alistar tr. prevenir; disponer. U. t.c.r.
aliteración f. vicio del lenguaje contrario a la eufonía: paronomasia.
alivio m. acción y efecto de aliviar; desahogo.
alizar m. frío de azulejos que se coloca en la parte baja de las paredes de las habitaciones.
aljaba f. caja portátil para guardar flechas.
aljama f. reunión de judíos; mezquita; sinagoga.
aljamía f. nombre con que los moros designaban a la lengua castellana; escrito en castellano con caracteres arábigos.
aljamiado, da adj. que habla la aljamía.
aljibe m. cisterna; bóveda.
aljófar m. perla irregular y pequeña.
aljofifa f. pedazo de paño para fregar el suelo.
aljuba f. gabán o vestidura morisma.
alma f. esencia del hombre; principio sensitivo que da vida a los seres animados; viveza; energía.
almacén m. local público o privado donde se guardan mercancías.
almacenaje m. derecho que se paga para guardar algo en un almacén.
almáciga f. resina clara y aromática; sitio para sembrar las semillas de las plantas para después transplantarlas a otro lugar.
almádena f. mazo de hierro para romper piedras.
almadía f. armadía.
almadraba f. pesca de atún; sitio donde se hace esta pesca; red para pescar atunes.
almadreña f. zueco.
almagre m. óxido de hierro empleado en la pintura; señal.
almanaquero, ra m. y f. que hace o vende almanaques.
almarada f. puñal agudo con tres aristas; aguja grande para coser alpargatas.
almarraja f. recipiente de vidrio semejante a la garrafa, con un agujero en el centro para regar.
almártaga f. cabezada que tenían los caballos en el freno.
almatroque m. red semejante al antiguo sabogal.
almazara f. molino de aceite.
almea f. danzarina oriental que canta y recita.
almeja f. molusco acéfalo de color gris y en ocasiones con manchas amarillas o rojas, y de carne comestible.
almena f. torre de las antiguas fortalezas para proteger a los defensores.
almenara f. aviso que se hace en las atalayas por medio de fuego para indicar la llegada de algún barco; candelero.
almendra f. fruto del almendro que es una drupa de forma oblonga, cuya envoltura es semejante a la de la nuez y contiene una semilla carnosa y comestible.

almendrada f. leche de almendras, azucarada.
almendrado, da adj. semejante a la almendra.
almendral m. bosque o plantación de almendros.
almendrilla f. lima de cerrajero, en figura de almendra; piedra machacada para el firme de las carreteras.
almendro m. árbol amigdaláceo de prematuro florecimiento y cuyo fruto es la almendra.
almendruco m. fruto del almendro aún verde.
almete m. parte de las antiguas armaduras que cubría la cabeza.
almeza f. fruto del almezo, que es una drupa redondeada, negra exteriormente y amarilla por dentro.
almíbar m. azúcar disuelta en agua y que se coce hasta convertirla en jarabe. U.t.c.f.
almidón m. fécula de color blanco que está contenida en algunas semillas y cereales.
almidonar tr. mojar la ropa con almidón cocido.
alminar m. torre de las mezquitas.
almiranta f. mujer del almirante; nave que mandaba el segundo jefe de una armada.
almirantazgo m. supremo tribunal de la armada; juzgado del almirante.
almirante m. el que ordena en armadas, navíos y galeras.
almirantía f. almirantazgo.
almirez mortero pequeño de metal.
almizclar tr. aromatizar con almizcle.
almizcle m. sustancia de color rojo, aromática y de gusto amargo; tiene uso medicinal e industrial.
almizcleña f. planta liliácea parecida al jacinto.
almizclera f. desmán.
almizclero m. rumiante asiático que segrega almizcle.
almocadén m. capitán en la antigua milicia.
almocafre m. intrumento empleado en la jardinería para transplantar algunas plantas.
almodrote m. mezcla de aceite, ajos, queso y otras cosas, útil para sazonar.
almófar m. pieza de la armadura antigua en la que se colocaba el capacete.
almohada f. cojín para apoyar la cabeza.
almohadón m. especie de almohada útil para recargarse o sentarse en él.
almohaza f. aparato útil para limpiar a las caballerías.
almohazar tr. limpiar a las caballerías con la almohaza.
almojábana f. bollo; torta de harina, huevo y azúcar.
almojarife m. antiguo recaudador de rentas.
almoneda f. subasta pública de objetos.
almorrana f. tumor que se desarrolla en la parte exterior del ano. U.t. en pl.
almorzada f. lo que cabe en el hueco formado con ambas manos juntas.
almorzar intr. tomar el almuerzo.
almorta f. planta leguminosa de España, llamada también guija.
almotacén m. mayordomo; tasador encargado de vigilar pesas y medidas.
almud m. media fanega.
almudí m. alhóndiga; medida de seis cahíces.
almuédano m. muecín o musulmán encargado de invitar al pueblo a la oración.
almuerzo m. comida que se toma en la mañana.
alóbroge adj. originario de la antigua Galia Narbonense. U.t.c.s.
alobunado, da adj. semejante al lobo.
alocución f. breve discurso de un superior a sus súbditos.
alodio m. patrimonio.
áloe [aloe] m. planta liliácea cuyas hojas son de uso medicinal.
aloja f. bebida hecha de agua, miel y especias.
alojar tr. hospedar; dar alojamiento. U.t.c. intr. y c.r.
alomar tr. arar formando lomos.
alón m ala completa de algún ave, sin plumas.
alondra f. pájaro sedentario de color pardo y con una especie de collar negro.
alongar tr. alargar.
alópata m. médico que profesa la alopatía. T. adj

alopatía f. método terapéutico a base de antídotos.
alopático, ca adj. referente a la alopatía.
alopecia f. enfermedad de la piel que ocasiona la caída del pelo.
aloque adj. dícese del vino tinto de color rojo muy claro. U.t.c.s.
alotropía f. diversos aspectos que puede presentar a veces un mismo cuerpo.
alpaca f. mamífero rumiante de la América, famoso por su pelo; tela de algodón; metal blanco.
alpargata f. especie de sandalia hecha de paño.
alpende m. casilla para custodiar enseres en las obras.
alpestre adj. alpino.
alpinismo m. deporte que practica la ascensión a las montañas de gran altura.
alpiste m. planta gramínea útil como forraje y cuyas semillas se emplean como alimento para los pájaros.
alquequenje m. planta solanácea cuyo fruto, semejante a un guisante, sirve como diurético.
alquería f. casa de campo para la labranza.
alquermes m. licor excitante con quermes animal.
alquibla f. lugar del horizonte hacia donde miran los musulmanes cuando rezan.
alquicel m. vestidura usada por los moriscos.
alquilar tr. dar a alguien una cosa para que la utilice por tiempo determinado y mediante el pago de una cantidad fijada; servir a alguien por el pago de un sueldo.
alquimia f. arte para hallar la panacea universal y la piedra filosofal.
alquitara f. alambique.
alquitira f. tragacanto.
alquitrán m. sustancia oscura y olorosa extraída de la hulla, útil en la medicina y para calafatear barcos.
alrededor adv. sitio de una cosa en torno a otra; cerca de; a la redonda.
alsaciano, na adj. originario de Alsacia. U.t.c.s.; dialecto de esta región.
alsine f. planta de la familia de las cariofilias, útil en medicina y para alimentar a los pájaros.
alta f. danza regional de la Alta Alemania; orden dada a un enfermo para abandonar el hospital; documento de ingreso al servicio militar.
altamente adv. en forma perfecta; excelente.
altanería f. altura; caza con aves de rapiña; orgullo; envanecimiento.
altanero, ra adj. ave de elevado vuelo; imperioso; orgulloso.
altar m. piedra o monumento en que el sacerdote ofrece el sacrificio.
altea f. malvavisco.
altear tr. hacer más elevada alguna cosa.
alterar tr. modificar la estructura de algo; variar; falsificar. U.t.c.r.
altercar tr. discutir; disputar; reñir.
amigo inseparable.
alternado, da adj. alternativo.
álter ego m. lat. un segundo yo;
alternador m. máquina eléctrica generadora de corriente alterna.
alternar tr. sucederse por turno.
alternativa f. derecho que tiene alguien para realizar una cosa alternando con otra; optar por una cosa sobre otra.
alternativo, va adj. que se efectúa alternativamente.
alterno, na adj. alternativo; hecho con alternación.
alteza f. excelsitud; sublimidad; tratamiento que se da a los hijos de los monarcas y a los infantes de España.
altibajo m. nombre dado antiguamente al terciopelo labrado; salto; altos y bajos de algún terreno.
altillo m. lugar poco elevado; cerrillo.
altimetría f. rama de la topografía que da reglas para medir las alturas.
altímetro, tra adj. relativo a la altimetría.
altiplanicie f. meseta extensa y elevada; ajarafe.
altisonante m. altísono.
altísono, na adj. lenguaje enfático y prosopopéyico; pomposo.
altitud f. eminencia, altura.
altivez f. arrogancia; envanecimiento; orgullo.

alto, ta adj. elevado; aumentado; encumbrado; arduo; costoso; descanso; escala.
altoparlante m. altavoz.
altozano m. cerro poco elevado; lugar alto y lleno de ventilación; altillo.
altramuz m. planta leguminosa cuyo fruto es un granillo en vaina útil como alimento para el ganado.
altruismo m. caridad; benevolencia para los demás; desprendimiento.
altura f. altitud de algún cuerpo.
alubia f. judía; haba.
alucinación f. acción de alucinar o alucinarse.
alucinar tr. confundir; embaucar logrando que se tome una cosa por otra.
alud m. caída estrepitosa de la nieve que se desprende de los montes; avalancha.
aluda f. hormiga con alas.
aludir intr. mencionar algo sin expresarlo directamente; sugerir; referir.
alumbrado, da adj. con alumbre; m. herejes que afirmaban que para salvarse se requería únicamente la oración y podían hacerse acciones reprobables sin pecar; sistema eléctrico que alumbra algún lugar.
alumbramiento m. parto.
alumbrante, ta m. f. persona que alumbra.
alumbrar tr. encender; producir luz e iluminación; aconsejar; parir.
alúmina f. óxido de aluminio que mezclado con otros cuerpos forma las arcillas y los feldespatos.
alunado, da adj. lunático.
alusión f. acción de insinuar o referir.
aluvial adj. relativo al aluvión.
aluvión m. inundación; fuerte desbordamiento de agua; muchedumbre.
alveario m. conducto externo del oido.
álveo m. madre del rio o arroyo; cauce.
alveolo [alvéolo] m. celdilla en que están montados los dientes en las mandíbulas del hombre y de los animales; cavidad; hueco.
alverja f. guisante
alvino, na adj. relativo al abdomen.
alza f. trozo de vaqueta que se pone sobre la horma para hacer el zapato más largo o ancho que ella; subida de algo; elevación.
alzada f. estatura del caballo hasta la cruz; apelación.
alzamiento m. acción de alzar; rebellón.
alzaprima f. cuña; trozo de madera o metal que se utiliza como palanca para levantar alguna cosa pesada.
alzaprimar tr. realzar con alzaprima; avivar; convencer.
alzapuertas m. el que hace el papel de criado en las comedias.
alzar tr. levantar.
allá adv. allí; más lejos; en otro lado.
allanador, ra adj. el que allana. U.t.c.s.
allanar tr. poner plana alguna cosa; nivelar; resolver; arrasar; penetrar a casa ajena sin la voluntad del dueño; conformarse con alguna cosa.
allegado, da adj. próximo; familiar; inmediato.
allegar tr. juntar; poner próxima una cosa con otra.
allende adv. allá; lejos; al otro lado; del lado de allá.
allí adv. en aquel lugar.
amable adj. agradable; que merece afecto; cortés; complaciente.
amacigado, da adj. de color amarillo.
amacollar tr. formar macollas las plantas. U.t.c.r.
amachetear tr. dar machetazos.
amachinarse r. amancebarse.
amadrigar tr. fig. acoger bien a alguno que no lo merece.
amadrinamiento m. acción y efecto de amadrinar.
amadrinar tr. apadrinar; juntar dos caballerías con una correa denominada madrina.
amadroñado, da adj. semejante al madroño.
amaestradamente adv. con destreza y arte.
amaestrar tr. adiestrar.
amagar tr. mostrar intención de hacer daño; conminar; agacharse.
amainar tr. plegar las velas de un barco para disminuir su marcha; moderar; aflojar.

amajadar tr. hacer el redil al ganado en algún terreno para que lo abone mientras permanezca allí.
amalecita adj. originario de un pueblo bíblico de la Arabia descendiente de Amalec; referente a este pueblo. U.t.c.s.
amalgama f. combinación del mercurio con otros metales; mezcolanza.
amalgamar tr. hacer amalgama.
ámalo, la adj. linaje ilustre de los godos. U.t.c.s.
amamantar tr. dar de mamar.
amancebamiento m. abarraganamiento; unión ilícita de hombre y mujer.
amancebarse r. vivir juntos, hombre y mujer sin estar casados.
amancillar tr. empañar; deslucir; ajar.
amanecida f. amanecer.
amanerado, da adj. el que es remilgado; afeminado.
amanerarse r. contraer modales o estilos afectados.
amansar tr. domesticar a un animal; apaciguar; sosegar. U.t.c.r.
amantillos m. pl. cabos que se emplean para mantener horizontal una verga cruzada.
amanuense m. el que escribe a mano; copista; escribano.
amañar tr. arreglar con maña; darse maña para obtener algo.
amaño m. artificio; astucia; trampa; truco para conseguir alguna cosa.
amapola f. planta papaverácea con flores rojas, crece en los sembrados y se utiliza como sudorífero y calmante; ababol.
amar tr. querer a personas o cosas; adorar; prenderse; apasionarse; estimar.
amarantáceas f. pl. familia de plantas dicotiledóneas cuyo tipo es el amaranto.
amaranto m. planta amarantácea que sirve de ornato en los jardines.
amarar intr. posarse en el agua un hidroavión.
amargar tr. con sabor desabrido; causar aflicción o pena; atormentar.
amargo, ga adj. de gusto desagradable; penoso; aflictivo.
amargosamente adv. amargamente.
amarguera f. planta umbelífera de flores amarillas y sabor amargo.
amarguero adj. amargo; espárrago.
amargura f. aflicción; desconsuelo; disgusto; pesar.
amarilis f. planta con hermosas flores que sirve de adorno en los jardines.
amarillo, lla adj. de color semejante al del limón; al del oro; al de la naranja, etc.
amariposado, da adj. con forma de mariposa; flor de planta leguminosa.
amaro m. planta labiada, de flores blancas y olor nauseabundo.
amarra f. cuerda que se pone en las caballerías para que no levanten la cabeza; cable para amarrar la embarcación al ancla o a tierra.
amarraco m. tanteo de cinco puntos en el juego del mus.
amarrar tr. sujetar y enlazar con cuerdas; ligar; afianzar.
amartelado, da adj. acaramelado; que denota enamoramiento.
amartelar tr. enamorar; cortejar; flirtear. U.t.c.r.
amartillar tr. martillear; disparar un arma de fuego.
amasadera f. artesa en que se amasa.
amasijo m. harina preparada para hacer pan; acción de amasar; confusión.
amatista f. cuarzo transparente con color semejante al de la violeta, se usa en joyería.
amaurosis f. pérdida de la vista a consecuencia de alguna lesión en el nervio óptico o en el encéfalo.
amaurótico, ca adj. referente a la amaurosis.
amauta m. sabio quechua.
amazacotado, da adj. compuesto a manera de mazacote.
amazacotar tr. hacer algo como mazacote.
amazona f. mujer guerrera de los primitivos tiempos heróicos; traje femenino para la mujer que monta a caballo.
amazónico, ca adj. relativo a las amazonas.
ambages m. pl. rodeo; circunloquio.
ámbar m. resina fósil de color amarillo oscuro que arde con

facilidad y tiene diversas aplicaciones en la industria.
ambarino, na adj. de ámbar.
ambición f. pasión por alcanzar triunfo y fama.
ambicionar tr. querer ardientemente obtener alguna cosa.
ambidextro, tra adj. el que usa en igual forma la mano derecha y la izquierda.
ambiental adj. relativo al ambiente.
ambiente m. aire suave que rodea los cuerpos; situación o circunstancia que rodea a alguien.
ambigú m. conjunto de manjares calientes y fríos que cubren de una vez la mesa para alguna comida nocturna; casa de comidas; fonda.
ambigüedad f. calidad de ambiguo.
ambiguo, gua adj. que puede entenderse de varios modos.
ámbito m. límite de algún lugar.
ambligonio adj. ángulo obtuso.
ambliopía f. debilidad de la vista.
ambrosía [ambrosia] f. alimento de los dioses; cosa agradable.
ambulancia f. hospital ambulante en los campos de guerra; enfermería; puesto de enfermería.
ambulante adj. que no tiene lugar fijo.
ambular intr. andar de una a otra parte.
ambulatorio, ria adj. útil para andar.
amecerse r. mezclarse.
amechar tr. colocar mechas a algo.
amedrentar tr. causar miedo. U. t.c.r.
amelga f. porción de tierra que el labrador aparta para repartir la semilla en iguales proporciones.
amelgar tr. hacer surcos a distancias proporcionadas.
amén voz hebrea que significa: así sea.
amenazar tr. advertir que se quiere hacer daño; presagiar algún mal indicio.
amenguar tr. disminuir; menoscabar.
ameno, na adj. agradable por su belleza; persona que deleita fácilmente.
amento m. espiga semejante a la del avellano con flores de un mismo sexo.
amerengado, da adj. semejante a los merengues.
americanismo m. vocablo propio de los de América.
americanista adj. referente a las cosas de América; el que estudia las costumbres y lenguas de América.
americio m. elemento radioactivo.
ametralladora f. arma que acribilla rápidamente.
ametrallar tr. acribillar al enemigo con metralla.
amezquindarse r. entristecerse.
amianto m. mineral filamentoso, incombustible.
amiba f. protozoario unicelular que vive en el agua o parásito en los animales.
amibiasis f. disentería amibiana.
amigable adj. que invita a la amistad por su afabilidad.
amígdalas f. pl. glándulas rojas situadas a la entrada de la faringe.
amigdalitis f. inflamación de las amígdalas.
amigo, ga adj. que tiene amistad; camarada; partidario; amante.
amiláceo, a adj. que tiene almidón.
amilanar tr. despertar miedo hasta el aturdimiento; abatirse.
amillarar tr. calcular las entradas económicas de los habitantes de un pueblo para fijarles las contribuciones.
aminorar tr. minorar.
amir m. emir; caudillo árabe.
amistad f. adhesión desinteresada que se vigoriza con el constante trato; compañerismo; camaradería.
amistar tr. acabar con la enemistad de algunos; simpatizar.
amito m. lienzo con una cruz en medio que el sacerdote se pone debajo del alba.
amolar tr. afilar en la muela; fig. fastidiar, importunar.
amnesia f. pérdida de la memoria.
amnios m. membrana interior que envuelve al feto; agua del amnios.
amnistía f. perdón que un soberano otorga en forma general a los reos.
amo m. cabeza de la familia; jefe; soberano, etc.
amodorrarse r. tener modorra.
amohinar tr. causar mohína. U. t.c.r.

amojonar tr. señalar los límites de alguna heredad con mojones.
amoladera f. piedra amoladera. U. t.c.s.
amoldar tr. adaptar una cosa al molde; acomodar.
amomo m. planta cingiberácea cuyas flores tienen unas semillas de color negro, olorosas y de sabor acre, es muy utilizada en la medicina.
amonedar tr. transformar en moneda un metal.
amonestación f. acción y efecto de amonestar.
amoniacal adj. referente al amoniaco.
amoniaco, ca [amoníaco, ca] m. gas con nitrógeno e hidrógeno que sirve de base para muchas sales.
amonio m. radical monovalente.
amonita adj. perteneciente a un antiguo pueblo bíblico de Mesopotamia, descendiente de Amón.
amonita f. concha fósil derivada de un molusco.
amontarse tr. huir al monte.
amontillado adj. vino blanco a imitación del Montilla. U.t.c.s.
amontonar tr. acumular unas cosas sobre otras desordenadamente. U.t.c.r.
amor m. afectuosidad por alguien; cariño; predilección; apego.
amoralismo m. fil. doctrina que niega la validez de la obligación y la sanción morales.
amordazar tr. poner mordaza.
amorfía f. calidad de amorfo; deformidad orgánica.
amorfo, fa adj. disforme; irregular.
amormío m. planta amarilídea con hojas lacias y flores no olorosas.
amoroso, sa adj. el que es afectuoso; cariñoso; tierno; amante.
amorrar intr. fam. bajar la cabeza. T.r. mar. calar mucho de proa.
amortajar tr. cubrir con la mortaja al difunto.
amortecer tr. amortiguar; perder el conocimiento.
amortiguador, ra adj. el que amortigua; resorte que tienen los barómetros marinos para contrarrestar el balance.
amortiguar tr. aminorar algo; apagar; aplacar; suspender.
amortizar tr. pasar los bienes a manos muertas; cubrir alguna deuda; redimir.
amoscarse tr. encolerizarse
amostazar tr. enojar; picar. U.t.c.r
amotinador, ra adj. que causa rebelión.
amotinar tr. agrupar gente para sublevarla; romper con la ley; incitar los sentidos. U.t.c.r.
amover tr. cambiar; mover
amovible adj. que cambia
amparar tr. proteger a alguien atender; favorecer; patrocinar.
amparo m. acción y efecto de amparar o ampararse; ayuda; apoyo; valimiento.
ampelografía f. arte de cultivar la vid.
amperaje m. intensidad de una corriente eléctrica.
amperio m. unidad de intensidad de una corriente eléctrica
ampliador, ra adj. que amplía
ampliar tr. aumentar; amplificar una fotografía; ensanchar.
amplificación f. acrecentamiento, desarrollo; aumento.
amplitud f. dilatación; anchura. profundidad.
ampo m. blancura; copo de nieve
ampolla f. abolsamiento de la epidermis; vejiga; burbuja; botella
ampollar tr. formar ampollas
ampolleta f. reloj de arena; tiempo; momento.
ampón, na adj. abultado
ampuloso, sa adj. lo hinchado, lenguaje enfático y pomposo. prosopopéyico.
amputar tr. cercenar; mutilar un miembro del cuerpo humano decapitar.
amuchachado, da adj. semejante a un muchacho; rostro de muchacho.
amueblar tr. amoblar un edificio ornamentar.
amugronar tr. acodar la vid; ataquizar.
amujerado, da adj. afeminado; semejante a la mujer
amuleto m. mascota; talismán que según el vulgo ahuyenta daños
amunicionar tr. guerrear
amura f. parte estrecha de los costados del buque; afirmamiento
amurallar tr. cercar; atrincherar
amurcar tr. golpear el toro con las astas.
amurco m. golpe dado por el toro con las astas
amusgar tr. echar hacia atrás las

orejas las bestias cuando quieren embestir.

anabolismo m. proceso químico de asimilación de los alimentos.

anacarado, da adj. nacarado; parecido al nácar.

anaco m. falda que usan las indias de los Andes.

anaconda f. boa de las orillas de los ríos americanos.

anacoreta m. persona que vive lejos de la sociedad dedicada a la contemplación; ermitaño.

anacreóntico, ca adj. que canta los placeres del amor, del vino, etc. al estilo de Anacreonte. T.f.

anacronismo m. error al confundir el sitio y tiempo en que se realizó algo.

anaerobio, bia adj. ser que para vivir no necesita del aire.

anafrodisia f. pérdida del apetito venéreo.

anafrodita adj. el que se abstiene de placeres sensuales. U.t.c.s.

anáglifo m. objeto tallado toscamente.

anagrama m. inversión de las letras de una palabra que forma otra palabra distinta; transposición.

anagramático, ca adj. relativo al anagrama.

anal adj. anual.

anales m. pl. acontecimientos de la historia escritos anualmente; fastos.

analfabeto, ta adj. que no sabe leer; iletrado.

analgesia f. med. pérdida de la sensibilidad al dolor.

análisis amb. examen; estudio; descomposición de las partes de un todo para conocerlo íntegramente.

analista com. el que hace análisis.

analítico, ca adj. relativo al análisis; que procede descomponiendo.

analogía f. consonancia entre cosas distintas; rama de la gramática que estudia los accidentes gramaticales de las palabras.

análogo, ga adj. correspondiente; semejante; parecido a otra cosa.

anamorfosis f. pintura que presenta una figura confusa.

ananá f. planta con flores de color morado cuyo fruto es muy parecido a la piña.

anapesto m. verso de la métrica latina que consta de tres sílabas.

anaquel m. tabla que se pone en los armarios o estantes; entrepaño; aparador.

anaranjado, da adj. de color semejante al de la naranja.

anarquía f. desgobierno de un Estado; trastorno por falta de la autoridad; ilegalidad.

anarquista com. persona que es partidaria de la anarquía.

anastigmático, ca adj. óp. que no tiene astigmatismo.

anastomosarse r. unirse formando anastómosis.

anástrofe f. cambio en el orden de las palabras dentro de una oración.

anata f. renta anual de un empleo; dote.

anatomía f. separación de las partes del cuerpo humano; organología; fisiología.

anatomista com. el que enseña anatomía.

anca f. cuarto trasero del animal; cadera.

ancestral adj. neol. relativo a los antepasados.

anciano, na adj. hombre o mujer de edad avanzada; antiguo; acabado, etc.

ancla f. áncora; instrumento de hierro forjado para sujetar los buques.

anclar intr. echar anclas; sujetar la nave con las anclas.

anconada f. ancón.

áncora f. ancla.

ancharia f. anchura.

ancheta f. porción corta de mercaderías.

ancho, cha adj. de gran amplitud; espacioso; abierto.

anchoa f. boquerón.

anchura f. holgura; soltura; desahogo.

anchuroso, sa adj. muy espacioso.

andada f. hábito; aventura.

andaderas f. pl. varas de madera redondeadas que sujetan un aro que detiene al niño para que aprenda a andar él solo.

andador, ra adj. andariego; que anda de un lugar a otro; circulante; transeúnte.

andalia f. sandalia.

andaluza f. exagerar a manera de los andaluces.

andamiada f. **andamiaje** m. conjunto de andamios.
andamio m. tablón empleado en las obras.
andana f. faltar a lo prometido.
andanada f. salva de la batería de un buque; gradas cubiertas en una plaza de toros; reprimenda.
andantesco, ca adj. relativo a los caballeros andantes.
andanza f. lance; viaje; ajetreo.
andar intr. caminar; recorrer; trasladarse de un lugar a otro.
andaraje m. rueda de noria que sujeta la maroma; instrumento de madera con que los labradores mueven el rodillo.
andarín, na adj. el que tiene por afición andar. U.t.c.s.
andarivel m. maroma depositada entre dos puntos cercanos a un arsenal para guiar a las embarcaciones.
andas f. pl. angarillas; especie de camilla para llevar personas o cosas.
andel m. carril para que un vehículo pase a campo traviesa.
andén m. en las tahonas, lugar por el cual las caballerías dan vueltas; en las estaciones, lugar donde paran los trenes; apeadero; muelle.
ándito m. acera de una calle o alrededor de un edificio.
andorga f. vientre.
andrajo m. jirón de ropa vieja; algo despreciable; harapo.
androceo m. tercer verticilo de las flores, al que forman los estambres.
androide m. autómata semejante al hombre.
andrómina f. mentira; falsedad; trama para embaucar.
andurrial m. lugar apartado y solitario.
anécdota f. relato corto de un acontecimiento más o menos importante.
anecdótico, ca adj. referente a la anécdota.
anegar tr. sumergir a alguno en el agua; apenar; molestar. U.t.c.r.
anejo, ja adj. anexo; iglesia de un pequeño lugar que depende de la de otro en la que reside el párroco.
anélido, da adj. animal de cuerpo blando con anillos transversales.
anemia f. disminución de la sangre.
anémico, ca adj. relativo a la anemia; persona que tiene anemia. U.t.c.s.
anemómetro m. instrumento para medir la densidad del viento.
anémona [anemona] f. planta de flores muy hermosas.
anemone f. planta herbácea de gran variedad de colores y agradable aspecto.
anemoscopio m. aparato que señala los cambios de dirección de los vientos.
aneroide m. barómetro con caja al vacío, sin líquido. T. adj.
anestesia f. suspensión total o parcial de los sentidos por algún padecimiento o por artificio hipnosis; analgesia.
aneurisma f. aumento de la sangre por la rotura de una arteria; dilatación del corazón.
anexar tr. adherir o asociar una cosa con otra que tenga relación con ella.
anexo, xa adj. asociado a algo con dependencia de él.
anfibio, bia adj. animal que puede habitar tanto en la tierra como en el agua. U.t.c.s.
anfíbol m. mineral verde o negruzco con brillo anacarado.
anfibología f. expresión equívoca.
anfictionía f. congreso de los griegos para tratar asuntos de interés general.
anfiteatro m. edificio redondo con tribunas alrededor; tendido.
anfitrión m. el que invita a comer a alguno o algunos y los obsequia espléndidamente.
ánfora f. jarra antigua con cuello largo usado entre los griegos y romanos; recipiente.
anfractuosidad f. surco; torcedura de las circunvoluciones cerebrales.
angarillar tr. poner engarillas a una caballería.
angarillas f. pl. andas de poca extensión; aguaderas.
angazo m. aparato para pescar mariscos.
angélica f. planta umbelífera con flores rojizas cuyas semillas se usan como medicamento.
ángelus m. toque de oraciones.

angina f. inflamación de la faringe.
angla f. punta de tierra.
anglicanismo m. religiones reformadas con predominio en Inglaterra.
anglicismo m. giro peculiar de la lengua inglesa.
anglomanía f. afición exagerada a lo inglés.
angosto, ta adj. ajustado; cosa apretada; encallejonado.
angra f. ensenada.
anguarina f. gabán sin mangas parecido al tabardo empleado por los labradores en la época de lluvia.
anguila f. pez ápodo semejante a la culebra, tiene carne comestible.
angula f. cría de la anguila, comestible.
ángulo m. arista de dos líneas que se cortan entre sí.
anguloso, sa adj. con ángulos o aristas.
analgesia f. ausencia de todo dolor.
angustia f. ansia; desconsuelo; intranquilidad.
angustioso, sa adj. que provoca angustia; que tiene angustia.
anhelar intr. aspirar con dificultad; ambicionar hondamente algo.
anhélito m. respiración corta y fatigosa.
anhelo m. esperanza; deseo ardiente.
anheloso, sa adj. respiración continua y con fatiga.
anhídrido m. ácido anhidro.
anhidro, dra adj. cuerpo que carece de agua en su composición.
anilina f. alcaloide sacado de la destilación de la bencina y sirve para formar materias colorantes.
anilla f. argolla que sirve para colgar cortinas o colgaduras.
anillo m. aro pequeño de metal que se usa en los dedos como adorno; sortija.
ánima f. alma.
animadversión f. antipatía; animosidad; malquerencia.
animal m. ser orgánico que vive, siente y se mueve por su propio impulso.
animalada f. fam. dicho o hecho necio; barbaridad.
animálculo m. animal microscópico.
animalucho m. animal de aspecto poco agradable.
animar tr. despertar ánimo; energía; actividad.
animismo m. doctrina que considera que el alma es el principio de la vitalidad.
ánimo m. valor, energía.
animosidad f. aversión; prevención.
animoso, sa adj. que tiene ánimo.
aniñado, da adj. el que en su modo de ser se parece a los niños; pueril.
aniñarse r. fingirse niño.
anión m. elec. ion cargado negativamente.
aniquilar tr. consumir totalmente algo; arruinar; anonadar. U. t.c.r.
anís m. planta umbelífera cuyo fruto es una pequeña semilla de color verde, con sabor agradable y olorosa.
anisado m. aguardiente aromatizado con anís.
anisar tr. echar anís a una cosa.
aniversario, ria adj. conmemoración anual de algún suceso; cumpleaños.
annatas f. pl. cooperación para los gastos de los ministros religiosos.
ano m. orificio por donde sale el excremento.
anoche adv. en la noche anterior.
anochecer m. tiempo durante el cual anochece.
anodino, na adj. que suaviza el dolor.
ánodo m. polo positivo de un generador de electricidad.
anofeles m. mosquito que transmite el paludismo.
anomalía f. incoherencia; irregularidad.
anomalidad f. anomalía.
anomalístico adj. año o mes anomalístico; variedad de colores y agradable aspecto.
anómalo, la adj. irregular.
anona f. árbol tropical anonáceo cuyo fruto es semejante a la manzana con una corteza exterior llena de escamas que protege a una pulpa blanca, dulce y de agradable sabor.
anonadar tr. aniquilar.
anónima com. compañía por ac-

ciones, en que la responsabilidad de los socios está limitada al monto de sus aportes.

anónimo, ma adj. obra que no presenta el nombre de su autor; incógnito.

anopluro, ra adj. insecto chupador que carece de apéndice y es parásito de algunos vertebrados.

anorexia f. ausencia de apetito.

anormal adj. irregular; fuera de la normalidad.

anormalidad f. calidad de anormal.

anotar tr. poner notas, apuntar.

anorza f. nueza blanca.

anquilosis f. pérdida de movimiento en alguna articulación comúnmente móvil.

anquilostoma m. gusano parásito del intestino.

ansa f. antigua confederación de ciudades alemanas.

ánsar m. ave palmípeda cuyas plumas son utilizadas para rellenar colchones o como plumas de escribir.

ansarería f. paraje donde se crían ánsares.

anseático, ca adj. propio del Anza.

ansia f. angustia causada por algún dolor; desasosiego; alarma.

ansiar tr. desear con ansia.

ansioso, sa adj. acompañado de ansia; que tiene deseo vehemente.

anta f. antiguo pilar que se construía en los costados de las puertas de los edificios; pilar que decora los extremos de los muros.

antagonismo m. rivalidad; contrapartida; discrepancia principalmente en ideas.

antagonista com. cosa o persona adversa a otra.

antaño adv. en el año anterior; en tiempos pasados.

antañón, na adj. demasiado viejo.

antártico, ca adj. polo contrario al ártico.

ante m. anta; piel curtida.

anteanoche adv. en la noche de anteayer.

anteanteayer adv. trasanteayer.

anteayer adv. en el día anterior al de ayer.

antebrazo m. parte del brazo comprendida desde el codo hasta la muñeca.

antecámara f. antesala.

antecedencia f. antecedente; precedencia.

antecedentes adj. que antecede; lo que ayuda a conocer hechos anteriores.

anteceder tr. preceder.

antecesor, ra adj. anterior en tiempo; persona que estuvo antes que otra en algún puesto.

antecos m. pl. los que habitan lugares equidistantes del ecuador, en un mismo meridiano.

antecoger tr. asir a una persona o cosa, llevándola por delante.

antedata f. fecha alterada de un documento, generalmente anterior a la verdadera.

antedatar tr. poner antedata.

antedecir tr. predecir.

antediluviano, na adj. antiguo; anterior al diluvio universal.

anteferir tr. proferir.

antefirma f. fórmula que pertenece a una persona o asociación y que se coloca antes de la firma en cualquier documento.

antefoso m. foso que está en la explanada primero que el principal.

antejuicio m. juicio previo que es indispensable para juzgar la responsabilidad de algún delito cometido por algún juez o magistrado.

antelación f. adelanto inesperado de algo.

antemano adv. con anticipación, de antemano.

antemeridiano, na adj. antes del mediodía.

antena f. antena; cuerno de los insectos; mástil del telégrafo.

anteojo m. objeto que ayuda a ver desde lejos; instrumento óptico que se pone delante de los ojos

antepagar tr. pagar con anticipación.

antepasado, da adj. que es del tiempo pasado.

antepecho m. pretil que se coloca en lugares peligrosos; parapeto.

antepenúltimo, ma adj. el inmediato anterior al último.

anteponer tr. poner delante. U t.c.r.

anteportada f. hoja que precede a la portada de un libro.

anteproyecto m. trabajos preliminares de un proyecto.

antepuesto m. porción de terreno elevado que en las cordilleras está antes del puerto.

antera f. parte del estambre de las flores que contienen el polen.
anterior adj. que está antes; que precede en lugar o tiempo.
anterioridad f. precedencia temporal de una cosa en relación a otra.
antesala f. pieza que está situada antes de la sala.
antevíspera f. día anterior a la víspera.
antiafrodisiaco, ca [-síaco, ca] adj. medicamento que suaviza el apetito venéreo.
antialcohólico, ca adj. contra el alcoholismo.
anticipar tr. lograr que algo acontezca en tiempo anterior al fijado.
anticipo m. anticipación.
anticlerical adj. adversario del clero.
anticonstitucional adj. opositor a la ley del Estado.
anticresis f. contrato en que el acreedor disfruta del producto de una finca que entrega al deudor, hasta saldar la deuda.
anticristo m. impostor que antes del fin del mundo combatirá cruelmente al catolicismo y a sus partidarios.
anticuado, da adj. que ha dejado de usarse.
anticuario, ria adj. el que se dedica a estudiar o a coleccionar las cosas antiguas.
antideslizante adj. que hace que las ruedas no resbalen.
antídoto m. contraveneno.
antiespasmódico, ca adj. que suaviza las alteraciones nerviosas.
antifaz m. máscara que sirve para cubrir la cara.
antiflogístico, ca adj. que calma la inflamación. U.t.c.s.
antífrasis f. nombrar o designar algo con palabras contrarias a lo que se desea expresar.
antigualla f. objeto de arte anticuado; relación de sucesos antiguos; algo que ya no está de moda.
antigüedad f. tiempo antiguo; calidad de antiguo.
antiguo, gua adj. que existe desde los tiempos primitivos.
antilogía f. contradicción entre dos textos o narraciones.
antilógico, ca adj. referente a la antilogía.
antílope m. cuadrúpedo rumiante que tiene una cornamenta de gran resistencia, se considera intermedio entre la cabra y el ciervo y presenta diferentes formas.
antimonio m. metal azul ácido, empleado en medicina y en unión con el plomo es empleado para formar los caracteres de imprenta.
antinatural adj. opuesto a lo natural.
antinomia f. oposición entre dos leyes vigentes.
antipara f. biombo; cancel.
antipatía f. animadversión hacia alguna cosa; hostilidad.
antipedagógico adj. contrario a las reglas pedagógicas.
antiperistáltico, ca adj. contracción de los intestinos que ocasiona que las materias que contiene vayan en sentido opuesto al curso peristáltico o normal.
antiperético, ca adj. medicamento que combate las fiebres.
antipirina f. sustancia hecha de nitrógeno, hidrógeno y carbono, tiene aplicación médica como analgésico.
antípoda adj. habitantes de la Tierra que viven en sitios opuestos diametralmente. U.t.c.s.
antirrábico, ca adj. medicina eficaz contra la rabia.
antisepsia f. tratamiento que destruye los microbios que causan las enfermedades infecciosas.
antisocial adj. contra la sociedad.
antítesis f. contraposición de dos razonamientos; contraste de una cosa con otra.
antitóxico, ca adj. que combate la intoxicación. T.s.
antivenéreo, rea adj. contra los padecimientos de la sangre.
antófago, ga adj. animales que comen flores.
antojarse r. encapricharse con algo; imaginarse algo sin fundamento.
antojo m. capricho afanoso por alguna cosa; humorada; deseo pasajero.
antología f. selección de poesías; florilegio.
antonomasia f. sinécdoque que pone el nombre apelativo en lugar del propio o viceversa.

antorcha f. resplandor que guía al entendimiento; antorcha.
antracita f. carbón seco difícil para arder.
antracosis f. pat. afección pulmonar producida por el polvo del carbón.
ántrax m. tumor con supuración que se origina en las glándulas sebáceas.
antro m. guarida; covacha; madriguera.
antropófago, ga adj. bárbaro que come carne humana.
antropoide m. mono que carece de cola como el orangután.
antropología f. ciencia que estudia física y moralmente a la raza humana.
antropometría f. estudio de las proporciones del cuerpo humano.
antropométrico, ca adj. perteneciente a la antropometría.
antropomorfo, fa adj. mono semejante al hombre. U.t.c.s.
antropopiteco m. pitecántropo.
antuviar tr. dar primero que otro un golpe.
anual adj. que acontece cada año.
anubarrado, da adj. con nubes; encapotado.
anublar tr. oscurecer las nubes la luz del sol o de la luna. U.t.c.r.
anudar tr. formar nudos. U.t.c.s.
anuencia f. consentimiento.
anular adj. relativo al anillo; dedo anular. U.t.c.s.
anular tr. abolir algo.
anulativo, va adj. que tiene fuerza para anular.
anunciación f. acción de anunciar; fiesta con que la iglesia celebra la visita del Arcángel San Gabriel a la Virgen.
anunciar tr. propagar alguna noticia.
anuncio m. acción y efecto de anunciar.
anverso m. haz principal de una medalla; cara en que se imprime la primera página de un pliego; faz.
anzuelo m. gancho metálico que pende de un alambre o sedal y se le coloca un cebo para poder pescar.
añadir tr. adicionar algo a una cosa; aumentar; incorporar.
añafil m. trompetilla usada por los moriscos.
añagaza f. señuelo para coger aves; artificio para obtener algo con mentira.
añal adj. anual; bestia que tiene un año cumplido; añejo.
añas tr. zorrillo o mofeta del Perú.
añejo, ja adj. objeto que tiene uno o más años; lo que tiene mucho tiempo.
añicos m. pl. pedazos en que queda algo que se rompe.
añil m. arbusto leguminoso con flores rojas en racimo; materia de color azul intenso que se extrae de esta planta.
año m. tiempo que tarda la Tierra en recorrer su órbita; período de doce meses.
añoranza f. recuerdo; nostalgia.
añorar tr. evocar el recuerdo de alguna persona o cosa ausente. U.t.c. intr.
añoso, sa adj. de muchos años.
añusgar intr. atragantarse; fig. enfadarse.
aojar tr. ojear; embrujar.
aonio, nia adj. beocio; referente a las musas.
aoristo m. pretérito indefinido de la conjugación griega.
aovado, da adj. de figura de huevo.
aovar intr. poner huevos las aves.
apabullar tr. aplastar.
apacentadero m. sitio en que se apacienta el ganado.
apacentar tr. pastar el ganado; pacer.
apacible adj. de trato bondadoso y dulce.
apaciguar tr. aplacar; poner quieto; pacificar. U.t.c.r.
apache adj. indios bárbaros que habitaban al norte de la Nueva España. U.t.c.s.; maleante.
apachurrar tr. comprimir; machacar; despachurrar.
apagado, da adj. de genio apacible; tenue; débil; mortecino.
apagador, ra adj. y s. que apaga; mús. mecanismo del piano que evita las resonancias.
apagar tr. debilitar el fuego de la luz; amortiguar; mitigar. U.t.c.r.
apagón m. apagamiento súbito del alumbrado.
apaisado, da adj. de forma más ancha que alta.
apalancar tr. levantar con palanca.
apalear tr. golpear con palo; sacudir con palo alguna cosa. U. t.c.r.

apanalado, da adj. que forma celdillas como el panal.
apancora f. cangrejo marino de Chile.
apandillar tr. agrupar en pandillas. U.t.c.r.
apañado, da adj. tejido parecido al paño.
apañar tr. agarrar con la mano; apeñuscar.
apaño m. apañadura; fam. remiendo.
aparador, ra adj. obrador; cristalero; trinchero; escaparate. U. t.c.s.
aparar tr. alcanzar con las manos algún objeto; disponer; aparejar.
aparato m. objetos destinados a un fin; máquina; instrumento; ostentación; desplante.
aparcar tr. colocar ordenadamente vehículos o pertrechos en un campamento, parque o hangar.
aparcería f. contrato de los que van a mitades en una granjería.
aparear tr. igualar dos cosas; ajustar.
aparecer intr. manifestarse; surgir; exhibirse causando admiración.
aparecido m. alma en pena; fantasma.
aparejar tr. preparar, disponer. T. r.; poner el aparejo a las caballerías.
aparejo m. disposición para realizar algo; traje típico de las aldeanas.
aparentador, ra adj. que aparenta.
aparentar tr. simular; fingir lo que no es.
aparente adj. que parece y no es.
apariencia f. figura o forma exterior de algo.
aparroquiar tr. procurar parroquianos a los tenderos.
apartadero m. sitio que en los caminos es útil para dejar el paso libre.
apartado, da adj. escondido; oculto; disimulado; conjunto de cartas que se apartan en los correos para que los destinatarios las recojan.
aparte m. separadamente; con exclusión; párrafo de un escrito.
aparvar tr. hacer pava.
apasionar tr. inflamar una pasión; exaltar; trastornar.
apatía f. inactividad del ánimo; indolencia; desidia.
apeadero m. poyo para montar o desmontar de las caballerías; estación; alojamiento.
apear tr. desmontar; descender. U.t.c.r.
apechugar intr. empujar con el pecho a alguno; tragar.
apedazar tr. despedazar.
apedrear tr. lapidar; granizar.
apego m. inclinación por alguna persona o cosa; amistad; afecto.
apelar intr. suplicar a un tribunal superior corrija una sentencia injusta dada por un inferior; interponer; recurrir.
apelativo, va adj. nombre apelativo o apellido.
apelmazar tr. comprimir demasiado alguna cosa; apretar. U.t.c.r.
apelotonar tr. acumular en pelotones; apiñar. U.t.c.r.
apellido m. nombre de familia que distingue a una persona de otras; sobrenombre.
apenar tr. amargar a alguna persona o cosa; angustiar; entristecer. U.t.c.r.
apenas adv. trabajosamente; tan pronto como; luego que.
apencar intr. apechugar.
apéndice m. cosa que está agregada a otra como prolongación de ésta; añadido.
apendicitis f. inflamación del apéndice vermicular.
apepsia f. falta de digestión.
apercibir tr. aparejar; disponer lo indispensable para realizar alguna cosa; entrever; distinguir.
apercollar tr. fam. asir por el cuello; coger algo sin ser visto.
apergaminado, da adj. enjuto; parecido al pergamino.
apergaminarse r. secarse; momificarse.
aperitivo, va adj. estimulante que despierta el apetito.
apero m. conjunto de herramientas para la labranza.
aperrear tr. echar los perros a uno; fam. causar gran molestia.
apertura f. comienzo de alguna ceremonia o asamblea; principio de la lectura solemne de algún testamento; estreno.
apesadumbrar tr. causar pena. U t.c.r.
apesarar tr. apesadumbrar.
apestar tr. contagiar la peste; hastiar; fastidiar; dar mal olor.
apetencia f. deseos de comer.

apetito m. apetencia; necesidad de comer.

apetitoso, sa adj. que es apetecible; que es seductor y atrayente.

apiadar tr. compadecer a alguien; tener misericordia.

apical adj. dícese del sonido en cuya emisión interviene la punta de la lengua.

apicararse r. volverse bellaco; pícaro.

ápice m. pico de alguna cosa; extremidad de algo; nimiedad.

apículo m. punta de gran agudeza y poca consistencia.

apicultura f. arte de crear a las abejas.

apilar tr. amontonar formando montón o pila.

apiñonado, da adj. semejante al color del piñón; persona morena clara.

apio m. planta umbelífera de tallo jugoso a la que se cubre de tierra para hacerla comestible.

apiojarse r. llenarse de pulgón las plantas.

apiolar tr. poner pihuela; atar por los pies a los animales muertos en la caza.

apirexia f. ausencia de fiebre en algún padecimiento.

apisonar tr. pisonear; aplastar con pisón.

apizarrado, da adj. de çolor parecido al de la pizarra.

aplacar tr. ablandar; atenuar.

aplanadera f. instrumento para aplanar el suelo.

aplanar tr. allanar.

aplanchar tr. planchar.

aplastar tr. achatar o apachurrar por presión a golpe; triturar. U. t.c.r.

aplaudir tr. aclamar a alguien palmoteando; encomiar; festejar el valor o el triunfo de algo.

aplayar intr. extenderse los ríos por los campos al salir de madre.

aplazar tr. convocar para lugar y fecha señalados; prorrogar; posponer.

aplebeyar tr. envilecer los ánimos.

aplicación f. acción de aplicar; ornamentación sobrepuesta.

aplicado, da adj. que es diligente; afanoso; perseverante.

aplicar tr. acomodar una cosa con otra; arrimar algún objeto cerca de otro; apropiar. U.t.c.r.

aplomado, da adj. que tiene aplomo; plomizo.

aplomo m. rectitud; seguridad; sensatez.

apocado, da adj. que se turba fácilmente; encogido; débil de espíritu.

apocador, ra adj. que disminuye algo.

apocalipsis m. libro de las revelaciones de San Juan Evangelista.

apocalíptico, ca adj. relativo al apocalipsis; fig. terrorífico.

apocamiento m. cortedad de ánimo; desaliento.

apocar tr. reducir una cantidad, avergonzar; rebajar; mermar.

apócope f. figura que consiste en suprimir una o más letras al final de una palabra.

apócrifo, fa adj. fantasioso; simulado; libro sagrado que no pertenece al canon; quimérico.

apoderado, da adj. el que administra los bienes de otro; procurador.

apoderamiento adj. acción y efecto de apoderar o apoderarse. U. t.c.s.

apoderar tr. facultad que una persona da a otra para que la represente legalmente; usurpar algún puesto u objeto.

apodíctico, ca adj. innegable; convincente.

apodo m. mote; seudónimo; sobrenombre.

ápodo, da adj. que carece de pies.

apódosis f. últimas oraciones del período que completan el sentido de las primeras.

apófisis f. parte de un hueso que sirve para hacer una inserción.

apogeo m. punto en que la Luna se encuentra más distante de la Tierra; esplendor; magnificencia.

apolillar tr. carcomer la polilla las cosas.

apolítico, ca adj. ajeno a la política.

apología f. discurso en encomio o justificación de alguien.

apologista com. defensor de una causa o doctrina.

apólogo m. fábula; parábola; moraleja.

apoltronarse r. hacerse poltrón; sedentario.

aponeurosis f. fina membrana que envuelve los músculos.

apoplejía f. derrame de sangre en el cerebro.
aporcar tr. cubrir con tierra algunas plantas para que se pongan tiernas
aporrear tr. pegar con porra o palo; abofetear; zurrar. U.t.c.r.
aportación f. acción de aportar; conjunto de bienes aportados.
aportadera f. cada una de las dos cajas que se cargan en caballerías para transportar cosas.
aportar intr. arribar a puerto.
aportar tr. contribuir con una cantidad para entrar a una sociedad; transportar.
aportillar tr. romper una muralla para entrar; romper una cosa; r. caerse una parte de un muro.
aposentar tr. albergar; alquilar una habitación; alojar.
aposento m. mansión; vivienda; cuartos de una casa.
aposición f. colocar dentro de la frase dos sustantivos que señalen una misma persona o cosa sin separarlos por una conjunción.
apósito m. venda; compresa; remedio exterior
aposta adv. adrede
apostadero m. sitio donde está gente apostada; bahía en la que hay varios buques de guerra.
apostar tr. pactar; colocar a un grupo de gente en lugar determinado para un fin.
apostatar intr. abjurar de la fe de Cristo; renegar
apostilla f. anotación que completa un escrito; nota; posdata.
apóstol m. discípulo de Jesucristo; evangelista; misionero de la religión, propagador.
apóstrofe f. imprecación violenta; dicterio
apóstrofo m. signo ortográfico (') que señala la elisión de una vocal
apostura f. garbo; gallardía.
apotegma m. axioma; adagio; sentencia aguda
apotema m. perpendicular que va del centro de un polígono a cualquiera de sus lados.
apoteosis f. exaltación de los dioses; glorificación; alabar los méritos de alguien
apoyadura f. leche que tienen las hembras en los pechos cuando dan de mamar
apoyar tr. basar una cosa en otra descargar; sostener. U.t.c.r.
apoyo m. lo que sostiene; protección o favor; fundamento.
apreciar tr. valorar alguna cosa considerar; determinar. U.t.c.r.
aprecio m. apreciación; estimación cariño a alguien o a algo.
aprehender tr. atrapar a alguna persona o cosa; asimilar; concebir.
apremiar tr. apurar a alguno para que realice algo
aprendiz, za adj. principiante en algún arte u oficio. U.t.c.s.
aprensión f. reparo; escrúpulo por algo; miedo; sospecha
aprensivo, va adj. temeroso; escrupuloso.
apresar tr. coger con los colmillos capturar a alguna nave; prender
apresto m. preparativo para alguna cosa; organización; ingrediente para aprestar las telas.
apresurar tr. avivar; activar; acelerar
apretado, da adj. lance peliagudo estrecho; miserable; arriesgado
apretar tr. abrazar fuertemente comprimir; estrujar; apisonar.
apretujar tr. fam. apretar mucho. r. oprimirse varios en un recinto estrecho; apretujón m
apretura f. opresión causada por excesiva concurrencia de gente.
aprieto m. ahogo; conflicto; dilema; apretura
aprisa adv. con rapidez; prontitud
aprisco m. especie de chiquero donde se pone el ganado para cubrirlo de la intemperie
aprisionar tr. poner en la cárcel, encadenar; retener.
aprismo m. partido político de izquierda originario del Perú; aprista adj. y s.
aproches m. pl. trabajos que van haciendo los que avanzan hacia una plaza para atacarla
aprontar tr. preparar con rapidez U.t.c.r
apropiado, da adj. adecuado para lo que se requiere; oportuno
apropiar tr. adueñarse de alguna cosa atribuir; adjudicarse algo U.t.c.r
aprovechable adj. que se puede aprovechar.
aprovechar intr. utilizar alguna

cosa que sirva de provecho; disfrutar de algo; beneficiar; dedicar tiempo e interés a algo útil. U.t.c.r.
aprovisionamiento m. abastecimiento.
aproximar tr. allegar; adosar una cosa a otra. U.t.c.r.
áptero, ra adj. que no tiene alas.
aptitud f. capacidad de algo para ser útil; indoneidad para desempeñar un empleo; talento y maña para ejercer alguna profesión o negocio.
apto, ta adj. capaz; hábil para hacer alguna cosa.
apuesto, ta adj. gallardo; de aspecto bizarro; ataviado.
apuntador, ra adj. que anota o apunta; el que apunta a los actores de un teatro lo que les corresponde decir; insinuador. U. t.c.s.
apuntar tr. señalar; indicar con el dedo o en un libro; puntear.
apuración f. acción y efecto de apurar o apurarse.
apurar tr. limpiar una casa; santificar el alma; poner clara la verdad; filtrar; apremiar.
apuro m. conflicto; urgencia de algo.
aquejar intr. afligir; inquietar; fatigar.
aquelarre m. corro; conciliábulo nocturno de brujas.
aquende adv. de la parte de acá.
aquí adv. en este o a este lugar.
aquiescencia f. asenso.
aquietar tr. calmar; tranquilizar; serenar. U.t.c.r.
aquilatar tr. graduar los quilates del oro; probar; examinar.
aquilón m. bóreas; norte.
árabe adj. originario de Arabia; perteneciente a esta región. U. t.c.s.
arabesco, ca adj. arábigo; adorno cargado de follajes y frutos utilizado generalmente en frisos y cenefas.
arábigo, ga adj. árabe; número arábigo.
arácnido, da adj. antrópodo sin antenas con el abdomen y el tórax confusos.
aracnoides adj. membrana clara y serosa que envuelve el encéfalo.
aracnología f. rama de la historia natural que se ocupa del estudio de los arácnidos.
arada f. acción de arar; tierra arada.
arado m. instrumento que es utilizado en la labranza para formar surcos.
aragonito m. carbonato de cal cristalizado y brillante.
araguato m. mono americano.
arambel m. colgadura; andrajo.
arancel m. valoración oficial que determina los derechos que deben pagarse en las aduanas; impuesto.
arándano m. planta vacciniea cuyo fruto es una baya blanca azulada, de sabor dulce y comestible.
arandela f. anilla; platillo que tienen los candeleros para sostener las velas.
araniego, ga adj. gavilán que se caza con la red llamada arañuelo.
araña f. arácnido tejedor de ocho patas; red para cazar pájaros; candelero de varios brazos en forma de araña.
arañar tr. rasguñar con las uñas; raspar; desgarrar. U.t.c.r.
arañazo m. araño; zarpazo; rasgadura.
arañón m. endrino.
arañuela f. araña; planta de bellas flores que se cultiva en los jardines.
arar tr. labrar la tierra formando surcos con el arado.
araucano, na m. f. de Arauco o de Arauca.
aravico m. poeta de los antiguos peruanos.
arazá m. árbol del Uruguay, de fruto comestible.
arbitraje m. acción de arbitrar; táctica para resolver pacíficamente problemas internacionales decidiéndolos el veredicto de algún tribunal.
arbitrar tr. actuar libremente; intervenir como árbitro; mediar.
arbitrariedad f. procedimiento imprudente en contra de la razón y de la justicia.
arbitrario, ria adj. caprichoso; injustificado; tiránico.
arbitrio m. poder que se tiene para resolver voluntariamente algo; autoridad; derecho.
arbitrista com. el que construye planes empíricos para mejorar la situación política.
árbitro, tra adj. persona que hace

algo con independencia; juez; mediador; intermediario. U.t.c.s.
árbol m. planta perenne con tronco leñoso que se ramifica a mayor o a menor altura del suelo.
arboladura f. conjunto de vergas de un buque.
arbolar tr. enarbolar; ondear.
arboleda f. sitio poblado de árboles.
arbollón m. albañal.
arbóreo, rea adj. relativo al árbol; semejante al árbol.
arborescencia f. crecimiento de las plantas arborescentes.
arborescente adj. arbustivo; planta semejante al árbol.
arboricultura f. tratado de cultivar los árboles.
arbotante m. sostén; contrafuerte; palo que sobresale del casco de un barco para sujetar algo.
arbusto m. planta perenne de tallo leñoso cuya ramificación nace desde la base.
arca f. caja de madera con tapa asegurada por medio de bisagras por uno de sus lados y cerraduras por el otro; cofre.
arcabucear tr. tirar arcabuzazos; fusilar a una persona con arcabuzazos.
arcabucero m. el que hace arcabuces.
arcabuz m. arma de fuego arcaica semejante al fusil y al dispararla se prendía la pólvora mediante una mecha que tenía.
arcada f. serie de arcos; movimiento del estómago que excita a vómito.
arcádico, ca adj. relativo a la Arcadia o a la Academia Romana de los Arcades.
arcaduz m. conducto por donde corre el agua; cada tubo que forma la cañería.
arcaísmo m. voz o expresión antigua.
arcano, na adj. secreto recóndito y misterioso; lo que es impenetrable; enigmático.
arce m. árbol acerineo cuya madera es muy dura y con manchas a manera de ojos.
arcilla f. tierra; calamita; marga.
arcilloso, sa adj. relativo a la arcilla; semejante a la arcilla.
arco m. porción de curva; arma curva para disparar flechas.
archi prefijo que denota preeminencia o superioridad.
archimandrita m. dignatario inferior al obispo dentro de la iglesia griega.
archipámpano m. el que tiene una gran autoridad imaginaria.
archipiélago m. parte del mar que está poblada de islas.
archivo m. lugar en que se guardan documentos públicos o particulares.
archivolta f. molduras que decoran toda la curva de un arco.
arder intr. estar encendida alguna cosa; quemar; abrasar.
ardid m. trampa; treta; astucia para obtener algo.
ardiente adj. que es fogoso; férvido; inflamado.
ardilla f. mamífero roedor de lomo negro o rojizo y de vientre blanco, de gran viveza y agilidad y cuya cola es muy poblada y larga.
ardimiento m. acción de arder; valor, intrepidez.
ardite m. moneda antigua de poco valor: **no vale un ardite.**
ardor m. actividad; arrojo; exaltación.
ardoroso, sa adj. ardiente, vigoroso, vehemente.
arduo, dua adj. espinoso; peliagudo; penoso.
área f. espacio que ocupa una superficie.
areca f. planta con el tronco más delgado que la base, con flores en forma de espiga y cuyo fruto es utilizado en tintorería.
areito m. canto y danza de los indios centroamericanos y antillanos.
arena f. conjunto de partículas de polvo; sílice.
arenal m. sitio donde hay arena.
arenga f. discurso solemne que está encaminado a producir emotividad.
arengar intr. decir en público una arenga. T.tr.
arenisca f. roca formada de sílice.
arenoso, sa adj. que tiene arena o se parece a ella.
arenque m. pez malacopterigio con el cuerpo comprimido y azuloso por encima y plateado por el vientre.
areola [aréola] f. círculo que rodea el pezón del pecho; círculo que rodea algunas pústulas.

areómetro m. aparato que fija la densidad de los líquidos o de los sólidos.
areópago m. supremo tribunal de Atenas.
arepa f. pan de maíz salcochado.
arete m. aro; arracada o pendiente que usan las mujeres en las orejas.
argamandijo m. conjunto de pequeñas cosas que se utilizan en algún arte u oficio.
argamasa f. mezcla de arena, cal y agua que emplean los albañiles; cemento.
árgana f. especie de grúa que se emplea para subir cosas muy pesadas.
árganas f. pl. angarillas formadas con dos cestos.
arganeo m. argolla que va en la parte superior de la caña del ancla.
argelino, na adj. de Argel o Argelia. T.s.
argemone f. planta papaverácea que segrega un líquido lechoso y amarillo utilizado como antídoto.
argentada f. afeite que empleaban antiguamente las mujeres.
argentar tr. platear; hacer que algo adquiera el brillo de la plata.
argentería f. gala y ornato de las obras de arte.
argentino, na adj. semejante a la plata; persona o cosa natural de la República Argentina; moneda argentina. U.t.c.s.
argivo, va adj. que pertenece a la provincia griega de argos.
argo m. cuerpo simple que no se combina y forma parte del aire.
argolla f. aro generalmente metálico que sirve de amarre; ajorca.
árgoma f. aulaga.
argonautas f. pl. navegantes griegos, en la nave Argos emprendieron la conquista del vellocino de oro.
argos m. persona atenta y observadora.
argucia f. sutileza; ingeniosidad; paralogismo.
argüir tr. sacar en claro; deducir algo como resultado inmediato; indicar; probar con claridad.
argumentar intr. argüir.
argumentista com. argumentador.
argumento m. raciocinio que se emplea para demostrar o probar algo; trama de alguna obra.
aria f. canción, melodía o romanza arreglada para ser cantada por una sola voz.
aridez f. sequedad; esterilidad.
Aries m. parte del Zodiaco que al comenzar la primavera el Sol recorre aparentemente.
ariete m. antigua máquina militar que servía para derribar murallas.
arillo m. aro; sortija; arete que sirve de adorno a las mujeres.
arísaro m. planta perenne aroidea con forma de capucha en la parte superior, con flores de ambos sexos y cuya raíz es comestible.
arisblanco, ca adj. con aristas o bordes blancos.
arisco, ca adj. adusto; esquivo; insociable.
arisnegro, gra adj. con aristas o bordes negros.
arista f. filamento áspero que cubre el grano de trigo y de algunas plantas; línea que se obtiene al formarse el ángulo de la intersección de dos superficies; borde; esquina.
aristarco m. crítico juicioso y severo.
aristocracia f. gobierno dirigido por los más sobresalientes del Estado; nobleza de alguna nación o Estado.
aristoloquia f. planta perteneciente a las aristoloquiáceas con flores amarillentas u obscuras cuyo fruto es semejante a la pera.
aristoso, sa adj. con muchas aristas.
aristotélico, ca adj relativo a Aristóteles y a su doctrina.
aritmética f. rama de las matemáticas que estudia los números.
aritmómetro m. aparato que acelera las operaciones de la aritmética.
arlequín m. el gracioso de la antigua comedia italiana; bufón de las compañías de volatines.
arlequinada f. acción ridícula.
arma f. instrumento que sirve para defender o atacar; acometimiento repentino e inesperado; defensa.
armada f. escuadra o flota de alguna nación o estado.
armadía f. conjunto de vigas ata-

das en forma plana para que sirvan de balsa.
armadillo m. mamífero semejante al cerdo con el cuerpo cubierto de laminillas córneas.
armadura f. conjunto de armas que vestían los combatientes; armazón; elec. pieza metálica que se adhiere a los polos de un imán.
armamento m. prevención de lo necesario para la guerra; conjunto de armas.
armar tr. colocar a alguien armas; empuñar las armas.
armario m. mueble con puertas y anaqueles interiores que sirve como alacena, aparador o ropero.
armatoste m. artefacto; armazón o mueble que resulta inútil.
armazón m. apoyo; armadijo; acción y efecto de armar.
armella f. anillo metálico que tienen algunos tornillos para clavarlo.
armería f. lugar donde se guardan armas; donde se hacen o venden armas.
armero m. fabricante o vendedor de armas; aparato en que se tienen las armas.
armilar adj. esfera movible que contiene los círculos de los astros.
armiño m. mamífero carnicero cuya piel por su suavidad y delicadeza es muy apreciada en la industria.
armisticio m. reconciliación entre pueblos o ejércitos enemigos.
armonía f. concordancia de sonidos acordes; cadencia; conformidad.
armonio m. órgano pequeño que se toca con los pies.
árnica f. planta perenne de uso medicinal cuyas flores y raíz tienen sabor amargo y olor penetrante.
aro m. argolla de material consistente; juguete.
aroideo, dea adj. planta monocotiledónea con rizoma cuyo fruto es una baya que contiene semillas albuminosas.
aroma f. flor del aromo muy olorosa; fragancia; esencia de algo oloroso.
aromático, ca adj. que tiene aroma.
aromo m. árbol leguminoso semejante a la acacia cuyo fruto es una baya encorvada y su flor la aroma.
arpa f. instrumento musical de cuerdas que se tocan con las manos.
arpado, da adj. que es grato y melodioso.
arpar tr. arañar; hacer tiras alguna cosa.
arpegio m. sucesión apresurada de los sonidos de un acorde.
arpeo m. mar. garfio para rastrear, o para aferrar dos embarcaciones.
arpía f. ave despiadada con el rostro semejante al de la mujer y el cuerpo de ave de rapiña; bruja.
arpón m. garfio; tridente.
arponar, arponear tr. cazar con arpón: arponear una ballena.
arquear tr. hacer corva una cosa; medir la cabida de un buque.
arqueología f. ciencia que estudia los monumentos antiguos.
arqueólogo, ga m. f. persona que profesa o ejerce la arqueología.
arquero m. guerrero que peleaba con arco; el que fabrica arcos.
arquetipo m. prototipo; ejemplar; dechado.
arquimesa f. mueble con varios cajones semejantes a una mesa.
arquitecto, ta m. f. persona que profesa o ejerce la arquitectura.
arquitectura f. arte de edificar inmuebles.
arrabal m. barriada situada en las afueras de una población.
arracada f. arete con adorno colgante.
arracimado, da p.p. de arracimarse; adj. en racimo.
arráez m. jefe de alguna embarcación morisca; jefe de los trabajos de alguna almadraba.
arraigar intr. criar raíces. U.t.c.r.
arramblar tr. cubrir de arena el suelo, los arroyos y ríos en época de avenidas.
arrancada f. salida precipitada y violenta.
arrancado, da adj. empobrecido.
arrancar tr. desraizar con violencia; desenterrar; arrebatar con astucia. U.t.c.r.
arranciarse r. enranciarse.
arrapiezo m. chicuelo de baja condición; rapaz.
arras f. garantía que se da en algún contrato.
arrasar tr. allanar, echar por tierra; rasar; llenar por completo;

asolar; arruinar; destruir con violencia.
arrastrado, da adj. aporreado; miserable; tunante.
arrastrar tr. transportar algo tirando de él; acarrear; llevar por los cabellos; conducir algo rozándolo por el suelo.
arrastre m. acción de arrastrar.
arratonado, da adj. roído por los ratones.
arrayán m. arbusto mirtáceo con flores solitarias y cuyo fruto es una baya de color negro azuloso y sabor dulce.
arrayanal m. sitio cubierto de arrayanes.
¡arre! interj. se emplea para azuzar a las bestias.
arreador m. Amér. zurriago.
arrebañar tr. rebañar.
arrebatar tr. arrancar o conquistar algo por la fuerza.
arrebatiña f. acción de apoderarse de alguna cosa violentamente.
arrebol m. color rojizo que presentan las nubes.
arrebolar tr. poner de color de arrebol. U.t.c.r.
arrebujar tr. tomar desordenadamente algún objeto flexible; revolver. U.t.c.r.
arreciar intr. adquirir fuerza y vigor.
arreciarse r. entumecerse por el frío.
arrecife m. carretera; parte firme de un camino.
arregazar tr. recoger las faldas cerca del regazo. U.t.c.r.
arreglo m. acción de arreglar; regla, orden, coordinación; avenencia: **llegar a un arreglo**; **con arreglo** l. adv. conformemente.
arregostarse r. inclinarse exageradamente a alguna cosa.
arrejada f. aguijada.
arrellanarse r. ensancharse cómodamente en el asiento.
arremangar tr. recoger hacia arriba.
arremeter tr. acometer con furia.
arremolinarse r. apiñarse la gente con desorden.
arrendadero m. armella que clavada en la pared sujeta a las bestias por las riendas.
arrendajo m. pájaro gris semejante al cuervo, destruye los nidos de las aves y se alimenta de algunos frutos.
arrendar tr. conceder o poseer por precio el aprovechamiento pasajero de algo; atar por las riendas a las bestias.
arreo m. adorno.
arrepentirse r. lamentarse alguno por haber hecho o dejado de hacer alguna cosa.
arrequesonarse r. separarse el suero de la leche; hacerse requesón.
arrestar tr. poner preso a alguno.
arriar tr. aflojar alguna cadena; bajar las banderas izadas.
arriate m. lugar estrecho junto a las paredes útil para tener flores y plantas como adorno; celosía.
arriba adv. a lo alto de; por encima; en la parte alta; superioridad.
arribada f. acción de arribar; llegada.
arriesgadamente adv. con riesgo.
arriesgado, da adj. aventurado; fortuito; expuesto.
arrimadero m. arrimo; algo a lo que uno puede arrimarse.
arrimadillo m. especie de friso que clavado en las paredes se coloca en alguna habitación.
arrimar tr. dejar a mano alguna cosa; arrimar algo; aproximar.
arrimo m. acción de arrimar o arrimarse; arrimadero; apoyo.
arrinconar tr. retirar a alguien de un cargo; colocar alguna cosa en el rincón; arrumbar; postergar.
arriscado, da adj. con riscos; aventurado; arriesgado.
arriscar tr. exponer; arrojar; osar; aventurar. U.t.c.r.
arrizar tr. aferrar; atar; colgar. U. t.c.r.
arroba f. peso de veinticinco libras que es igual a once kilogramos y quinientos dos gramos.
arrobamiento m. acción de arrobar o arrobarse; embeleso.
arrobarse r. embelesarse; entusiasmarse; encantarse.
arrobar, ra adj. que causa embeleso.
arrocero, ra adj. referente al arroz; el que cultiva o vende arroz.
arrodillar intr. hincarse de rodillas; postrar; ahinojar. U.t.c.r.
arrogante adj. altivo; altanero; soberbio; imperioso.
arrogar tr. adoptar a un hijo ajeno; prohijar.
arrojadizo, za adj. que se puede arrojar.

arrojado, da adj. audaz; imprudente.
arrojar tr. botar; lanzar o arremeter con violencia.
arrojo m. intrepidez; audacia.
arrollar tr. envolver algo formando rollo; atropellar. U.t.c.r.
arromadizar tr. contraer romadizo.
arropar tr. echar arrope al vino.
arrostrar tr. hacer frente a las situaciones difíciles; aguantar algo desagradable; resistir.
arroyada f. surco que forma el agua corriente; avenida.
arroyo m. caudal corto y continuo de agua.
arroz m. planta gramínea que se cultiva en terrenos húmedos, cuyo fruto es un grano ovalado y blanco que es comestible.
arrufar tr. arquear; instigar; azuzar.
arruga f. rugosidad o fruncimiento de la piel a causa de la edad avanzada; pliegue que se hace en la ropa; dobladura.
arruinar tr. reducir a escombros algo; devastar; aniquilar. U.t.c.r.
arrullar tr. enamorar con arrullos las palomas; piropear; adormecer al niño con arrullos.
arrumacos m. pl. muestras de cariño hechas con gestos o ademanes.
arrumar tr. distribuir la carga de un buque; cubrirse de nubes el horizonte.
arrumbar tr. colocar algo inútil en un sitio excusado; arrinconar.
arrunflar tr. juntar naipes de un mismo palo.
arsenal m. local para guardar o reparar embarcaciones; almacén de objetos de guerra.
arseniato m. sal que se obtiene al combinar el ácido arsénico con una base.
arsénico m. metaloide semejante al hierro colado.
arte amb. disciplina; artificio y habilidad para hacer algo; conjunto de reglas para hacer alguna cosa con perfección.
artefacto m. armatoste.
artemisa f. planta compuesta, medicinal, olorosa.
arteria f. vaso que conduce la sangre desde el corazón a las demás partes del cuerpo.
arterioesclerosis f. med. endurecimiento de las arterias.
artero, ra adj. falso; astuto; sagaz.
artesa f. cajón de madera de forma cuadrangular útil para amasar el pan.
artesano, na m. y f. el que ejecuta un arte u oficio maquinalmente.
artesiano na adj. natural de la antigua provincia francesa de Artois; pozo muy hondo.
artesón m. amasadera; artesa que se emplea en las cocinas para fregar.
artesonado, da adj. techo con artesones.
artético, ca adj. enfermo de las articulaciones.
ártico, ca adj. relativo al Polo Artico.
articulación f. acción y efecto de articular o articularse; enlace de los huesos; coyuntura.
articulado, da adj. con articulaciones; conjunto de artículos que forman una ley.
articular tr. proferir; pronunciar las palabras clara y distintamente; emitir; exponer.
articulista com. persona que escribe artículos para periódicos o revistas.
artículo m. parte de algún escrito; apartado; parte variable de la oración que determina el género y el número del sustantivo.
artífice m. creador; persona que hace científicamente una obra mecánica; autor.
artificial adj. hecho con artificio; disfrazado; fingido, etc.
artificio m. industria; ingenio o sutileza con que está hecha alguna cosa; truco; ardid.
artificioso, sa adj. hecho con artificio; disimulado, astuto.
artillado, da adj. artillería de un buque.
artillería f. arte para fabricar armas y objetos de guerra; cuerpo militar.
artillero m. el que profesa la facultad de la artillería; soldado que forma parte de la artillería de un ejército.
artimaña f. trampa; emboscada.
artista adj. el que estudia artes. U.t.c.s.
artístico, ca adj. relativo a las bellas artes.
artrítico, ca adj. pat. relativo a la artritis. T.s.

artritis f. inflamación de las articulaciones.

artrópodo, da adj. animal invertebrado con apéndice. U.t.c.s.

arúspice m. sacerdote romano que para hacer algún presagio examinaba las entrañas de los animales.

arveja f. planta de la familia de las leguminosas.

arvejal m. sitio con muchas arvejas.

arvense adj. planta que se desarrolla en los sembrados.

arzobispado m. dignidad y jurisdicción de un arzobispo.

arzolla f. planta herbácea con hojas largas y blanquecinas cuyo fruto es ovalado y espinoso.

arzón m. fuste de la silla de montar ya sea delantero o trasero.

as m. carta que en el juego de naipes representa el número uno.

asa f. parte que sobresale en las vasijas con forma curva.

asador m. varilla en que se ensarta algo que se quiere asar.

asadura f. conjunto de las entrañas de algún animal.

asafétida f. planta que se usa como medicamento.

asalariar tr. fijar salarios a personas.

asaltar tr. atacar violentamente una plaza o fortaleza; agredir; acometer.

asalto m. acción de asaltar.

asamblea f. reunión de varias personas para determinado fin.

asar tr. cocer a fuego algún manjar.

ásaro m. planta aristoloquiácea con flores rojizas y olor desagradable.

asaz adv. bastante; harto.

asbesto m. mineral semejante al amianto cuyas duras fibras parecen cristal hilado.

áscari m. soldado marroquí perteneciente a la infantería.

ascendencia f. serie de ascendientes de una persona.

ascender intr. subir; adelantar.

ascendiente p. a. de ascender; ascendente.

ascenso m. subida; ocupación de empleo o dignidad más elevada.

ascensor m aparato que traslada a personas o a animales de unos a otros pisos.

asceta com. persona que lleva vida ascética.

ascetismo m. profesión y doctrina de la vida ascética.

ascético, ca adj. persona que dedica su vida a la perfección y a la práctica del cristianismo.

ascitis f. hidropesía o inflamación del vientre.

asco m. alteración estomacal causada por algo repugnante.

ascua f. trozo de alguna materia sólida y combustible que por la acción del fuego se pone incandescente.

aseado, da adj. limpio.

asechanza f. treta para perjudicar a alguien.

asedar tr. poner suave como la seda al cáñamo o al lino.

asediar tr. cercar alguna fortaleza para evitar que salgan los que están en ella.

asegurado, da adj. quien ha contratado un seguro. T.s.

asegurar tr. poner segura y firme alguna cosa; infundir confianza.

aseladero m. lugar en que se aselan las gallinas.

aselarse r. acomodarse las gallinas para pasar la noche.

asemejar tr. hacer alguna cosa parecida o semejante a otra.

asendereado, da adj. práctico; experto.

asenderear tr. perseguir a algún fugitivo por los senderos.

asenso m. acción de asentir.

asentaderas f. pl. nalgas.

asentador m. el que asienta; instrumento que sirve al herrero para quitar desigualdades.

asentar tr. colocar; establecer; situar.

asentir intr. aprobar lo que alguno dijo antes.

asentista m. el que se encarga de contratar con el gobierno para la provisión de víveres de algún ejército, presidio, etc.

aseo m. pulcritud; limpieza.

asepsia f. med. método que previene el acceso de gérmenes nocivos al organismo.

aséptico, ca adj. relativo a la asepsia.

asequible adj. que pude alcanzarse o conseguirse.

aserradero m. lugar donde se aserra la madera.

aserrar tr. cortar con sierra.

aserrín m. conjunto de partículas

que se desprenden de la madera aserrada.
aserto m. aserción.
asesinar tr. matar a alguien con premeditación, alevosía y ventaja.
asesor, ra adj. que aconseja o asesora. U.t.c.s.
asesorar tr. aconsejar; dictaminar.
asestar tr. dirigir un arma contra la persona o cosa que se quiere amenazar; descargar un golpe.
aseverar tr. afirmar lo que se dice.
asexual adj. ambiguo; que carece de sexo.
asfalto m. betún negro que se derrite al fuego y es empleado en pavimentos.
asfixia f. paralización del aparato respiratorio.
asfixiar tr. producir asfixia. U. t.c.r.
asfódelo m. gamón.
así adv. de tal manera; de esta manera; precisamente.
asidero m. parte por donde se ase alguna cosa; ocasión.
asiduo, dua adj. constante; habitual; puntual; frecuente.
asignación f. acción de asignar; cantidad asignada como pago.
asignar tr. designar lo que corresponde a algo; señalar; determinar.
asignatario, ría m. y f. persona a quien se asigna la herencia.
asignatura f. disciplinas o materias que se imparten en alguna escuela o academia; trabajos señalados en algún plan académico.
asilo m. albergue de beneficencia destinado a recoger menesterosos; orfelinato; refugio.
asimetría f. falta de simetría.
asimilar intr. igualar; comparar; relacionar. U.t.c.r.
asimismo adv. del mismo modo; también.
asíndeton m. figura retórica que permite omitir las conjunciones para proporcionar más viveza y elegancia al discurso o lenguaje.
asinino, na adj. asnino.
asíntota f. línea recta que se prolonga en forma indefinida acercándose a una curva sin encontrarla.
asir tr. agarrar con la mano; tomar; coger; prender.
asistencia f. presencia actual; ayuda; protección; cooperación que se da a alguien para que se mantenga.
asistente p.a. de asistir; que asiste; soldado que está al servicio de algún oficial.
asistir intr. acompañar a alguno en un acto público; socorrer; favorecer; presenciar.
asma f. padecimiento de los bronquios que produce asfixia.
asnal adj. relativo al asno.
asnilla f. sostén; puntal.
asnino, na adj. fam. asnal.
asno m. animal solípedo, ceniciento, empleado como bestia de carga o como caballería; necio.
asociar tr. juntar a algo para determinado fin; confederar; agrupar. U. t.c.r.
asolar tr. arruinar; arrasar con violencia; desolar; saquear.
asolear tr. recibir los rayos del sol; poner al sol alguna cosa; broncearse por estar mucho bajo el sol; foguearse. U.t.c.r.
asomar intr. empezar a mostrarse; enseñar o mostrar algo por una abertura; apuntar.
asombradizo, za adj. asustadizo; susceptible; temeroso.
asombrar tr. hacer sombra; fig. causar asombro. T.r.
asombro m. estupefacción; espanto; desconcierto; sorpresa.
asomo m. acción de asomar o asomarse; señal; indicio; sospecha.
asonada f. alboroto; bullanga; tumulto.
asonancia f. relación de un sonido con otro; prima.
asonantar intr. ser una voz asonante de otra; incurrir en la asonancia.
asonante p. a. de asonar; que produce asonancia; palabras que a partir de la sílaba tónica tienen las mismas vocales.
aspado, da adj. que tiene forma de aspa.
aspaviento m. ademán exagerado que denota admiración, espanto o sentimiento.
aspecto m. apariencia; exterioridad; figura.
aspereza f. calidad de áspero.
asperges m. rociadura o aspersión.
asperidad f. aspereza.
asperjar tr. hisopear; rociar; salpicar.

áspero, ra adj. molesto al tacto; arduo; tempestuoso; desapacible.

asperón m. arenisca hecha de cemento arcilloso empleada en las construcciones y en piedras de amolar.

aspersión f. rociadura.

áspid m. culebra venenosa de color verdoso con manchas pardas y cuyo cuello es extensible.

aspillera f. saetera; abertura estrecha que se hace en un muro para disparar por ella.

aspirante p. a. de aspirar; que aspira; pretendiente; candidato.

aspirar tr. inhalar el aire a los pulmones; pretender un cargo o empleo; absorber.

aspirina f. cuerpo cristalizado insípido y poco soluble en agua, de color blanco y uso medicinal.

asquerosidad f. suciedad que produce asco.

asqueroso, sa adj. que causa repugnancia; que es repulsivo; inmundo.

asta f. pica; lanza; cuerno; palo de una bandera.

astenia f. laxitud; decaimiento de fuerzas; flojedad.

aster m. género de plantas de hojas alternas y flores en corimbo.

asterisco m. tilde; signo ortográfico que parece una estrellita.

asteroide adj. semejante a una estrella; planeta telescópico cuyas órbitas están entre las de Marte y Júpiter.

astigmatismo m. padecimiento visual por la imperfección del ojo.

astil m. asa que tienen las hachas y algunos instrumentos parecidos; pie que sostiene algún objeto.

astilla f. partícula que se desprende de la madera que se rompe violentamente.

astillero m. percha en que se colocan las astas, picas y lanzas; lugar donde se construyen y reparan barcos; carraca.

astrágalo m. chita; tragacanto; cordón que rodea la columna; taba.

astral adj. perteneciente a los astros.

astrictivo, va adj. que puede astringir.

astro m. cuerpo celeste que abunda en el firmamento.

astrolabio m. instrumento de metal o cartón que contenía representada la esfera del firmamento y se utilizaba para apreciar las distancias y movimientos de los cuerpos celestes.

astrología f. rama de la astronomía que estudia los astros y basándose en ellos pronostica.

astronáutica f. navegación del espacio.

astronomía f. ciencia que estudia todo lo referente a los astros y a sus movimientos.

astrónomo m. el que tiene profundos conocimientos de astronomía.

astroso, sa adj. desgraciado; miserable; abyecto.

astucia f. artificio; artimaña; sutileza.

asueto m. recreo; vacación; descanso.

asumir tr. obtener; alcanzar para sí; adjudicarse.

asunto m. cuestión o tema que se trata; argumento.

asurar tr. y r. requemar; abrasar.

asustar tr. causar temor; amedrentar. U.t.c.r.

atabal m. tamborcillo; tímpano; atabalero.

atabalero m. el que toca el atabal.

atabanado, da adj. de pelo oscuro con pintas blancas.

atacar tr. ajustar al cuerpo alguna prenda de vestir; acometer; embestir. U.t.c.r.

ataderas f. pl. ligas para sujetar las medias.

atadero m. lo que sirve para atar; parte por donde se ata algo.

atadijo m. lío; paquete.

atado, da adj. apocado; m. conjunto de cosas atadas.

ataharre m. correa de cuero que va sujeta a la silla de montar para evitar que ésta se corra hacia delante.

ataire m. moldura en las escuadras y tableros de puertas y ventanas.

atajadero m. obstáculo en las acequias para desviar las aguas.

atajar intr. ir por un atajo; tr. salir al encuentro de un atajo.

atajo m. vereda que acorta el camino; vericueto; hijuela.

atalaya f. faro situado en alguna parte alta útil para anunciar o vigilar; garita; almena.

atañer intr. concernir; corresponder; incumbir.
atar tr. amarrar con ligaduras; agarrotar; uncir.
atarantado, da adj. mordido por la tarántula; aturdido; inquieto.
atarantar tr. aturdir. U.t.c.r.
atarazana f. astillero; lugar en el que laboran los que fabrican telas de estopa o cáñamo.
atarazar tr. dentellar; rasgar con los dientes. U.t.c.r.
atarear tr. abrumar con tareas; afanarse.
atarjeas f. alcantarilla; caja de ladrillo que protege las cañerías; conducto por donde las aguas de servicio van al sumidero.
atarugar tr. asegurar con tarugos o cuñas; tapar; cerrar; obstruir.
atasajar tr. convertir la carne en tasajos.
atascadero m. lodazal; dificultad.
ataúd m. féretro o caja para llevar el cadáver a sepultar.
ataujía f. embutido morisco hecho con metales; damasquinado.
ataviar tr. adornar; acicalar; engalanar. U.t.c.r.
atavismo m. parecido con los antepasados.
ataxia f. desarreglo o irregularidad del sistema nervioso.
atelaje m. arreos de las bestias de tiro; tiro de caballerías.
atemorizar tr. acobardar; causar temor; espantar.
atemperar tr. ablandar; moderar; amoldar una cosa con otra.U.t.c.r.
atenacear tr. atenazar o quemar la carne humana con tenazas; martirizar.
atención f. acción de atender; urbanidad.
atender intr. observar; satisfacer alguna petición; considerar. U. t.c.r.
ateneo m. casino literario o científico.
atenerse r. arrimarse a alguien; sujetarse a algo; limitarse.
ateniense adj. y s. de Atenas.
atentado m. crimen; homicidio; delito.
atentar tr. realizar algo ilícito; delinquir.
atentatorio, ria adj. que implica atentado.
atento, ta adj. que mantiene fija la atención; afable; servicial.
atenuar tr. adelgazar alguna cosa; debilitar; mitigar.
ateo, a adj. que niega la existencia de Dios; desprovisto de fe.
aterciopelado, da adj. parecido al terciopelo.
aterecer tr. hacer temblar.
aterirse r. sobrecogerse; enfriarse.
atérmano, na adj. que con dificultad permite el paso del calor.
aterraje m. acción de aterrar un buque; aterrizaje.
aterrar tr. dar en tierra con alguien; derribar. U.t.c.r.
aterrizar tr. tomar o descender a tierra un avión; bajar.
aterrorizar tr. causar terror. U.t.c.r.
atesar tr. atiesar.
atesorar tr. guardar dinero o cosas valiosas.
atestación f. deposición de testigo.
atestado, da adj. instrumento oficial en que las autoridades hacen constar como cierta alguna cosa; testarudo; repleto.
atestar tr. atiborrar de algo alguna cosa hueca; colmar; rellenar.
atestiguar tr. declarar como testigo; afirmar un testimonio; certificar.
atetado, da adj. de forma de teta.
atiborrar tr. atestar o llenar de borra algo; atracar; hartar.
ático, ca adj. originario del Atico; dialecto de la lengua griega. U. t.c.s.
atigrado, da adj. semejante al tigre.
atildar tr. colocar tildes a las letras; acicalar; ataviar. U.t.c.r.
atinar tr. dar con algo; acertar.
atiplar tr. hacer que el tono de un instrumento llegue a tiple.
atirantar tr. asegurar con tirantes; atiesar.
atisbar tr. acechar; observar con cautela; espiar.
atizar tr. activar el fuego con combustible; avivar; despabilar la luz artificial; reanimar.
atlántico, ca adj. relativo al monte Atlante; océano que se extiende desde el occidente de europa y Africa hasta la parte oriental de América.
atlas m. reunión de mapas geográficos.
atleta m. luchador; gladiador.
atmósfera [atmosfera] f. capa de aire que envuelve a la Tierra

atoar tr. mar. remolcar.
atocinar tr. partir el puerco en canal; r. fam. irritarse; enamorarse perdidamente.
atolón m. isla madrepórica en forma de anillo.
atolondrado, da adj. que actúa sin reflexión; aturdido.
atolondrar tr. aturdir. U.t.c.r.
atolladero m. atascadero; lodazal.
atomicidad f. poder que tienen los átomos para combinarse.
atomizar tr. fig. pulverizar líquidos.
átomo m. partícula pequeñísima de la materia.
atonía f. med. falta de tono y de vigor de los tejidos contráctiles.
atónito, ta adj. estupefacto; sorprendido.
átono, na adj. sin acentuación prosódica.
atormentar tr. causar martirio; torturar; disgustar. U.t.c.r.
atornillar tr. sujetar con tornillos; enroscar.
atorozonarse r. enfermar las caballerías de torozón.
atosigar tr. envenenar; no dejar en paz.
atóxico, ca adj. no venenoso.
atrabiliario adj. adusto; colérico; irascible. U.t.c.s.
atrabilis f. cólera negra y agre.
atracar tr. aproximar las embarcaciones a tierra; atiborrarse; empacharse; agredir en despoblado. U.t.c.r.
atraco m. asalto en poblado.
atractivo, va adj. que halaga; hechizo; coquetería.
atraer tr. conquistar para sí algo; seducir a alguna persona; hechizar; agradar.
atragantar tr. tragar con dificultad; atorarse algo en la garganta.
atraillar tr. sujetar con traílla; dominar. U.t.c.r.
atrampar tr. coger en la trampa.
atrancar tr. asegurar la puerta con tranca; resguardar; atascar.
atranco m. dificultad; atolladero.
atrapar tr. alcanzar al que huye; lograr algo de provecho; coger.
atrás adv. detrás; a las espaldas; a la zaga; abajo.
atrasar tr. rezagar; retroceder las manecillas del reloj; perder terreno; postergar.
atravesar tr. cruzar a mitad del camino o de la calle algún objeto; transponer; pasar de un lugar a otro; recorrer.
atreverse r. decidirse a algo complicado; lanzarse a algún hecho arriesgado; arrojarse; no ponérsele nada por delante.
atrevidamente adv. con audacia y osadía.
atribución f. acción de atribuir; asignación; acusación.
atribuir tr. achacar a alguien una responsabilidad o culpa; acumular; echar la culpa; suponer.
atribular tr. causar aflicción o padecerla.
atrición f. dolor de haber pecado, por temor al castigo.
atril m. mueble grande donde se ponen los libros para cantar en las iglesias o para leer con más comodidad; facistol.
atrincherar tr. parapetar a las tropas en trincheras; fortificar con atrincheramientos.
atrio m. lugar descubierto que tienen después o antes del zaguán algunas casas o edificios; cobertizo; columnata; entrada.
atrocidad f. crueldad excesiva; salvajada; inhumanidad.
atrofia f. debilidad o ausencia de desarrollo en cualquier miembro del cuerpo; raquitismo; consunción.
atronado, da adj. de poco juicio.
atronar tr. ensordecer con fuertes ruidos; retumbar; asordar.
atropellar tr. pasar rápidamente por encima de algo; empujar precipitadamente; pasar de prisa.
atropina f. alcaloide venenoso de uso terapéutico que se extrae de la belladona.
atroz adj. bárbaro; sanguinario; cruel.
aturrullar, aturullar tr. fam. confundir a uno. T.r.
audión m. válvula de radio de tres electrodos, usada como detector.
augusto, ta adj. digno de respeto y admiración; honorable.
aula f. sala o clase donde se imparten las cátedras en las universidades o centros de enseñanza.
áulico, ca adj. palaciego. T.s.
aullador, ra adj. que aulla.
aullido m. bramido; rugido triste y largo de algunos animales.
aumentar tr. alargar; dar más amplitud a algo; acrecentar.

aún adv. todavía.
aunar tr. aliar; concertar; coligar; combinar; asociar.
¡aúpa! interj. ¡upa!
aupar conj. ayudar a subir o levantarse.
aura f. brisa suave y moderada; ave rapaz semejante a la gallina.
auranciáceo, a adj. arbusto dicotiledóneo que siempre se mantiene verde, por ejem. el cidro y el limonero.
áureo, a adj. semejante al oro; resplandeciente.
aureola [aureóla] f. corona; nimbo; renombre.
aureolar tr. adornar con aureolas; coronar.
auricular adj. relativo al oído; dedo meñique. U.t.c.s.
aurículas f. pl. cavidades situadas en la parte superior del corazón que reciben la sangre de las venas.
aurífero, ra adj. que tiene oro.
auriga f. cochero de un carruaje de caballerías; conductor.
aurívoro, ra adj. que codicia el oro.
aurora f. crepúsculo matutino; alba.
auscultar tr. escuchar detenidamente los sonidos en el tórax y en el abdomen.
ausencia f. separación; partida; huida; nostalgia.
ausente m. desterrado o ausentado de algún lugar o persona; desertor. U.t.c.s.
auspicio m. presagio; pronóstico.
austero, ra adj. sobrio; riguroso; duro; adusto.
auténtico, ca adj. legítimo; verdadero; debidamente justificado y comprobado.
autillo m. ave rapaz semejante a la lechuza; zumaya.
auto m. escritura o expediente judicial; drama sacramental.
auto m. voz que se emplea como prefijo con la significación de propio; por uno mismo.
autobiografía f. relato que de su propia vida hace una persona; memorias.
autobiográfico, ca adj. relativo a la autobiografía.
autoclave f. vasija de forma cilíndrica resistente al calor útil para esterilizar.
autocopista f. aparato que se emplea para sacar varias copias de algún texto por medio de una prensa especial.
autocracia f. gobierno dirigido por un solo hombre; dictadura.
autócrata com. dictador; tirano.
autóctono, na adj. aborigen; natural del país en que reside.
autodidacto, ta adj. persona que se enseña a sí misma. U.t.c.s.
autógeno, na adj. soldadura de metales que une por medio del oxígeno y acetileno.
autografía f. procedimiento que por medio de la litografía hace muchos ejemplares de un mismo texto.
autógrafo m. carta; escrito hecho por su propio autor.
autómata m. máquina; maniquí.
automedonte m. conductor; auriga; faetonte.
automóvil m. carruaje; camión; tractor, etc., que se mueve por sí solo.
autonomía f. independencia; emancipación.
autónomo, ma adj. que es libre o independiente.
autopista f. gran carretera para tránsito rápido.
autoplastia f. cir. restauración de un tejido con otro del mismo individuo.
autopsia f. disección del cadáver; necropsia.
autor, ra adj. que inventa alguna cosa; el que crea una obra de arte; creador; escritor.
autoridad f. representación o poderío de una persona por algún cargo; dominación; influjo.
autorizar tr. facultar a alguien para que haga algo; acreditar; confirmar. U.t.c.r.
autorretrato m. retrato de una persona sobre sí mismo.
autumnal adj. otoñal.
auxiliar tr. dar auxilio. U.t.c.r.
auxilio m. asistencia; apoyo; socorro.
aval m. garantía o firma que ampara un documento de crédito.
avalante m. el que garantiza o es responsable de algún crédito.
avalar tr. garantizar por medio de aval.
avalentado adj. achulado; valiente. U.t.c.s.

avalorar tr. valorizar alguna cosa; mejorar; tasar. U.t.c.r.
avance m. acción de avanzar; adelanto; anticipo de algo; progreso.
avantrén m. armazón de los carruajes empleados por la artillería.
avanzada f. vanguardia de tropa o ejército.
avanzo m. presupuesto; balance.
avaricia f. avidez de poseer caudales y cosas de valor para guardarlas; mezquindad; codicia.
avariento m. avaro.
avasallar tr. someter a obediencia; esclavizar; señorear.
ave m. animal vertebrado ovíparo con el cuerpo cubierto de plumas y con las alas para volar.
avecinar tr. aproximar; domiciliar; avecinar a alguno en un pueblo. U.t.c.r.
avechucho m. pajarraco; ave de feo aspecto.
avejentar tr. envejecer prematuramente; aviejar. U.t.c.r.
avellanar tr. hacer más grandes los agujeros para que la cabeza de los tornillos quede embutida en el objeto taladrado.
avellanate m. pasta de avellanas.
avellano m. arbusto coriláceo con flores de ambos sexos cuyo fruto es la avellana y su madera es empleada en la fabricación de pipas.
avemaría f. cierta oración a la Virgen; cuenta pequeña del rosario.
¡ave María! exclamación de asombro. U.t. como saludo.
avena f. planta gramínea empleada para la alimentación de algunos animales; trigo o grano de esta planta.
avenar tr. dar salida a las aguas por medio de zanjas.
avenencia f. arreglo; acuerdo; convenio.
avenida f. desbordamiento de un río o arroyo; paseo con árboles a los lados.
avenir tr. amoldar las partes diferentes; estar de acuerdo; congeniar. U.t.c.r.
aventajar tr. anticipar; ganar terreno; tomar la delantera; anteponer. U.t.c.r.
aventar tr. airear alguna cosa; refrigerar; ventilar; limpiar los granos en la era.
aventura f. accidente imprevisto; acontecimiento extraño; correría.
aventurero, ra adj. que anhela aventuras; trotamundo; maleante. U.t.c.s.
avería f. desperfecto que sufren las mercaderías; deterioro.
averiguar tr. investigar para descubrir la verdad; indagar; escudriñar.
averno m. infierno; fuego eterno.
aversión f. aborrecimiento o antipatía hacia alguna persona o cosa.
avestruz f. ave corredora famosa por sus plumas con dos dedos en cada pie y con la cabeza y el cuello desprovistos de plumaje.
aviación f. locomoción aérea con aparatos más pesados que el aire.
aviar tr. preparar algo para el camino; aprestar; arreglar.
avícola adj. relativo a la avicultura.
avieso, sa adj. torcido; extraviado.
avilantez f. insolencia; audacia.
avilanteza f. avilantez.
avinagrado, da adj. fig. desapasible.
avinagrarse r. ponerse agria una cosa. U.t.c.tr.
avío m. apresto; provisiones que se llevan al hato los pastores.
avión m. aeroplano.
avioneta f. aeroplano pequeño.
avisado, da adj. que no es deliberado; discreto; sagaz.
aviso m. señal dada a alguno; indicio.
avispa f. insecto himenóptero de color amarillo con fajas negras cuyo aguijón produce en la piel un escozor.
avispado, da adj. suspicaz; agudo.
avispar tr. avivar. T.r.
avispero m. sitio donde las avispas forman sus panales; aglomeración de diviesos; panal fabricado por las avispas.
avispón m. avispa mayor que la común.
avistar tr. alcanzar con la vista algún objeto; reunirse con alguno para tratar asuntos. U.t.c.r.
avitaminosis f. pat. falta de vitaminas.
avituallar tr. proveer de vituallas.
avivar tr. excitar; animar; dar viveza. U.t.c.r.
avizor adj. el que inspecciona

avizorar tr. acechar.

avo, va terminación que indica partes en que se ha dividido una unidad.

avocar tr. llamar a sí un tribunal o juez alguna causa.

avugo m. pera temprana de color verde amarillento y sabor desagradable; fruto del avuguero.

avuguero m. árbol de la misma especie del peral cuyo fruto es el avugo.

avulsión f. extirpación; arrancamiento.

avutarda f. ave zancuda de lento vuelo con el cuello largo y delgado y el cuerpo rojo con manchas negras.

axila f. ángulo formado por la articulación de alguna de las partes de la planta con el tronco.

axioma m. preposición o sentencia que por su evidencia no necesita ser demostrada.

axiomático, ca adj. evidente.

axis m. anat. segunda vértebra del cuello.

ayer adv. en el día que fue inmediatamente anterior al de hoy.

ayo, ya m. y f. persona encargada del cuidado y de la educación de algunos niños.

ayote m. Amér. calabaza.

ayudante p. a. de **ayudar**; el que ayuda; oficial; subalterno.

ayudar tr. cooperar; socorrer; prestar auxilio. U.t.c.r.

ayuno m. acción y efecto de ayunar; abstinencia de cualquier comida durante varias horas.

ayuno, na adj. que no ha comido; que no entiende lo que se habla.

ayuntamiento m. acción y efecto de ayuntar o ayuntarse; cuerpo de gobierno de algún municipio dirigido por un alcalde.

ayuntar tr. anat. juntar; r. tener cópula carnal

azabache m. variedad de lignito de hermoso color negro muy útil en la fabricación de botones y algunos objetos de adorno.

azada f. instrumento que consiste en una especie de pala cuadrangular sujeta a un mango y se emplea para cavar.

azadón m. especie de azada pero con la pala curva y alargada.

azafata f. criada que viste a la reina.

azafate m. especie de canastillo de mimbre o paja; canastillo metálico.

azafrán m. planta irídea cuyo estigma de color anaranjado se usa para condimentar algunos alimentos.

azagaya f. lanza o dardo pequeño.

azahar m. flor blanca y aromática del naranjo o del cidro utilizada en medicina y perfumería.

azalea f. árbol ericáceo de hermosas flores cuyas corolas contienen una sustancia venenosa.

azamboa f. fruto del azamboero; especie de cidra muy arrugada.

azamboero m. árbol, variedad del cidro cuyo fruto es la azamboa.

azar m. casualidad; acontecimiento inesperado.

azaroso, sa adj. fatal; desgraciado; funesto.

ázimo, ma adj. pan que no contiene levadura.

ázoe m. nitrógeno.

azófar m. latón.

azogar tr. cubrir con azogue algún objeto.

azogue m. metal blanco semejante a la plata, más pesado que el plomo y líquido a la temperatura ordinaria.

azoico, ca adj. nítrico.

azolar tr. desbastar madera con azuela.

azor m. ave de rapiña usada como ave de cetrería.

azorar tr. sobresalir; conturbar. U.t.c.r.

azotacalles com. persona callejera.

azotaina f. zurra de azotes.

azotaperros m. el que vigila el orden y silencio en la iglesia.

azotar tr. dar azotes; golpear con la cola o con las alas.

azote m. instrumento de suplicio con que se azotaba a los delincuentes; tira de cuero que sirve para azotar; golpe dado con el azote.

azotea f. sitio llano de un edificio dispuesto para poder andar en él.

azúcar amb. substancia dulce que se extrae de la caña dulce; de la remolacha y de otros vegetales.

azucarillo m. masa esponjosa que se forma con almíbar, clara de huevo y zumo de limón, es empleado para endulzar algunas bebidas.
azucena f. planta perenne liliácea con flores blancas y olorosas que sirve de ornato en los jardines.
azud com. rueda movida por la corriente, con que se saca agua de los ríos; presa en los ríos.
azuela f. instrumento de carpintería con forma de azadilla.
azufaifa f. drupa encarnada que es fruto del azufaifo.
azufre m. metaloide amarillento y quebradizo muy combustible.
azufrera f. mina de azufre.
azul adj. del color del cielo sin nubes; quinto color del espectro solar. U.t.c.s.
azulejo, ja adj. azulado; ladrillo pequeño y vidriado.
azulete m. viso azul que se da a las prendas de vestir de color blanco.
azumbre f. medida de capacidad para líquidos que es igual a dos litros.
azuzar tr. incitar a los perros para que embistan; irritar.

B

b. f. letra consonante con sonido bilabial.
baba f. humor cristalino y espumoso que sale de la boca especialmente de los niños y de algunos animales; jugo de varias plantas.
babador m. pequeño lienzo que se pone a los niños en el pecho.
babaza f. baba muy espesa; babosa, molusco.
babel amb. sitio con mucho desorden y confusión.
babia (estar en —) expr. fam. estar distraído.
babieca com. que es floja; boba.
babilónico, ca adj. de Babilonia.
babirusa m. cerdo salvaje de Asia.
bable m. dialecto de Asturias.
babor m. costado izquierdo de una embarcación viéndolo desde la popa.
babosada f. molusco gasterópodo que carece de concha y al arrastrarse arroja una baba pegajosa.
babosear tr. babear; cubrir de babas.
babucha f. zapato moro muy ligero y sin tacón.
baca f. espacio superior de las diligencias para colocar equipajes.
bacalao m. pez melacopterigio comestible con el cuerpo simétrico y una especie de barbilla en la mandíbula inferior.
bacanal adj. relativo al dios Baco; orgía.
bacante f. mujer que actuaba en las fiestas de Baco; mujer depravada.
bacará, bacarat m. juego de azar; cristal muy fino.
bácara f. amaro.
bacía f. vasija que usan los barberos; taza.
bacilo m. bacteria que es semejante a un filamento alargado y curvo.
bacín m. recipiente de barro vidriado con forma cilíndrica.
bacinete m. pieza de la armadura antigua que protegía la cabeza; yelmo.
bacteria f. microbio de los vegetales generalmente patógeno.
bacteriología f. rama de la microbiología que se ocupa del estudio de las bacterias.
bacteriostático, ca adj. que impide el desarrollo y función de las bacterias. T.m.
báculo m. palo que usan para apoyarse los que están enfermos o viejos; consuelo.
bache m. hoyo que se forma en los caminos.
bachillerato m. grado de bachiller
bachillerear intr. hablar demasiado y con impertinencia.
badajo m. especie de pesa de metal que está en el interior de las campanas para que al golpearlas suenen.
badana f. piel curtida.
badea f. sandía de mala calidad; Amér. enredadera de fruto exquisito.
badén m. zanja que forman las aguas de lluvia; cauce.
badián m. árbol magnoliáceo siempre verde y cuyo fruto en forma de cápsula se emplea en medicina.
badil m. paleta metálica para remover el fuego en las chimeneas.
badila f. badil.
badulaque m. afeite compuesto

por una mezcla de varios ingredientes.
bagaje m. equipaje militar de una tropa o ejército.
bagatela f. cosa sin importancia y poco valiosa.
bagazo m. cáscara que queda después de que la linaza es separada de la baga; residuo de algunas frutas jugosas.
bagre m. pez melacopterigio de color pardo cuya carne amarillenta es comestible.
baguarí m. especie de cigüeña.
¡bah! interj. que expresa desprecio o incredulidad.
bahareque m. Amér. pared de cañas y barro.
bahía f. entrada de mar en una costa.
bailador, ra adj. que baila. U. t.c.s.
bailar tr. mover los pies ordenadamente y siguiendo un compás. U.t.c. intr.
bailía f. lugar en que el baile está en competencia continua.
bailotear intr. bailar continua y desgarbadamente.
baivel m. escuadra con un lado recto y con el otro curvo que es empleada por los canteros.
baja f. disminución del valor de algo; cesar en el desempeño de algún empleo o negocio.
bajá m. gobernador antiguo de alguna provincia turca.
bajada f. acción de bajar.
bajamar f. período que dura el reflejo del mar.
bajar intr. ir hacia un lugar más bajo del que se está; rebajar el lugar o el grado de alguna cosa. U.t.c.r.
bajel m. buque.
bajeza f. acción vil; poquedad.
bajillo m. tonel que contiene el vino que se almacena en las bodegas.
bajío m. lugar o terreno bajo.
bajista com. persona que juega a la baja en la bolsa.
bajo, ja adj. de poca altura; lo que es inferior a algo de su mismo valor o naturaleza.
bajón m. exagerada baja de algo.
bajonazo m. taur. estocada baja.
bajorrelieve m. bajo relieve.
bakelita f. cierta resina sintética.
bala f. proyectil hecho de hierro o de plomo para cargar las armas de fuego.
balada f. composición en verso con estrofas iguales que expresa algún suceso sentimental.
baladí adj. que es de poco valor e importancia.
baladro m. grito, alarido.
baladrón, na adj fanfarrón; cobarde.
baladronada f. fanfarronada.
bálago m. dícese de la paja alargada que queda en los cereales cuando se les quita el grano.
balance m. movimiento continuo que hace un cuerpo de uno a otro lado.
balancear intr. dar o hacer balances. T.r.; contrapesar.
balancín m. madero que se coloca paralelamente al eje de las ruedas delanteras de un carro.
balandra f. pequeña embarcación que tiene cubierta y un palo.
balandrán m. vestidura holgada y talar que usan los religiosos; el que siempre está endrogado.
bálano [balano] m. cabeza del pene; crustáceo marino que abunda sobre las rocas.
balanza f. aparato que sirve para pesar y consiste en una barra de metal horizontal que pende de una armadura en su punto medio por un eje que sostiene la aguja que señala el peso.
balastar tr. tender el balasto.
balasto m. capa de piedra o de grava extendida sobre la explanada de los ferrocarriles para sujetar a ella las traviesas.
balaustrada f. serie de balaustres.
balaustre [balaústre] m. columnita de una baranda.
balazo m. golpe de bala disparado con arma de fuego.
balbucear intr. balbucir.
balbucir intr. pronunciar las palabras con dificultad y alterando sus sílabas.
balcánico, ca adj. referente a la región europea de los balcanes.
balcón m. espacio abierto y saliente desde el suelo de una habitación y con barandal.
baldaquín m. dosel o palio de seda.
baldar tr. quedar inútil algún miembro del cuerpo humano; impedir. U.t.c.r.

balde m. especie de cubo de cuero que se usa en las embarcaciones para sacar agua.
baldés m. piel suave y curtida empleada para guantes.
baldío, a adj. terreno que no está adehesado ni labrado.
baldón m. ofensa; injuria.
baldonar tr. injuriar.
baldosa f. instrumento musical semejante al salterio; ladrillo.
balear adj. y s. de las Baleares.
balduque m. cinta angosta que se emplea para atar legajos.
balista f. máquina antigua de lanzar piedras pesadas.
balística f. ciencia que calcula la fuerza y dirección de los proyectiles.
baliza f. mar. señal fija o flotante que sirve de guía.
balneario, ria adj. relativo a los baños; hotel o lugar con albercas de agua medicinal.
balneoterapia f. med. tratamiento por medio de baños.
balón m. pelota grande; bala.
baloncesto m. juego que consiste en meter el balón en un cesto.
balota f. bolilla para botar.
balsa f. conjunto de maderos que en forma de plancha se emplean para navegar.
balsámico, ca adj. que tiene cualidades de bálsamo.
balsamita f. jaramago.
bálsamo m. sustancia líquida y aromática que se extrae de algunos árboles; medicamento que se emplea para curar algunas heridas.
báltico, ca adj. relativo al mar situado entre Dinamarca, Suecia, Prusia y Rusia. U.t.c.s.
baluarte m. fortaleza con dos caras que se unen en un solo muro; defensa.
balumba f. bulto formado por un conjunto excesivo de cosas.
ballena f. cetáceo marino considerado como el más grande de todos los animales, mide aproximadamente treinta metros de longitud y habita principalmente en los mares polares.
ballenero, ra adj. relativo a la ballena; el que pesca ballenas.
ballesta f. máquina de guerra que se empleaba en la antigüedad para lanzar piedras; arma portátil antigua.
ballestero m. soldado armado de ballesta.
ballestilla f. balancín pequeño; aparato que se usaba antiguamente en las embarcaciones para calcular las alturas de los astros durante la navegación.
bambalina f. tiras de lienzo que semejan la parte superior de la decoración de un escenario.
bambolearse r. moverse algo de un lado a otro sin quitarse del lugar en que está. U.t.c.intr.
bambolla f. ostentación exagerada.
bambú m. planta gramínea originaria de la India parecida al junco y es muy utilizada en la fabricación de diversos objetos.
bananero, ra adj. sitio poblado de bananos.
banano m. plátano.
banasta f. cesto hecho de mimbre de diversos tamaños y formas.
banca f. asiento de madera que no tiene respaldo; cajón sobre el cual se colocan los que lavan para evitar la humedad; conjunto de bancos o banqueros.
bancal m. rellano de tierra que se forma en las sierras y que es empleado para el cultivo de algo; terreno arreglado para plantar en él legumbres, árboles frutales, etc.
bancarrota f. quiebra; hundimiento.
banco m. asiento generalmente de madera con o sin respaldo; establecimiento público de crédito.
banda f. cinta ancha que cruza el pecho a manera de insignia; conjunto de gente armada.
bandada f. conjunto numeroso de aves que vuelan juntas.
bandazo m. balance rápido que da una embarcación hacia uno u otro lado.
bandeja f. pieza generalmente metálica en la cual se sirven refrescos u otras cosas.
bandera f. lienzo cuadrado o cuadrilongo que por uno de sus lados va sujeto a un asta y es utilizado como insignia.
banderilla f. especie de dardo que usan los toreros para clavarlo en el cerviguillo de los toros.

banderín f. parcialidad; bando.
banderín m. el que sirve de guía a la infantería en sus prácticas y se distingue por llevar una banderita en el fusil.
banderizo, za adj. que sigue un bando.
bandidaje m. bandolerismo.
bandido m. bandolero.
bando m. mandato dictado solemnemente de orden superior; partido.
bandola f. instrumento músico pequeño de cuatro cuerdas.
bandolerismo m. ataques continuos de bandoleros en alguna población.
bandolero m. salteador de caminos; bandido.
bandolina f. mucílago que se emplea para asentar el cabello.
bandullo m. conjunto de las tripas.
bandurria f. instrumento musical semejante a la guitarra con doce cuerdas pareadas.
banquero m. jefe de un banco; el que lleva el naipe en el juego de la banca.
banquete m. comida espléndida y muy concurrida.
banquetear tr. ofrecer banquetes o asistir a ellos. U.t.c.r. y c.intr.
banquillo m. asiento en que se coloca el procesado para ser juzgado por el tribunal.
bántam (inglés) adj. y s. peso gallo; raza de gallinas enanas.
banzo m. listón del bastidor de bordar; larguero de una escalera u otra armazón.
bañar tr. meter un cuerpo en el agua. U.t.c.r.
baño m. acción de bañar.
baobab m. árbol bombáceo con flores blancas y cuyo fruto capsular y carnoso es de sabor agradable.
baptista adj. y s. bautista (secta).
baqueta f. varilla de hierro o madera con casquillo metálico que ataca las armas de fuego.
baquía f. conocimiento práctico de caminos y sendas; destreza.
báquico, ca adj. relativo al dios Baco.
báquira f. cerdo salvaje americano.
baraja f. conjunto de naipes que se emplea para diversos juegos.
barajón m. bastidor de madera que se ata al pie para andar sobre la nieve.
baranda f. barandilla.
barandilla f. antepecho de los balcones; pasamanos de escaleras compuesto por una serie de balaustres de hierro o madera y de los barandales que los sostienen.
barangay m. pequeña embarcación de remos muy usada en Filipinas.
baratero, ra adj. engañoso; el que cobra el barato de los jugadores.
baratija f. cosa pequeña y de escaso valor.
barato, ta adj. vendido o comprado a bajo precio; que se alcanza u obtiene sin dificultad; dinero que el baratero exige al ganador del juego.
báratro m. infierno.
baraúnda f. barahúnda.
barba f. parte baja de la boca; pelo de la cara.
barbacana f. obra avanzada y separada para proteger puertas de plazas, cabezas de puente, etc; saetera.
barbaridad f. atrocidad; lo que es necio; calidad de bárbaro.
barbarie f. ignorancia; crueldad.
bárbaro, ra adj. temerario; cruel; sanguinario; individuo perteneciente a las hordas salvajes que invadieron gran parte de Europa en el siglo v.
barbear intr. llegar con la barba a determinado punto; aproximarse una cosa a la altura de otra.
barbechar tr. arar la tierra preparándola para sembrarla.
barbecho m. terreno de labranza que no se siembra por espacio de uno o dos años; acción de barbechar.
barbería f. lugar donde se hace la barba; oficio de barbero.
barbilampiño, ña adj. que tiene barba demasiado escasa o que carece de ella.
barbilindo adj. bien parecido; el que es frágil y femenino.
barbiluengo, ga adj. que tiene larga la barba.
barbilla f. punta o fin de la barba.
barbiquejo m. pañoleta que se pasa por debajo de la barba y se ata encima de la cabeza.
barbitúrico m. med. medicamento que produce sueño. T. adj.
barbo m. pez de río comestible.

barbotar intr. mascullar. U.t.c. tr.
barbullar intr. hablar haciendo mucho escándalo y atropelladamente.
barca f. embarcación o lancha grande que sirve para cruzar los ríos.
barcarola f. canto popular italiano entonado principalmente por los gondoleros.
barcaza f. lancha grande que conduce el cargamento de los buques a tierra o viceversa.
barcino, na adj. de pelo blanco y pardo o rojizo.
barco m. nombre dado a cualquier embarcación.
barda f. armadura antigua de hierro que protegía el pecho y costados de los caballos de guerra; cubierta que se coloca sobre las tapias de algún lugar descubierto para resguardarlo.
bardado, da adj. p.p. de **bardar**; protegido por la barda.
bargueño m. especie de escritorio antiguo.
baría f. árbol borragíneo que abunda en Cuba y la baba de su corteza es empleada para clarificar el azúcar.
bario m. metal amarillento de difícil fundición que se oxida al contacto del aire y del agua.
barisfera f. punto central del globo terrestre.
barita f. óxido de bario; baritina.
baritina f. óxido de bario que unido con el ácido sulfúrico se encuentra en la naturaleza formando el sulfato de barita.
barítono m. el que tiene voz más baja que la del tenor y más alta que la del bajo.
barjuleta f. bolsa de cuero que cuelgan a la espalda los viajeros con las cosas necesarias para el camino.
barlovento m. lugar de donde viene el viento en relación a una parte determinada.
barniz m. líquido con sustancias resinosas que es empleado para dar lustre o brillo.
barómetro m. aparato que mide las variedades de la presión de la atmósfera.
barón m. título de dignidad.
baronía f. dignidad de barón; lugar dominado por un barón.
barquero, ra adj. persona que conduce o dirige una barca. U.t.c.s.
barquillero, ra adj. el que hace o vende barquillos.
barquillo m. hojuela de harina y miel que mediante moldes calientes recibe la forma de canuto.
barquín m. fuelle de fraguas.
barra f. pieza de diferente material de forma cilíndrica y alargada; rollo metálico sin labrar; barandilla que en una sala donde actúa un tribunal separa a éste del público.
barrabás m. el que es perverso y malo.
barrabasada f. travesura; acción enredosa.
barraca f. casilla rústica y miserable.
barracuda f. pez marino tropical de mandíbulas dentadas, menor que el tiburón.
barragán m. abrigo de lana que sirve de impermeable.
barragana f. manceba; concubina.
barral m. redoma de gran tamaño y capacidad.
barranco m. precipicio; quiebra que las aguas forman en la tierra.
barrear tr. cerrar, fortificar.
barrena f. instrumento de acero parecido al taladro.
barrenillo m. insecto que perfora la corteza de los árboles.
barreno m. barrena.
barreño m. vasija de barro de gran capacidad más ancha por la boca que por la base.
barrer tr. limpiar el suelo de polvo y basuras con la escoba.
barrera f. valla de palos o tablas; antepecho que cierra el círculo en las plazas de toros; lugar de donde se extrae el barro para las alfarerías.
barrica f. tonel de vino.
barricada f. parapeto que para impedir el paso del enemigo, se hace con barricas.
barriga f. vientre; parte abultada de algún recipiente.
barriguera f. correa que llevan en la barriga los caballos de tiro.
barril m. vasija de madera útil para guardar o transportar algunas mercaderías.
barrilla f. planta salsolácea de cuyas cenizas ricas en sales alcalinas se obtiene la sosa.

barrio m. diferentes partes en que están divididos los pueblos grandes; caserío apartado de la población a que pertenece.
barriscar tr. vender sin peso ni medida objetos mercantiles.
barrizal m. terreno cubierto de barro.
barro m. masa que se forma de la tierra mojada; lodo; granillos que salen en el rostro.
barroco, ca adj. excesivamente adornado.
barrueco m. perla de forma irregular.
barrumbada f. dicho jactancioso; gasto excesivo.
barruntar tr. prever por algunas señales.
barrunte m. indicio, noticia.
barrunto m. acción de barruntar.
bártulos m. pl. enseres que se manejan.
barullo m. desorden; confusión.
basa f. base; asiento sobre el que se apoya alguna columna o estatua.
basalto m. roca volcánica de color negro verdoso muy resistente.
basanita f. basalto.
basar tr. apoyar algo sobre una base; asentar. U.t.c.r.
basáride f. especie de comadreja americana.
basca f. malestar estomacal que se experimenta antes de vomitar.
báscula f. aparato muy parecido a la balanza en el que se miden pesos grandes.
base f. asiento en el que se apoya algo; basa.
basilicón m. ungüento hecho de cera, resina, sebo y colofonia.
basilisco m. animal fabuloso que tenía el poder de matar con la vista; reptil de agradable aspecto y color verde cuyo cuerpo es igual al de una iguana pequeña.
bastante adv. que basta; suficiente.
bastantear intr. afirmar un abogado mediante escrito que los poderes son suficientes. U.t.c.tr.
bastar intr. ser adecuado para algo; abundar. U.t.c.r.
bastarda f. lima de grano muy fino con la que se pulen las cerraduras.
bastardear intr. degenerar su naturaleza; pervertirse.
bastardía f. calidad de bastardo; acción que es indigna de las obligaciones de cada uno.
bastardilla f. instrumento musical semejante a la flauta.
bastardo, da adj. que degenera de su origen.
baste m. almohadilla que lleva en la parte baja la albarda.
bastidor m. armazón para fijar lienzos para bordar o pintar y para fijar vidrieras.
bastilla f. doblez hilvanado para que no se deshilache la tela.
bastimento m. embarcación; provisión.
bastión m. baluarte.
basto, ta adj. suficiente; tosco; falto de educación.
bastón m. vara o palo con puño para apoyarse al andar.
bastonera f. mueble en el que se colocan los bastones o paraguas.
bastonero m. el que hace o vende bastones; el que dirige un baile.
basura f. polvo y suciedad que se recoge al barrer; estiércol.
bata f. ropa talar con mangas que usan las personas para estar en casa.
batacazo m. golpe estrepitoso que da una persona al caer.
batalla f. pelea entre ejércitos enemigos; lid; combate de una flota contra otra; ataque.
batallón m. unidad formada por varios soldados bajo el mando de un jefe militar cuya categoría es más baja que la del coronel.
batán m. máquina hidraúlica formada por mazos de madera movidos por un eje útil para enfurtir y desengrasar los paños; juegos.
batanga f. flotador que se pone a cada lado de una embarcación.
batata f. planta convolvulácea de tallo rastrero, flores acampanadas y raíces semejantes a las de la papa.
batatilla f. planta dicotiledónea, purgante.
bátavo, va adj. originario del antiguo país europeo de Batavia. U.t.c.s.
batea f. bandeja de madera pintada y de diversas formas y tamaños; banquito en forma de cajón.

batel m. bote.

batería f. conjunto de piezas de artillería dispuesta a atacar al enemigo; conjunto de utensilios de una cocina; conjunto de pilas eléctricas puestas en comunicación.

batey m. lugar ocupado por las casas, trapiche, etc., en los ingenios de las Antillas.

baticola f. correa terminada en un ojal para dar paso al maslo de la cola y va sujeta a la parte trasera del albardón.

batidera f. instrumento semejante al azadón útil para hacer argamasa; instrumento con que se cortan los panales.

batiente p.a. de **batir**; que bate; parte del cerco de las ventanas y puertas en que se baten al cerrarse.

batihoja com. obrero que bate oro o plata.

batimán m. danza que se ejecuta alzando una pierna y juntándola rápidamente a la otra.

batir tr. derribar; combatir; golpear fuertemente algo; revolver una cosa hasta trabarla; martillar.

batista f. lienzo muy delgado y fino.

batología f. repetición de palabras innecesaria y enojosa.

batracios m. pl. zool. animales de sangre fría, respiración branquial en la primera edad y pulmonar después.

batuda f. salto que los gimnastas dan en el trampolín unos tras otros.

baturrada f. acción o dichos propios del baturro.

baturrillo m. mezcla de cosas diferentes.

batuta f. bastoncillo pequeño utilizado por los directores de orquesta para marcar el compás.

baúl m. arca; cofre; vientre.

bauprés m. mar. palo grueso horizontal en la proa de los barcos.

bausán, na m. f. maniquí con armas; fig. bobo.

bautismo m. el primer sacramento de la iglesia que da el carácter de cristiano.

bauxita m. mineral del aluminio.

baya f. fruto de algunas plantas jugoso y carnoso con semillas rodeadas de pulpa como la uva.

bayadera f. bailarina de las festividades religiosas de la India.

bayeta f. tela rala de lana.

bayo, ya adj. arma blanca que se adapta al cañón del fusil.

bayuca f. taberna.

baza f. número de cartas que en algunos juegos reúne el triunfador; **meter baza** en conversaciones ajenas.

bazo, za adj. de color moreno amarillento; víscera del cuerpo colocada en el hipocondrio izquierdo.

bazofia f. desechos de comidas; fig. cosa sucia y despreciable.

bazucar tr. revolver algún líquido moviendo el recipiente en el que está; traquetear.

be f. nombre de la letra b.

beatería f. afectación de piedad.

beatitud f. bienaventuranza eterna.

bebedero, ra adj. licor o agua buenos para beber; recipiente para que beban las aves; abrevadero.

bebedizo m. bebida medicinal; veneno; filtro mágico.

beber tr. hacer que un líquido sea absorbido por la boca. U.t.c.r.

bebistrajo m. bebida desagradable.

beborrotear intr. beber poco y continuamente.

beca f. insignia que llevan algunos dignatarios de la iglesia y los colegiales; lugar gratuito en algún colegio.

becerra f. vaca de uno o dos años cumplidos.

becerro m. toro de uno o dos años cumplidos.

becuadro m. mús. signo que indica entonación natural.

bedel m. el encargado del orden de algún colegio o centro de enseñanza.

beduino, na adj. hombre bárbaro; árabe nómada.

befa f. expresión despectiva y grosera.

befo, fa adj. belfo; de labios gruesos. U.t.c.s.

begonia f. planta begoniácea y perenne de tallos carnosos cuyas flores tienen el cáliz color de rosa y carecen de corola.

behetría f. población antigua cuyos vecinos tenían libertad de elegir como gobernante al que quisieran.

bejín m. hongo que encierra un

polvo negro de propiedades hemostáticas.
beldad f. belleza; mujer famosa por su hermosura.
belemnita f. fósil de forma cónica de algún cefalópodo.
belén m. bullicio; confusión.
beleño m. planta solanácea con fruto capsular abundante en semillas cuya raíz se usa como narcótico.
belesa f. planta plumbagínea con tallos cilíndricos y hojas alternas coronadas con flores en espiga.
belicismo m. neol. tendencia a la belicosidad.
bélico, ca adj. guerrero.
belingerante adj. dícese del ejército o nación que está en guerra. U.t.c.s.
belígero, ra adj. belicoso; guerrero.
belísono, na adj. poét. de ruido bélico.
belitre adj. ruin; individuo de bajas costumbres. U.t.c.s.
belorta f. vilorta.
bellaco, ca adj. ruin; astuto. U.t.s.
belladona f. planta solanácea venenosa usada como narcótico y útil para dilatar la pupila.
belleza f. la presenta todo aquello que es perfecto en su género.
bellota f. fruto de la encina y del roble con forma ovalada compuesto de una cáscara dura que protege a una sustancia blanca y harinosa de sabor amargo.
bemol m. nota cuya entonación es más baja que el de su sonido natural.
bencina f. líquido incoloro y de olor penetrante que se extrae de la brea o del aceite de la hulla y se utiliza para desmanchar ropa.
bendecir tr. ensalzar; engrandecer; hacer prosperar a alguno la providencia.
benedictino, na adj. perteneciente a la orden de San Benito. T.s.; m. cierto licor.
beneficencia f. conjunto de institutos y establecimientos destinados a algún fin benéfico.
beneficiado, da adj. persona a la que se hace un bien o recibe algún beneficio. U.t.c.s.
beneficiar tr. hacer bien. U.t.c.r.
beneficiario, ria adj. dícese de aquél a quien beneficia un contrato de seguro. U.t.c.s.
beneficio m. bien que se hace o recibe.
benemérito, ta adj. lo que es digno de honores y gloria.
beneplácito m. permiso; aprobación.
benevolencia f. afabilidad y simpatía para las personas.
benévolo, la adj. con buena voluntad.
bengala f. caña para bastones; fuego artificial.
benigno, na adj. benévolo; caritativo; apacible.
benjamín m. hijo menor y más querido de sus padres.
benjamita adj. descendiente de la tribu de Benjamín. U.t.c.s.
benjuí m. bálsamo aromático extraído por incisión de la corteza de un árbol semejante al que produce el estoraque.
benzoato m. sal del ácido benzoico.
benzol m. producto obtenido de la mezcla del benzoato con el tolueno.
beodez f. embriaguez.
beodo, da adj. borracho. U.t.c.s.
berbiquí m. manubrio semicircular y giratorio útil para taladrar.
berenjena f. planta solanácea cuyo fruto es aovado y lleno de una pulpa blanquecina que contiene las semillas.
berenjenal m. sitio plantado de berenjenas; fig. negocio enredado.
bergamota f. pera jugosa y aromática.
bergante m. sinvergüenza.
bergantín m. goleta.
berilo m. variedad de esmeralda de color verde mar, blanco o azul y se le considera como piedra preciosa cuando es de color uniforme.
berkelio m. elemento químico, símbolo Bk.
berlina f. coche cerrado de dos asientos.
bermejizo, za adj. que parece bermejo.
bermejo, ja adj. rubio rojizo.
bernardina f. mentira.
berrear intr. dar berridos; fig. gritar o cantar desentonadamente.
berrenchín m. vaho que arroja el jabalí furioso.
berrendo, da adj. manchado de dos colores; toro con manchas

de color diferente al de la capa. U.t.c.s.

berrido m. voz de los animales que berrean.

berro m. planta crucífera que abunda en terrenos aguanosos y cuyas hojas son comestibles.

berrocal m. sitio con berruecos.

berroqueña f. piedra berroqueña.

berrueco m. tumorcillo que se forma en el iris de los ojos.

besalamano m. escrito con la abreviatura b.l.m. redactado en tercera persona y sin firma.

besana f. labor de surcos paralelos que se hacen con el arado; primer surco que se hace en la tierra cuando se empieza a arar.

besante m. primitiva moneda bizantina que circuló entre los mahometanos y europeos.

besar tr. palpar algo con los labios contrayéndolos suavemente en señal de amor o reverencia.

bestia f. animal cuadrúpedo como el caballo y la mula; persona ruda e ignorante. U.t.c. adj.

bestiaje m. conjunto de bestias.

bestialidad f. brutalidad; pecado de lujuria con una bestia.

bestiario m. gladiador que luchaba con las fieras.

beta f. nombre de la segunda letra del alfabeto griego equivalente a la "b" castellana.

betarraga f. remolacha.

betún m. nombre común de varias sustancias que se encuentran en la naturaleza y arden con llama y olor característico.

bezo m. labio grueso.

bezoar m. concreción calculosa que se encuentra en las vías digestivas de algunos cuadrúpedos y que se emplea en medicina.

bezudo, da adj. grueso de los labios.

biberón m. especie de botella con pezón de goma elástica para la lactancia artificial.

biblia f. libro que contiene el antiguo y nuevo testamento.

bibliofilia f. pasión por los libros, especialmente los raros.

bibliografía f. catálogo de libros o escritos relativos a alguna materia.

bibliología f. estudio del libro.

bibliomanía f. afán de poseer libros raros por manía.

biblioteca f. lugar que tiene un gran número de libros ordenados para que puedan escogerse y leerse.

bicarbonato m. sal integrada por ácido carbónico en más cantidad que en los carbonatos neutros y por una base.

bicéfalo, la adj. que tiene dos cabezas.

bíceps adj. que tiene dos cabezas, dos cabos o dos puntas. U.t.c.s.

bicicleta f. velocípedo de dos ruedas iguales.

biciclo m. velocípedo de dos ruedas, más grande que la bicicleta.

bicoca f. objeto de poco valor e interés.

bicolor adj. de dos colores.

biconvexo, xa adj. de dos superficies convexas.

bicorne adj. de dos cuernos o puntas.

bicúspide adj. que tiene dos cúspides.

bicharraco m. expresión despectiva de bicho.

bichero m. asta que en uno de sus extremos tiene punta de hierro.

bicho m. animal pequeño; sabandija.

bichozno m. quinto nieto o hijo del cuadrinieto.

bidente adj. con dos dientes.

biela f. barra que en las máquinas transforma movimientos de vaivén en rotatorios o viceversa.

bieldo m. instrumento compuesto de un palo largo con otro que le atraviesa por uno de sus extremos y con cuatro más fijos en el transversal a manera de dientes y es empleado para beldar.

bien m. utilidad; heredad; lo que es objeto de la voluntad.

bienaventuranza f. vista y posesión de Dios en el cielo; felicidad humana.

bienestar m. comodidad.

bienhechor, ra adj. que ayuda y protege a alguien. U.t.c.s.

bienio m. lapso de tiempo de dos años.

bienquerer m. bienquerencia.

bienquerer tr. querer bien; estimar; tener afecto.

bienquistar tr. poner bien a una persona con otra. U.t.c.r.

bienquisto, ta adj. generalmente estimado.

bienvenida f. parabién que se da al que llega con felicidad.

bienvenido, da adj. el que llega con felicidad.

bífero, ra adj. bot. que fructifica dos veces al año.

bifocal adj. ópt. de dos focos, para ver de cerca y de lejos.

biforme adj. de dos formas.

bifronte adj. de dos caras.

biftec m. bistec.

bifurcarse r. dividirse en dos puntas o ramas alguna cosa.

biga f. tronco de bestias que tiran de la biga; carro de dos caballos.

bigamia f. estado de un hombre casado a la vez con dos mujeres o de una mujer casada con dos hombres.

bigardo m. fraile libertino y de vida depravada.

bigornia f. yunque que tiene dos puntas opuestas.

bigote m. pelillo que nace arriba del labio superior.

bigotera f. tira comúnmente de gamuza que cubre los bigotes para que no se descompongan durante la noche.

bilateral adj. que tiene dos lados.

bilingüe adj. que habla o está escribiendo en dos lenguas.

bilis f. humor amargo y amarillento que segrega el hígado.

bilocarse r. hallarse a un tiempo en dos lugares distintos.

billa f. jugada en el juego de billar que se logra al chocar una bola con otra y meterla en la tronera.

billar m. juego que se efectúa sobre una mesa forrada de paño con troneras y se emplean en él bastones delgados y bolas de marfil.

billete m. carta breve; tarjeta que autoriza a ocupar un lugar o a entrar a un espectáculo, rifa, etc.; cédula que indica cantidades de numerario.

billón m. un millón de millones.

bimano, na [bímano, na] adj. de dos manos. T. s.

bimetalismo m. sistema monetario que admite como patrones el oro y la plata.

binador m. instrumento que se usa para binar; el que bina.

binar tr. arar por segunda vez las tierras de labor; celebrar un sacerdote dos misas en el mismo día.

binario, ria adj. que consta de dos elementos o unidades.

binguí m. bebida que se extrae del tronco del maguey y se fermenta en un recipiente que haya tenido pulque.

binóculo m. anteojo con dos lunetas.

binomio m. conjunto de dos signos algebraicos separados por los signos de más o de menos.

binza f. película de la cebolla en la cara exterior.

biodinámica f. ciencia de las fuerzas vitales.

biografía f. historia pormenorizada de la vida de alguien.

biología f. ciencia que estudia las leyes y los fenómenos de la vida.

biombo m. bastidores enlazados con goznes para poder plegarlos y desplegarlos.

biopsia f. med. examen de un trozo de tejido tomado de un ser vivo.

bioquímica f. ciencia que estudia los fenómenos químicos en el ser vivo.

bípedo, da adj. que tiene dos pies. U.t.c.s.

biplano m. avión cuyas cuatro alas forman de dos en dos planos paralelos.

birlador, ra adj. el que birla; estafador. U.t.c.s.

birlocho m. carruaje descubierto con cuatro ruedas que carece de portezuelas.

birreme adj. antigua nave con dos órdenes de remos.

birria f. zaharrón; adefesio.

bis adv. indica que algo está repetido.

bisabuelo, la m. y f. en relación a una persona el padre o la madre de su abuelo o abuela.

bisagra f. gozne.

bisbisar, bisbisear tr. fam. musitar.

bisecar tr. separar en dos partes iguales.

bisección f. división de los ángulos; acción y efecto de bisectar.

bisector, triz adj. mat. que divide en dos partes iguales. T.s.

bisel m. corte oblicuo en el extremo de alguna lámina.

bisemanal adj. que se hace o acontece dos veces por semana.

bisiesto adj. año que tiene trescientos sesenta y seis días.

bismuto m. metal brillante, gris rojizo: símbolo: Bi.

bisnieto, ta adj. en relación a una persona el hijo o la hija de su nieto o nieta.

bisojo, ja adj. el que padece estrabismo. U.t.c.s.

bisonte m. especie de toro salvaje con cuernos pequeños.

bisoño, ña adj. y s. novicio, inexperto.

bistec m. trozo de carne de vaca asada en parrilla.

bisturí m. cuchillo pequeño con mango metálico utilizado para hacer insiciones.

bitácora f. armario que contiene la aguja de marear y sujeto a la cubierta.

bitoque m. tarugo que encierra el agujero de los toneles.

bitor m. rey de codornices.

bituminoso, sa adj. semejante o relacionado con el betún.

bivalvo, va adj. con dos valvas.

bizantino, na adj. originario del antiguo Bizancio, actualmente Constantinopla.

bizarría f. gallardía; lucimiento.

bizco, ca adj. bisojo. U.t.c.s.

bizcocho m. pan que no tiene levadura y que es cocido dos veces para que dure tiempo.

bizma f. emplasto de diferentes ingredientes útil para confortar.

bizna f. lo que separa los cuatro gajitos de la nuez.

biznieto, ta m. y f. bisnieto, ta.

blancura f. calidad de blanco.

blancuzco, ca adj. semejante al color blanco.

blandear intr. ceder; cambiar de parecer. U.t.c.r.

blandir tr. mover con vibración alguna cosa. U.t.c.r.

blando, da adj. suave; delicado al tacto.

blandón m. hacha de cera de una vela.

blanquear tr. poner blanca alguna cosa; cubrir con cal las paredes o fachadas de las casas.

blanquete m. afeite que usaban antiguamente las mujeres para blanquear la piel.

blasfemia f. injuria hecha a Dios; palabra injuriosa contra alguien.

blasones m. pl. figuras que contiene un escudo.

blasonar tr. ostentar algo para alabarse a sí mismo.

blasonería f. baladronada.

bledo m. planta salsolácea muy pequeña con florecitas rojas.

blefaritis f. inflamación de los párpados.

blenorragia f. flujo que produce la inflamación de alguna membrana.

blindar tr. proteger con blindas algún lugar para evitar los efectos de las balas.

blocao m. fortín de madera que se arma y se desarma fácilmente.

blonda f. encaje de seda.

blondo, da adj. rubio.

bloquear tr. asediar; mar. cortar todo género de comunicaciones a uno o más puertos.

blusa f. vestidura como túnica holgada y con mangas.

blusón m. blusa larga que cubre las rodillas.

boa f. serpiente de gran tamaño y fuerza, no venenosa y cubierta de manchas oscuras.

boardilla f. buharda.

boato m. alarde en el porte exterior.

bobalicón, na adj. bobo; simplón. U.t.c.s.

bobería f. necedad.

bobo, ba adj. el que es necio y de escaso entendimiento. U.t.c.s.

boca f. abertura; entrada de la cavidad bucal por donde se toman los alimentos.

bocacalle f. entrada de una calle.

bocadillo m. lienzo poco fino y delgado; cinta muy angosta; dulce de guayaba envuelto en hojas de plátano.

bocado m. cantidad de alimento que cabe de una vez en la boca; mordedura; trozo de algo que se arranca con la boca.

bocamanga f. parte de la manga que llega hasta la muñeca.

bocanada f. porción de líquido que cabe en la boca; humo que se arroja al fumar.

bocel m. moldura de forma cilíndrica y lisa.

bocera f. lo que queda pegado a los labios después de comer o beber.
boceto m. bosquejo o esbozo que se hace antes de pintar un cuadro para después corregirlo.
bocina f. cuerno; instrumento semejante a una trompeta empleada generalmente en los barcos para hablar a distancia.
bocio m. hipertrofia de la glándula tiroides.
bocoy m. barril de gran tamaño empleado para envasar algo.
boche m. pequeño agujero que se hace en el suelo para jugar.
bochinchero, ra adj. que inicia un bochinche o participa en él.
bochorno m. aire caliente que sopla en el estío; exagerado calor que se levanta en horas de calma.
boda f. matrimonio; festejo por un casamiento.
bodega f. sitio donde se almacena el vino; despensa.
bodigo m. pan que se ofrece como ofrenda.
bodoque m. bola de barro endurecida por el aire que se empleaba como tiro de ballesta.
bodoquera f. moldes para bodoques; cerbatana.
bodorrio m. fam. Boda ridícula.
bodrio m. caldo con residuos de sopa y verdura que antiguamente se daba a los pobres en los monasterios; guisado mal preparado.
bóer com. colono de origen holandés del Transvaal. T. adj.
bofes m. pl. pulmones de los animales.
bofetada f. golpe que se da en la cara con la palma de la mano.
boga f. pez plateado con aletas blancas y cuya carne es comestible.
bogada f. espacio que el barco avanza con un golpe de los remos.
bogar intr. remar.
bogavante m. sitio en que se sentaba el primer remero de la galera.
bohemio, mia adj. el que lleva una vida de desorden y libertinaje. U.t.c.s.
bohío m. choza hecha de paja y ramas y con una sola puerta.
bohordo m. lanza que se arrojaba a un tablado en las antiguas fiestas de caballerías.
boicotear tr. privar del trato o comercio a alguien para obligarlo a hacer lo que se pretende.
boina f. gorra de una sola pieza que carece de visera y es de forma redonda.
boira f. niebla.
boj m. arbusto euforbiáceo con tallos muy ramosos y flores pequeñas de olor desagradable cuya madera se emplea en grabado.
bojar tr. medir la superficie de un isla; rodear el circuito de alguna isla. U.t. intr.
bojiganga f. compañía de farsantes que representaba en las aldeas.
bol m. ponchera; taza grande sin asa; redada.
bola f. cuerpo de forma esférica y hecho de cualquier materia.
bolaño m. bola de piedra que arrojaban los pedreros.
bolardo m. pieza de hierro a la que se amarra una embarcación.
bolchevique adj. partidario del régimen ruso. U.t.c.s.
boldina f. alcaloide de sabor amargo.
boldo m. arbusto nictagíneo de hojas aromáticas muy empleadas en medicina.
bolero, ra adj. mentiroso; canción popular; que hace bolas.
boleta f. cédula que facilita la entrada a algún sitio; billete para cobrar alguna cosa.
boletín m. cédula de libranza para cobrar dinero; periódico oficial publicado por los ayuntamientos.
boleto m. billete.
boliche m. bola empleada en el juego de las bochas; juego de bolos; sitio donde se juega a los bolos.
bólido m. porción de materia cósmica semejante a un globo que recorre rápidamente la atmósfera y al estallar se parte en pedazos.
bolina f. mar. cierto cabo; sonda.
bolisa f. pavesa.
bolívar m. unidad monetaria de Venezuela.
bolo m. trozo de palo labrado para el juego de bolos; hombre de poca acción; almohada pequeña y redonda en que se hacen encajes.

bolsa f. taleguilla útil para guardar algunas cosas; talega pequeña con una cinta en la parte superior que empleaban los hombres para recogerse el pelo.

bolsín m. sitio donde se reúnen los bolsistas.

bolsista m. el que se dedica a especular bienes públicos.

bollo m. pan hecho de harina, huevos y leche; hinchazón producida por algún golpe; chichón.

bollón m. clavo de cabeza grande que sirve para adorno.

bomba f. máquina para elevar líquidos; proyectil de máximo calibre que era disparado con mortero; pieza de cristal hueca y esférica que se coloca en las lámparas para atenuar la luz.

bombachas f. pl. Amér. pantalones bombachos.

bombacho adj. pantalón muy holgado.

bombarda f. cañón antiguo.

bombardear tr. bombear. U.t.c.r.

bombardino m. instrumento de sonido bajo, parecido al figle.

bombardón m. instrumento musical de viento utilizado como contrabajo en las bandas militares.

bombasí m. fustán.

bombé m. carruaje ligero con dos ruedas y descubierto en la parte delantera.

bombero m. el que maneja la bomba hidráulica; el que se encarga de apagar los incendios.

bombillo m. especie de sifón que se emplea para evitar que suba el olor desagradable de aguas sucias.

bombo, ba adj. fam. atolondrado; m. tambor grande; elogio exagerado.

bombón m. chocolate con licor.

bonachón, na adj. de trato afable y cordial. U.t.c.s.

bonaerense adj. originario de Buenos Aires. U.t.c.s.

bonanza f. tiempo apacible en el mar; tener suerte en algo que se desea.

bondad f. calidad de bueno; afabilidad en el trato.

bonificar tr. abonar. U.t.c.r.

bonito, ta adj. agradable por su belleza; gracioso.

bonzo m. sacerdote budista.

boñiga f. excremento de las bestias.

boquear intr. expirar; exhalar los últimos suspiros.

boquera f. boca lateral de una zanja de riego.

boquerón m. pez melacopterigio parecido a la sardina que en salmuera forma las anchoas.

boquete m. entrada estrecha a algún lugar.

boquilla f. pequeño tubo para fumar cigarros; pieza por donde se sopla en algunos instrumentos.

borato m. mezcla del ácido bórico con una base.

bórax m. sal que abunda en las playas y que contiene ácido bórico, agua y sosa y tiene uso medicinal.

borbollón m. erupción que produce el agua al elevarse sobre la superficie.

borborigmo m. ruido de las tripas originado por los gases en el intestino.

borbotar intr. salir el agua estrepitosamente; ruido que hace el agua al hervir.

borceguí m. bota que llega un poco más arriba del tobillo que se sujeta con correas.

borcellar m. filo de alguna cosa.

borda f. estela marina; cabaña; corral.

bordado m. bordadura; encaje; labor de pasamanería.

bordar tr. labrar con arte alguna tela; embellecer; pulir; festonear.

borde m. margen o límite de alguna cosa; arista; chaflán.

bordear intr. orlar; rodear; dar bordadas. U.t.c.tr.

bordo m. lado exterior de un buque; costado; borde.

bordón m. cuerda de tripa; bastón con punta de hierro más alto que la estatura de un hombre; estribillo.

boreal adj. relativo al bóreas; nórdico; septentrional.

bóreas m. viento nórdico.

bórico adj. ácido bórico.

borla f. borlón; cairel; flecadura; **tomar la borla**: graduarse; doctorarse.

borne m. terminal de un aparato eléctrico al cual se unen los hilos conductores; extremo de lanza.

bornear tr. torcer o ladear; labrar en contorno las columnas.
boro m. metaloide parecido al carbono con la dureza y el brillo del diamante cuando se descompone a elevada temperatura.
borona f. mijo; migaja; maíz.
borra f. bórax; cordera añoja; pelusa; lana.
borrachera m. efecto de emborracharse; exaltación extremada.
borracho, cha adj. que está ebrio; embriagado; beodo; alcoholizado. U.t.c.s.
borrador m. boceto de algún escrito; sacar el borrador; limpiar; arreglar.
borradura f. acción y efecto de borrar.
borraja f. planta borragínea con racimos de flores azules y semillas pequeñas, es empleada como sudorífero.
borrar tr. borronear o garabatear algún escrito; emborronar; hacer que desaparezca lo escrito. U. t.c.r.
borrasca f. tempestad; inclemencia del tiempo; huracán; riesgo.
borrego, ga m. y f. cordero de uno a dos años; necio; ignorante.
borrén m. encuentro de arzón y almohadilla en la silla de montar.
bòrricada f. animalada; conjunto de borricos.
borrico m. jumento; rucio; trípode empleado en carpintería para apoyar la madera que se labra; tonto.
borrón m. mancha o tachadura hecha en un escrito; chafarrinada.
borroso, sa adj. confuso; nebuloso; ininteligible.
bósforo m. canal donde se comunican dos mares.
bosque m. lugar con mucha vegetación.
bosquejo m. boceto de alguna obra artística o literaria; lo que aún no está concluído.
bosta f. boñiga; majada.
bostezar intr. inspirar lentamente y luego espirar profunda y ruidosamente.
bota f. borceguí; cuba para guardar vino; zapato de cuero que cubre parte de la pierna.
botadura f. acción de echar al agua una nave.
botafuego m. varilla con que se pegaba fuego a los cañones; fig. persona que se acalora fácilmente.
botalón m. palo largo que sale hacia afuera de una embarcación y es empleado para diversos usos.
botamen m. conjunto de botes del cuarto de recetas de una farmacia.
botana f. especie de parche que se pone en los agujeros de los odres; remiendo; cicatriz.
botánica f. ciencia que estudia a las plantas.
botar tr. brincar violentamente; saltar; rebotar.
botarate m. hombre atolondrado e irreflexivo.
botarel m. contrafuerte.
botarga f. calzón antiguo ancho y largo; vestido de mal gusto; embuchado.
botasilla f. toque de clarín para que los soldados de caballería ensillen sus bestias.
bote m. golpe dado con una lanza; brinco; salto; encabritamiento de alguna bestia.
bote m. barca; lancha; canoa.
botella f. frasco o garrafa generalmente de vidrio que es útil para contener líquidos.
botero m. el que hace o vende botas; patrón de un bote.
boticario, ria m. f. el que es responsable o atiende alguna botica o farmacia.
botija f. vasija de barro redonda y de cuello corto y angosto.
botijo m. especie de cántaro con un pitón en uno de sus lados para beber; porrón.
botillo m. pellejo para llevar vino.
botín m. despojos que obtenían los guerreros al conquistar al enemigo.
botina f. calzado que pasa algo del tobillo.
botinero, ra adj. dícese de la res vacuna de patas negras.
botiquín m. conjunto de medicinas; especie de gabinete para guardar éstas.
boto, ta adj. torpe; necio; romo.
botón m. broche para unir alguna prenda de vestir; pieza pequeña que sirve de adorno; flor cerrada y cubierta por las hojas.
botonazo m. golpe dado con el botón de una espada.

botones m. mozillo de hotel encargado de llevar comisiones o recados.
bóveda f. cúpula; pabellón; techo abovedado.
bovedilla f. pequeña bóveda de ladrillos que cubre el espacio de techo de una habitación comprendido entre dos vigas.
bovino, na adj. relativo al buey o a la vaca; vacuno; boyal.
boxear intr. luchar a puñetazos.
boya f. especie de ancla que sirve para indicar un lugar peligroso en un mar o lago.
boyada f. manada de bueyes.
boyal adj. relativo al ganado vacuno.
boyante adj. fig. afortunado, feliz; mar. que no cala lo que debe por falta de carga.
bozal adj. bizoño; negro recién salido de su país.
bozo m. pelillo que nace en el labio superior de los jóvenes antes de apuntar la barba; cabestro.
bracear intr. nadar; luchar; esforzarse.
bracero, ra adj. jornalero; obrero; el que ofrece el brazo a otra persona para que se apoye en él.
bráctea f. bot. hojita que nace del pedúnculo de la flor.
braga f. cuerda con que se suspende un fardo; pl. calzones.
bragado, da adj. que es animoso y valiente; bestia que tiene la bragadura de distinto color que el resto del cuerpo.
bragadura f. ingle o entrepierna del hombre o del animal.
bragas f. pl. calzón; pantalón.
braguero m. aparato o vendaje para contener las quebraduras o hernias.
bragueta f. abertura delantera de los pantalones o calzones.
braguetero adj. el que es lascivo y sensual. U.t.c.s.
brahmanismo m. religión hindú cuyo dios supremo es Brahma.
bramadero m. poste al cual se amarran en el corral los animales.
bramante m. cordoncillo delgado de cáñamo. U.t.c. adj.
bramido m. rugido de algunos animales; mugido; chillido.
brancal m. conjunto de las dos viguetas largas del bastidor de un carro.
branquia f. órgano de la respiración de los peces.
braquicéfalo, la adj. de cráneo casi redondo.
brasero m. pieza de metal en que se echa lumbre para calentarse.
brasil m. árbol leguminoso cuya madera es el palo brasil; antiguo afeite femenino de color encarnado.
bravear intr. echar bravatas.
braveza f. fiereza; audacia; ímpetu.
bravío, a adj. inculto; abestiado; cerrero; indomable.
bravo, va adj. animoso; atrevido; valeroso; dícese del mar alborotado; valentón.
bravucón, na adj. baladrón; el que es valiente sólo en apariencia. U.t.c.s.
bravura f. ferocidad de las bestias; intrepidez de las personas; valentía.
braza f. cabo que mantiene fijas las vergas haciéndolas girar en un plano horizontal; medida agraria de Filipinas que equivale a treinta y seis pies cuadrados.
brazada f. movimiento amplio de los brazos como el que se hace cuando se rema.
brazal m. parte de la armadura que protege al brazo; cauce para regar.
brazalete m. aro o pulsera metálica con o sin piedras finas que se usa en el brazo como adorno.
brazo m. miembro del cuerpo humano que abarca desde el hombro hasta la mano.
brazuelo m. parte de las patas delanteras de los cuadrúpedos comprendida entre el codo y la rodilla.
brea f. materia de color rojo y viscosa extraída de la madera de los coníferos destilada al fuego, tiene uso medicinal.
brebaje m. pócima; bebida de sabor desagradable.
brécol m. variedad de col con las hojas más pequeñas y de color más oscuro que las de ésta.
brecha f. agujero o quebradura hecha en algún muro o pared; boquete.
brega f. forcejeo; reyerta.

bregar intr. forcejear; reñir unos con otros; batallar; afanarse.
breña f. tierra escabrosa entre peñas y poblada de maleza.
brete m. cepo de hierro que se pone en los pies de los reos; calabozo; aprieto.
breva f. primer fruto que da la higuera poco mayor que el higo.
breve adj. transitorio; de corta duración y extensión; documento pontificio de menos solemnidad que la bula.
brevedad f. prontitud o cortedad en la extensión o duración de alguna cosa o acontecimiento.
brezo m. arbusto ericáceo con racimos de florecillas blancas, de madera dura y cuyas raíces se emplean para hacer carbón de fragua.
briaga f. cuerda de esparto que ceñía el orujo de la uva para exprimirlo con la prensa.
brial m. faldón de tela fina que ataban las mujeres a la cintura y bajaba en redondo hasta los pies.
briba f. vagabundez picaresca.
bribón, na adj. holgazán; vagabundo; pícaro.
bricbarca f. buque de tres palos.
brida f. freno de los caballos con las riendas y el correaje; ronzal.
bridón m. el que mata a la brida; varilla de hierro que llevan los caballos debajo del bocado.
brigada f. unidad orgánica formada por miembros de la infantería o de la caballería integrada por dos regimientos o por cuatro o seis batallones.
brillante p.a. de brillar; que brilla; resplandeciente; espléndido en su línea.
brillantina f. percalina de lustre; cosmético para el cabello.
brillar intr. alumbrar; sobresalir en alguna cualidad física o intelectual; irradiar.
brin m. hebra del azafrán; tela de lino que se emplea para pintar al óleo.
brincar intr. saltar; omitir; botar.
brinco m. salto que se hace al levantar los pies del suelo.
brindar intr. expresar un buen deseo para algo en el momento de beber vino; ofrecer espontáneamente alguna cosa.
brío m. pujanza; ánimo; decisión; ímpetu. U. m. en pl.
brionía f. nueza.
briosamente adv. animosamente; con decisión e ímpetu.
brisa f. aura; airecillo que en las costas viene durante el día de la mar y por la noche de la tierra.
brizna f. casi nada; hililllos que tienen en la sutura la vaina de algunas legumbres.
broca f. barrena; carrete que lleva el hilo dentro de la lanzadera, clavo.
brocado m. tela bordada; guadamecí; brocatel.
brocal m. borde que rodea la boca de un pozo; antepecho.
brocatel adj. tela de seda; cáñamo o damasco; mármol.
brocha f. escobilla que va sujeta a un mango y es empleada para pintar; sedera.
brochado, da adj. tela de seda con el hilo levantado o retorcido.
broche m. charretera; conjunto de dos piezas que se enganchan entre sí.
brollar intr. borbotar.
bromatología f. tratado de los alimentos.
bromeliáceo, a adj. hierba monocotiledónea de raíz fibrosa cuyo fruto es una baya de semilla harinosa.
bromo m. metaloide rojo de olor desagradable, en la naturaleza forma parte de los bromuros, es líquido a la temperatura ordinaria y venenoso.
bromuro m. mezcla de un radical simple o compuesto con el bromo.
bronca f. alboroto; altercado; disputa; gresca.
bronce m. metal de color amarillo rojizo que se forma de la aleación del cobre con el estaño.
bronco, ca adj. brusco; duro; áspero; tosco.
bronquedad f. calidad de bronco.
bronquial adj. relativo a los bronquios.
bronquios m. pl. conductos fibrocartilaginosos de la tráquea que al penetrar en el pecho y al entrar en los pulmones se dividen hasta convertirse en las vesículas aéreas.

broquel m. escudo pequeño; fig. defensa.
broqueta f. varilla para ensartar y asar carnes.
brotar intr. germinar las semillas; nacer o surgir algo.
brote m. algo que empieza a formarse; retoño; botón; renuevo.
broza f. conjunto de cosas inútiles; despojos; desechos; maleza.
bruces (de) l. adv. boca abajo.
bruja adj. adivina; hechicera; embaucadora; lechuza.
brujo, ja adj. falso; que carece de dinero. U.t.c.s.m.
brújula f. saeta; aguja de marear.
brujulear tr. conjeturar; descubrir algo; marcar; señalar.
brujuleo m. acción de brujulear.
brulote m. barco de ataque, cargado de materias inflamables; Amér. palabrota ofensiva.
bruma f. niebla; oscuridad; neblina.
brumoso, sa adj. nebuloso; sombrío; confuso.
bruñir. tr. pulir o lustrar alguna cosa; abrillantar; acicalar.
brusco, ca adj. de trato áspero y violento; desapacible; bronco.
bruselas f. pl. pinzas de acero.
bruto, ta adj. el que es necio e incapaz; estólido; irracional.
bruza. f. cepillo muy fuerte.
bu m. fantasma con que se asusta a los niños.
buba f. tumor purulento inguinal; bubón.
bubón m. tumor blanco.
bucal adj. perteneciente o referente a la boca.
bucare m. árbol leguminoso con hojas puntiagudas y flores blancas, es empleado en Venezuela para proteger los cafetales.
búcaro m. arcilla roja, negra o blanca que al mojarse despide un olor agradable; tibor o jarrón hecho de búcaro.
bucéfalo m. matalote; fig. hombre rudo y estúpido.
bucle m. rizo del cabello en forma de caracolillo.
bucólica f. comida; alimento.
buche m. bolsa muscular que tienen las aves para recibir el alimento; estómago; borriquillo.
budín m. plato de dulce cocido al baño de María.
budismo m. doctrina fundada por Buda que trata de borrar el dolor venciendo al deseo.
buenaventura f. buena suerte; pronóstico o profecía que hacen las adivinas al examinar las rayas de las manos.
bueno, na adj. que tiene bondad y benevolencia; servicial; piadoso; indulgente.
buey m. cabestro; toro castrado.
búfalo m. bóvido parecido al toro común.
bufar intr. resoplar con ira los animales.
bufete m. despacho u oficina de un abogado; escritorio.
bufido m. gruñido o resoplido del animal que bufa; regaño; rabieta.
bufo, fa adj. lo que es de una comicidad grotesca; mojiganguero.
bufón, na adj. histrión; payaso; cómico.
bufonada f. chocarrería; chanza satírica.
buhardilla f. sotabanco; habitación que está cerca del tejado; desván.
buharro m. ave rapaz semejante al búho que abunda en España; corneja.
búho m. ave nocturna con ojos grandes, pico corvo y color rojinegro.
buhonero m. el que vende chucherías; bisutero.
buido, da adj. afilado; punzante; acanalado.
buitre m. ave rapaz de cuerpo leonado con el cuello rodeado de una especie de collar de plumas.
buitrón m. red para cazar perdices; cesto de forma cónica para pescar.
bujarrón adj. sodomita. T. s.
bujería f. baratija.
bujeta f. caja de madera; perfumador; esenciero.
bujía f. cirio; vela de cera blanca; unidad que sirve para calcular la intensidad de un foco de luz artificial.
bula f. sello pontificio; documento pontificio.
bulbo m. cuello de la raíz de algunas plantas.
bulevar m. calle amplia, avenida.
bulimia f. hambre canina.

bulto m. fardo; volumen o tamaño de alguna cosa.
bulla f. alboroto; algazara que hacen varias personas.
bullanga f. motín; desorden; trifulca.
bullanguero, ra adj. el que anda en bullangas; amotinador.
bullicio m. ruido que produce la reunión de mucha gente; alboroto; bulla.
bullir intr. agitarse; ir de un lado a otro; hervir.
bumerang m. arma arrojadiza que vuelve al punto de partida.
buñuelo m. hojuela de harina que al freirse se esponja y se forma de diversas maneras.
buque m. barco; embarcación.
burato m. tejido de lana o seda; cendal o manto transparente.
burbuja f. pompa; ampolla; vejiga que se forma en algún líquido.
burdel m. casa de mancebía.
burdo, da adj. tosco; inculto; rústico.
bureo m. distracción; bullanga; entretenimiento.
burga f. manantial de aguas termales.
burgado m. caracol de tierra.
burgués, sa adj. del burgo; m. f. ciudadano de la clase media. T. adj.
burguesía f. masa neutra de burgueses o ciudadanos de las clases ricas; burocracia.
buriel adj. de color rojizo o leonado.
buril m. especie de punzón o cincel que se utiliza para grabar en los metales.
burla f. bufonada; ironía; escarnio; desprecio.
burladero m. trozo de valla paralelo a las barreras para proteger a los toreros.
burlar tr. embaucar; malograr; ridiculizar.
burlesco, ca adj. el que es chancero, jocoso; jacarero; que implica broma.
burocracia f. clase social que forman los empleados públicos.
burra f. borrica; jumenta; mujer necia y tonta.
burrada f. manada de burros; desatino; tontería.
burrajo m. estiércol seco que sirve de combustible.
burro m. asno; hombre necio e inculto; juego de naipes en el que triunfa el que hace más bazas.
bursátil adj. relativo a las operaciones de la bolsa.
busca f. acción de buscar; registro; búsqueda.
buscapiés m. cohete que encendido corre entre los pies de la gente.
buscapleitos com. Amér. alborotador; pendenciero; provocador.
buscar tr. hacer pesquisas e indagaciones para encontrar algo; rebuscar.
busilis m. punto álgido de algún conflicto; secreto.
buzamiento min. inclinación de un filón.
buzo m. el que se zambulle en el agua.
buzón m. orificio para echar las cartas; desagüe; tapón.
buzonera f. sumidero.

C

c f. tercera letra del alfabeto; letra consonante fricativa sorda.
¡ca! interj. ¡quiá!
cabal adj. completo; perfecto; justo; íntegro.
cábala f. conspiración; intriga; arte supersticioso de nigromancia.
cabalgada f. tropa de gente a caballo; que galopa; trote; viaje.
cabalgadura f. corcel; bestia en la que se cabalga.
cabalgar intr. montar a caballo; acaballar.
cabalgata f. desfile de gente a caballo.
caballa f. pez acantopterigio de color azul verde y de carne roja.
caballeresco, ca adj. relativo a los caballeros y a la caballería de la época medieval.
caballerete m. joven caballero exagerado en sus acciones. U.t.c.adj.
caballería f. cabalgadura; bestia que sirve para cabalgar; conjunto de soldados a caballo.
caballeriza f. cobertizo que sirve de estancia a las bestias; establo; cuadra.
caballero, ra adj. jinete; cabalgador; el que es digno y generoso.

caballerosidad f. calidad de caballeroso; hidalguía; nobleza.
caballeroso, sa adj. bien nacido; con modales caballerescos; magnánimo.
caballete m. de caballo, lomera; caballón; parte más elevada de un tejado, potro de madera para dar tormento.
caballito del diablo m. libélula.
caballo m. animal solípedo fácil de domesticar con el cuello y la cola cubiertos de cerdas largas; corcel; jaco.
cabaña f. jacal hecho de palos y cubierto generalmente de paja; barraca; cantidad considerada de ganado.
cabañal adj. camino entre cabañas; cobertizo para proteger al ganado.
cabaret m. café donde se baila.
cabecera f. lugar más importante de algo; sitio de honor; cabezal.
cabecilla m. de cabeza; dobleces que se hacen a algunos cigarros para evitar que se caiga el tabaco; jefe de rebeldes.
cabellera f. pelambrera; pelo de la cabeza largo y hermoso; peluca.
cabello m. pelo que nace en la cabeza.
caber intr. tener lugar en alguna parte; alcanzar; contener una cosa a otra.
cabestrillo m. vendaje que pende del hombro para sostener el brazo o la mano lastimados; cadeneta.
cabestro m. cordel que va atado al cuello de los caballos para guiarlos; buey manso.
cabeza f. parte superior del cuerpo humano y parte anterior de algunos animales; principio; inteligencia.
cabezal m. almohadilla para apoyar la cabeza.
cabezo m. cúspide de una montaña; roca que sobresale de la superficie del agua.
cabezudo, da adj. de cabeza grande; obsecado.
cabida f. capacidad de algo para contener alguna cosa; tener valimiento con alguien.
cabildear intr. conquistar simpatías en una corporación.
cabildero m. el que cabildea.
cabillo m. pezón.
cabina f. espacio encerrado en que van los tripulantes de un avión.
cabizbajo, ja adj. el que permanece con la cabeza inclinada por problemas o abatimiento.
cable m. cordón de alambres torcidos en forma de espiral; maroma gruesa.
cablegrama m. telegrama que se transmite mediante un cable submarino.
cabo m. extremo o punta de algo; porción de tierra que entra en el mar.
cabotaje m. tráfico marítimo que hacen los buques en las costas de un mismo país.
cabra f. mamífero rumiante de mucha ligereza con el pelo áspero y con los cuernos grandes y volteados hacia atrás; hembra del cabrón.
cabrestante m. torno vertical para mover grandes pesos.
cabria f. máquina que sirve para levantar pesos.
cabrilla f. pez acantopterigio de color azul oscuro con la boca grande cuya carne es blanda e insípida; pléyade.
cabrillear intr. levantarse olas espumosas en el mar cuando éste se agita.
cabrio m. arq. madero de tejado que recibe la tablazón.
cabrío, a adj. relativo a las cabras; porción de cabras.
cabriola f. saltos que dan los danzantes; piruetas; brinco.
cabriolé m. especie de birlocho.
cabritilla f. piel curtida del cordero o del cabrito.
cabrito m. cría de la cabra desde que nace hasta que deja de mamar.
cabujón m. piedra preciosa pulida y no tallada.
cabuya f. pita; cuerda de pita.
caca f. excremento de los niños.
cacahuate m. planta leguminosa de tallo rastrero cuyo fruto está protegido por una cáscara coriácea y consiste en unas semillas blancas y oleaginosas que al tostarse son comestibles.
cacao m. árbol bitneriáceo con hojas alternas y pequeñas, flores amarillas, su fruto contiene mu-

chas semillas carnosas envueltas en una cascarilla delgada y al tostarse sirve para hacer el chocolate.
cacaradas f. pl. señales que quedan en el rostro a consecuencia de la viruela.
cacaraña f. hoyito que deja en el cutis la viruela.
cacarear intr. dar voces seguidas el gallo o la gallina; ponderar.
cacatúa f. ave trepadora de plumaje blanco y brillante y con el pico grueso, la cola corta, es domesticada fácilmente.
cacera f. especie de acequia por donde va el agua para el riego.
cacería f. partida de caza; palomería.
cacerola f. cazo u olla de metal de forma cilíndrica y con asas.
cacique m. amo o jefe de algún pueblo de indios; dominador; tirano.
caco m. ladrón; el que es tímido y apocado.
cacodilato m. nombre que se da a las sales derivadas del ácido cacodílico.
cacofonía f. discordancia e disonancia en el empleo de las palabras.
cacografía f. ortografía viciosa.
cacto m. nombre que se da a diversas plantas vasculares, crasas y perennes como el garambullo y la tuna.
cacumen m. ingenio; talento.
cachas f. pl. chapa; piezas que forman el mango de los cuchillos y navajas; canal por donde salen las aguas sucias.
cachalote m. cetáceo de cabeza grande y larga en donde tiene una sustancia aprovechada en medicina.
cacharrería f. tienda de utensilios y trebejos.
cacharro m. cachivache; trasto viejo; trebejo.
cachaza f. fam. lentitud, calma; aguardiente de melaza.
cachazudo, da adj. que tiene cachaza. U.t.c.s.
cachemir m. casimir.
cachete m. carrillo de la cara; bofetada.
cachetero m. puñal de punta aguda usada por los asaltantes; descabellador; puntillero para rematar al toro.
cachetina f. pelea a bofetadas.
cachimbo, ba m. f. pipa de fumar.
cachiporra f. palo que tiene en el extremo una bola.
cachirulo m. vasija para aguardiente.
cachivache m. cacharro; trebejo; el que es inútil; embustero y ridículo.
cacho, cha adj. gacho; trozo o pedazo de algo.
cachorro, rra m. y f. hijuelo o cría de los mamíferos.
cachucha f. lancha; gorra; baile popular andaluz.
cada adj. se emplea para nombrar una o varias personas o cosas separadamente con relación a otras de su misma especie.
cadalso m. tablado; patíbulo; horca.
cadarzo m. seda de los capullos enredada que no es hilada a torno.
cadáver m. fallecido; cuerpo muerto.
cadejo m. enredo del cabello; madeja.
cadena f. serie de eslabones que se enlazan entre sí; sujeción; esclavitud; cordillera.
cadencia f. armonía en los movimientos; ritmo; consonancia; conformidad.
cadeneta f. labor en forma de cadena hecha con hilo.
cadente adj. que está ruinoso y decadente; cadencioso.
cadera f. cuadril; anca.
cadete m. alumno de alguna academia militar.
caducar intr. lo que está por terminar o extinguirse; chochear.
caduceo m. vara lisa atributo de Mercurio; símbolo de paz.
caduco, ca adj. decrépito; chocho; anciano; efímero; pasajero.
caer intr. venir un cuerpo de arriba a abajo por efecto de su propio peso; perder el equilibrio; perder; rebajar. U.t.c.r.
café m. cafeto; infusión de la semilla del café molida y tostada.
cafeína f. alcaloide que se obtiene de las hojas del café, del té y de otros vegetales y tienen uso medicinal.
cafetera f. vasija en la que se hace el café; mujer que vende café.
cafeto m. árbol rubiáceo con hojas de brillante color verde; su fruto

es una baya roja que contiene la semilla del café.
cáfila f. fam. conjunto o fila de gentes, animales o cosas.
cafre adj. originario del Africa del Sur; bárbaro; cruel.
cagachín m. mosquito rojizo más pequeño que el común.
cagada f. excremento que sale cada vez que se evacúa.
cagadera f. diarrea.
cagadero m. lugar donde puede la gente evacuar el vientre.
cagafierro m. escoria de hierro.
cagar intr. evacuar el vientre. U. t.c.r. y c.tr.
cagarruta f. excremento del ganado menor.
cagatinta m. fam. desp. oficinista.
cagón, na adj. que exonera muy seguido; cobarde; tímido.
cahíz m. medida para áridos de diversa cabida según las regiones.
caíd m. juez de antiguos países
caída f. acción y efecto de caer; lo que se cuelga.
caimán m. reptil saurio semejante al cocodrilo aunque más pequeño y con el hocico obtuso.
caimito m. árbol americano de fruta dulce.
caique m. barca ligera del Levante.
cairel m. peluca; fleco; guarnición que cuelga en los extremos de algunas ropas.
caja f. pieza que sirve para guardar algo; arqueta; féretro; tambor.
cajera f. mujer que en los bancos o casas de comercio está encargada de la caja.
cajero m. hombre encargado de la entrada y salida del dinero en los bancos y casas de comercio; el que hace cajas; pagador; administrador.
cajetilla f. paquete que contiene cigarrillos de papel.
cajetín m. sello de mano para poner algunas anotaciones; caja.
cajista m. oficial de imprenta encargado de arreglar los moldes.
cajón m. caja grande; garita de madera; cañada por la que corre algún arroyo.
cal f. materia blanca y alcalina, que mezclada con la arena forma la argamasa.
cala f. supositorio; parte baja de un buque; ensenada pequeña.
calabacera f. mujer que vende calabazas; planta cucurbitácea cuyo fruto es la calabaza.
calabaza f. fruto de la calabacera de muy diferentes tamaños y formas.
calabazate m. cascos de calabaza en dulce.
calabobos m. lluvia continua y menudita.
calabozo m. celda o mazmorra subterránea para encerrar a algunos prisioneros.
calabrote m. mar. cabo grueso.
calado, da adj. labor hecha con aguja en alguna tela para imitar el encaje; profundidad alcanzada por la quilla de algún buque.
caladre f. calandria.
calafatear tr. proteger con estopa las junturas de las maderas de las naves para evitar que penetre el agua.
calamaco m. tela de lana que tiene un torcidillo como jerga.
calamar m. molusco cefalópodo que segrega un líquido negruzco y su cuerpo es de forma ovalada.
calambre m. contracción momentánea de algunos músculos; espasmo.
calambuco m. árbol gutífero cuya resina forma el bálsamo de María.
calamidad f. catástrofe; infortunio; desdicha.
calamita f. piedra imán; brújula.
calamite m. especie de sapo.
calamitoso, sa adj. infortunado; desdichado; funesto; desastroso.
cálamo m. poét. pluma; flauta antigua.
calamocano m. borracho; caduco.
calamón m. ave zancuda; clavo de tapicería.
calandrajo m. jirón; harapo; el que es ridículo.
calandrar tr. pasar el papel o la tela por la calandria.
calandria f. alondra; máquina para prensar papel.
calaña f. modelo; especie; índole; categoría.
calar tr. penetrar un líquido a algún cuerpo permeable; agujerear algo; perforar; comprender.

calavera f. conjunto de los huesos de la cabeza; hombre libertino y mujeriego.
calcador, ra m. f. persona que calca; m. instrumento para calcar.
calcáneo m. hueso del torso que forma el talón.
calcañar m. parte trasera de la planta del pie.
calcar tr. reproducir algo por medio del papel y siguiendo fielmente el contacto del original; imitar obras literarias o de arte en forma servil.
calcáreo, rea adj. que contiene cal.
calcedonia f. ágata de color azulado; sílice.
cálceo m. especie de bota que usaban los romanos.
calceolaria f. planta americana de hermosas flores.
calceta f. media; calcetín.
calcificar tr. dar propiedades calcáreas.
calcinar tr. incinerar; quitar por medio del fuego a algunos minerales calcáreos el ácido carbónico para reducirlos a cal viva; quemar. U.t.c.r.
calcio m. metal blanco que mezclado con el oxígeno produce cal.
calcomanía f. papel o cartulina que tiene diversas figuras para ser pasadas a diferentes objetos.
calcular tr. cómputo obtenido mediante operaciones matemáticas.
cálculo m. suposición; deducción; mal de piedra.
calculoso, sa adj. relativo al mal de piedra.
calda f. acción de caldear; pl. baños termales.
caldearse r. calentarse mucho algo; U.t.c.tr.
caldera f. recipiente metálico que sirve para que se cueza algo dentro de él; calentador.
calderada f. lo que cabe de una vez dentro de una caldera.
calderilla f. caldera chica para llevar agua bendita; dinero suelto; especie de arbusto.
caldero m. perol de base semiesférica con el asa sujeta a dos argollas en la boca; caldera.
caldo m. líquido que se forma al cocerse una vianda.
calefacción f. acción y efecto de calentar o calentarse.
caleidoscopio m. tubo con espejos, para ver imágenes multiplicadas simétricamente.
calenda f. lección del martirologio romano que contiene los nombres de los santos y las festividades propias de cada día.
calendario m. almanaque; anuario.
caléndula f. maravilla, planta.
calentador, ra adj. calefacción que origina calor; recipiente que sirve para calentar.
calentar tr. subir la temperatura de algo; excitar; exaltar. U.t.c.r.
calentón m. calentarse alguna cosa rápidamente.
calentura f. fiebre.
calera f. barca; horno para calcinar la piedra caliza.
calesa f. coche de dos ruedas con capota de vaqueta; gusanillo que cría el jamón cuando se descompone.
caleta f. ensenada pequeña.
caletre m. talento; ingenio; cacumen.
calibrar tr. medir o dar el calibre de las armas de fuego.
calibre m. dimensión; anchura de las armas de fuego.
calicó m. tela delgada de algodón.
caliche m. costra que se desprende de las paredes; nitrato de soda.
calidad f. nobleza; índole o manera de ser de alguien; calaña.
cálido, da adj. que produce calor; ardiente; caliente.
calidoscópico, ca adj. relativo al calidoscopio.
calidoscopio m. instrumento óptico que permite ver imágenes multiplicadas simétricamente al voltear el tubo.
calientapiés m. calorífero especial para calentar los pies.
caliente adj. que es cálido; acalorado; fogoso.
califa m. título dado a los príncipes sarracenos sucesores de Mahoma.
calificar tr. considerar las cualidades o circunstancias de algo; apreciar; clasificar a alguien.
caliginoso, sa adj. poét. denso; nebuloso.
caligrafía f. escritura hecha con buena letra.
calina f. bruma o niebla que es producida por vapores de agua.
cáliz m. copa de oro o plata en la que se consagra el vino.

caliza f. roca formada de carbonato de cal.
calma f. ausencia de viento en la atmósfera; quietud; sosiego; pereza.
calmar tr. templar; apaciguar; sosegar. U.t.c.r.
calmoso, sa adj. que está en calma; el que es perezoso e indolente.
caló m. dialecto de los gitanos hablado principalmente por los plebeyos.
calofilo, la adj. con bellas hojas.
calofrío m. escalofrío. U.m.en.pl.
calomel m. protocloruro de mercurio sublimado.
calomelanos m. pl. protocloruro de mercurio que es empleado como purgante.
calor m. enardecimiento; fuerza que eleva la temperatura y origina la fundición de los cuerpos sólidos y la evaporación de los cuerpos líquidos.
caloría f. unidad de medida térmica que es igual al calor que hace que la temperatura de un litro de agua se eleve a un grado centígrado.
calórico m. agente hipotético del calor.
calorímetro m. instrumento que sirve para medir el calor específico de los cuerpos.
calostro m. leche que da la hembra después de haber parido. U. t.c.pl.
calumnia f. acusación falsa hecha deliberadamente para perjudicar a alguien.
calumniar tr. acusar falsamente a alguien de actos o palabras censurables.
caluroso, sa adj. ardiente; que produce o experimenta calor.
calva f. parte de la cabeza que carece de pelo; lugar en los sembrados que no tiene la vegetación correspondiente.
calvario m. Vía Crucis; fig. serie de adversidades.
calvero m. paraje sin árboles en un bosque.
calvo, va adj. que no tiene pelo en la cabeza; dícese de los paños y tejidos que han perdido el pelo por el uso. U.t.c.s.
calza f. prenda de vestir que cubre el muslo y la pierna.
calzada f. carretera; camino asfaltado y ancho.
calzadera f. cuerda de cáñamo con la que se sujetan las abarcas.
calzado, da adj. religioso o fraile que sí usa zapatos; borceguí; zapatilla; sandalia, etc.
calzador m. tirabotas o sacabotas metálico y de forma acanalada.
calzar tr. ponerse el calzado.
calzón m. aum. de calza, prenda de vestir masculina que es una especie de pantalón corto; enfermedad de la caña de azúcar que consiste en su falta de desarrollo por ausencia de riego.
callar intr. enmudecer; no despegar la boca una persona; ocultar; tapar; guardar para sí.
calle f. vía pública; arteria de una ciudad o de un pueblo: callejón; avenida.
calleja f. calle estrecha.
callejón m. calleja; pasadizo largo entre paredes o casas.
callejuela f. calleja; pretexto para eludir algo.
callicida adj. materia que sirve para extirpar los callos. U.t.c.s.
callo m. callosidad o grieta que se forma en la piel; sabañón.
callosidad f. callo.
cama f. armazón hecho de diferentes materiales útiles para descansar en él; lecho; lugar en que se echan los animales para dormir.
camada f. conjunto de crías que paren de una vez las conejas y otros animales; serie o hilera de cosas.
camafeo m. figura de relieve tallada especialmente en ónice.
camal m. cabestro de las bestias.
camaleón m. saurio famoso por su agilidad, que tiene la facultad de cambiar de color.
camalote m. planta de los ríos sudamericanos.
camándula f. astucia; hipocresía; trastienda.
camandulear intr. ostentar falsa devoción.
camandulero, ra adj. astuto; embaucador; embustero; bellaco. U. t.c.s.
camao m. Amér. paloma silvestre de color pardo.
cámara f. habitación principal de una casa; aposento; ayuntamiento; cuerpo de colegisladores en el gobierno.
camarada m. amigo; compañero.

camaranchón m. buhardilla; desván en lo alto de una casa útil para guardar trebejos.
camarera f. criada principal; doncella; azafata.
camarero m. oficial de la cámara del Papa; servidor de confianza de los antiguos nobles; criado; mozo.
camariento, ta adj. que padece cámaras. U.t.c.s.
camarilla f. cuerpo de palaciegos que ejercen influencia en el gobierno de un país.
camarín m. capilla de pequeñas proporciones para una imagen.
camarón m. crustáceo comestible de cuerpo encorvado y comprimido y antenas largas, es conocido también como gámbaro o quisquilla.
camastro m. despect. jergón; cama pobre y desaliñada.
camastrón, na m. y f. persona hipocritona y embustera. U.t.c.adj.
camba f. cama; prado cuya hierba está segada.
cambalache m. cambio o trueque de cosas poco valiosas; barata.
cámbaro m. cangrejo de mar.
cambiar tr. canjear o trocar un objeto por otro; variar; reformar; disfrazar; trasladar. U.t.c.r. e intr.
cambija f. arca de agua elevada.
cambray m. especie de lienzo blanco y sutil.
cambronera f. arbusto solanáceo con hojas cuneiformes, flores purpúreas y bayas rojas; zarzal.
cambuj m. careta o mascarilla; carátula.
cambujo, ja adj. morcillo.
camelia f. arbusto rosáceo de hojas brillantes y hermosas flores rojas, blancas o rosadas.
camélidos m. pl. familia de rumiantes sin cuernos.
camelina f. planta oleaginosa del Asia Central que es usada en medicina.
camelo s. burla; galanteo.
camello m. rumiante cuadrúpedo con dos gibas en el dorso, el cuello largo y la cabeza pequeña.
camellón m. caballón; artesa para abrevar a los bueyes.
caminante p.a. de **caminar**; que camina; mozo de espuela. U. t.c.s.
caminata f. camino o jornada larga y cansada; paseo corto.
caminero, ra adj. relativo al camino; ayudante de obras públicas; peón caminero.
camino m. tierra hollada por donde se camina habitualmente; calle; calzada; carretera; viaje.
camión m. carro grande de cuatro ruedas que sirve para llevar generalmente cargas pesadas.
camisa f. prenda de vestir interior; camiseta; revestimiento de algunas frutas y legumbres; camisón.
camisón m. camisa larga.
camorra f. trifulca; pelea; pendencia.
campal adj. relativo al campo.
campamento m. acción de acampar o acamparse; alojamiento en despoblado; acantonamiento.
campana f. objeto bronceado en forma de copa invertida, con un badajo que al moverla la hace sonar.
campanada f. toque que da el badajo en la campana.
campanario m. atalaya o torre donde se ponen las campanas.
campanero m. el que vacía y funde las campanas; el que se ocupa en tocar las campanas; sacristán.
campanil m. campanario.
campanilla f. campana pequeña que se emplea en lugar del timbre; flor cuyo cáliz tiene forma acampanada; címbalo.
campanólogo, ga com. el que toca piezas de música con campanas.
campante p.a. de **campar**; que campa; alegre; contento; satisfecho.
campanudo, da adj. que es semejante a la forma de la campana; lenguaje retumbante y altisonante.
campánula f. farolillo.
campaña f. campo llano; empresa para lograr algo; campo.
campar intr. sobresalir.
campechano, na adj. persona alegre y bromista; jovial; simpático; natural de Campeche.
Campeche m. estado de la república mexicana situado en la península de Yucatán.
campeón, na adj. adalid; héroe; caudillo de alguna causa; defensor; paladín.

campero, ra adj. expuesto a los vientos.
campesino, na adj. perteneciente o relativo al campo; rústico; labrador.
campiña f. tierra llana labrantía.
campo m. lugar extenso en las afueras de algún poblado; terruño; campiña.
camposanto m. cementerio.
camuesa f. fruto del camueso; especie de manzana fragante y jugosa.
camuflar tr. mil. desfigurar las cosas con artificios para ocultarlas.
can m. perro; gatillo.
can m. kan.
cana f. cabello blanco; especie de guano silvestre semejante al coco.
canal m. conducto artificial para que corra el agua destinada a diversos usos; acequia; brazo de mar.
canalado, da adj. con estrías.
canalete m. remo de pala ancha.
canalera f. canal de un tejado para que caiga el agua de lluvia.
canalizar tr. abrir canales; regar; encanalar las aguas estancadas para darles uso.
canalón m. desaguador; canaleta que recibe y arroja el agua de los tejados.
canana f. cinturón especial para llevar cartuchos.
canapé m. diván; sofá con el asiento o el respaldo acolchado para proporcionar mayor descanso y comodidad; asiento.
canario adj. originario o perteneciente a las islas Canarias; ave de plumaje amarillo con la cola larga y el pico cónico, es famosa por su canto. U.t.c.s.
canasta f. cesto de mimbre con asas; canasto; comporta.
canastillo m. azafate.
canasto m. canasta de boca angosta.
cancán m. baile francés.
cancel m. biombo; mampara; contrapuerta; límite hasta donde puede llegar algo.
cancela f. verja que resguarda la entrada principal de alguna casa.
cancelación f. acción y efecto de cancelar; liquidación.
cancelar tr. borrar de la memoria; abolir; anular; derogar.
cancelario m. persona que en las universidades tenía el poder de dar los grados; rector.
cáncer m. tumor maligno e incurable; constelación y signo del Zodiaco.
cancerar tr. producir cáncer. t.r.
cancerbero m. perro con tres cabezas que según la leyenda era el guardián de los infiernos; portero brusco y severo.
cancilla f. especie de verja que se pone a la entrada de los corrales y huertas.
canciller m. empleado de categoría más baja que la del vicecónsul.
canción f. composición en verso a la que se le pone música para cantarla; melodía; tonada.
cancionero m. conjunto de canciones de diferentes autores
cancro m. cáncer; úlcera en la corteza de los árboles.
cancroide m. tumor parecido al cáncer.
cancha f. maíz tostado; explanada; frontón.
canchal m. pedregal; peñascal.
candado m. cerradura contenida en una caja metálica que por medio de armellas asegura puertas, ventanas, etc.
cande adj. nombre que se da al azúcar cristalizado; blanco.
candeal adj. pan y trigo de máxima calidad.
candela f. luciérnaga; lumbre; vela.
candelada f. hoguera.
candelecho m. choza colocada sobre estacas para que el viñador vigile la viña; otero.
candelero m. candelabro; utensilio que sostiene derechas las velas.
candelilla f. cir. sonda para explorar las vías urinarias.
candente adj. cuerpo metálico que está al rojo por la acción del calor.
candidato m. pretendiente o aspirante a ocupar algún cargo o dignidad; postulante.
cándido, da adj. sin malicia ni doblez.
candileja f. vaso interior del candil; foco de un candil.
candiota adj. originario de la isla de Candía; vasija de barro; barril.
candonga f. zalamería; fam. chasco o burla.
candongo, ga adj. persona que con

zalamería y astucia logra sus propósitos. U.t.c.s.
candor m. blancura; ingenuidad; franqueza y sencillez de espíritu.
caneca f. vasija de barro vidriado que se emplea para contener licores.
canéfora f. mujer joven que en las antiguas festividades religiosas de los paganos llevaba en la cabeza un cesto de flores y diversas ofrendas útiles para los sacrificios.
canela f. corteza de ramas del canelo, famosa por su olor y sabor agradables; finura; primoroso.
canelo, la adj. acanelado; semejante al color de la canela.
canelo m. árbol laurineo con hojas semejantes a las del laurel, flores de aroma agradable y cuyos frutos son drupas de color pardo azulado.
canesú m. prenda de vestir corta y sin mangas.
caney m. Amér. bohío.
cangilón m. especie de cántaro metálico o de barro que sirve para medir líquidos, sacar agua de los pozos, etc.
cangrejo m. crustáceo de diversas formas y especies cuya carne es comestible.
canguro m. mamífero didelfo con las extremidades delanteras más cortas que las posteriores y con la cola muy grande.
caníbal adj. salvaje de las antillas que era antropófago; hombre cruel. U.t.c.s.
canicie f. color cano del pelo.
canícula f. época del año que se caracteriza por su excesivo calor; bochorno.
canicular adj. relativo a la canícula.
cánidos m. pl. familia de los mamíferos carniceros.
canijo, ja adj. flaco; raquítico; enfermizo; débil. U.t.c.s.
canilla f. cualquiera de los huesos largos del brazo o de la pierna; carrete; bobina.
canillera f. espinillera.
canina f. excremento del perro.
caninez f. deseos intensos y desordenados de comer.
canino, na adj. perteneciente o relativo al can.
canje m. permuta o cambio; trueque; sustitución.
canoa f. embarcación de remo muy angosta, de forma igual entre proa y popa; bote pequeño y ligero.
canódromo m. dep. lugar destinado para la carrera de perros.
canon m. decreto; regla; precepto; decisión; catálogo.
canónigo m. el que gana y desempeña una canonjía.
canonista m. el que ejerce o profesa el derecho canónico.
canonizar tr. santificar el Papa a un siervo de Dios ya beatificado.
canonjía f. prebenda del canónigo; empleo de provecho; magistralía.
canoro, ra adj. que tiene canto melodioso.
canoso, sa adj. que tiene el cabello cano.
canquén m. pato silvestre.
cansado, da adj. lo que es molesto y fatigoso; cascado.
cansancio m. laxitud; pérdida de fuerzas por molestias y fatigas.
cansar tr. producir cansancio; importunar; fatigar; hastiar. U.t.c.s.
cansino, na adj. lento, pesado.
cantaleta f. vocerío y ruido con que se hace burla de alguien; chasco.
cantante p.a. de cantar; cantador; cantante de oficio.
cantar intr. emitir sonidos armoniosos con la voz; tararear; gorgojear; corear; solfear. U. t.c.tr.
cantárida f. insecto coleóptero de color verde oscuro que se empleaba en medicina; llaga producida en la piel por las cantáridas.
cántaro m. vasija de boca angosta, con la barriga ancha y la base estrecha generalmente hecha de barro; alcarraza.
cantata f. composición poética con música para cantarla.
cantera f. lugar de donde se saca piedra; agravar algún padecimiento por descuido; pedregal.
cantería f. arte de labrar las piedras para las construcciones; obra hecha a base de piedra labrada.
cántico m. canto religioso de acción de gracias.
cantidad f. todo aquello capaz de aumentar o disminuir y es fácil

para medirse; abundancia de algo; parte; dosis.
cantiga [cántiga] f. antigua composición en verso que se cantaba con música.
cantil m. sitio que forma escalón en la costa o en el fondo del mar.
cantinela f. cantar, copla; fig. repetición importuna de alguna cosa.
cantimplora f. garrafa de metal que sirve para mantener fría el agua; vasija cubierta de cuero para llevar líquidos; sifón.
cantina f. bodega donde se guarda el vino; bar; taberna.
cantón m. esquina; quicio; región; acantonamiento.
cantonera f. pieza que sirve de refuerzo en la esquina de algunos objetos como libros o muebles; rinconera.
cantueso m. especie de espliego.
canturrear intr. tararear; cantar en voz baja.
cánula f. caña pequeña; cañuta; tubo delgado.
canular adj. con figura de cánula.
canutillo m. cañutillo.
caña f. tallo hueco de las plantas gramíneas; cánula; carrizo; parte de la bota que cubre la pierna.
cañada f. valle; camino para los ganados trashumantes; cierta medida de vino.
cañamazo m. bosquejo o esbozo de alguna obra; estopa de cáñamo; tela rala para bordar.
cañamelar m. plantío de cañas de azúcar.
cañamiel f. caña melar.
cáñamo m. planta canabínea cuya simiente es el cañamón, con tallo áspero y velloso y flores verdes; filamento velloso y flores verdosas; filamento textil de esta planta que es semejante al lino.
cañamón m. simiente del cáñamo con núcleo redondo y pequeño envuelto en una capa grisácea, se utiliza como alimento para algunas aves.
cañaveral m. lugar con muchos cañales; cañas; cañizal.
cañazo m. golpe dado con una caña; aguardiente de caña.
cañedo m. cañaveral.
cañería f. tubería por donde se distribuye el agua.
cañizal m. cañaveral.
cañizo m. tejido de cañas y bramante que tiene diversos usos, por ejemplo como sostén del yeso en los cielos rasos.
caño m. pequeño tubo de metal; albañal; chorro.
cañón m. pieza de abatir; mortero; ciertos pliegues de algunos vestidos; parte córnea y hueca de la pluma del ave.
cañonera f. tronera; portañola.
cañutillo m. tubo muy delgado de vidrio que es útil para labores de pasamanería; planta silvestre con florecillas azules.
cañuto m. canuto; articulación; nudo de los tallos de algunas plantas; caño.
caoba f. árbol meliáceo de tronco grueso, hojas aovadas y flores blancas cuyo fruto es semejante al huevo de pava, su madera por su calidad es empleada en mueblería.
caobilla f. árbol silvestre semejante a la caoba.
caolín m. arcilla blanca que se utiliza en la fabricación de la porcelana.
caos m. desorganización de las cosas antes de ser ordenadas por Dios; desorden; trastorno; embrollo.
capa f. vestidura larga y suelta, abierta por delante y de cuello angosto; materia de diversas clases con que se reviste alguna cosa; envoltura.
capacete m. parte de la armadura antigua que cubría la cabeza.
capacidad f. cabida; extensión de algún lugar; espacio suficiente para dar cabida a algo; aptitud; disposición para entender algo.
capacho m. cesto de juncos o mimbres; espuerta de estopa para conducir mezcla los albañiles.
capar tr. castrar; extirpar los órganos genitales; reducir.
caparazón m. cubierta para proteger algunas cosas; esqueleto; corteza.
capataz m. el encargado de vigilar a los obreros; caporal; sobrestante.
capaz adj. que es amplio y grande; que es vasto y extenso para dar cabida a algo; experto; conocedor.
capcioso, sa adj. embaucador; artificioso; engañoso.

capear tr. despojar a alguien de la capa; torear; engañar.
capelo m. sombrero rojo de los Cardenales.
capellán m. clérigo; sacerdote encargado de una capellanía.
capellina f. gorro que usan los campesinos para protegerse de la lluvia; pieza de la armadura que cubría la parte superior de la cabeza.
caperuza f. gorra o bonete que termina en punta doblada hacia atrás.
capicúa f. cantidades cuyas cifras son leídas igual de derecha a izquierda o viceversa por ejem. 1221.
capilar adj. relativo al cabello.
capilaridad f. calidad de capilar.
capilla f. capucha que tienen sujeta al cuello los hábitos y capas; pequeño edificio contiguo a una iglesia con altar propio; oratorio.
capillo m. pequeña cubierta de lienzo con que se cubre la cabeza de los niños de pecho.
capirotazo m. golpe que se da en la cabeza con la mano.
capirote m. res vacuna con el cuerpo de distinto color que el de la cabeza; cucurucho; caperuza.
capisayo m. vestidura corta que servía de capa y sayo.
capiscol m. chantre; gallo.
capital adj. ciudad principal de alguna provincia, estado o distrito; riqueza; patrimonio; pena capital: muerte.
capitalino, na adj. Amér. de la capital. T.s.
capitalista adj. relativo al capital o capitalismo; persona que posee mucho dinero o bienes.
capitalizar tr. acaudalar; aumentar al capital el monto de los intereses devengados para hacer el cómputo sobre la suma de los intereses compuestos.
capitán m. jefe u oficial que manda un escuadrón o una compañía de un ejército.
capitanía f. empleo de capitán; nombre que se daba antiguamente a los batallones o regimientos.
capitel m. chapitel o parte superior de una columna.
capitolio m. edificio de aspecto majestuoso y de gran altura.
capitular adj. relativo o perteneciente a algún cabildo eclesiástico o al capítulo de una orden; jefe de algún cabildo o ayuntamiento.
capítulo m. junta de clérigos y religiosos seglares; apartado; división en los libros.
capón adj. hombre o animal castrado. U.t.c.s.
caporal m. dícese del encargado del ganado para la labranza; cabo de escuadra.
capota f. carpeta; cubierta plegadiza que tienen algunos carros; tocado femenino más pequeño y sencillo que el sombrero.
capote m. capa de poco vuelo y con mangas; gabán; capa corta que usan los toreros.
capricornio m. décimo signo del Zodiaco.
capricho m. idea irrazonable; injusta; obstinación; exigencia extravagante.
cápsula f. envoltura cilíndrica; cilindro que contiene la carga y el fulminante de los proyectiles.
captar tr. recoger las aguas de un manantial; conseguir o lograr. U.t.c.r.
capturar tr. poner preso o aprehender a algún delincuente.
capuchón m. aum. de capucha; abrigo semejante a una capucha.
capullo m. envoltura que encierra al gusano de seda antes de transformarse en crisálida.
caquexia f. bot. decoloración; med. grave estado de desnutrición.
cara f. parte anterior de la cabeza desde el principio de la frente hasta la barba; cada uno de los lados o superficies que limitan un poliedro.
cáraba m. insecto coleóptero que habita debajo de las piedras; cangrejo.
carabao m. búfalo de Oceanía.
carabina f. arma de fuego, menor que el fusil.
carabinazo m. disparo de carabina.
cárabo m. pequeña embarcación de vela y remo que era usada por los moros.
caraca f. bollo de maíz.
caracal m. animal semejante al lince.

caracol m. molusco gasterópodo de diversas clases cuya carne es comestible y puede sacar la cabeza fuera de la concha.
caracola f. caracol marino de figura cónica que al abrirse por el vértice y soplando por él produce un sonido semejante al de la trompa.
caracolear intr. hacer caracoles el caballo.
carácter m. sello que se pinta o da a alguna cosa; forma de los signos de escritura; rasgos que distinguen a alguien de los demás.
característico, ca adj. que caracteriza; f. cualidad distintiva.
caracterizar tr. fijar los rasgos y atributos de alguien para distinguirlo de los demás; arreglarse el actor de acuerdo con la figura que va a representar.
caracul m. piel parecida al astracán.
caracha f. Amér. especie de sarna.
carámbano m. trozo de hielo largo y puntiagudo.
carambola f. lance del juego de billar que se hace con tres bolas arrojando una para que toque a las otras dos y haga carambola.
caramelo m. pasta de azúcar aromatizada con esencias que se endurece al enfriarse.
caramillo m. flauta de hueso o caña que produce un sonido muy agudo; chisme; embuste.
caramujo m. molusco parecido al caracol que se pega a los fondos de los buques.
carantoña f. mujer vieja y desagradable que se arregla para disimular su fealdad.
carapacho m. caparazón que cubre a los cangrejos, tortugas y algunos otros animales.
caraqueño, ña adj. y s. de Caracas.
carátula f. careta; profesión histriónica.
caravana f. conjunto de viajeros o caminantes.
carbohidratos m. pl. compuestos orgánicos que forman la base de los tejidos de las plantas.
carbólico adj. quím. fénico.
carbón m. materia combustible negra y sólida que se forma de la destilación o combustión incompleta de la leña o de otros cuerpos.
carbonato m. sal que se forma de la mezcla de ácido carbónico con un radical.
carboncillo m. palillo descarbonizado de sauce o de madera ligera útil para dibujar.
carbonería f. almacén donde se vende carbón.
carbónico, ca adj. dícese de las mezclas en que entra el carbono.
carbonífero, ra adj. terreno rico en carbón mineral.
carbono m. metaloide sólido que a temperaturas altas se vaporiza sin pasar por el estado líquido.
carbunclo m. carbunco.
carbunco m. enfermedad infecciosa y mortífera que ataca al ganado lanar, vacuno y cabrío.
carbúnculo m. rubí.
carburar tr. combinar el aire atmosférico con los carburantes gaseosos para hacerlos combustibles.
carburo m. combinación del carburo con un radical simple.
carcaj m. aljaba; funda de cuero para llevar el rifle al arzón de la silla.
carcajada f. risa escandalosa.
carcamal m. persona anciana. U. t.c. adj.
cárcel f. lugar especial para la vigilancia de los presos; ranura por donde corren los tablones de una compuerta.
carcinoma m. tumor canceroso.
cárcola f. palo delgado que sirve de pedal en los telares para subir y bajar la viadera.
carcoma f. insecto coleóptero de color oscuro que roe la madera; preocupación constante que agobia a quien la tiene.
carda f. acción de cardar; instrumento para cardar.
cardamomo m. planta medicinal cuyo fruto es más pequeño que el del amomo y con semillas aromáticas.
cardar tr. quitar el pelo con la carda a las felpas.
cardelina f. jilguero.
cardenal m. cada uno de los consejeros del Papa que integran el sacro colegio; pájaro de hermoso plumaje inquieto y arisco.
cardencha f. planta dipsácea con las hojas que abrazan el tallo cuyas flores con punta en forma de anzuelo son utilizadas para formar la carda.

cardenillo m. acetato de cobre que se usa para pintar; tinte de color verdoso que se forma en los objetos de cobre.

cárdeno, na adj. dícese del toro que tiene el pelo negro y blanco; color amoratado.

cardeña f. piedra preciosa de color cárdeno.

cardias m. boca del estómago.

cardillo m. planta bienal con flores amarillas que se cría en sembrados.

cardinal adj. fundamental; número que señala la cantidad exacta de los seres de que se trata.

cardiología f. estudio general del corazón y de sus enfermedades.

carditis f. inflamación de la musculatura del corazón.

cardo m. planta anua semejante a la alcachofa cuyas pencas son comestibles.

carear tr. poner a alguien frente a alguna persona o personas para llegar a la veracidad de algún hecho; comparar una cosa con otra.

carecer intr. no tener alguna cosa.

carel m. borde, orilla.

carenar tr. componer el casco de la nave.

carencia f. falta de algo.

carestía f. falta de alguna cosa, principalmente de víveres; elevado precio de los objetos de uso común.

careta f. mascarilla de diversos materiales para cubrir la cara.

carey m. tortuga de mar con la concha de color pardo, sus huevos son considerados como manjar exquisito; materia córnea y translúcida que por su estructura compacta puede ser pulida hermosamente.

carga f. acción de cargar; pólvora y proyectiles que se ponen en un arma de fuego.

cargado, da adj. bochornoso; dícese de los animales próximos a parir.

cargamento m. conjunto de mercaderías que carga una embarcación.

cargante p.a. de cargar; que fastidia o carga.

cargar tr. poner peso sobre alguien; poner carga a las armas; cargar de mercancías algún transporte. U.t.c.r.

cargo m. acción de cargar; fig. dignidad.

cariacontecido, da adj. que expresa temor; triste.

cariado, da adj. huesos en mal estado o podridos.

cariar intr. corroer; formar caries. U.t.c.r.

caribe adj. nombre dado al nativo del pueblo del Caribe. U.t.c.s.

caricato m. bajo cantante que hace el papel de bufo.

caricatura f. retrato burlesco o ridículo de alguna persona.

caricia f. muestra de afecto que consiste en acariciar con la mano el rostro de alguien, el cuerpo de algún animal, etc.

caridad f. auxilio; protección que se da a los necesitados; virtud cristiana contraria a la envidia.

caries f. úlcera de algún hueso; tizón.

carilla f. careta; página de un libro.

cariño m. afecto y amor que se siente por alguien.

caritativo, va adj. que hace caridades; relativo a la caridad.

cariz m. aspecto de la atmósfera; aspecto que presenta algún negocio.

carla f. tela pintada de las indias.

carlanca f. collar con púas.

carlinga f. hueco en que se encaja un árbol de barco.

carlovingio, gia adj. relativo a Carlomagno.

carmelitano, na adj. perteneciente o relativo a la orden de Carmelitas.

carmenar tr. desenmarañar el cabello o la lana. U.t.c.r.

carmesí m. nombre que se da al color de la grana; tela de seda roja.

carmín m. materia de color rojo intenso sacado de la cochinilla; rosal con flores de este color.

carminativo, va adj. medicina que ayuda a arrojar los gases del tubo digestivo. U.t.c.s.

carnada f. cebo para pescar.

carnadura f. robustez, abundancia de carnes.

carnal adj. relativo a la carne; que tiene parentesco inmediato.

carnalidad f. lujuria.

carnavalada f. broma de carnaval.

carne f. parte blanda y mollar de animales y frutas.
carnerear tr. matar reses.
carnero m. mamífero rumiante con cuernos huecos arrollados en forma de espiral, apreciado por su carne y por su lana.
carnestolendas f. pl. carnaval.
carnificarse r. med. tomar ciertos órganos consistencia carnosa.
carnívoro, ra adj. dícese del animal que se alimenta con la carne de cuerpos muertos. U.t.c.s.
carnosidad f. carne que crece en una llaga; gordura.
caro, ra adj. que es muy elevado por su valor; estimado; querido.
caroca f. decoración de lienzos pintados.
caroñoso, sa adj. dícese de las caballerías que tienen mataduras.
carótida f. cada arteria del cuello que conduce la sangre a la cabeza.
carpa f. pez melacopterigio verde por encima y amarillo por debajo con escamas grandes y boca pequeña, es apreciado por su carne.
carpelo m. cada parte que forma el fruto múltiple.
carpeta f. cubierta de distinto material que se pone sobre mesas y otros objetos para conservarlos limpios; cartera para guardar papeles.
carpiano, na adj. perteneciente o relativo al carpo.
carpincho m. Amér. capibara.
carpo m. parte de la mano que se articula con el antebrazo y el metacarpo.
carraca f. primitiva embarcación italiana usada como medio de transporte; quijada de algunos animales.
carraleja f. insecto coleóptero sin alas con el cuerpo negro y rayas transversales rojas.
carrasca f. mata de encina.
carraspera f. aspereza en la garganta que enronquece la voz.
carrera f. paso acelerado del hombre o del animal para ir de un lugar a otro; competencia de velocidad entre choferes o jinetes.
carreta f. carro largo y cerrado por los lados con dos ruedas que llevan pinas de madera en lugar de llantas.
carrete m. carrete de madera y de forma cilíndrica taladrado por el eje y es utilizado para mantener arrollados en él hilos, alambres, etc.
carretera f. camino público ancho y acondicionado para el paso de vehículos.
carretilla f. carruaje de cuatro asientos con cubierta plegadiza; diligencia; carrito de mano con un cajón para poner la carga y una rueda en el frente, es utilizado en obras para conducir arena, tierra, etc.
carricuba f. carro de riego.
carrillera f. quijada de algunos animales.
carrillo m. parte carnosa de la cara comprendida entre las mejillas y lo bajo de la quijada.
carrilludo, da adj. de carrillos abultados.
carrizal m. sitio poblado de carrizos.
carrizo m. planta gramínea de tallo nudoso.
carromato m. carro grande con toldo de lienzo y dos ruedas y con varas para enganchar uno o dos caballos.
carronada f. cañón corto usado antiguamente en marina.
carroño, ña adj. acedo; podrido.
carroza f. coche grande adornado.
carruaje m. conjunto de carros que se preparan para un viaje; armazón de madera montado sobre ruedas.
carta f. medio de comunicación escrita; naipe de baraja.
cartabón m. instrumento que se emplea en el dibujo lineal y que tiene figura triangular.
cartaginés, sa adj. y s. de la antigua Cartago.
cartear tr. jugar las cartas falsas para calcular el juego; comunicarse por medio de cartas.
cartel m. papel que se fija en algún lugar público para anunciar o notificar algo.
cárter m. pieza que protege alguna pieza de una máquina.
cartera f. objeto de piel en forma de libro de tamaño apropiado para llevarlo en el bolsillo, contiene divisiones para guardar billetes y papeles de importancia.

cartería f. oficio de cartero; oficina de correos encargada de recibir y despachar la correspondencia pública.
cartero m. repartidor de las cartas del correo.
cartesianismo m. doctrina filosófica de Descartes.
cartílago m. ternilla.
cartografía f. arte de trazar cartas geográficas.
cartomancia [-mancía] f. arte de profetizar el futuro leyendo en los naipes.
cartón m. conjunto de hojas de pasta de papel que estando húmedas se pegan por compresión.
cartucho m. carga de pólvora contenida en un tubo de metal que equivale a un tiro de alguna arma de fuego.
cartulario m. escribano de algún juzgado.
carúncula f. carnosidad roja; cresta.
casa f. edificio propio para habitar en él una familia.
casaca f. vestidura ceñida del cuerpo.
casación f. for. acción de casar.
casamata f. bóveda resistente para guardar piezas de artillería.
casamentero, ra adj. que propone una boda o interviene en su ajuste. U.t.c.s.
casar intr. conjunto de pequeñas casas; contraer matrimonio. U. t.c.r.
casca f. hollejo de uva después de exprimida; cáscara.
cascabel m. bola hueca de metal con un pedacito de hierro adentro para que suene.
cascabillo m. cascarilla que protege al grano del trigo o de cebada.
cascada f. voz hueca desentonada; caída de agua desde cierta altura.
cascajar m. lugar donde hay cascajo.
cascajera f. cascajar.
cascajo m. pedazos de piedra; porción de frutas que tienen la cáscara seca.
cascanueces m. especie de tenaza hecha de hierro o de madera y sirve para partir nueces; pájaro córvido.
cascar tr. quebrantar algún objeto quebradizo. U.t.c.r.
cáscara f. cubierta que protege exteriormente a las frutas y a otras cosas; corteza.
cascarilla f. corteza de un árbol euforbiáceo muy abundante en América y que tiene uso medicinal.
cascarón m. aum. de cáscara; cáscara del huevo que se rompe al salir el pollo; pequeña bóveda especie de alcornoque.
cascarrabias com. persona que se enoja y altera con facilidad.
casco m. cráneo; copa de un sombrero; pieza de la armadura que protege la cabeza; cuerpo de la nave.
cascote m. fragmento de alguna fábrica derribada; conjunto de escombros.
caseificar tr. convertir en queso.
caseína f. materia albuminoidea que mezclada con manteca forma el queso.
casera f. sirvienta o ama de llaves al servicio de un hombre solo.
caserío m. conjunto de casas rústicas y aisladas en el campo.
casero, ra adj. que pertenece o se cría en casa; el que es muy cuidadoso en el manejo y necesidades de su casa; el que es propietario de alguna casa.
caseta f. casa pequeña; casilla donde se desnudan los bañistas.
casi adv. aproximadamente; con corta diferencia.
casia f. árbol leguminoso semejante a la acacia, con ramas espinosas y flores amarillas.
casilla f. casa chica.
casillero m. mueble con distintas divisiones para guardar objetos.
casimir m. tela de lana o algodón en punto de tafetán.
casino m. casa de juego; club; local en que se reúnen los miembros de un club.
caso m. acontecimiento; casualidad; ataque aislado de algún mal infeccioso.
casorio m. boda efectuada despreocupadamente y poco celebrada.
caspa f. especie de escamilla que se forma en el cuero cabelludo; musgo.
¡cáspita! interj. que indica sorpresa o admiración.
casquete m. parte de la armadura que protegía el casco de la ca-

beza; peluquilla que cubre únicamente el casco de la cabeza.
casquillo m. abrazadera de metal; cartucho quemado.
casquivano, na adj. de cascos ligeros; de costumbres ligeras.
casta m. linaje; clase de alguna cosa.
castálidas f. pl. las musas.
castaño, ña adj. que es de color semejante al de la castaña. U. t.c.s.
castaño m. árbol cupulífero cuyo fruto espinoso semejante al erizo contiene la castaña.
castañuelas f. mús. instrumento hecho de dos tablitas, que para repicarlas se sujetan a los dedos.
castellanizar tr. dar forma castellana a alguna voz extranjera.
casticismo m. dícese de las costumbres y del idioma apegado a lo castizo.
castidad f. virtud que es contraria al amor carnal.
castigo m. pena que se da al delincuente, consejo; reprensión.
castillo m. edificio rodeado de baluartes y murallas.
castizo, za adj. dícese del lenguaje que es puro; de linaje limpio. U.t.c.s.
casto, ta adj. lo que es contrario a la sensualidad.
castor m. mamífero roedor con el cuerpo cubierto de pelo castaño y cola escamosa y oval; su piel es muy estimada en la industria.
castoreño adj. sombrero castoreño. U.t.c.s.
castrar tr. capar; podar; opacar. U. t.c.r.
castrense adj. perteneciente o relativo, a la profesión militar.
casual adj. que acontece por casualidad.
casualidad f. sucesos y circunstancias que son inevitables.
casuística adj. nombre qué se da a los escritos que tratan temas prácticos de teología moral o de cualquier ciencia moral. U.t.c.s.
casulla f. vestidura que se pone el sacerdote sobre el alba.
casus belli (l. latina) caso o motivo de guerra.
catabolismo m. fase del metabolismo en que se descomponen y eliminan sustancias del organismo.
catacaldos com. dícese del que inicia muchos negocios sin atender ninguno; persona indiscreta.
cataclismo m. trastorno del globo terrestre ocasionado por el agua; caos en la organización política o social.
catacumbas f. pl. subterráneos primitivos en que los antiguos romanos rendían culto a los muertos.
catafalco m. túmulo que se coloca en los templos para la celebración de exequia solemne.
catalán, na adj. y s. de Cataluña.
cataláunico, ca adj. de Chalonsur-Marne, antigua Catalaunia.
catalejo m. anteojo para ver a distancia.
catalepsia f. trastorno nervioso de origen histérico que origina una parálisis total.
catálisis f. quím. transformación química motivada por cuerpos que al finalizar la reacción aparecen inalterados.
catalogación f. acción de catalogar.
catalogar tr. formar catálogo.
catálogo m. lista de nombres de personas, objetos o acontecimientos arreglados en orden.
cataplasma f. tópico de consistencia suave que es empleado como calmante.
catapulta f. máquina primitiva que servía para arrojar saetas.
catar tr. probar algo para conocer su sabor; conocer; registrar.
catarata f. cascada o caída grande de agua; telilla que cubre el cristalino del ojo y no permite el paso de la luz produciendo la ceguera.
catarro m. escurrimiento que fluye de las membranas mucosas; inflamación de estas membranas que produce el aumento del moco.
catártico, ca adj. laxante; purgante.
catastro m. pago que se imponía por todos los bienes de nobles y plebeyos y que producían frutos anuales.
catástrofe f. desenlace trágico de algún drama; acontecimiento inesperado y doroloso.
cátcher (inglés) m. dícese del jugador de béisbol que para la pelota detrás del bateador.

catecismo m. libro de la doctrina, en forma de diálogo.
catecúmeno, na m. f. el que se instrúye para recibir el bautismo.
cátedra f. pequeño púlpito para el maestro que imparte una lección o cátedra; aula; oficio de catedrático.
catedral adj. iglesia catedral. U. t.c.s.
catedralidad f. dignidad de ser catedral de alguna iglesia.
catedrático m. profesor de la universidad.
categoría f. clase; calidad o condición de alguien que lo distingue de los demás; lugar.
categórico, ca adj. dícese de la proposición en que se afirma o niega algo enfáticamente.
categorismo m. sistema de categorías.
caterva f. conjunto desordenado de personas o cosas de escaso valor.
catéter m. sonda de metal acanalada que se utiliza en la operación de la cistotomía.
cateto m. cada lado que forma el ángulo recto en el triángulo rectángulo.
catilinaria f. escrito o discurso vehemente dirigido contra alguno.
catinga f. Amér. mal olor del cuerpo; llanura del Brasil poblada de arbustos, espinosos y cardos.
catolicismo m. creencia y fe de la iglesia católica.
catón m. censor enérgico.
catre m. cama angosta y ligera para una persona, generalmente plegadiza.
cauce m. lecho de los ríos; acequia.
caución f. cautela; precaución; seguridad personal de que se cumplirá lo ofrecido.
caucho m. goma elástica.
caudal adj. caudaloso; principal; capital.
caudillo m. jefe o cabeza de gente armada o de algún gremio.
causa f. lo que se toma como base de un suceso; proceso criminal que se instruye de oficio; razón; motivo.
causador, ra adj. que causa.
causal adj. motivo o razón para algo.
causalidad f. origen; principio, ley según la cual se producen efectos.
causar tr. producir una causa su efecto.
cáustico, ca adj. materia que quema los tejidos animales; mordaz. U.t.c.s.
cautela f. precaución para actuar; audacia para engañar.
cauterio m. cauterización; medio empleado en medicina para quemar los tejidos; materia que actúa con más o menos lentitud por sus propiedades químicas.
cautivar tr. aprender al enemigo en la guerra; conquistar la atención o la voluntad de alguien.
cauto, ta adj. sagaz; precavido.
cavar tr. remover la tierra con el azadón; profundizar.
cavaria f. ave que abunda en América y combate a las aves de rapiña.
cavatina f. aria que consta de dos partes.
caverna f. subterráneo; concavidad profunda.
cavernícola adj. que vive en las cavernas. t. s.
cavia f. especie de excavación.
cavial m. caviar.
caviar m. huevas de esturión, salpresas.
cavidad f. espacio hueco dentro de algún cuerpo.
cavilar tr. mantener fija y sutilmente la atención en algo.
caviloso, sa adj. desconfiado.
cayado m. bastón corvo en la parte superior; báculo de los obispos.
cayo m. isla rasa y arenosa.
caz m. canal para conducir el agua de uso.
caza f. acción de cazar; animales que se cazan.
cazabe m. pan hecho con la harina extraída de la raíz de la mandioca.
cazadora f. ave de hermoso plumaje que gorjea agradablemente y se alimenta de insectos.
cazar tr. perseguir a los animales para atraparlos o matarlos; obtener hábilmente alguna cosa difícil.
cazatorpedero m. buque de guerra pequeño y bien equipado, que se usa para perseguir a los torpederos enemigos.
cazcarria f. barro seco que se pega

en los bordes de las ropas que rozan el suelo.

cazo m. vasija metálica de forma semiesférica y con un mango largo para manejarla.

cazoleta f. guarda de ciertas espadas.

cazón m. pez selacio con el cuerpo cilíndrico, con una gran espina dorsal y sin aleta anal cuya piel después de fija se emplea como lija.

cazuela f. vasija redonda hecha de barro, que se emplea para guisar.

cazumbre m. zumo de las frutas y savia de los árboles.

cazurro, rra adj. persona de pocas palabras y metida en sí misma. U.t.c.s.

ceba f. acción de cebar.

cebada f. planta gramínea semejante al trigo que sirve de alimento a algunos animales.

cebadero m. lugar donde se ceba.

cebado, da adj. dícese de la fiera que se aficiona a la carne humana.

cebar tr. dar cebo a los animales para engordarlos; ensañarse; consagrarse intensamente a alguna cosa. U.t.c.r. y c. intr.

cebellina adj. marta cebellina. U. t.c.s.

cebo m. comida que se da a los animales para engordarlos o cebarlos.

cebolla f. planta hortense con hojas fistulosas y raíz fibrosa que nace de un bulbo cilíndrico formado por capas jugosas de olor y sabor penetrantes.

cebollino m. lugar donde están las cebollas en sazón para ser transplantadas.

cebra f. animal solípedo semejante al asno pero con la gallardía del caballo, tiene en el cuerpo listas transversales negras.

cecal f. perteneciente o relativo al intestino ciego.

cecear intr. pronunciar por costumbre la "s" como "c".

ceceo m. acción y efecto de cecear.

cecina f. carne enjuta y salada seca al aire o al sol.

cedazo m. instrumento que sirve para apartar las partes finas de las gruesas de diversas cosas y consiste en un aro con una tela que cierra la parte inferior.

ceder tr. dar; traspasar; rendirse.

cedro m. árbol conífero cuya madera clara es aromática y de larga duración.

cédula f. papel para escribir o ya escrito; nombre que se da a algunos documentos.

cefalalgia f. dolor de cabeza.

cefalópodos m. pl. moluscos como el pulpo, el calamar, etc.

céfiro m. poniente; viento suave.

cegar intr. perder totalmente la vista; nubiar el entendimiento y la razón los vicios y las pasiones desordenadas.

ceguedad f. pérdida total de la vista; pasión que ciega el entendimiento.

ceibo m. árbol americano de hermosas flores rojas.

ceja f. pelo que cubre la parte prominente sobre la cuenca del ojo.

cejar intr. retroceder; volver hacia atrás; ceder en algún empeño.

ceje m. mata que se utiliza para curar las erupciones.

cejijunto, ta adj. ceñudo; persona con las cejas muy pobladas.

cejo m. atadura de esparto para enlazar los manojos de esparto.

celada f. pieza de la armadura que cubría la cabeza; trampa; engaño.

celaje m. aspecto del cielo cuando está cubierto de nubes de diversos matices; conjunto de nubes.

celar tr. vigilar; atender.

celda f. aposento individual de los religiosos y religiosas dentro de sus respectivos conventos; cámara para encerrar a los presos.

celebérrimo, ma adj. muy célebre.

celebrar tr. admirar; aplaudir; festejar a alguien; venerar con solemnidad los misterios religiosos; cantar misa. U.t.c.intr.

célebre adj. admirado; famoso.

celemín m. medida de capacidad para áridos que equivale a 4.625 mililitros.

celere adj. ágil; veloz; acelerado.

celeridad f. rapidez; ligereza; velocidad.

celiaco, ca [celíaco, ca] adj. perteneciente o relativo al vientre.

celibato m. estado de soltero; soltería.

celo m. anhelo que activa las buenas obras; duda de la fidelidad

del ser amado; inquietud; sospecha.
celofán m. especie de papel transparente hecho de viscosa.
celosía f. enrejado que se pone en balcones y ventanas para que desde ahí se pueda ver sin ser visto.
celotipia f. pasión de los celos.
celta adj. perteneciente o relativo a los antiguos celtas establecido en parte de la Península Ibérica. U.t.c.s.
céltico, ca adj. de los celtas.
célula f. pequeña cavidad o celdilla; elemento microscópico que se encuentra en los tejidos orgánicos.
celular adj. perteneciente o relativo a las células; dícese del tejido orgánico formado por células yuxtapuestas.
celuloide m. sustancia fabricada de celulosa y alcanfor.
cellisca f. lluvia menuda de agua y nieve acompañada de fuerte viento.
cementerial adj. perteneciente al cementerio.
cementerio m. lugar cercado y descubierto donde se entierran los cadáveres.
cemento m. cal hidráulica.
cena f. acción de cenar; alimento que se toma por la noche.
cenáculo m. sala en que Cristo celebró la última cena; fig. reunión de artistas, literarios, etc.
cenacho m. espuerta de palma para llevar carne, pescado o verduras.
cenador, ra adj. que cena; lugar redondo y cubierto que se coloca en jardines.
cenagal m. lugar con mucho cieno.
cenar tr. tomar la cena.
cenceño, ña adj. delgado o enjuto.
cencerrada f. ruido producido con cencerro y cuernos.
cencerro m. campanilla de cobre y de forma cilíndrica que se usa para atarla al cuello de las reses.
cendal m. tela de seda transparente y delgada.
cenefa f. tira sobrepuesta en los bordes de cortinas, pañuelos, etc., de la misma tela o de diferente.
cenicienta f. persona injustamente despreciada.
cenit m. punto de la bóveda celeste más alto que el horizonte.
ceniza f. polvo menudo y grisáceo que se desprende después de una combustión intensa; restos de un cadáver. U. m. en pl.
cenobita f. monje; dícese del que lleva la vida claustral.
cenotafio m. sepulcro que no contiene el cadáver de la persona a quien está dedicado.
cenozoico, ca adj. dícese de la más moderna de las tres grandes eras geológicas, que corresponde a los períodos terciario y cuaternario.
censo m. lista que se hace para conocer la riqueza y el número de habitantes de algún país o pueblo.
censor m. antiguo magistrado romano que se encargaba de formar el censo de la ciudad y de vigilar el orden; crítico.
censorio, ria adj. relativo al censor o la censura.
censura f. crítica favorable o desfavorable que se hace de alguna obra artística o literaria; juicio que se da en relación a alguna cosa.
censurar tr. criticar u opinar acerca de algo; corregir.
centauro m. monstruo imaginado por los antiguos mitad hombre y mitad caballo.
centavo, va adj. centésima parte de un todo; centésimo; moneda de cobre que equivale a un céntimo de peso. U.t.c.s.m.
centella f. rayo; hierba venenosa que abunda en los pantanos.
centellear intr. despedir rayos de luz trémulos y de distintas coloraciones.
centena f. conjunto de cien unidades.
centenario, ria adj. perteneciente o relativo a la centena; espacio de tiempo de cien años. U.t.c.s.
centeno m. grano parecido al trigo.
centésimo, ma adj. cada una de las cien partes iguales en que se divide un todo. U.t.c.s. m. y f.
centígrado, da adj. dícese de los termómetros o de otros aparatos cuya escala está dividida en cien grados.
centímetro m. centésima parte del metro.

centinela amb. persona encargada de la observación y vigilancia de algo; vigilante.
centolla f. crustáceo marino peludo.
centón m. manta de piecesitas de colores.
centrado, da adj. dícese de la pieza de una máquina o instrumento cuyo centro se encuentra en la posición debida.
centralizar tr. reunir varias cosas en torno a un mismo centro.
centrar tr. fijar el punto céntrico de algún volumen o de alguna superficie.
céntrico, ca adj. central.
centrífugo, ga adj. que se aparta del centro.
centrípeto, ta adj. que atrae hacia el centro.
centro m. punto interior de algún círculo o esfera del cual equidistan todos los de la circunferencia o superficie respectivamente.
centroamericano, na adj. y s. de la América Central.
centrobárico adj. med. relativo al centro de gravedad.
centuplicar tr. multiplicar por cien o ciento alguna cantidad.
céntuplo, pla adj. producto que resulta de una cantidad cualquiera multiplicada por cien. U. t.c.s.m.
centuria f. siglo; período de cien años.
centurión m. jefe de una centuria.
ceñir tr. ajustar; abreviar alguna cosa.
ceño m. aro que ciñe o ajusta alguna cosa; aspecto de algo; señal de molestia.
cepa f. parte del tronco unida a la raíz que está debajo de la tierra; principio de alguna cosa.
cepeda f. terreno poblado de arbustos y matas de cuyas cepas se saca el carbón.
cepillo m. cepo; instrumento de carpintería para pulir la madera; instrumento que tiene manojitos de cerda para limpiar ropa y otros objetos.
cepo m. trampa para animales; instrumento para devanar la seda antes de torcerla; rama de árbol.
ceporro m. cepa que sirve para hacer fuego.
cera f. materia sólida de color amarillo que segregan las abejas para formar las celdillas de los panales, es muy utilizada en farmacia y en la industria.
cerámica f. dícese del arte de fabricar diversos utensilios de loza y de barro.
ceramista com. artista cerámico.
cerasta f. víbora cornuda de Africa.
cerato m. ungüento hecho con cera y aceite.
ceraunomancia [-mancía] f. profetizar por medio del as tempestades.
cerca f. tapia; valla; vallado.
cerca adv. próximo; inmediato.
cercar tr. proteger con tapias o vallas algún lugar o heredad para su resguardo o división.
cerciorar tr. sostener a alguien la firmeza y verdad de alguna cosa. U.t.c.r.
cerco m. lo que ciñe, rodea o sujeta; asedio que pone un ejército al rodear algún sitio para atacarlo.
cerda f. pelo grueso que tienen los caballos y otros animales en la cola y en la cima del cuello.
cerdo m. puerco.
cereal adj. y s. aplícase a las plantas de cuyas semillas se hace harina.
cerebelo m. parte del encéfalo situado en las fosas occipitales inferiores.
cerebral adj. perteneciente o relativo al cerebro.
cerebro m. cabeza; parte superior y anterior del encéfalo.
cerebroespinal adj. común al cerebro y a la médula espinal.
ceremonia f. acto exterior para rendir honores y culto a alguien; ademán rebuscado para lisonjear a alguien.
céreo, rea adj. de cera.
cerería f. taller o tienda del cerero.
cerero m. el que labra o vende la cera.
cereza f. fruto de cerezo que consiste en una drupa redonda y encarnada cuya pulpa es muy dulce y jugosa; color rojo oscuro.
cerilla f. vela de cera larga y delgada que produce luz débil; fósforo.

cerillo m. cerilla, fósforo.
cerio m. metal de uso medicinal que se oxida en agua en ebullición.
cernadero m. lienzo grueso que se coloca encima de toda la ropa para echar sobre él la lejía.
cerner tr. separar la harina del salvado por medio del cedazo para que lo más grueso quede sobre la tela de éste.
cernícalo m. ave de rapiña con plumaje rojizo.
cernidillo m. lluvia muy menuda.
cero m. mat. signo sin valor propio.
ceroplástica f. arte de modelar cera.
cerote m. sustancia usada en zapatería y está hecho de pez y cera.
cerrada f. parte de la piel del animal que corresponde al lomo.
cerradero, ra adj. que puede cerrarse; m. parte de la cerradura.
cerradura f. mecanismo metálico que sirve para asegurar con llave puertas, cofres, etc.; cerramento.
cerrajero m. el que hace cerraduras, candados o llaves.
cerrar tr. interceptar la entrada de algún lugar; plegar o juntar lo que está extendido; poner término a alguna cosa.
cerrazón f. oscuridad que cubre al cielo antes de las tempestades.
cerril adj. terreno escabroso y áspero; ganado que no ha sido domado.
cerrión m. carámbano.
cerro m. elevación de terreno de menos altura que el monte.
cerrojo m. barra de hierro en forma de I que sujeta puertas y ventanas que tienen dos hojas.
certamen m. desafío; función literaria en que se discute un tema poético.
certero, ra adj., seguro y hábil en tirar; acertado.
certificación f. acción y efecto de certificar.
certificador, ra adj. que certifica. U.t.c.s.
cerúleo, a adj. dícese del color azul de los lagos o del cielo limpio de nubes.
cerumen m. cera de los oídos.
cerusa f. carbonato de plomo.
cervato m. ciervo menor de seis meses.
cervecería f. fábrica o tienda de cerveza.
cerveza f. bebida hecha con granos de cebada fermentados en agua.
cervical adj. perteneciente o relativo a la cerviz.
cerviguillo m. parte externa de una cerviz abultada.
cerviz f. parte posterior del cuello formada por algunos músculos y siete vértebras.
cesante p. a. de cesar; que cesa; empleado a quien se le suspende el empleo. U.t.c. adj.
cesantía f. parte del sueldo que se entrega al cesante.
cesar intr. suspender algo; dejar de desempeñar algún empleo o puesto.
cesarismo m. gobierno en el cual una sola persona asume los poderes.
césped m. hierba menudita que cubre el suelo.
cesta f. objeto generalmente redondo hecho de mimbres o juncos entretejidos.
cestón m. cesto grande.
cetáceo, a adj. mamífero pisciforme marino y casi siempre de tamaño muy grande como la ballena. U.t.c.s.
cetrería f. arte de criar y domesticar algunas aves como el halcón, que servían para la caza de volatería.
cetrino, na adj. dícese del color amarillo semejante al de la cidra; adusta.
cía f. hueso de la cadera.
cianita f. silicato natural de alúmina.
cianógeno m. gas formado de ázoe y carbono, incoloro y de olor fuerte.
cianosis f. coloración azul o negruzca de la piel debida a la alteración de la sangre por alguna enfermedad como el cólera morbo.
cianuro m. sal formada de la mezcla del cianógeno con alguna radical.
ciar intr. retroceder; decaer algún negocio.
ciática f. neuralgia por inflamación del nervio ciático.
cibera f. porción del trigo que se

pone en la tolva de un molino para que vaya cebando la rueda.
cicatería f. calidad de cicatero.
cicatero, ra adj. ruin; avaro; miserable. U.t.c.s.
cicatriz f. huella que queda en la piel después de cerrada o curada alguna herida.
cicatrizar tr. cerrar o curar totalmente las heridas. U.t.c.r.
cicindela f. insecto coleóptero con antenas sujetas en la base de las mandíbulas.
ciclamor m. árbol leguminoso con hojas sencillas y racimos de flores encarnadas, abunda en España.
ciclán adj. que tiene un solo testículo. U.t.c.s.
ciclismo m. deporte en el que se practica la bicicleta.
ciclo m. período de cierto número de años que, acabados, se cuentan nuevamente.
ciclón m. huracán.
cíclope [ciclope] m. gigante de la mitología griega que tenía sólo un ojo en medio de la frente.
ciclópeo, a adj. perteneciente o relativo a los cíclopes; gigantesco.
cicuta f. hierba umbelífera venenosa con tallo rojizo y hojas triangulares, de olor desagradable y flores blancas.
cidra f. fruto del cidro semejante al limón pero de tamaño mayor, de olor agradable y cuya corteza es carnosa y gruesa.
cidronela f. toronjil.
ciegamente adv. sin reflexionar; con ceguedad.
ciego, ga adj. privado de la vista. U.t.c.s.
cielo m. atmósfera de la tierra; bienaventuranza.
ciempiés m. miriápodo con el cuerpo dividido en veintiún anillos, cuatro ojos y las mandíbulas al morder arrojan un veneno.
cien adj. apócope de ciento.
ciénaga f. sitio pantanoso.
ciencia f. conocimiento preciso de las cosas por sus principios y causas.
cieno m. lodo blando que se forma en el terreno húmedo.
cienoso, sa adj. cenagoso.
científico, ca adj. que posee alguna ciencia. T.m. relativo a la ciencia.
ciento adj. diez veces diez; centésimo. U. t. c. s.
cierne m. acción de fecundarse la flor; **en cierne** l. adv. en flor; en sus comienzos.
cierto, ta adj. verdadero; seguro; indubitable.
ciervo m. mamífero rumiante con cuerpo esbelto, patas largas y cola corta, su pelo es rojizo en verano y gris en invierno.
cierzo m. viento septentrional.
cifra f. número; unión de dos o más letras.
cifrar tr. escribir en cifra.
cigarra f. insecto hemíptero con el cuerpo de color verdoso, ojos salientes, antenas cortas, cuatro alas y abdomen cónico.
cigarralero, ra m. y f. persona encargada de algún cigarral o huerta.
cigarrera f. mujer que fabrica o vende cigarros; utensilio para guardar cigarros.
cigarro m. rollo delgado de hojas de tabaco para fumar.
cigarrón m. aum. de cigarra.
cigomático, ca adj. anat. relativo al pómulo.
cigoñal m. especie de pértiga con una vasija atada a uno de sus extremos y sirve para sacar agua de pozos poco profundos.
cigüatera f. enfermedad muy común en los peces de las costas del Golfo de México y que produce desastrosos efectos en las personas que los comen.
cigüeña f. ave zancuda con el cuello muy largo, cuerpo blanco, alas negras, patas largas y pico color rojizo intenso.
cilanco m. charco a la orilla de un río.
cilantro m. hierba umbelífera con tallo lampiño, hojas filiformes y flores rojas, muy aromáticas y medicinal.
cilicio m. vestidura o faja áspera llevada como penitencia.
cilindro m. cuerpo limitado por una superficie cilíndrica cerrada y dos planos que son sus bases; organillo.
cilla f. cámara donde se guardaban los granos.
cima f. parte más alta de montes, cerros, etc.

cimacio m. gola.
cimbalero m. mús. tañedor de címbalos.
címbalo m. campana pequeña; instrumento musical semejante a los platillos.
címbara f. rozón.
cimbel m. cordel que se enlaza al cimillo en que se coloca el ave que es empleada para cazar otras.
cimborrio m. cuerpo de forma cilíndrica que sirve de base a la cúpula.
cimbra f. armazón formado por maderos gruesos que se utiliza en la construcción de arcos y bóvedas.
cimbronazo m. cintarazo; sacudida violenta.
cimera f. parte superior del morrión que se adornaba con plumas.
cimiento m. base que sostiene un edificio; principio de alguna cosa.
cimitarra f. especie de sable usado por los turcos.
cimofana f. aluminato de glucina de color verdoso considerado como piedra preciosa.
cinabrio m. mineral pesado y rojizo formado por azufre y mercurio.
cinc m. metal blando y brillante de color blanco azulado y no se encuentra libre en la naturaleza.
cincel m. herramienta para labrar a golpe de martillo.
cincelar tr. grabar con cincel en piedras o metales.
cincografía f. arte de grabar o labrar en una plancha de cinc.
cincuenta adj. cinco decenas; signos que representan el número cincuenta.
cincuentena f. cada una de las cincuenta partes iguales en que se divide un todo.
cincuentón, na adj. que tiene cincuenta años. T.s.
cincha f. faja de cáñamo o esparto para asegurar la silla de montar sobre la cabalgadura.
cincho m. faja para el estómago; aro o abrazadera de metal que sirve de refuerzo.
cine m. apópoce de cinematógrafo.
cinegética f. arte de la cacería.
cinegético, ca adj. perteneciente o relativo a la cinegética.
cinemática f. aspecto de la mecánica que se ocupa del estudio del movimiento sin tener en cuenta la idea de fuerza.
cinematógrafo m. aparato óptico en el que se representan fotografías animadas; edificio público y acondicionado para que se exhiban en él las películas cinematográficas.
cinerario, ria adj. destinado a contener cenizas de cadáveres.
cinéreo, a adj. ceniciento.
cíngaro, ra adj. gitano. U.t.c.s.
cíngulo m. cinta de seda conque se ciñe el alba el sacerdote.
cínico, ca adj. partidario de cierta escuela filosófica fundada por Antístenes y Diógenes; procaz.
cínife m. mosquito.
cinocéfalo m. mamífero cuadrúmano, con el cuerpo grisáceo, cabeza redonda, hocico parecido al del perro dogo y cola muy larga.
cinofobia f. horror a los perros.
cinoglosa f. hierba borraginea con tallo velloso, hojas alargadas y racimos de florecillas moradas, su raíz tiene uso medicinal.
cintarazo m. golpe dado con la espada de plano.
cintillo m. cinta de seda labrada que ceñía las copas de los sombreros.
cinto m. faja de cuero que se emplea para ajustar la cintura y se aprieta con hebillas o broches.
cintura f. parte más estrecha del cuerpo humano que está encima de las caderas.
cinzolín adj. de color morado. T.s.
cipayo m. soldado indio que está al servicio de algún ejército europeo.
ciprés m. árbol conífero con tronco derecho, ramas cortas y flores amarillentas, cuya madera es rojiza y olorosa.
circo m. sitio destinado por los romanos para algunas fiestas públicas; lugar público con gradas y en el centro un espacio redondo donde se ejecutan diversos ejercicios.
circón m. silicato de circonio.
circuir tr. rodear.
circuito m. porción de tierra comprendida dentro de un perímetro.
circular adj. perteneciente o relativo al círculo.
círculo m. espacio cerrado por la circunferencia.

circuncidar tr. cercenar; cortar una parte del prepucio. U.t.c.r.
circunciso adj. que ha sufrido la circuncisión. T.m.
circunferencia f. curva plana y cerrada cuyos puntos equidistan de un punto llamado centro.
circunflejo adj. acento circunflejo.
circunlocución f. figura retórica que consiste en expresar con muchas palabras una idea que hubiera podido decirse con pocas o con una sola.
circunnavegar tr. navegar alrededor del mundo.
circunscribir tr. reducir a determinados límites alguna cosa; describir una figura dentro de otra.
circunspección f. atención y cordura en el actuar y en el hablar.
circunstancia f. accidente de tiempo, modo, lugar, etc.
circunstanciado, da adj. explicado sin omitir detalles.
circunstante adj. que asiste o concurre.
circunvalar tr. cercar alguna ciudad o fortaleza.
circunvolución f. vuelta de alguna cosa; serie de relieves que están en la superficie del cerebro separados entre sí por unos surcos.
cirial m. candelero alto que es usado y llevado por los acólitos en las festividades religiosas de gran solemnidad.
cirineo m. dícese del que ayuda y favorece a alguno en el trabajo.
cirio m. vela de cera larga y gruesa.
cirolero m. ciruelo.
cirro m. tumor duro que aparece en distintas partes del cuerpo y no es doloroso.
ciruela f. fruto del ciruelo consistente en una drupa de varios colores y formas cuya carne es casi siempre jugosa y dulce.
cirugía f. rama de la medicina que tiene por objeto curar las enfermedades por medio de operaciones hechas con instrumentos cortantes.
cirujano, na adj. el que practica la cirugía. U.t.c.s. m. y f.
cisco m. carbón vegetal.
cisne m. ave palmípeda que vuela a gran altura, con las plumas blancas, cabeza pequeña, cuello largo y pico de color anaranjado.
cisterna f. subterráneo donde se deposita el agua de lluvia o la de algún río.
cisura f. pequeña abertura que se hace en alguna cosa.
cita f. asignación de lugar, día y hora para tratar algún asunto; nota que se alega para probar la veracidad de lo que se dice.
citar tr. avisar a alguien fijándole lugar día y hora para tratar de algún asunto.
cítara f. instrumento de música muy parecido a la guitarra pero más pequeño.
citerior adj. ulterior; de la parte de acá.
citología f. med. estudio de las células orgánicas.
citoplasma f. parte del protoplasma que rodea al núcleo en la célula.
citrato m. mezcla del ácido cítrico con alguna base.
cítrico, ca adj. perteneciente o relativo al limón.
ciudad f. población grande; conjunto de calles y edificios que forman una ciudad.
ciudadano, na adj. originario o habitante de alguna ciudad.
ciudadela f. especie de fortaleza establecida en el centro de alguna plaza.
civeta f. gato de Algalia.
cívico, ca adj. civil; patriótico; relativo al civismo.
civil adj. ciudadano; perteneciente o relativo a los intereses y derechos de las personas en orden al Estado.
civilidad f. sociabilidad.
civilista adj. licenciado en derecho civil.
civilización f. acción y efecto de civilizar o civilizarse.
civilizar tr. sacar del estado salvaje.
civismo m. defensa de las leyes e intereses de la patria.
cizalla f. especie de tijeras grandes para cortar en frío las planchas metálicas. U.m. en pl.
cizaña f. planta gramínea que abunda en los sembrados con flores en espigas cuyas semillas son venenosas.
cizañero, ra adj. que siembra la discordia. T.s.
clamar intr. llamar; proferir súplicas y quejas.

clamor m. grito; voz lastimera que indica súplica o queja.
clamorear tr. suplicar o quejarse dando gritos lastimeros.
clamoreo m. clamor continuo.
clamoroso, sa adj. vocinglero; rumor que se desprende de las quejas de una muchedumbre.
clan m. tribu en Escocia.
clandestino, na adj. dícese de todo aquello que se hace o se dice en secreto y porque es ilegal.
claque f. conjunto de alabarderos de un teatro.
clara f. sustancia líquida y transparente que rodea la yema del huevo.
claraboya f. ventanilla abierta en la parte más alta de las paredes o en el techo.
claramente adv. con claridad, de modo evidente.
clarear intr. alumbrar; producir claridad; despejarse el cielo de nubes; amanecer.
clarete adj. vino clarete. U.t.c.s.
claridad f. calidad de claro; efecto que produce la luz al alumbrar algo.
clarificar tr. quitar los obstáculos que impiden que se aclare algo; iluminar.
clarificativo, va adj. que puede clarificar.
clarín m. instrumento musical metálico y de viento, semejante a la trompeta.
clarinete m. instrumento musical de boquilla y lengüeta de caña y tubo de madera con agujeros.
clarión m. pasta formada de yeso y greda que se usa para pintar en pizarrones o pizarras.
clarividencia f. poder para entender claramente las cosas.
clarividente adj. persona que adivina o posee clarividencia. U. t.c.s.
claro, ra adj. con mucha luz y claridad; puro; limpio.
claror m. claridad.
clase f. conjunto de personas que poseen la misma instrucción, calidad u oficio; lección; aula.
clasicismo m. imitación de los autores clásicos; clasicista adj. y s.
clásico, ca adj. perteneciente o relativo a las obras artísticas o literarias de los antiguos griegos y romanos; dícese de los autores que imitan estas obras.
clasificar tr. separar por clases; ordenar algo.
claudicar intr. actuar desordenadamente.
claustral adj. perteneciente o relativo al claustro o convento.
claustro m. galería que cerca un patio; fig. estado monástico.
cláusula f. disposición de algún documento o contrato; testamento, etc.; conjunto de proposiciones que se relacionan entre sí.
clausura f. acción de clausurar; encierro en que viven ciertos religiosos.
clava f. palo labrado que va aumentando de diámetro desde la empuñadura hasta el otro extremo.
clavado, da adj. fijo, puntual; m. dep. salto para zambullirse en el agua.
clave m. clavicordio; signo que se pone en el pentagrama para precisar las notas; explicación de los signos convenidos para escribir en cifra.
clavel m. planta cariofílea con tallos nudosos; hojas puntiagudas y flores de cinco pétalos de color rojo y cáliz cilíndrico, su olor es muy aromático.
clavería f. despacho de las catedrales encargado de la administración de las rentas del cabildo.
clavero, ra m. y f. llavero; caballero que se encargaba de la custodia de algún castillo militar.
clavete m. clavo pequeño.
clavicordio m. instrumento para música parecido al piano de cola y con cuerdas de alambre.
clavícula f. cada uno de los huesos situados transversalmente a ambos lados de la parte superior del pecho.
clavija f. trozo de forma cilíndrica comúnmente de metal que se encaja en un taladro hecho a propósito en un objeto sólido.
clavijera f. abertura que se hace en las tapias de huertas y jardines para que entre el agua.
clavo m. pedazo de hierro alargado con cabeza y punta; pena que aqueja al corazón.
clemátide f. planta ranunculácea, trepadora, de flores blancas de

olor agradable, se emplea en medicina.
clemencia f. virtud que suaviza a la dureza de la justicia.
clepsidra f. reloj de agua.
cleptomanía f. inclinación inevitable al robo.
cleptómano, na adj. que padece cleptomanía. T.s.
clerecía f. clero; oficio de clérigos.
clerical adj. relativo al clero.
clérigo m. el que ha recibido las órdenes sagradas.
clerofobia f. odio al clero.
cliente com. dícese de la persona que está bajo el amparo o la tutela de otra.
clima m. conjunto de fenómenos atmosféricos que determinan algún lugar.
climatérico, ca adj. dícese de determinadas épocas de la vida consideradas como críticas.
climaterio m. época de la vida en que se acaba la función genital.
climatología f. tratado de los climas.
climatológico, ca adj. perteneciente o relativo a la climatología.
clínica f. parte práctica de la enseñanza de la ciencia médica; hospital quirúrgico particular bajo la dirección de uno o más médicos.
clinómetro m. fís. especie de nivel.
clisé m. plancha que representa algún grabado.
clister m. ayuda.
clítoris m. cuerpo carnoso y rígido situado en la parte superior de la vulva.
cloaca f. conducto por donde corren las aguas inmundas de las distintas poblaciones.
clorato m. sal derivada de la mezcla del ácido clórico con alguna base.
clorhidrato m. quím. sal del ácido clorhídrico.
clorhídrico, ca adj. quím. relativo a las combinaciones del cloro y del hidrógeno.
clórico, ca adj. relativo al cloro.
cloro m. metaloide verde amarillento gaseoso y de olor penetrante, se utiliza como desinfectante.
clorofila f. sustancia vegetal de color verde.
cloroformo m. cuerpo líquido e incoloro formado por carbono, hidrógeno y cloro; es utilizado como anestésico.
clorosis f. padecimiento de los adolescentes que se distingue por la pérdida de glóbulos rojos, debilidad y palidez del rostro.
cloruro m. mezcla del cloro con algunos metaloides.
clota f. hoyo que se hace al plantar algún árbol.
club m. junta o reunión de diversas personas para diferentes fines.
clueca f. dícese de la gallina echada sobre los huevos para empollarlos. U.t.c.s.
coacción f. obligar con violencia a alguien para que realice algo.
coadyuvar tr. colaborar para que se realice alguna cosa.
coágulo m. coagulación de la sangre; masa hecha coágulo o coagulada.
coalición f. liga; unión.
coartada f. afirmar el presunto delincuente que estuvo ausente del lugar en que se cometió el delito a la hora en que se consumó éste.
coartar tr. limitar; no autorizar totalmente algo.
coautor, ra m. y f. autor o autora en unión de alguien más.
coba f. halagar falsamente.
cobardía f. poco valor y fuerza.
cobertera f. cubierta para proteger algo; tapadera.
cobertizo m. tejado sobresaliente de la pared para resguardarse de la lluvia.
cobertor m. colcha; cubierta para la cama.
cobija f. mantilla pequeña; ropa de cama.
cobijar tr. albergar; tapar. U.t.c.r.
cobra f. serpiente venenosa.
cobrador, ra adj. que cobra; m. el que tiene por oficio cobrar.
cobrar tr. recibir alguno la cantidad que otro le adeuda.
cobre m. metal rojizo y dúctil de mayor consistencia que el oro y la plata, unido al estaño forma el bronce.
cobrizo, za adj. de color semejante al del cobre; mineral que contiene cobre.
coca f. fruto pequeño y redondo; antigua embarcación.
cocaína f. alcaloide de uso medi-

cinal que se saca de la coca del Perú.
cocainómano, na adj. que tiene el hábito de la cocaína. T.s.
cocal m. lugar poblado de árboles que producen la coca.
cóccix m. hueso que forma el término de la columna vertebral.
cocear intr. tirar coces; no querer aceptar algo.
cocedero, ra adj. lugar en que se cuece el vino.
cocer tr. mantener dentro de un líquido en ebullición algún manjar crudo para que se cueza.
cocido, da p. p. de cocer; adj. estar cocido.
cociente m. mat. resultado de la división de una cantidad por otra.
cocimiento m. cocción; líquido curativo cocido con sustancias medicinales; escozor en la piel.
cocina f. lugar de las casas destinado a guisar.
cocinero, ra m. f. persona que cocina.
coco m. árbol cuyo fruto es semejante a un melón, con una pulpa dulce y de sabor agradable protegida por dos cortezas.
cocobolo m. árbol americano de madera encarnada, muy preciosa.
cocodrilo m. especie de reptil saurio que alcanza hasta seis metros de largo, con el cuerpo cubierto de escamas, la cabeza grande y la cola aplastada y propia a la natación.
cocotero m. coco.
cóctel m. bebida en que se mezclan licores y otros ingredientes.
coche m. carruaje de cuatro ruedas.
cochera f. lugar destinado a guardar coches; mujer del cochero.
cochi voz con que se llama a los cerdos.
cochinería f. suciedad; acto indecoroso; majadería.
cochinero, ra adj. frutos de baja calidad que se dan a los cochinos.
cochinilla f. insecto hemíptero del tamaño de una chinche que tiene antenas cortas y trompa filiforme.
cochinillo m. cochino pequeño.
cochino, na adj. puerco; dícese del que es desaseado; persona miserable. U.t.c.s. m. y f.
cochitril m. pocilga; bodega sucia y miserable.
cochura f. cocción; porción de pan que se cuece de una vez.
codal adj. que tiene un codo; que tiene forma de codo.
codazo m. golpe dado con el codo.
codeína f. alcaloide que es extraído del opio.
codera f. sarna que se forma en el codo; remiendo que se pone en algunas prendas de vestir en la parte del codo.
códice m. libro escrito a mano de gran valor histórico y literario.
códice m. conjunto de reglas o leyes sobre cualquier materia.
codicia f. deseo y apetito desmedido por la riqueza.
codiciable adj. que es envidiable.
codiciar tr. ansiar las riquezas.
codicilo m. instrumento en que se hacían con menos solemnidad ordenanzas de última hora antes de ser promulgado el código civil.
codicioso, sa adj. que tiene codicia; ambicioso. T.s.
código m. conjunto de leyes ordenadas bajo un plan determinado.
codillo m. coyuntura del brazo cercana al pecho en los cuadrúpedos; lance del tresillo en que el hombre hace menos bazas que sus contrincantes.
codo m. parte prominente de la articulación del brazo con el antebrazo; trozo de barro o metal que por tener forma de codo desvía la dirección recta de las tuberías.
codorniz f. ave gallinácea semejante a la perdiz.
coeducación f. educación que se da juntamente a jóvenes de uno y otro sexo.
coeficiente m. multiplicador; que en unión de otra cosa produce un afecto.
coendú m. especie de puerco espín americano de cola larga.
coercer tr. sujetar; contener.
coetáneo, a adj. dícese de las personas que son contemporáneas en edad.
coeterno, na adj. expresa que las tres personas divinas son igualmente eternas.
coevo, va adj. aplícase a todo aquello que existió en un mismo tiempo.

coexistencia f. existencia de una cosa al mismo tiempo que otras.
cofa f. meseta que está colocada en el cuello de un palo para hacer más fácil las maniobras de las velas altas.
cofia f. red de hilo que se ajusta a la cabeza para recoger el pelo; antigua gorra que usaban las mujeres para adornar la cabeza.
cofín m. cestillo hecho comúnmente de esparto para llevar algo.
cofrade com. miembro de una cofradía o hermandad.
cofre m. mueble semejante al arca forrado de piel o tela que se utiliza para guardar ropas.
coger tr. asir; agarrar; recibir en sí algo. U.t.c.r.
cogida f. cosecha de frutos; acto de coger el toro a un torero.
cogitabundo, da adj. pensativo.
cogitativo, va adj. que tiene la facultad de pensar.
cognación f. parentesco de consanguinidad por la línea materna entre los descendientes de un tronco común.
cognoscible adj. conocible.
cognoscitivo, va adj. conocible; dícese de todo aquello que tiene el poder de conocer.
cogollo m. la parte interior de la lechuga y otras hortalizas; brote que arrojan algunas plantas.
cogote m. parte posterior y superior del cuello.
cogotera f. tela que cubre la nuca.
cogujada f. especie de alondra con un penacho en la cabeza.
cogulla f. hábito que visten las monjas y monjes.
cogullada f. papada del puerco.
cohabitar tr. habitar con otras personas.
cohechar tr. sobornar a algún juez o funcionario público para obligarlo a dejar de hacer o a hacer lo que se le pide.
cohecho m. soborno.
coheredero, ra adj. heredero en unión de otro o de otros.
cohesión f. acción y efecto de adherirse las cosas entre sí.
cohesivo, va adj. que produce cohesión.
cohete m. objeto artificial y volante de fuego.
cohibir tr. contener; reprimir.
cohonestar tr. dar visos de buena a alguna acción.
coime m. el encargado de algún garito de juego y que presta a los jugadores; mozo de billar.
coincidir intr. convenir una cosa con otra.
coinquilino, na m. y f. inquilino en unión de otro.
coito m. ayuntamiento carnal del hombre con la mujer.
cojear tr. andar inclinando el cuerpo más a un lado que a otro por defecto de uno de los pies.
cojijoso, sa adj. que se queja de todo y por todo.
cojín m. almohadón que sirve casi siempre para apoyar cómodamente en él la cabeza o alguna otra parte del cuerpo.
cojinete m. almohadilla; cada una de las piezas matálicas que sujetan el cilindro.
cojitranco, ca adj. despect.; persona coja e inquieta.
cojudo, da adj. animal no castrado.
cojuelo, la adj. cojo.
cok m. coque.
col f. planta crucífera con hojas de pencas gruesas, flores pequeñas y amarillentas y semillas muy pequeñas, se cultiva en muchas variedades y siempre es comestible.
cola f. parte trasera del cuerpo y de la columna vertebral de algunos animales; porción de plumas casi siempre largas que tienen las aves en la rabadilla; pasta traslúcida que sirve de pegamento.
colaborar intr. trabajar con ayuda de otras personas en obras de ingenio.
colación f. acto de conferir canónicamente algún beneficio eclesiástico; alimento que se toma por la noche en los días de ayuno; conjunto de dulces propios de nochebuena.
colacionar tr. cotejar.
colactáneo, a m. f. hermano de leche.
coladera f. cedazo con agujeros especial para licores.
coladero m. vasija o cedazo especial para colar algún líquido; pasadizo estrecho.
colaña f. tabique de poca altura.
colapso m. pérdida momentánea de energías por alteración del sistema nervioso.

colar tr. pasar un líquido por el coladero.
colateral adj. aplícase casi siempre a las naves de algún templo que están a uno y otro lado de la principal.
colchón m. saco de forma cuadrilonga cosido por todos lados y relleno de lana o pluma y de tamaño adecuado para dormir en él.
colear intr. mover la cola con frecuencia; tirar de la cola de una res para derribarla.
colección f. conjunto de objetos de una misma especie.
coleccionador, ra adj. persona que colecciona. U.t.c.s. m. y f.
coleccionista com. coleccionador.
colecta f. repartimiento de un tributo que se cobra por vecindario; recaudo de los donativos que voluntariamente hacen los asistentes a alguna reunión benéfica.
colectividad f. grupo de personas que se reúnen para un fin.
colectivismo m. doctrina cuya ley principal es abolir la propiedad privada y encargar al Estado la distribución de la riqueza.
colectivo, va adj. que puede reunir; obra hecha por varios; conjunto de varias personas.
colector m. persona que recoge o hace alguna colección; recaudador.
colecturía f. oficina de recaudación; oficio del colector.
colédoco adj. canal del hígado que termina en el duodeno. U.t.c.s. m.
colega m. compañero en alguna agrupación; compañero de colegio, profesión, etc.
colegiado, da adj. perteneciente a alguna corporación profesional que forma colegio.
colegial adj. perteneciente o relativo al colegio; estudiante, alumno de una institución educativa privada. U.t.c.s.
colegiala f. alumna de algún colegio.
colegiarse r. agruparse en una escuela las personas que ejercen una misma profesión o que son de la misma clase.
colegio m. institución dedicada a la enseñanza; sociedad de individuos de una misma profesión.
colegir tr. deducir; juntar las cosas sueltas.
colegislador, ra adj. cuerpo que concurre con otro para formar las leyes.
coleo m. acción de colear.
colera f. adorno de la cola del caballo.
cólera - morbo m. enfermedad epidémica de gravedad que se caracteriza por vómitos y continuas evacuaciones del vientre, pérdida de fuerzas y de las facultades.
colerina f. enfermedad menos grave que el cólera y se caracteriza por diarrea abundante, vómitos y dolores abdominales.
coleta f. mechón que en la parte posterior de la cabeza acostumbran dejarse los que se cortaban el cabello.
coleto m. vestidura que cubre al cuerpo ciñéndolo hasta la cintura y está hecha casi siempre de piel.
colgadero, ra adj. que puede colgarse; m. garfio para colgar.
colgadura f. serie de tapices que sirven de adorno a las paredes de las habitaciones y a los balcones.
colgajo m. pedazo de la ropa descosida o rota que cuelga; cosa despreciable y sin valor.
colgamiento m. acción y efecto de colgar.
colgar tr. suspender algo sin que llegue al suelo; adornar con tapices o colgaduras.
colibacilo m. bacilo que se encuentra normalmente en el intestino.
colibrí m. avecilla de pico muy arqueado, de la especie del pájaro.
cólico, ca adj. perteneciente o relativo al colon; acceso doloroso que se presenta en los intestinos; oclusión intestinal.
colicuar tr. derretir al mismo tiempo dos o más sustancias sólidas. U.t.c.r.
coliflor f. especie de col que al irse entallando arroja una pella formada por grumitos blancos, es comestible.
coligarse r. unirse; juntarse unas personas con otras para algún fin. U.t.c.tr.
colilla f. resto de algún cigarro.
colimador m. parte del espectros-

copio donde se reconcentra la luz para su observación.
colina f. elevación del terreno menos elevada que una montaña.
colinabo m. berza de hojas sueltas.
colindar intr. lindar entre sí dos o más fincas.
colipava adj. especie de paloma con la cola más ancha que las demás.
colirio m. compuesto medicinal para los ojos integrado por varias sustancias diluídas en algún líquido.
coliseo m. teatro destinado para las representaciones teatrales.
colisión f. choque violento y aparatoso entre dos o más cuerpos; pugna de ideas y principios.
colitis f. med. inflamación del colon.
colmar tr. llenar algún objeto excediendo su capacidad.
colmena f. depósito en forma de vaso que sirve de habitación a las abejas y para guardar los panales que fabrican.
colmenilla f. hongo comestible de sombrerete aovado.
colmillo m. diente agudo situado en cada uno de los extremos de las hileras que forman los dientes incisivos entre el último de éstos y la primer molar.
colmo m. porción de cosas de poco peso que sobresalen por encima del vaso que las contiene.
colocar tr. poner algo en su lugar; arreglar a alguien poniéndolo en algún empleo. U.t.c.r.
colocasia f. hierba aroidea con hojas grandes y flores rosadas cuya raíz es comestible después de cocida.
colocutor, ra m. f. persona que habla con otra u otros.
colodrillo m. parte posterior de la cabeza.
colofón m. anotación que se coloca al final de los libros y que contiene el nombre del impresor y la fecha de la impresión.
colofonia f. resina que se forma de la destilación de la tremen-
coloide adj. quím. dícese del cuerpo que al disgregarse en un líquido aparece como disuelto, sin estarlo. T.s.
colombino, na adj. relativo a Cristobal Colón.
tina, es sólida e inflamable y tiene uso medicinal.
colon m. continuación del intestino grueso, que da principio donde termina el ciego y termina en el recto.
colón m. moneda circulante en San Salvador y en Costa Rica y equivale a 2.50 pesetas.
colonia f. grupo de personas que van de un lugar a otro para poblarlo y radicar en él; gente que puebla los sitios más apartados de algún país; grupo de animales pequeños que habitan juntos en determinado lugar.
colonialismo m. política de expansión colonial de un Estado.
colono m. el que habita en una colonia; labrador que cultiva una tierra arrendada.
coloquial adj. relativo al coloquio o al lenguaje propio de la conversación, a diferencia del literario.
coloquíntida f. planta cucurbitácea, con el tallo rastrero y flores amarillentas, cuyo fruto es muy parecido a la naranja pero con sabor muy ácido, es utilizada como purgante.
coloquio m. plática sostenida entre dos o más personas; composición literaria hecha en forma de diálogo.
color m. impresión que la luz, reflejada por los cuerpos, hace en la retina del ojo; materia que sirve para pintar algo.
colorado, da adj. que es de color semejante al de la sangre arterial.
colorante p.a. de colorar; que colora.
colorar tr. teñir algún objeto.
colorear tr. fig. dar apariencia de razón o verdad; intr. mostrar una cosa su color rojo. T.r.
colorete m. arrebol.
colorido m. grado de intensidad de los diferentes tonos de alguna pintura.
colorismo m. art. tendencia a dar exagerada preferencia al color sobre el dibujo.
coloso m. estatua de grandes proporciones; dícese de aquello que por sus méritos aventaja a lo demás de su especie.
cólquico m. hierba liliácea con flores tubulares rosadas y fruto

semejante a la nuez, su raíz es empleada en medicina para combatir la hidropesía.
columbrar tr. ver a distancia algo sin distinguirlo claramente; divisar.
columna f. apoyo de figura cilíndrica que sostiene techumbres o adorna edificios; conjunto de tropas dispuesto en formación de poco frente y mucho fondo.
columnata f. serie de columnas.
columpio m. mecedora; asiento suspendido entre dos cuerdas y sirve para mecerse.
coluro m. cada uno de los dos círculos de la esfera celeste perpendiculares al ecuador y cortan uno en los puntos equinocciales y otro en los solsticiales.
colutorio m. far. enjuagatorio.
colza f. especie de col con las hojas superiores en forma de corazón y las inferiores muy ásperas.
collado m. elevación de terreno menos alta que el monte.
collar m. adorno que se coloca alrededor del cuello; cadena de oro que rodea el cuello de algunos dignatarios.
collazo m. hermano de leche.
colleja f. hierba cariofílea que abunda en los sembrados y se caracteriza por sus hojas lanceoladas y sus racimos de florecillas blancas, es comestible.
collón, na adj. cobarde. U.t.c.s.
coma f. signo ortográfico que se usa para indicar las divisiones menores dentro de las oraciones y períodos.
coma m. sopor profundo que precede a la muerte.
comadrazgo m. relación que contraen entre sí las comadres.
comadre f. partera; llámanse así mutuamente la mujer que ha llevado a la pila bautismal a un niño y la madre de éste; vecina amiga e íntima.
comadrear intr. murmurar; chismear.
comadreja f. mamífero carnicero nocturno muy ágil y vivo, tiene la cabeza pequeña y las patas cortas, el lomo lo tiene cubierto por un pelo rojizo y la punta de la cola es de color pardo.
comadrón m. llámase así a los parteros.
comadrona f. comadre.
comanche adj. y s. indígena del oeste norteamericano.
comandante m. oficial militar de categoría superior a la de capitán e inferior a la de teniente coronel.
comandar tr. mandar y dirigir algún ejército o destacamento militar.
comandita f. sociedad comercial en la que algunos de sus socios proporcionan los fondos y no participan en la gestión de la misma, se le denomina **sociedad en comandita.**
comando m. mando militar.
comarca f. parte de territorio que comprende varias poblaciones; provincia.
comarcano, na adj. inmediato; próximo; cercano.
comatoso, sa adj. perteneciente o relativo al coma.
comba f. forma convexa que adquieren algunos cuerpos sólidos cuando se encorvan; juego consistente en saltar con una cuerda.
combate m. batalla entre gente armada; lucha; pelea.
combatir intr. pelear; luchar; acometer. U.t.c.r.
combés m. espacio descubierto; mar. cubierta, desde el palo mayor hasta la proa.
combinar tr. mezclar cosas diferentes para formar compuestos o agregados.
combustibilidad f. calidad de combustible.
combustible adj. que es fácil de arder; que tiene la propiedad de arder o encender; dícese de la leña, carbón, etc.
combustión f. acción y efecto de arder o quemar; mezcla de un combustible con un carburante.
comedero, ra adj. que se puede comer; comedor, lugar adecuado para comer.
comedia f. pieza dramática de enredo y desenlace festivo; fig. farsa o fingimiento.
comedón m. grano sebáceo que se forma en la piel.
comején m. insecto que destruye las maderas.
comensal com. el que come en la misma mesa que otro.
comentar tr. hacer comentarios acerca de alguna cosa.

comentario m. declaración que se hace del contenido de alguna obra o escrito para que se comprenda con más facilidad; conversación acerca de algo casi siempre con murmuración.
comento m. acción de comentar; comentario.
comenzar tr. iniciar; dar principio a algo; empezar.
comer intr. masticar los alimentos en la boca y pasarlos al estómago.
comercial adj. relativo al comercio.
comerciante adj. que comercia. T.s.
comercio m. negocio que consiste en comprar, vender o cambiar mercancías de diferentes especies.
comestible adj. que es para comerse.
cometa m. astro formado por un núcleo que describe alrededor del Sol una curva y deja detrás de él una cola luminosa.
cometer tr. dar poder a otro para que tenga cuidado de algún negocio.
cometido m. comisión.
comible adj. que se puede comer.
comicidad f. carácter cómico.
comicios m. pl. reunión que celebraban los romanos para arreglar asuntos públicos.
cómico, ca adj. perteneciente o relativo a la comedia; actor de papeles jocosos. U.t.c.s.
comida f. alimento.
comidilla f. tema de murmuración; cosa preferida.
comienzo m. iniciación; origen de algo.
comilla f. dim. de coma; signo ortográfico que se pone al principio y al fin de las citas de los textos. U. m. en pl.
comino m. hierba umbelífera cuyas semillas de color pardo y forma aovada son muy aromáticas y tienen uso medicinal y para condimentar los alimentos.
comisaría f. **comisariato** m. empleo y oficina del comisario.
comisario, ria m. f. persona que hace ejecutar una orden o reglamento.
comisión f. acción de cometer; poder que alguien otorga a otro para que se haga cargo de algún negocio.
comisionado, da adj. encargado de una comisión. T.s.
comistrajo m. comida extraña y mala.
comisura f. sutura de los huesos craneanos por medio de pequeños dientes puntiagudos; punto de unión de los labios o de los párpados.
comité m. comisión.
comitiva f. acompañamiento.
como adv. a la manera o del modo que.
cómoda f. mueble con tablero y cajones al frente para guardar algo.
comodín m. lo que se hace servir para diferentes usos según conviene al que lo emplea.
cómodo, da adj. conveniente, fácil.
comodoro m. dícese en algunos países al marino que dirige alguna flota.
compacto, ta adj. tupido; sólido; dícese de la madera poco porosa.
compadecer tr. lamentar las desgracias de otro; tener lástima por alguien. U.t.c.r.
compadre m. llámase así el hombre que lleva a la pila baustismal a un niño y el padre de éste.
compaginar tr. arreglar todo aquello que tenga relación entre sí.
compañero, ra m. y f. persona que se acompaña de otra para determinado fin; colega.
compañía f. comitiva; efecto de acompañar.
comparable adj. que puede o merece compararse.
comparar tr. cotejar una cosa con otra.
comparecer intr. presentarse.
comparsa f. el que forma parte del acompañamiento en las representaciones teatrales; reunión de carnaval.
compartimiento m. acción y efecto de compartir.
compartir tr. tomar parte en alguna cosa; repartir algo en partes iguales.
compás m. medida del tiempo en la música; instrumento para trazar curvas y calcular distancias.
compasión f. ternura y lástima que se experimenta por las desgracias de otro.

compatible adj. que puede concurrir en un mismo lugar o sujeto.
compatriota com. persona de la misma patria de otra.
compeler tr. presionar a alguien por la fuerza para obligarlo a hacer lo que uno desea.
compendio m. resumen.
compenetrarse r. identificarse dos personas por compartir las mismas ideas o sentimientos; penetrar las partículas de una sustancia entre las de otra.
compensar tr. igualar en opuesto sentido el efecto de dos cosas; indemnizar. U.t.c.r.
competencia f. pelea entre dos o más personas sobre algo; rivalidad.
competente m. proporcionado; adecuado; apto para desempeñar algún puesto o empleo.
competer intr. incumbir.
competir intr. aspirar varias personas a alcanzar una misma cosa; contender.
compilar tr. reunir en un solo libro fragmentos o noticias de otros.
complacer tr. agradar; aceptar; condescender.
complejo, ja adj. abarca diversas cosas.
complemento m. que completa algo.
completo, ta adj. perfecto, terminado; cabal.
complexión f. constitución física de las personas.
complicar tr. unir entre sí cosas diferentes.
cómplice com. asociado en un delito; auxiliar del delincuente.
complot m. intriga.
componenda f. acuerdo amistoso en la solución de algún negocio.
componer tr. juntar y arreglar varias cosas a fin de formar otra distinta; aderezar.
comportamiento m. forma de portarse o conducirse.
composición f. acción y efecto de componer; reunir los caracteres para formar palabras.
compositor, ra adj. dícese del que arregla composiciones musicales. U.t.c.s.
compostura f. arreglo; circunspección; aseo.
compota f. dulce de frutas en miel.
comprar tr. tomar posesión de algo pagando dinero por ello.
compraventa f. dícese del contrato de compra y venta.
comprender tr. entender fácilmente algo; abarcar; ceñir con los brazos.
comprensibilidad f. calidad de comprensible.
comprensivo, va adj. el que comprende y entiende fácilmente; dícese de la persona de claro entendimiento.
compresa f. lienzo que con fines terapéuticos se pone bajo vendaje.
compresión f. acción de comprimir: **bomba de compresión.**
comprimir tr. reprimir; contener; apretar. U.t.c.r.
comprobante p.a. de **comprobar**; que comprueba.
comprobar tr. corroborar cotejando o comparando; patentizar.
comprometer tr. poner de común acuerdo en manos de un tercero la resolución de algo; hacer responsable a alguno de alguna cosa. U.t.c.r.
compromisario adj. árbitro en algún pleito o debate. U.t.c.s.
compuerta f. puerta fuerte que se coloca en presas y canales; antepecho.
compuesto, ta adj. aderezado; arreglado; que se compone de diferentes elementos.
compulsa f. trasunto legal de algún documento.
compulsar tr. cotejar; comparar.
compunción f. arrepentimiento sincero por haber pecado.
compungido, da adj. afligido.
computar tr. calcular a base de números.
comulgatorio m. barandilla ante la que se arrodillan los que comulgan.
común adj. lo que es de varios.
comunicar tr. hacer partícipe a alguna persona de algún suceso o noticia; tener correspondencia.
comunidad f. congregación de religiosos o religiosas; calidad de común.
comunión f. acto de recibir la sagrada hostia.
comunismo m. doctrina cuyo lema principal es la comunidad de bienes.
con prep. en compañía de alguien; por medio de.

conato m. esfuerzo; empeño para realizar alguna cosa.
concadenar, concatenar tr. unir o enlazar unas especies con otras.
concavidad f. dícese del hueco que forma alguna superficie.
cóncavo, va adj. que tiene la superficie más deprimida en el centro que por las orillas. T.m.
concebir intr. quedar preñada la hembra; comprender alguna cosa. U.t.c.tr.
conceder tr. otorgar; aceptar.
concejal m. persona que forma parte del consejo de alguna agrupación o institución.
consejo m. ayuntamiento de algún Estado.
concento m. canto acompasado de muchas voces.
concentrar tr. juntar en un solo centro. U.t.c.r.
concéntrico, ca adj. figuras que tienen un centro común.
concepción f. acción de concebir.
conceptear intr. usar conceptos ingeniosos.
conceptismo m. escuela literaria de los llamados conceptistas.
conceptista adj. que es partidario del conceptismo. U.t.c.s.
concepto m. juicio o idea acerca de algo.
concernir intr. pertenecer; tocar.
concertar tr. pactar; componer. U. t.c.r.
concertina f. acordeón hexagonal.
concertino m. violinista que toca los solos o pasos difíciles.
conciencia f. sensación de orden interior que distingue el bien del mal.
concierto m. armonía y orden en las cosas; función de música.
conciliábulo m. concilio secreto e ilegítimo.
conciliar adj. perteneciente y relativo a los concilios.
concilio m. junta o congreso.
conciso, sa adj. que expresa todo con exactitud y precisión.
concitar tr. instigar a alguno en contra de otro.
conciudadano, na m. f. ciudadano de una misma nación o ciudad.
conclave [cónclave] m. junta de cardenales que elige al Papa.
concluir tr. dar fin a algo; resolver
concoideo, a adj. parecido a la concha.
concomitancia f. coexistencia.
concordancia f. armonía de unas cosas con otras.
concordato m. tratado que un Estado hace con la Santa Sede.
concordia f. unión y conformidad en algo.
concreción f. reunión de diferentes partículas.
concretar tr. limitar; combinar, circunscribir.
concubina f. dícese de la mujer que está unida ilegítimamente con algún hombre.
concúbito m. ayuntamiento carnal.
conculcar tr. hollar; infringir, oprimir.
concupiscencia f. lascivia; afán desordenado de alcanzar bienes terrenales.
concurrencia f. reunión de personas en un mismo sitio.
concurrir intr. juntarse al mismo tiempo o en el mismo lugar varias personas, cosas o acontecimientos.
concurso m. certamen; reunión simultánea de sucesos o cosas distintas.
concusión f. conmoción rápida.
concha f. cubierta que envuelve el cuerpo de los moluscos y algunos otros animales; carey.
condado m. territorio condal
condecorar tr. conceder honores a alguien.
condena f. testimonio que el secretario del juzgado da de la sentencia impuesta a un reo.
condenar tr. dictar sentencia que amerita pena; reprobar.
condensar tr. hacer que disminuya el volumen de alguna cosa. U. t.c.r.
condescender tr. plegarse a aceptar la voluntad de alguien.
condestable m. título militar que se daba antiguamente y equivalía al grado de capitán.
condición f. carácter de las personas o de las cosas; índole
condigno, na adj. correspondiente.
condiscípulo m. discípulo con otro u otros. U.t.c.s.f
condolerse r. compadecerse
condolencia f. pésame
cóndor m. buitre que abunda en

América y es considerado como la más grande ave que vuela.
conducir tr. trasladar algo de un lugar a otro; portarse. U.t.c.r.
conducta f. modo que observa una persona en su comportamiento.
conductibilidad f. calidad de conductible.
conducto m. canal; intermediario para alcanzar algo.
conductor, ra adj. cuerpo que puede transmitir algo; que conduce. U.t.c.s.
condueño com. que es dueño con otro.
conectar tr. combinar con el movimiento de alguna máquina el de un aparato que dependa de ella; unir.
conejo m. mamífero roedor que vive en madrigueras y es fácil de domesticar, su carne y su piel es muy apreciada por el hombre.
conexión f. enlace; atadura.
conexo, xa adj. que puede conectarse; junto; unido.
confabulación f. acción y efecto de confabular o confabularse; trama.
confabular tr. tratar algo entre varias personas; conjurarse.
confección f. acción y efecto de confeccionar; medicamento compuesto de diversas sustancias.
confeccionar tr. componer alguna obra material; hacer; preparar.
confederar tr. federar. U.t.c.r.
conferencia f. plática acerca de algo interesante; disertación.
confesión f. declaración que alguien hace de lo que sabe; declaración que se hace al confesor de los pecados cometidos.
confesor m. sacerdote que escucha los pecados de los cristianos; dícese del cristiano que practica públicamente su creencia.
confianza f. seguridad y esperanza en algo o en alguien.
confiar intr. depositar confianza en algo; encargar a otro la realización de alguna cosa.
confidencial adj. hecho que se hace o se dice confidencialmente.
confidente adj. persona en quien se puede confiar; canapé que tiene dos asientos.
configurar tr. dar configuración a algo. U.t.c.r.
confín m. límite de alguna cosa.
confirmar tr. corroborar; comprobar.
confiscar tr. apoderarse el fisco de las propiedades de algún delincuente.
conflagración f. incendio; perturbación repentina de pueblos.
conflicto m. lo más duro de un combate; situación angustiosa.
confluir intr. juntarse los ríos; acumulación de gente en un lugar.
conformar tr. concordar; convenir; acomodarse. U.t.c.r. e intr.
conforme adj. igual; acorde; adecuado.
conformidad f. simetría o semejanza.
confort m. neol. comodidad.
confortar tr. alentar, dar fuerzas a alguno; consolar.
confraternidad f. amistad estrecha y sincera; hermandad.
confulgencia f. brillo simultáneo.
confundir tr. avergonzar; juntar cosas diferentes. U.t.c.r.
confusión f. humillación; vergüenza; mezcla.
congelar tr. helar. U.t.c.r.
congénere adj. dícese de todo aquello de la misma especie o género.
congeniar intr. tener las mismas inclinaciones y carácter; simpatizar.
congénito, ta adj. que fue engendrado juntamente.
congestión f. acumulación de sangre en algún órgano del cuerpo humano.
conglomerar tr. aglomerar. U.t.c.r.
conglutinar tr. pegar una cosa con otra.
congoja f. angustia; desesperación.
congratular tr. presentarle a alguno parabienes y alegría por algún hecho feliz.
congreso m. reunión de diplomáticos; ayuntamiento; reunión de varias personas para tratar algún asunto.
congruencia f. oportunidad, conveniencia.
cónico, ca adj. con figura de cono; relativo al cono.
conífero, ra adj. llámanse así a las plantas cuyos frutos tienen forma de cono.
conjetura f. juicio más o menos acertado basado en algunos indicios.

conjunción f. unión; parte invariable de la oración que sirve para enlazar dos o más elementos dentro de la frase u oración.

conjuntiva f. membrana fina y mucosa que cubre la cara interior del párpado.

conjuntivitis f. med. inflamación de la conjuntiva.

conjunto, ta adj. unido a algo; perteneciente o relativo a la conjunción.

conjurar intr. ligarse con otro, mediante juramento, para algún fin; exorcisar.

conjuro m. imprecación supersticiosa.

conmemoración f. recuerdo que se hace de algo.

conmensurable adj. dícese de lo que está sujeto a valuación y medida.

conmilitón m. soldado compañero de otro en la guerra.

conminar tr. amenazar; intimar la autoridad con amenaza de arresto.

conmiseración f. lástima; compasión hacia algo desdichado.

conmover tr. perturbar; alterar; inquietar. U.t.c.r.

conmutador, ra adj. pieza que desvía el paso de la corriente eléctrica; que conmuta.

conmutar tr. cambiar una cosa por otra; permutar.

connivencia f. acción de confabularse; hacer que ignora el superior algunas faltas de sus subordinados.

connubio m. poét. matrimonio.

cono m. fruto de las plantas coníferas, volumen limitado por una superficie cónica y un plano.

conocer tr. captar el entendimiento alguna cosa o hecho.

conocido, da adj. acreditado; ilustre; distinguido; dícese de aquél que sólo se trata superficialmente.

conque conj. con la cual se anuncia una consecuencia.

conquista f. acto de conquistar.

conquistar tr. someter por la fuerza de las armas alguna nación o estado; captarse la simpatía de alguno y traerlo a su partido.

consabido, da adj. dícese de todo aquello de que ya se tiene conocimiento.

consagrar tr. hacer sagrado; ofrecer a Dios por voto alguna persona o cosa. U.t.c.r.

consanguíneo, a adj. persona que tiene parentesco de consanguinidad con otra. U.t.c.s.

consanguinidad f. lazo por parentesco natural de varias personas que provienen de un tronco común.

consciente adj. dícese de todo aquello que tiene la facultad de sentir y pensar.

consecuencia f. proposición deducida de otras y resulta ineludible el aceptarla o negarla.

consecuente adj. dícese de lo que sigue o está a continuación de algo.

consecutivo, va adj. que sigue a otra cosa inmediatamente.

conseguir tr. alcanzar todo aquello que se desea.

conseja f. fábula.

consejero, ra m. y f. el que aconseja; ministro que era miembro de los antiguos consejos.

consejo m. parecer que se toma para decidir algo; nombre de ciertos tribunales antiguos.

consenso m. asentimiento unánime.

consentir tr. condescender o aceptar que se realice algo; mimar.

conserje m. portero; el que está al cuidado de alguna casa o establecimiento público.

conserva f. comestibles conservados en vinagre o dulce.

conservatorio, ria adj. que conserva; institución sostenida por el gobierno y en el que se enseñan ciertas artes.

considerable adj. lo que merece consideración; cuantioso.

considerando m. fallo; decreto.

considerar tr. meditar alguna cosa detenidamente; tratar a alguno con esmerada educación.

consigna f. órdenes que se dictan al jefe de algún campamento y que éste transmite al centinela.

consignar tr. fijar el rédito por un pago; destinar algún lugar para colocar alguna cosa. U.t.c.r.

consiguiente adj. que se deriva de otra cosa; consecuencia.

consistencia f. duración; solidez; estabilidad.

consistir intr. estar alguna cosa dentro de otra; estar fundada alguna cosa en otra.

consocio m. socio en unión de otro.
consolar tr. mitigar la angustia y el dolor. U.t.c.r.
consolidar tr. dar solidez a algo; pegar lo que se ha quebrado para que quede firme. U.t.c.r.
consomé (francés) m. caldo.
consonancia f. identificación de sonidos acordes; conformidad que tienen algunas cosas entre sí.
consonante adj. dícese de alguna voz con relación a otra de la misma consonancia. U.t.c.s.m.
consonar intr. que consuena o tiene consonancia.
consorcio m. unión; asociación.
consorte com. persona que es compañera con otras en la misma suerte; cónyuge.
conspicuo, cua adj. ilustre; sobresaliente.
constancia f. firmeza de carácter para las resoluciones.
constante adj. persistente; que consta.
constar intr. ser cierto algo; estar compuesto de.
constelación f. conjunto de varias estrellas a las que se les da un nombre determinado para diferenciarlo de otros.
consternar tr. abatir el ánimo. U. t.c.r.
constiparse r. resfriarse, acatarrarse.
constitución f. acción y efecto de constituir; complexión.
constituir tr. componer; formar; ordenar. U.t.c.r.
constreñir tr. fabricar; edificar nuevamente alguna cosa.
constrictor, ra adj. que produce constricción.
consuegro, gra m. y f. padre y madre de uno de los esposos respecto del padre o madre del otro.
consuetudinario, ria adj. dícese de lo que es de costumbre.
cónsul m. magistrado romano autorizado para ejercer la máxima autoridad durante un año; diplomático comisionado para proteger los intereses de un país en el extranjero.
consulta f. acción y efecto de consultar; parecer que acerca de algo se dictamina.
consumar tr. llevar a cabo la realización de algo; dar cumplimiento a algún compromiso.
consumir tr. gastar; destruir; extinguirse el fuego, etc. U.t.c.s.
consunción f. acción y efecto de consumir o consumirse; enflaquecimiento.
consuno (de) m. adv. de común acuerdo.
consuntivo, va adj. que puede consumir.
contabilidad f. sistema de llevar las cuentas en oficinas públicas y privadas.
contacto m. acción y efecto de tocar dos o más cuerpos.
contador, ra adj. que cuenta; dícese del que controla la entrada y salida de caudales en alguna oficina; hablador. U.t.c.s.
contagio m. transmisión de una enfermedad infecciosa por contacto directo.
contaminar tr. penetrar la inmundicia en algún cuerpo; corromper. U.t.c.r.
contar tr. numerar las cosas como unidades homogéneas; narrar algún hecho. U.t.c.r.
contemplar tr. examinar detenidamente; condescender con alguna persona.
contemplativo, va adj. relativo a la contemplación; dícese del que acostumbra contemplar y meditar profundamente.
contemporáneo, a adj. existente al mismo tiempo que otro.
contemporizar intr. plegarse a las órdenes ajenas por estimación o respeto.
contención f. emulación; acción y efecto de contener; intención.
contender intr. pelear; disputar; altercar.
contenido, da p.p. de contener; adj. que se comporta con moderación; que está contenido en algo.
contento, ta adj. satisfecho; alegría.
contera f. pieza metálica con que se remata el extremo contrario al puño de bastones o paraguas.
conterráneo, a adj. de la misma tierra.
contestar tr. responder a alguna pregunta; comprobar.
contexto m. tejido de algunas cosas; curso de la narración.
contienda f. lucha; disputa.

contiguo, gua adj. que está próximo a otro.
continencia f. sobriedad; templanza; moderación; que está contenido en algo.
continente p.a. de contener; adj. que contiene; el que observa continencia en su carácter.
contingencia f. hecho que puede suceder o no suceder; cuota con la que se ayuda a algún fin benéfico.
continuar tr. seguir; proseguir lo que se ha iniciado.
continuidad f. unión natural de las partes de un todo.
continuo, nua adj. que es sin interrupción; dícese de lo que está enlazado entre sí.
contonearse r. andar moviendo afectadamente los hombros y las caderas.
contornear tr. dar vueltas en contorno.
contorno m. conjunto de parajes que rodean algún poblado; perfil o límite exterior de alguna composición o figura.
contorsión f. contracción de los músculos a causa de algún dolor repentino.
contra prep. en oposición; en contra de una cosa con otra.
contrabajo m. instrumento de cuerda semejante a un violín, considerado como el más grande de los instrumentos de su tipo.
contrabalancear tr. contrapesar; compensar.
contrabando m. comercio de objetos prohibidos por la ley.
contracandela f. contrafuego.
contracción f. acción de contraer; gram. unión de dos palabras.
contráctil adj. que se contrae con facilidad.
contradecir tr. negar enfáticamente lo que otro afirma o viceversa.
contradicción f. oposición, contrariedad.
contradictorio, ria adj. que tiene contradicción con algo.
contraer tr. unir dos o más cosas; caer en vicios y malas costumbres.
contrafilo m. filo que se saca a las armas blancas en el extremo más cercano a la punta.
contrafirma f. recurso que oponía a la firma la parte contra la que se había firmado.
contrafuerte m. machón que se pone en el paramento de un muro para sujetarlo; remache que se pone en el talón del calzado.
contrahecho, cha adj. corcobado.
contralor persona que fiscaliza la contabilidad oficial.
contralto m. voz que es intermedia entre la de tiple y la de tenor.
contraluz m. luz opuesta.
contramaestre m. el que gobierna a los obreros de alguna fábrica o taller; oficial de la marina que tiene grado inferior al del oficial de guerra.
contramano (a) l. adv. en dirección opuesta a la indicada.
contraorden f. orden con que se revoca alguna dada anteriormente.
contrapelo (a) l. adv. que va contra la inclinación natural del pelo.
contrapeso m. peso que se opone a otro para equilibrarlos.
contraponer tr. comparar dos o más cosas opuestas; oponer. U. t.c.r.
contraproducente adj. lo que se opone a lo que se trata de demostrar.
contraproyecto m. proyecto distinto de otro determinado.
contrapunto m. concordancia o conformidad de voces contrapuestas.
contrariar tr. oponerse a las intenciones de alguien; contradecir. U.t.c.r.
contrariedad f. oposición que existe entre dos o más cosas; incidente que impide la realización de un deseo.
contrario, ria adj. opuesto a algo; que es enemigo y perjudicial a algún proyecto. U.t.c.s.
contrarréplica f. contestación que combate una réplica.
contrarrestar tr. resistir alguna oposición; volver la pelota desde el saque.
contrarresto m. acción y efecto de contrarrestar; persona que vuelve la pelota desde la parte del saque.
contrasentido m. inteligencia opuesta al sentido natural de alguna expresión.

contraseña f. seña determinada que para entenderse entre sí, fijan algunas personas.
contrastar tr. hacer frente; comprobar pesos y medidas.
contrata f. contrato; escritura de convenio.
contravalar tr. construir por el frente del ejército, una línea de fortificación.
contravención f. acción y efecto de contravenir.
contraveneno m. medicamento que contrarresta los efectos producidos por algún veneno.
contravenir tr. actuar contra lo mandado.
contrayente p.a. de **contraer**; dícese comúnmente del que contrae matrimonio; que contrae.
contribución f. acción y efecto de contribuir; cantidad que se paga al Estado.
contrincante m. llámase así a cada uno de los que integran una trinca en las oposiciones.
contristar tr. apenar; entristecer. U.t.c.r.
controversia f. discusión; disputa.
controvertir intr. discutir; disputar. U.t.c.tr.
contubernio m. cohabitación ilegítima.
contumacia f. obsequedad en sostener alguna idea errónea.
contumaz adj. porfiado, rebelde.
contumelia f. ofensa hecha directamente.
contundente adj. instrumento que provoca contusión; lo que convence por la fuerza de sus razonamientos.
contundir tr. golpear; magullar. U.t.c.r.
conturbar tr. intranquilizar; turbar. U.t.c.r.
contusión f. golpe interno que no produce herida externa.
conuco m. Amér. finca pequeña; chacra.
convalecer intr. adquirir fuerzas después de una enfermedad; librarse una persona del peligro en que estaba.
convelerse r. moverse a consecuencia de contracciones nerviosas.
convencer tr. persuadir a alguno por medio de razones para que abandone su dictamen. U.t.c.r.
convención f. junta o asamblea de los representantes de un país que asume todo el poder.
conveniencia f. conformidad entre cosas distintas; provecho; convenio.
convenio m. ajuste; convención.
convenir intr. estar de acuerdo dos o más personas en algún dictamen o parecer; corresponder.
conventículo m. reunión clandestina de varias personas.
convergente adj. acción de converger.
convergir intr. unirse dos o más líneas en un punto común.
conversar intr. hablar unas personas con otras; comunicar; platicar.
conversión f. acción y efecto de mudarse o cambiarse.
convertir tr. cambiar una cosa en otra; reducir a la religión verdadera. U.t.c.r.
convexo, xa adj. que es más abombado en la superficie que en las orillas.
convicción f. convencimiento.
convicto, ta p.p. irregular de convencer; adj. reo al que se le comprueba su falta aunque no la confiese.
convidado, da p.p. de **convidar**; m. y f. persona que es invitada a un convite.
convidar tr. invitar; incitar a alguien para que acepte algo.
convite m. festín o comida a que uno es invitado.
convocar tr. citar a varios para que acudan a un sitio determinado.
convocatoria f. escrito mediante el que se convoca.
convoy m. escolta que resguarda algún transporte marítimo o terrestre; tren.
convulsión f. movimientos producidos por la contracción de músculos o de miembros del cuerpo.
convulso, sa adj. que padece convulsiones; excitado.
conyugal adj. perteneciente y relativo a los cónyuges.
cónyuge com. consorte. U.m. en pl.
cooperar intr. actuar en unión de varios para determinado fin.
coordenadas f. pl. mat. líneas que sirven para determinar la posición de un punto.

coordinar tr. disponer las cosas ordenada y metódicamente.
copa f. vaso con pie de diversos materiales y tamaños útil para beber; parte más elevada de los árboles; parte del sombrero que se ajusta a la cabeza.
copartícipe com. persona que participa con otra.
copayero m. árbol leguminoso de cuyo tronco se extrae el bálsamo de copaiba.
copela f. especie de vaso hecho de cenizas de huesos calcinados; horno.
copelar tr. hornear los metales en la copela.
copete m. pelo levantado sobre la frente.
copia f. muchedumbre; reproducción de algún escrito o de alguna obra.
copiar tr. sacar copia de algo.
copiloto, ta m. f. piloto auxiliar en un avión.
copioso, sa adj. abundante; cuantioso.
copla f. composición métrica; estrofa; tonadilla popular.
copo m. conjunto de algodón preparado para hilarse; llámanse así a las porciones de nieve que caen cuando nieva.
copón m. aum. de copa; copa grande de plata o bañada de oro en la que se guardan las hostias consagradas.
coposo, sa adj. copado.
copra f. médula del coco.
cópula f. coito; unión.
copularse r. unirse corporalmente.
copulativo, va adj. que enlaza unas cosas con otras; conjunción.
coque m. carbón poroso al que se ha extraído el gas.
coquetería f. afectación en los modales y en el vestir.
coracha f. saco de cuero para empacar tabaco o cacao.
coraje m. irritación; ira.
coral m. perteneciente y relativo al coro; secreción caliza arborescente que se produce en el mar por diferentes zoófitos, es utilizado en joyería después de pulido y es de color rosado.
coralina f. ágata color de sangre.
Corán m. alcorán.
coraza f. armadura de hierro con peto y espaldar.
corazón m. órgano central de la circulación de la sangre.
corbeta f. embarcación guerrera semejante a una fragata pero más pequeña.
corcel m. caballo de mucha alzada y ligereza.
corcova f. joroba.
corcovar tr. encorvar, torcer.
corcovo m. falta de rectitud.
corcusir tr. coser los agujeros de las ropas con puntadas mal hechas.
corchar tr. tapar con corcho.
corchea f. nota musical que es igual a la octava parte del compasillo.
corchete m. broche de metal o alambre que consta de macho y hembra; alguacil.
corcho m. parte externa de la corteza del alcornoque; colmena.
cordal m. cordillera pequeña; muela del juicio. U.t.c.s.
cordel m. cuerda angosta.
cordial adj. de trato afectuoso y tierno.
cordialidad f. calidad de cordial.
cordillera f. conjunto de montañas unidas entre sí.
cordobán m. piel curtida de macho cabrío.
cordón m. cuerda redonda hecha de distintos materiales; tropa colocada de distancia en distancia para sitiar algún lugar.
cordura f. prudencia; buen juicio.
corea f. danza acompañada de canto llamada baile de san vito.
corear tr. acompañar cantando; asentimiento de varias personas.
coreografía f. arte del baile.
coriáceo, a adj. semejante al cuero.
corifeo m. el que conducía el coro en las tragedias griegas; jefe de un partido o secta.
corimbo m. grupo de flores o frutos que estando en distintos lugares del tallo llegan a tener la misma altura.
corma f. especie de cepo.
cornada f. golpe dado por el cuerno.
cornamenta f. cuernos de los cuadrúpedos astados.
cornamusa f. trompetilla larga y metálica con una rosca grande en medio.
córnea f. membrana del globo del ojo gruesa y transparente que tiene detrás al iris.

cornear tr. acornear; herir con los cuernos.
cornejo m. arbusto córneo de madera resistente con hojas aovadas y frutos en forma de drupas negras y redondas.
córneo, a adj. que se parece al cuerno.
corneta f. instrumento semejante al clarín aunque con sonidos más graves y de mayor tamaño.
cornicabra f. terebinto; higuera silvestre; aceituna puntiaguda.
cornisa f. conjunto de soldaduras que es utilizado para rematar a otro igual.
cornucopia f. cuerno de la abundancia; espejo de marco que tiene en la parte inferior una serie de brazos para colocar bujías cuya luz se refleje en el mismo espejo.
cornudo, da adj. con cuernos; marido cuya mujer le es infiel. U. t.c.s.
cornúpeta adj. animal que está en actitud de embestir con los cuernos.
coro m. conjunto de personas que se reúnen para cantar.
corografía f. descripción de alguna región o de algún país.
coroides m. membrana que cubre totalmente el globo del ojo.
corola f. cubierta interior de las flores completas.
corolario m. proposición que se infiere de lo que se demostró anteriormente.
coronario, ria adj. perteneciente a la corona; aplícase a las arterias y venas del corazón.
coronel m. jefe militar que dirige un regimiento.
coronilla f. parte más eminente de la cabeza.
corpiño m. jubón sin mangas.
corporación f. comunidad de interés público reconocida legalmente.
corporal adj. perteneciente al cuerpo; lienzo sobre el que se colocan la hostia y el cáliz en el altar.
corpóreo, rea adj. corporal; que tiene cuerpo.
corpúsculo m. cuerpo demasiado pequeño.
corrección f. acción y efecto de corregir; calidad de correcto; reprensión.
correccional adj. lo que conduce a la corrección; m. penitenciaría.
correctivo, va adj. dícese de aquello que tiene poder de corregir. U.t.c.s.m.
correcto, ta adj. que carece de errores; que está dentro de las reglas.
corrector, ra adj. que corrige. U. t.c.s.
corredizo, za adj. nudo o lazada que se corre con facilidad; que puede correrse fácilmente.
corredor, ra adj. que corre mucho. agente de compras y ventas de diversos objetos. U.t.c.s.
corregidor, ra adj. que puede corregir; antiguo gobernante que juzgaba los delitos. U.t.c.s.
corregir tr. reprender; componer lo errado; enmendar.
correjel m. cuero grueso para hacer correas, suelas, etc.
correlación f. relación recíproca entre dos o más cosas.
correligionario, ria adj. que practica la misma religión que otro o las mismas ideas políticas. U. t.c.s.
correo m. servicio público que se encarga de llevar y traer la correspondencia oficial y privada de un lugar a otro.
correoso, sa adj. que se doblega fácilmente sin romperse; dúctil.
correr tr. caminar velozmente; avergonzar; intimidar. U.t.c.r.
correría f. recorrido hecho por territorio enemigo.
correspondencia f. comunicación; acción y efecto de corresponder o corresponderse.
corretaje m. actividad y diligencia del corredor en las ventas.
correveidile com. dícese de la persona chismosa e intrigante.
corriente p.a. de correr; que puede correr; de uso o costumbre común; curso de las aguas.
corrillo m. corro aparte.
corrimiento m. acción y efecto de correr o correrse; vergüenza.
corro m. cerco de gente.
corroborante p.a. de corroborar; que corrobora. U.t.c.s.
corroborar tr. aumentar más raciocinios y datos a la razón para darle mayor fuerza; fortificar al débil. U.t.c.r.
corroer tr. desgastar algo royéndolo.

corrosivo, va adj. que corroe.
corrusco m. mendrugo.
corsario, ria adj. embarcación que es armada en corso; pirata. U. t.c.s.
corsé m. cotilla con ballenas que usan las mujeres para ceñirse el cuerpo.
corso, sa adj. natural de Córcega; campaña de los buques mercantes contra el enemigo.
cortabolsas m. fam. ratero.
cortacircuitos m. aparato que interrumpe la corriente eléctrica cuando es excesiva.
cortacorriente m. conmutador.
cortadillo m. moneda cortada sin forma circular; vaso ancho de arriba y de abajo.
cortador, ra adj. que corta; carnicero.
cortar tr. dividir algo o separar sus partes; turbarse. U.t.c.r.
cortedad f. pequeñez y poca extensión de algo; falta de carácter.
cortejar tr. asistir a alguien; galantear.
cortejo m. acción de cortejar; agasajo; persona que tiene relaciones amorosas con otra.
cortés adj. atento; afable; comedido.
cortesanía f. urbanidad.
corteza f. cubierta externa de árboles y frutas.
cortezudo, da adj. que presenta mucha corteza.
cortijo m. tierra y casa de labor.
cortina f. paño de diferente tela que sirve para cubrir y adornar puertas, balcones, ventanas, etc.
cortisona f. hormona sintética.
corto, ta adj. que no tiene la debida extensión.
cortón m. insecto ortóptero parecido al grillo aunque de mayor tamaño, es perjudicial a las plantas porque las corroe, es conocido también como grillo real.
coruscar intr. poét. brillar, resplandecer.
corva f. parte de la pierna contraria a la rodilla.
corvejón m. articulación donde se encorva la pierna de algún cuadrúpedo.
corveta f. agilidad que se enseña a los caballos para que caminen sobre las piernas y con los brazos en el aire.
corvina f. pez acantopterigio que abunda en el mediterráneo y cuya carne es de agradable sabor.
corvo, va adj. de forma arqueada.
corzo m. cuadrúpedo rumiante, poco mayor que la cabra y muy semejante a ésta.
cosa f. todo lo que es o existe.
cosaco m. soldado ruso.
coscarana f. torta seca y delgada que produce ruido al mascarse.
coscoja f. árbol cupulífero parecido a la encina, muy achaparrado.
coscojo m. agalla que es producida por el quermes en la coscoja.
coscorrón m. golpe en la cabeza.
cosecante f. mat. secante del complemento de un ángulo.
cosecha f. porción de frutos de diferentes géneros que se recogen de la siembra con trigo, cebada, etc.
coseno m. seno del complemento de algún ángulo o arco.
coser tr. unir con hilo enhebrado en la aguja dos o más pedazos de tela, etc.
cosmético m. sustancia para hermosear el cutis o el pelo.
cósmico, ca adj. perteneciente al cosmos.
cosmogonía f. ciencia que estudia la formación del universo.
cosmografía f. descripción del mundo.
cosmología f. estudio de las reglas que dirigen el mundo físico.
cosmopolita adj. el que considera todo el mundo como patria suya; llámase a todo aquello que puede adaptarse a cualquier país. U. t.c.s.
cosmorama m. aparato óptico que por medio de una cámara oscura agranda los objetos.
cosmos m. universo.
coso m. especie de corral de grandes dimensiones destinado a fiestas públicas como corridas de toros, etc.
costa f. cantidad que se paga por algo; orilla del mar y porción de tierra cercana a ella; gastos judiciales.
costado m. dícese de cada una de las partes laterales del cuerpo; lado.
costalada f. golpe que al caer se da en la espalda o en el costado.
costar intr. adquirir algo por determinado precio.

coste m. costo.

costear tr. hacer el gasto de algo; navegar sin alejarse de la costa. U.t.c.r.

costilla f. cada uno de los huesos que van de la columna vertebral al esternón.

costillar m. lugar del cuerpo en el que están situadas las costillas; conjunto de costillas.

costo m. costa; precio; hierba compuesta de sabor amargo que es usada como diurético.

costra f. corteza endurecida.

costumbre f. hábito que se adquiere con la frecuencia de algo; práctica que adquiere fuerza de precepto.

costura f. acción y efecto de coser; labor de ropa blanca que se está cosiendo; puntadas que unen dos piezas cosidas.

costurero m. mesilla pequeña con almohadilla propia para coser.

cota f. armadura antigua, especie de jubón de mallas; número que en los planos topográficos indica la altura de un punto.

cotana f. muesca que se hace en un madero para encajar otro.

cotangente f. tangente del complemento de un ángulo o de un arco.

cotarro m. especie de posada o albergue para pobres y vagabundos.

cotejar tr. comparar dos o más cosas entre sí teniéndolas al frente.

cotidiano, na adj. habitual, diario.

cotiledón m. bot. parte de la semilla que rodea el embrión y le proporciona el alimento.

cotilla f. ajustador que usaban las mujeres y que está compuesto por ballenas.

cotillón m. danza colectiva con figuras.

cotizar tr. hacer público en la bolsa el precio de los valores del Estado.

coto m. límite.

cotón m. tela de algodón estampada.

cotonía f. lona de cáñamo labrada.

cotorra f. urraca; papagayo pequeño; mujer chismosa.

coturno m. calzado que usaban los griegos y romanos que cubría el pie y parte de la pierna y se sujetaba con un cordón.

covacha f. barraca; cueva.

coxal adj. relativo a la cadera.

coxis m. cóccix.

coya f. mujer del soberano entre los antiguos peruanos.

coyote m. lobo americano.

coyunda f. correa de cáñamo para que se uncen los bueyes al yugo.

coyuntura f. articulación.

coz f. sacudimiento violento que dan las bestias con alguna de las patas.

cráneo m. caja ósea que encierra dentro al encéfalo.

craneología f. estudio acerca del cráneo.

crápula f. libertinaje; borrachera.

craso, sa adj. grueso; espeso; indisculpable.

cráter m. copa o boca de algún volcán.

crayón m. neol. lápiz de carbón o de arcilla de color para dibujo.

crear tr. criar; fundar; sacar de la nada. U.t.c.r.

crecer intr. ir aumentando de tamaño los cuerpos naturales.

creces f. pl. ventaja; exceso de algo; aumento.

crecida f. aumento de las aguas de los ríos a causa de las lluvias, etc.

credencial adj. que acredita; documento que acredita a alguien para tomar posesión de algún puesto o cargo.

crédito m. deuda o abono que tiene alguien a su favor; persona solvente.

credo m. oración de los apóstoles; doctrina.

crédulo, la adj. que cree todo con facilidad.

creencia f. poner firmeza y conformidad hacia alguna cosa.

creer tr. tener por seguro algo que aún no está comprobado.

creíble adj. que puede o merece ser creído.

crema f. diéresis; compuesto cosmético para suavizar el cutis; crema de la leche.

cremación f. acción de quemar.

cremallera f. barra de metal con dientes que engrana con un piñón.

crematística f. economía política.

crematorio, ria adj. relativo a la cremación de los cadáveres.

crémor m. tartrato de potasa que es usado como laxante y se encuentra en algunos frutos como el tamarindo y la uva.

crencha f. raya que divide el cabello en dos; cada una de estas partes.

creosota f. líquido incoloro y de sabor caústico que es sacado del alquitrán y utilizado para combatir las caries dentales.

crepitar intr. que hace ruidos semejantes a los de la leña encendida.

crepúsculo m. claridad que dura desde antes que salga el Sol hasta su salida y desde que éste se pone hasta que oscurece.

cresa f. dícese de los huevecillos que pone la abeja reina.

creso m. persona que tiene mucho dinero y propiedades.

crespo, pa adj. ensortijado; cabello rizado naturalmente; irritado.

crespón m. gasa de urdimbre más retorcida que la trama.

cresta f. carnosidad roja que tienen sobre la cabeza algunas aves como el gallo.

crestomatía f. conjunto de trozos literarios escogidos por su carácter didáctico.

creta f. carbonato de cal; caliza blanca.

cretáceo, a adj. dícese del período geológico más moderno de la era mesozoica.

cretinismo m. padecimiento que deforma el cuerpo del paciente y lo hace de inteligencia retardada.

cretona f. tela de algodón estampada.

cría f. conjunto de hijos que en una sola echada tienen algunos animales; acción y efecto de criar.

criadilla f. patata; hongo de forma redondeada de color negruzco y olor agradable que es muy sabroso guisado.

criado, da adj. persona que ayuda a los servicios domésticos y está sujeta a un salario. U.t.c.s. m. y f.

crianza f. acción y efecto de criar; urbanidad; cortesía.

criar tr. crear.

criatura f. dícese de toda cosa que ha sido criada; niño pequeño.

crimen m. delito de suma gravedad.

criminal adj. perteneciente o relativo al crimen; que ha cometido alguno.

criminalista adj. abogado especializado en materia penal. U.t.c.s.

criminología f. tratado del delito y sus causas.

crin f. cerdas que algunos animales tienen en la parte superior del cuello. U.m. en pl.

crinado, da adj. con el cabello largo.

criollo, lla adj. llámanse así a los hijos de europeos nacidos en un país diferente.

cripta f. gruta; subterráneo.

criptografía f. arte de escribir con caracteres enigmáticos.

criptograma m. documento cifrado.

crisálida f. ninfa de los insectos.

crisantemo m. planta perenne y compuesta con muchas flores de diversos colores que florece en el otoño.

crisis f. momento crítico de alguna enfermedad en el que ésta se agrava o cede.

crisoberilo m. piedra preciosa verde amarillenta.

crisol m. vaso refractario para fundir metales.

crispar tr. contraerse repentinamente los músculos. U.t.c.r.

cristal m. cuerpo sólido que tiene forma poliédrica como metales, sales, etc.; vidrio purificado.

cristalino, na adj. de cristal; semejante al cristal.

cristalizar tr. transformar en cristal alguna cosa. U.t.c.r.

cristalografía f. tratado de las formas que toman los cuerpos al cristalizar.

cristianar tr. bautizar. U.t.c.r.

cristianismo m. religión cristiana.

cristiano, na adj. perteneciente o relativo a la doctrina de Cristo; el que la practica.

Cristo m. el hijo de Dios convertido en hombre; crucifijo.

criterio m. discernimiento; juicio para encontrar la verdad de las cosas.

crítica f. censura acerca de personas o cosas.

criticar tr. juzgar basándose en las reglas del arte o en los principios de la ciencia; censurar la conducta.

crítico, ca adj. perteneciente a la

crítica; censura basada en las reglas de la crítica.
criticón, na adj. que todo censura. U.t.c.s.
crizneja f. soga; trenza de cabellos.
croar intr. cantar la rana.
cromático, ca adj. mús. sistema que procede por semitonos; ópt. dícese del cristal que presenta los objetos contorneados con los visos del arco iris.
cromo m. metal quebradizo cuyas combinaciones que son varias y de diferentes colores son utilizadas en pintura.
cromolitografía f. arte de litografiar a colores; estampa hecha por medio de este arte.
crónica f. historia que registra los hechos más notables a través de los tiempos.
crónico, ca adj. aplícase a las enfermedades de larga duración.
cronista com. el que escribe crónicas.
cronología f. ciencia que estudia el orden y fechas de los sucesos históricos; manera de computar los tiempos.
cronómetro m. reloj de gran precisión en el movimiento de su máquina.
croquis m. dibujo ligero; diseño.
crótalo m. instrumento semejante a la castañuela; víbora de cascabel.
cruce m. acción de cruzar; punto en el que se cruzan dos líneas.
crucero adj. encrucijada; lugar en que se cruzan la nave mayor de alguna iglesia y la que la atraviesa.
cruceta f. intersección de dos series de líneas paralelas.
crucífero, ra adj. dícese de las plantas dicotiledóneas con corola cruciforme como el alhelí.
cruciforme adj. que tiene forma de cruz.
crucigrama m. enigma de palabras cruzadas.
crudo, da adj. lo que no está cocido; duro; cruel.
cruel adj. que se goza con hacer daño.
cruento, ta adj. sangriento.
crujido m. estallido producido por las maderas.
crup m. difteria; garrotillo.
crural adj. perteneciente o relativo a los muslos.
crustáceo, a adj. con costra; animal artrópodo cubierto por escama dura.
cruz f. armazón que está hecho de dos leños que se cruzan perpendicularmente; insignia cristiana.
cruzada f. expedición organizada por el Papa para combatir a los infieles.
cruzamiento m. acción y efecto de cruzar; cruce.
cruzar tr. atravesar; mejorar las castas dando a las hembras machos de mejor casta.
cuaderna f. mar. costilla del buque.
cuadernillo m. conjunto de cinco pliegos de papel.
cuaderno m. conjunto de pliegos de papel doblados y cosidos en forma de libro.
cuadra f. caballeriza.
cuadrado, da adj. figura plana y cerrada por cuatro líneas rectas que forman ángulos rectos; perfecto. U.t.c.s.
cuadragésimo, ma adj. que sigue inmediatamente a lo trigésimo nono; cada una de las cuarenta partes iguales en que se divide un todo.
cuadrangular adj. que forma cuatro ángulos.
cuadrante p.a. de **cuadrar**; que cuadra; reloj de sol; cuarta parte del círculo.
cuadrar tr. dar a algo forma de cuadrado, ajustar una cosa con otra.
cuadratura f. acción y efecto de cuadrar algo.
cuadrícula f. serie de cuadrados que se forman al cortar perpendicularmente dos líneas paralelas.
cuadriga f. tiro de cuatro caballos enganchados de frente; carro antiguo tirado de este modo.
cuadril m. hueso del anca; cadera.
cuadrilátero, ra adj. con cuatro lados.
cuadrilongo, ga adj. paralelogramo rectangular.
cuadrilla f. reunión de varias personas para determinado fin.
cuadro m. cuadrado; rectángulo U.t.c.s.
cuadro m. lienzo pintado; división del acto de algún drama.
cuadrumano, na [cuadrúmano] adj. animales mamíferos con manos en todas las extremidades. U.t.c.s.

cuadrúpedo, da adj. animal con cuatro pies. U.t.c.s.
cuádruple adj. que tiene un número cuatro veces. U.t.c.s.
cuajada f. parte grasosa de la leche que se separa del suero.
cuajado, da adj. inmóvil; lleno.
cuajar m. cuarta cavidad del estómago de los rumiantes.
cuajar r. solidificarse un líquido. U.t.c.tr.
cuajo m. materia contenida en el cuajar de algunos rumiantes y sirve para cuajar la leche.
cual pron. relat. que.
cualidad f. calidad.
cualitativo, va adj. que indica cualidad.
cualquiera pron. indet. se emplea únicamente antes del nombre.
cuan adv. apócope de cuanto.
cuando adv. en el tiempo que, en la ocasión en que, etc.
cuantía f. cantidad.
cuantioso, sa adj. grande en cantidad o número.
cuantitativo, va adj. referente a la cantidad.
cuáquero, ra m. f. persona de cierta secta religiosa sin culto externo.
cuarentena f. espacio de tiempo de cuarenta años, meses o días; reunión de cuarenta unidades.
cuaresma f. espacio de tiempo de cuarenta y seis días desde el miércoles de ceniza hasta la pascua de resurección.
cuarta f. cada una de las cuatro partes iguales en que puede dividirse un todo; látigo.
cuartago m. caballo de cuerpo mediano.
cuartana f. fiebre que se presenta cada cuatro días.
cuartear tr. dividir algo en cuatro partes iguales; rajarse algún muro. U.t.c.r.
cuartelada f. rebelión militar.
cuartelazo m. Amér. cuartelada.
cuarterón, na adj. dícese del hijo de mestizo y española o viceversa nacido en América; cuarta parte.
cuarteta f. combinación de cuatro versos de ocho sílabas cada uno.
cuarteto m. estrofa de cuatro versos endecasílabos; composición para cuatro voces.
cuarto, ta adj. que sigue inmediatamente al tercero; cada una de las cuatro partes iguales en que se divide un todo.
cuarzo m. mineral de sílice muy brillante de color distinto de acuerdo con el color de la materia con la que está mezclado.
cuasia f. planta rubácea de intenso sabor amargo y de uso medicinal.
cuate, ta adj. Méx. amigo íntimo. T.s.
cuaternario, ria adj. que tiene cuatro unidades o elementos. U.t.c.s.
cuaterno, na adj. que tiene cuatro números.
cuatrero m. el que roba ganado.
cuatrimestre m. espacio de tiempo que comprende cuatro meses.
cuatrocentista adj. del siglo XV.
cuba f. recipiente de madera semejante al tonel que sirve para contener vino o algún otro líquido.
cubeba f. arbusto piperáceo cuyo fruto es muy parecido a la pimienta.
cubicar tr. mat. elevar a la tercera potencia.
cúbico, ca adj. perteneciente al cubo; de forma de cubo; raíz de tercer grado de alguna cantidad.
cubículo m. aposento, alcoba.
cubierta f. lo que se pone encima de algo para cubrirlo; forro.
cubierto p.p. de **cubrir**; adj. juego de mesa consistente en cuchara, tenedor, cuchillo y plato para cada uno de los comensales.
cubil m. lugar en el que duermen las fieras.
cubilete m. vaso metálico con figura de cono truncado.
cubilote m. horno en que se refunde el hierro colado.
cubillo m. carraleja; vasija especial para enfriar el agua.
cubismo m. escuela estética que se caracteriza por darle preferencia a las figuras geométricas.
cubital adj. perteneciente o relativo al codo.
cúbito m. el hueso más largo de los dos del antebrazo.
cubo m. vaso de diferente material en forma de cono truncado; sólido limitado por seis cuadrados iguales; tercera potencia de un número.
cubrir tr. tapar una cosa con otra. U.t.c.r.

cucar tr. guiñar.
cucaracha f. insecto ortóptero de cuerpo deprimido y pequeño, se esconde en lugares húmedos y se alimenta de toda clase de comestibles; cochinilla de humedad.
cucarda f. escarapela.
cuclillas (en) l. adv. sentado sobre los talones.
cuclillo m. ave trepadora parecida a la tórtola pero más pequeña.
cuco, ca adj. pulido, mono, lindo; larva de cierta mariposilla nocturna.
cucúrbita f. retorta.
cucurbitáceo, a adj. planta dicotiledónea de tallo sarmentoso, flores unisexuales y fruto muy carnoso como el melón y otros.
cucurucho m. papel enrollado en forma de cono.
cucuyo m. cocuyo.
cuchara f. utensilio compuesto por un mango y una palita cóncava para tomar los alimentos.
cuchichear intr. hablar en secreto a alguno delante de otras personas.
cuchichiar intr. canto de la perdiz.
cuchilla m. instrumento compuesto por una hoja de acero, con mango de diferentes materiales.
cuchipanda f. fam. francachela.
cuchitril m. cochitril.
cuchufleta f. chanza; broma.
cuelga f. fam. presente; regalo de cumpleaños.
cuenca f. territorio rodeado de alturas; cada una de las dos cavidades en que están los dos ojos.
cuenco m. vasija de gran tamaño.
cuenta f. acción y efecto de contar; cálculo aritmético; bolita ensartada para formar rosarios, collares, etc.
cuentista adj. autor de cuentos; chismoso. U.t.c.s.m.
cuento m. relato corto de algún suceso; relato de algún tema imaginario.
cuerda f. conjunto de hilos que al torcerse forman un solo cuerpo.
cuerdo, da adj. persona que está en su juicio y reflexiva. U.t.c.s.
cuerno m. prolongación ósea que tienen algunos animales en la frente; antena de los insectos.
cuerpo m. lo que tiene un límite en su extensión y por cualidades propias produce impresión a los sentidos; materia orgánica.
cuervo m. pájaro carnívoro con el pico más largo que el cuerpo y de plumaje negro.
cuesco m. hueso de algunas frutas como el del durazno; pedo ruidoso.
cuesta f. terreno en forma de pendiente.
cuestión f. pregunta hecha para investigar la realidad de algo; problema; punto a discusión.
cuestionar tr. controvertir algún punto dudoso, proponiendo las razones de una y otra parte; discutir.
cuestionario m. libro que contiene cuestiones.
cueto m. sitio alto y defendido.
cueva f. cavidad subterránea.
cuévano m. cesto de mimbre grande útil en las vendimias.
cuezo m. artesa de madera que utilizan los albañiles para amasar el yeso.
cuidado m. diligencia; solicitud.
cuidadoso, sa adj. solícito y diligente para hacer cualquier cosa.
cuidar tr. poner solicitud y diligencia para hacer alguna cosa; asistir; cuidar con esmero a alguien.
cuita f. trabajo; problema.
cuitado, da adj. desgraciado; desventurado.
cuja f. bolsa de cuero que va sujeta a la silla de montar para meter el cuento de la lanza.
culantrillo m. hierba de la familia de los helechos con hojas de unos dos decímetros, se cría en lugares húmedos y tiene aplicación en medicina.
culata f. parte posterior de la caja de alguna arma de fuego.
culatazo m. golpe con la culata.
culebra f. reptil de cabeza aplastada y piel pintada, hay de varias especies y tamaños.
culebrear intr. andar de un lugar a otro.
culebrina f. antigua pieza de artillería de poco calibre.
culebrón m. fam. persona astuta.
culera f. remiendo que se pone en la parte de las asentaderas de los pantalones y calzones.
culero, ra adj. dícese de la persona

lenta y perezosa; especie de zahones de campesinos y mineros.
culícidos m. pl. mosquitos cuyas hembras chupan sangre.
culinario, ria adj. perteneciente o relativo a la cocina.
culminar intr. alcanzar un astro el meridiano.
culo m. asentaderas; nalgas.
culón, na adj. que tiene las posaderas muy abultadas.
culpa f. falta o delito de más o menos gravedad; pecado.
culpar tr. echar a alguno la culpa de algo. U.t.c.r.
culteranismo m. afectación exagerada en el lenguaje y en el estilo.
culterano, na adj. relativo al culteranismo; que practica el culteranismo.
cultismo m. palabra erudita.
cultivar tr. laborar la tierra; cuidar la cultura y la educación.
cultura f. cultivo; fig. capacidad intelectual.
cumpleaños m. aniversario del natilicio de alguno.
cumplimentar tr. dar el parabién a alguna persona por algún acontecimiento feliz.
cumplir tr. llevar a efecto las diferentes obligaciones.
cúmulo m. montón de varias cosas puestas unas encima de otras; conjunto de nubecillas características del verano; unión de varias cosas.
cuna f. camita especial para niños; lugar del nacimiento de alguien; estirpe.
cundir intr. extenderse.
cuneiforme adj. en forma de cuña.
cunera f. mujer encargada de mecer la cuna a los niños principalmente en los palacios y casas nobles.
cunero, ra adj. dícese así a los expósitos. U.t.c.s.
cuneta f. zanja que está a cada lado de algún camino; zanja de desagüe que está en los fosos secos.
cuña f. prisma de forma triangular para dividir cuerpos sólidos.
cuñado, da adj. hermano del consorte. U.t.c.s.
cuño m. sello; troquel.
cuociente m. cociente.
cuodlibeto m. discusión sobre algún tema escogido al gusto del autor.
cupón m. cada una de las partes de un documento de una deuda pública o de una sociedad de crédito.
cúprico, ca adj. óxido de cobre con doble cantidad de oxígeno respecto de las sales que entran en su formación.
cúpula f. bóveda en forma de media esfera.
cupulífero, ra adj. dícese de las plantas cuyo fruto está cubierto por una especie de cúpula.
cura m. curación; sacerdote católico.
curador, ra adj. que tiene a su cuidado alguna cosa; persona que cura. U.t.c.s.
curandero, ra m. y f. persona que se dedica a curar sin ser médico.
curar intr. dar al enfermo los medicamentos necesarios para curarlo; sanar. U.t.c.r.
curare m. sustancia venenosa que se extrae de la raíz del maracure y de la que se sirven algunos indios para envenenar sus armas de cacería o de guerra.
curda f. fam. borrachera.
cureña f. ajuste del cañón.
curia f. dícese del supremo tribunal de la iglesia; conjunto de funcionarios judiciales.
curiosidad f. averiguar algo; costumbre de inquirir lo que no nos importa.
curioso, sa adj. limpio; que es persona con mucha curiosidad.
currículum vitae l. lat. hechos notorios de la vida de una persona.
curruca f. pájaro insectívoro y canoro con plumas pardas por encima y blancas por debajo.
cursado, da adj. entendido, experimentado en algo.
cursería f. acto o cosa cursi.
cursi adj. el que presume de elegante.
cursivo, va adj. letra bastardilla.
curso m. tiempo señalado a cada año escolar para dar enseñanza a un grado; carrera o dirección.
curtir tr. aderezar las pieles.
curul adj. silla en que se sentaban los ediles romanos.
curvilíneo, a adj. que está formado por líneas curvas.

curvo, va adj. que se aparta de la dirección recta.
cúspide f. punta de los montes; vértice de los triángulos de la pirámide o de otra figura geométrica.
custodiar tr. vigilar.
custodio m. el que vigila o custodia.
cutáneo, a adj. perteneciente o relativo al cutis.
cutícula f. epidermis.
cutis m. pellejo que cubre el cuerpo humano.
cuyo, ya pron. relat. de quien.
cuzca f. ramera.

CH

ch. f. cuarta letra del alfabeto; letra consonante.
chabacanería f. dicho vulgar e insustancial.
chacal m. mamífero carnicero semejante al lobo.
chacó m. morrión que es propio de la caballería ligera.
chacolí m. vino hecho de uva poco azucarada.
chacolotear intr. hacer ruido la herradura cuando le faltan clavos.
chacota f. bulla; burla.
chacra f. Amér. granja.
chacho, cha m. y f. nombre que se da a los muchachos por cariño.
chafar tr. deslucir, abollar. U.t.c.r.
chaira f. cuchilla usada por los zapateros para cortar suela.
chal m. especie de mantón más largo que ancho, útil para cubrir las espaldas.
chalado, da adj. muy enamorado; carente de juicio.
chalán, na adj. picador; negociante astuto.
chaleco m. prenda de vestir que se lleva encima de la camisa.
chalet m. pequeña casita de descanso.
chalina f. corbata de caídas largas.
chalupa f. lancha; pequeña embarcación con dos palos y cubierta.
chamaco m. niño.
chamarasca f. palillos delgados que encendidos producen humareda.
chamarra f. vestidura de jerga o paño semejante a la zamarra.
chamarreta f. chaqueta que llega poco más abajo de la cintura.
chambergo, ga adj. casaca. U.t.c.s.
chambón, na adj. y s. que no tiene habilidad; torpe.
chambra f. especie de blusa que usan las mujeres encima de la camisa.
chamiza f. hierba gramínea y silvestre que tiene aplicación medicinal.
chamizo m. dícese de la leña a medio quemar.
chamorro, a adj. pelado, esquilado.
champaña f. vino francés blanco y espumoso.
champú m. líquido que se usa para lavar la cabeza.
chamuscar tr. quemar algo por fuera. U.t.c.r.
chamusquina f. acción de chamuscar; pleito, pendencia.
chancear intr. usar de chanzas. U.t.c.r.
chancero, ra adj. que es afecto a bromear; gracioso.
chancleta f. chinela sin talón.
chanclo m. zapato grande de goma para que entre el pie calzado.
chancro m. úlcera sifilítica.
chanchullo m. maniobra ilícita.
chantaje m. sacar el dinero a alguno amenazándolo con la difamación.
chanza f. mofa; broma.
chanzoneta coplilla de carácter burlesco.
chapa f. hoja de metal o madera; juicio.
chapapote m. asfalto, betún.
chaparrear intr. llover fuertemente.
chaparro m. dícese de los árboles de poca altura como la encina.
chaparrón m. lluvia recia de poca duración.
chaperón, ona m. f. neol. persona que acompaña a una muchacha para vigilarla.
chapeta f. mancha rojiza en las mejillas.
chapín m. chinela finamente bordada.
chapitel m. punta de las torres de forma piramidal.
chapodar tr. cercenar los árboles.
chapotear intr. golpear el agua con los pies o las manos.
chapucería f. imperfección en alguna cosa; embuste.

chapucero, ra adj. tosco, grosero; tramposo.
chapurrear tr. hablar dificultosamente un idioma. U.t.c.intr.
chapuzar tr. zambullir en el agua. U.t.c.r.
chaqué m. especie de levita abierta por delante.
chaquira f. cuentas de vidrio; abalorio.
charanga f. música militar que sólo es producida por instrumentos metálicos.
charco m. agua estancada en un hoyo.
charla f. plática o conversación insustancial.
charnela f. bisagra.
charol m. barniz de mucho brillo; cuero barnizado con charol.
charretera f. divisa militar que va sujeta al hombro y de la cual pende un flequillo.
chascarrillo m. cuento alegre.
chasco m. burla hecha a alguno; decepción que produce algo inesperado.
chasis m. caja del automóvil.
chasquido m. estallido que produce el látigo cuando se sacude violentamente.
chato, ta adj. de nariz roma.
chaval, la adj. joven U.t.c.s.
chaveta f. juicio; razón.
chepa f. corcova.
chic m. neol. elegancia; donosura.
chicana f. chapucería; triquiñuela.
chicoleo m. requiebro; galanteo.
chicozapote m. zapote.
chicha f. carne comestible especial para el alimento de los niños.
chícharo m. guisante.
chicharra f. cigarra.
chicharrón m. residuo de la grasa del cerdo.
chichimeca adj. dícese de unos indios de antigua tribu mexicana.
chichón m. bulto que se forma en el cuero de la cabeza a causa de un golpe.
chiffonnier (francés) m. cómoda.
chifladura f. acción de chiflar o chiflarse.
chiflar intr. imitar algún sonido con la boca; silbar; burlar a alguien.
chiflón m. Amér. corriente de aire.
chilar m. lugar con muchos chiles.
chile m. ají; pimiento.
chilindrón m. determinado juego de naipes.
chillido m. grito desagradable.
chillón, na adj. sonido desagradable; que chilla mucho. U.t.c.s.
chimenea f. fogón; conducto para que salga el humo del fogón.
chimpancé m. mono antropomorfo de fácil domesticación y muy inteligente, habita en barracas que él construye.
china f. porcelana; piedra fina y muy pequeña.
chinche f. insecto hemíptero muy pequeño con el cuerpo de color rojo.
chinchilla f. mamífero roedor poco más grande que la ardilla y muy parecido a ésta.
chinchorro m. red pequeña; embarcación de pequeñas dimensiones; hamaca.
chinchoso, sa adj. persona impertinente y molesta.
chinero m. alacena para guardar cosas de loza china.
chiquero m. pocilga.
chiquillería f. conjunto de chiquillos.
chiquillo, lla adj. muchacho; niño.
chiribitil m. desván.
chirigota f. fam. burla; broma.
chirimía f. instrumento músico parecido al clarinete.
chirimoya f. baya de color verde y blanco por dentro de agradable gusto; fruto del chirimoyo.
chirinola f. juego semejante al de los bolos.
chiripa f. suerte; casualidad.
chiripón m. calamar.
chirlata f. garito.
chirona f. fam. prisión; cárcel.
chirriar intr. sonido que producen algunas cosas al pentrar en ellas el calor.
chirrido m. voz desagradable y aguda.
chisguete m. fam. chorro que sale violentamente.
chisme m. murmuración.
chismoso, sa adj. murmurador; intrigante. U.t.c.s.
chispear intr. echar chispas; llover.
chistar intr. hacer ademán de hablar o querer decir algo.
chiste m. chanza.
chistera f. sombrero de copa alta.
chito m. juego que consiste en poner dinero sobre un tarugo o chito.

chivato m. chivo mayor de seis meses y menor de un año.
chocante p.a. de chocar; adj. que choca; fastidioso.
chocar intr. pelear; encontrarse violentamente dos o más cuerpos.
chocarrería f. bufonada; chiste.
chocolate m. pasta hecha de cacao, azúcar y vainilla.
chocha f. ave zancuda semejante a la perdiz.
chochear intr. envejecer.
chofeta f. braserito de metal o barro que se empleaba para encender el cigarro.
cholla f. cabeza.
chopo m. álamo negro.
choquezuela f. rótula.
chorlito m. ave zancuda cuya carne es de sabor muy agradable.
chorrearse r. derramarse algún líquido. U.t.c.intr.
chorro m. golpe de algún líquido que sale con fuerza por alguna parte estrecha.
chota f. cabritilla; ternera que mama.
chozno, na adj. dícese del cuarto nieto o hijo del tataranieto.
chubasco m. aguacero acompañado de fuerte viento.
chuchería f. baratija.
chueca f. tocón.
chufa f. tubérculo de la raíz de la juncia.
chulear tr. galantear; piropear con salero. U.t.c.r.
chuleta f. costilla de cerdo o de res.
chumacera f. pieza metálica sobre la que gira el eje de una máquina.
chupado, da adj. extenuado; enjuto; flaco.
chupador m. pieza de figura redondeada que se da a los niños para que chupen.
chupar tr. sacar con los labios el jugo de algo; absorber. U.t.c.intr.
chupatintas m. empleado de oficina de baja categoría.
chupón, na adj. que chupa; que saca ganancia de todo lo que puede. U.t.c.s.
churdón m. frambueso; refresco de frambuesa.
churrigueresco, ca adj. estilo arquitectónico de estilo de Churriguera.
churro m. fruta de sartén.
chusco, ca adj. dícese de lo que tiene gracia y donaire.
chusma f. gente soez.
chuzo m. especie de pica.

D

d f. cuarta consonante y quinta letra del alfabeto.
dable adj. posible; hacedero.
dación f. for. acción de dar.
dactilar adj. dícese de las huellas digitales.
dactilografía f. mecanografía; escritura en máquina.
dactilología f. arte de hablar con los dedos.
dactiloscopia f. investigación de las huellas digitales, empleadas para la identificación de las personas.
dádiva f. lo que se da sinceramente; regalo.
dado m. pieza en forma cúbica de diversos materiales en cuyos lados hay señalados puntos y sirve para los juegos de azar.
dador, ra adj. el que da. T.s.
daga f. espada corta.
daguerrotipo m. aparato para fijar las imágenes recogidas con la cámara, en chapas metálicas.
dalia f. planta anua con flores de corola circular y botón central amarillo.
dalmática f. especie de túnica con mangas anchas que proviene de los dálmatas.
daltonismo m. padecimiento óptico que no permite distinguir los colores.
dama f. mujer distinguida; mujer galanteada por algún hombre; manceba; gamo.
damajuana f. botella grande que generalmente está forrada de mimbre.
damasco m. tela labrada con figuras realzadas.
damasquina f. planta anua y compuesta con flores solitarias de desagradable olor.
damasquinado m. ataujía de metales finos sobre hierro o acero.
damnificar tr. ocasionar daño.
dantesco, ca adj. perteneciente o relativo a Dante.
danza f. baile.
danzarín, na adj. bailarín. U.t.c.s.
danzón m. cierto baile cubano.
dañar tr. hacer mal. U.t.c.r.
daño m. menoscabo; maldad.

dar tr. entregar; donar; conferir algún poder.
dardo m. lanza pequeña que sirve para ser arrojada.
dársena f. lugar más protegido de algún puerto o islote.
darvinismo m. doctrina de Darwin.
data f. partida de descargo; fecha.
datar intr. fijar fecha para algo; poner en las cuentas lo que corresponde a la data. U.m.c.r.
dátil m. fruto de la palmera de figura elipsoidal muy duro y de sabor agradable.
dativo m. tercer caso de la declinación.
dato m. antecedente indispensable para obtener el conocimiento de algo; documento.
de f. preposición.
debate m. lucha; controversia; combate.
debatir tr. guerrear; discutir.
debe m. com. parte de una cuenta que contiene las partidas cargadas a una persona o entidad.
debelar tr. vencer a fuerza de armas.
deber tr. estar obligado a algo; obligación de efectuar algo.
débil adj. falto de carácter; de pocas fuerzas.
debilitar tr. decaer la fuerza o el poder de algo. U.t.c.r.
débito m. obligación recíproca de los esposos para la prolongación de la familia; deuda.
deca f. voz o prefijo que indica diez.
década f. período de tiempo que equivale a diez días.
decadencia f. principio de debilidad o ruina.
decadente adj. el que decae.
decaedro m. sólido que consta de diez lados.
decaer intr. ir a menos.
decagramo m. peso que es igual a diez gramos.
decalitro m. medida que es igual a diez litros.
decálogo m. los diez mandamientos de la ley de Dios.
decámetro m. medida que equivale a diez metros.
decano, na adj. persona que es la más antigua en una corporación. U.t.c.s.
decantar tr. engrandecer, propalar, ponderar.
decapitar tr. cortar la cabeza.
decena f. conjunto de diez unidades.
decencia f. aseo y compostura de alguna persona; recato; honestidad.
decenio m. espacio de tiempo que equivale a diez años.
decente adj. limpio, aseado; honesto.
decepción f. engaño; amargura que produce una desilusión.
decible adj. lo que se puede decir.
decidir tr. resolver; mover la voluntad para que tome una firme resolución. U.t.c.r.
decidor, ra adj. persona que platica con gracia. U.t.c.s.
decilitro m. décima parte de un litro.
décima f. cada una de las diez partes iguales en que puede dividirse un todo; composición poética de diez versos.
decímetro m. décima parte de un metro.
decir tr. expresar juicio por medio de la palabra.
decisión f. determinación.
declamación f. recitación; acto de declamar.
declamar intr. orar con vehemencia; recitar con la debida entonación.
declaración f. confesión; acción de declarar.
declarar tr. manifestar alguna intención o afecto; manifestar; explicar.
declinación f. decadencia; acción y efecto de declinar.
declinar intr. reclinar; inclinarse hacia abajo.
declive m. pendiente de algún terreno.
decocción f. med. amputación de un miembro o de cierta parte del cuerpo; acción de cocer sustancias en agua.
decolar intr. despegar un aeroplano.
decomisar tr. comisar.
decorado, da adj. engalanado con gracia; adornado.
decorar tr. adornar o engalanar algo.
decoro m. respeto y honor hacia alguien.
decrecer intr. menguar; disminuir.
decrépito, ta adj. viejo; caduco.
decrepitud f. ancianidad.

decrescendo m. mús. disminución gradual en la intensidad de un sonido.
decretar tr. resolver la persona que puede hacer alguna cosa; determinar.
decreto m. resolución autorizada.
décuplo, pla adj. que reúne diez veces la misma cantidad.
decurso m. continuación del tiempo.
dechado m. ejemplar o modelo de algo.
dedal m. utensilio pequeño de figura cilíndrica que protege el dedo al utilizar la aguja de coser.
dedicar tr. consagrar algo para cierto fin.
dedil m. dedal hecho de cuero que usan los segadores.
dedo m. cada una de las cinco partes prolongadas de la mano o del pie.
deducir tr. sacar consecuencias por deducciones.
defecar tr. expeler los excrementos.
defectivo, va adj. defectuoso.
defecto m. imperfección; falta.
defender tr. socorrer; proteger; apoyar.
defenestración f. acción de arrojar por una ventana.
defensa f. for. abogado; lo que defiende.
defensor, ra adj. que defiende o apoya. U.t.c.s.
deferencia f. adhesión al proceder de alguien por estimación o respeto.
deferir intr. adherirse al proceder o dictamen de otro.
deficiente adj. mal hecho; defectuoso.
definición f. explicación precisa y clara acerca de alguna cosa.
definir tr. explicar con exactitud algo. U.t.c.r.
definitivo, va adj. determinativo; concluyente.
deflagrar intr. arder algo de repente sin llama y sin explosión.
deformar tr. hacer deforme alguna cosa. U.t.c.r.
deformidad f. lo que está deforme; error grosero.
defraudar tr. no pagar los impuestos que corresponden; abusar de la confianza de alguien.
defunción f. muerte; fallecimiento.
deglución f. acto de deglutir.
deglutir intr. tragar los alimentos. U.t.c.r.
degollar tr. cortar la garganta; escotar el cuello de los vestidos.
degradar tr. quitar a alguno los honores y privilegios que tiene; humillar.
degüello m. matanza; parte más delgada del dardo.
dehesa f. terreno acotado y destinado a pasto.
dehiscente adj. dícese del fruto cuyo pericarpio se abre sólo para que salga la semilla.
deidad f. esencia divina; ser divino.
dejado, da adj. caído de ánimo; que es negligente.
dejar tr. abandonar o apartе de algo; omitir.
dejo m. tonillo especial en el modo de hablar; gusto que queda después de comer o beber.
delación f. acusación.
delantal m. prenda de vestir que se ata a la cintura y sirve para resguardar el delantero de la falda.
delantera f. parte anterior de alguna cosa; espacio conque uno se adelanta a otro.
delatar tr. acusar; denunciar.
delectación f. goce; deleite.
delegado, da adj. y s. persona a la que se le delega una facultad.
delegar tr. dar una persona a otra la jurisdicción que tiene bajo su poder, para conferirle su representación.
deleitación f. gusto; placer.
deleitar tr. agradar; gozar; complacer. U.t.c.r.
deleite m. delicia; agrado; gusto.
deletéreo, a adj. venoso.
deletrear intr. decir separadamente cada letra y cada sílaba.
deleznable adj. quebradizo; de poca duración.
delfín m. cetáceo carnívoro que abunda en todos los mares; llamábase así al primogénito del rey de Francia.
delgado, da adj. flaco; sutil; angosto.
delgaducho, cha adj. delgado.
deliberar intr. resolver con premeditación algo antes de decirlo.
delicadez f. de carácter quisquilloso; debilidad; delicadeza.
delicadeza f. atención; suavidad; finura.

delicado, da adj. atento; suave; fino.
delicioso, sa adj. que es agradable y ameno; atractivo.
delicuescente adj. que atrae la humedad del aire y se extingue con facilidad.
delimitar tr. fijar los límites a algo.
delincuente p.a. de delinquir; que delinque.
delinear tr. trazar las líneas de una figura o de un plano.
delinquir tr. ir contra la ley.
delirar intr. desviar; disparatar.
delírium tremens m. desvarío de la razón por el exceso de bebidas alcohólicas.
delito m. culpa; falta; homicidio.
delta f. letra griega que equivale a nuestra **d**; isla semejante a la forma de la delta.
deludir tr. burlar.
demagogia f. dominación tiránica de la plebe.
demagogo, ga m. y f. jefe de algún grupo popular y revolucionario.
demanda f. solicitud; súplica; petición.
demandado, da m. f. for. persona a la que se le ha formado juicio.
demandar tr. rogar; preguntar; hacer cargo de alguna cosa a alguien.
demarcación f. porción de terreno delimitado.
demarcar tr. fijar los límites.
demasía f. atrevimiento; exceso; desafuero.
demencia f. locura; desvarío de la razón.
demérito m. acción por la cual se desmerece; falta de mérito.
democracia f. sistema de gobierno en que el pueblo ejerce la soberanía.
demócrata adj. que practica la democracia. T.s.
demografía f. estudio que trata de los habitantes de un país, según sus profesiones, edades, etc., por medio de estadísticas.
demoler tr. arruinar; acabar con alguna cosa; derribar.
demoniaco, ca [-níaco, ca] adj. perteneciente o relativo al demonio.
demonio m. diablo; espíritu de la maldad.
demostrable adj. que puede demostrarse.
demostrar tr. manifestar; probar, señalar basándose en algo cierto.
demudar tr. cambiar repentinamente el color o el gesto del semblante; alterar. U.t.c.r.
denario, ria adj. antigua moneda romana.
denegar tr. no conceder lo pedido.
denegrir tr. ennegrecer. tr.
dengoso, sa adj. melindroso.
denigrar tr. infamar; deshonrar; mancillar.
denodado, da adj. intrépido; atrevido.
denominador, ra adj. que denomina; número que en los quebrados expresa las partes iguales en que está dividida la unidad.
denominar tr. nombrar con título particular.
densidad f. calidad de denso; unión entre el volumen y la masa de un cuerpo.
densificar tr. hacer densa una cosa. t. r.
denso, sa adj. compacto; espeso; confuso.
dentadura f. conjunto de dientes, muelas o colmillos que tiene en la boca una persona o un animal.
dental adj. perteneciente o relativo a los dientes.
dentellada f. mordida dada con gran fuerza.
dentellar intr. dar diente con diente por alguna convulsión o temblor.
dentición f. acción y efecto de endentecer.
dentículo m. adorno en figura de dientes.
dentífrico, ca adj. sustancia para limpiar los dientes.
dentista adj. cirujano dental. U. t.c.s.
dentro adv. en la parte interior.
dentudo, da adj. que tiene dentadura desproporcionada.
denuedo m. intrepidez; brío.
denuesto m. injuria de palabra.
denunciar tr. delatar ante una autoridad; dar aviso del descubrimiento de una mina; noticiar.
deparar tr. suministrar; presentar.
departir tr. ant. separar, repartir, dividir en partes.
depender intr. estar a las órdenes de alguien.
dependiente m. com. empleado que vende.

deponer intr. evacuar el vientre.
deportar tr. hacer salir a uno desterrado de un lugar.
deportista adj. y s. que es aficionado a los deportes.
depositar tr. confiar algo a una persona; poner un líquido en algún objeto.
depósito m. cosa depositada; lugar donde se deposita.
derivación f. deducción; descendencia.
derivar intr. traer su origen de algo; abatir. U.t.c.r.
dermatología f. estudio de las enfermedades de la piel.
dermatosis f. padecimiento de la piel que se manifiesta con manchas y granos.
dermis f. capa más gruesa de la piel.
derogar tr. destruir; anular una ley.
derrabar tr. quitar la cola a un animal.
derrama f. repartimiento de una contribución.
derramar tr. repartir; verter un líquido. U.t.c.r.
derrame m. derramamiento; lo que se derrama.
derredor m. circuito o contorno de algo.
derrengado, da adj. inclinado hacia un lado.
derrengar tr. torcer; descaderar. U.t.c.r.
derretir tr. hacer líquido por medio del calor alguna cosa sólida o congelada.
derribar tr. arruinar; demoler; echar por tierra.
derrochar tr. malgastar los bienes.
derrota f. vereda; senda; vencimiento y fuga de un ejército derrotado.
derrotar tr. desviar el rumbo; vencer; destruir.
derrotero m. línea señalada en carta de marear para gobierno de los pilotos en los viajes; rumbo.
derruir tr. arruinar; derribar.
derrumbadero m. despeñadero.
derrumbar tr. despeñar. U.t.c.r.
desabrido, da adj. p. p. de desabrir; manjar de sabor simple; desapacible; destemplado.
desabrimiento m. falta de sabor en algún manjar.
desabrochar tr. desasir los broches, botones o algo que se ajusta a la ropa; abrir. U.t.c.r.
desacatar tr. faltar al respeto a quien se le debe. U.t.c.r.
desacato m. falta de respeto hacia las cosas sagradas; irreverencia; falta de atención a los superiores.
desacertar intr. errar.
desacomodado, da p. p. de desacomodar; adj. los que no tienen facultades y medios para mantener su estado; que no está empleado.
desacomodar tr. quitar la comodidad; estar sin empleo. U.t.c.r.
desacreditar tr. quitar el crédito a alguien; privar de la estimación a alguna persona.
desacuerdo m. desacierto; olvido de algo; discordia.
desaferrar tr. soltar lo aferrado; apartar a alguno de sus teorías. U.t.c.r.
desafiar tr. provocar; retar.
desaficionar tr. perder la afición hacia algo. U.t.c.r.
desafinar intr. desviarse la entonación de algo; decir algo indiscreto o inoportuno. U.t.c.r.
desaforado, da p.p. de desaforar; adj. que obra atropelladamente; que se expide contra fuero.
desaforar tr. quebrantar los privilegios propios de alguno; descomedirse. U.t.c.r.
desafuero m. acción violenta contra la ley; acto que quita el fuero al que lo tenía.
desagradar intr. causar desagrado. U.t.c.r.
desagrado m. descontento; disgusto.
desagraviar tr. dar satisfacción al agraviado; resarcir el perjuicio hecho. U.t.c.r.
desaguadero m. canal por donde salen las aguas.
desaguar tr. quitar el agua de algún lugar.
desagüe m. acción y efecto de desaguar.
desahogar tr. aliviar el ánimo de trabajos y preocupaciones; confiar en alguien para depositar las quejas. U.t.c.r.
desahogo, da p.p. de desahogar; adj. descarado; persona acomodada económicamente.
desahuciar tr. quitar a alguien toda esperanza de poder lograr

algo; despedir a un inquilino. U.t.c.r.
desairado, da p. p. de **desairar**; adj. que no tiene garbo; que no sale airoso de lo que se propone.
desairar tr. desatender a alguien; deslucir.
desajustar tr. quitar el ajuste a alguna cosa.
desalado, da adj. acelerado, precipitado.
desalar tr. quitar las alas; quitar la sal al pescado.
desaliento m. falto de animación.
desaliñar tr. descomponer el atavío o arreglo. U.t.c.r.
desaliño m. desarreglo; descompostura.
desalojar tr. sacar de un lugar a alguien; dejar el sitio en que se vive.
desalterar tr. calmar la alteración; apaciguar.
desamar tr. dejar de amar.
desamor m. aborrecimiento; falta de amor y afecto.
desamortizar tr. dejar libres los bienes amortizados.
desamparar tr. desasir.
desangrar tr. sacar mucha sangre alguna persona o animal; agotar. U.t.c.r.
desanidar intr. dejar el nido.
desanimar tr. acobardar; desalentar. U.t.c.r.
desánimo m. falta de ánimo o de aliento.
desanudar tr. deshacer el nudo; aclarar lo enredado.
desapacible adj. que es desagradable a los sentidos; que provoca enfado.
desaparecerse r. ocultarse rápidamente. U.t.c.tr.
desapasionar tr. desarraigar la pasión que se tiene por algo. U.t.c.r.
desapego m. indiferencia.
desapolillar tr. quitar la polilla a algo.
desaprobar tr. no admitir algo; reprobar.
desapropiar tr. privar a alguien de la propiedad de alguna cosa. U. t.c.r.
desarbolar tr. tronchar los árboles; derribar los palos de la embarcación.
desarmar tr. obligar a entregar las armas; separar las cosas que integran una cosa. U.t.c.r.
desarraigar tr. arrancar de raíz; extinguir. U.t.c.r.
desarrapado, da adj. desharrapado.
desarreglar tr. desordenar; trastornar el orden. U.t.c.r.
desarreglo m. desorden.
desarticular tr. separar dos o más huesos articulados. U.t.c.r.
desaseado adj. que le hace falta aseo.
desasimilación f. falta de asimilación.
desasir tr. soltar lo asido.
desasosiego m. falta de calma y sosiego.
desastrado, da adj. infeliz; el que es desaseado.
desastre m. desgracia; suceso lamentable.
desatar tr. soltar lo que está atado; disolver; anular. U.t.c.r.
desataviar tr. acción de quitar los atavíos.
desatender tr. no poner atención a lo que se hace o dice; no hacer caso.
desatento, ta adj. falto de cortesía; que no pone atención debida.
desatinar tr. desatentar; hacer desatinos. U.t.c.intr.
desatino m. error; falta de tino; desacierto.
desatracar tr. quitar una nave de donde se atracó. U.t.c.r.
desatrancar tr. quitar la tranca a la puerta.
desautorización f. acción y efecto de desautorizar.
desautorizar tr. privar a alguien de la autoridad que le corresponde. U.t.c.r.
desavenencia f. contrariedad; discordia; egoísmo.
desavenir tr. desconcertar; discordar.
desavío m. acción de desaviar.
desayuno m. alimento que se toma por la mañana, antes que otro.
desazonar tr. quitar el gusto a algún manjar; enfadar. U.t.c.r.
desbancar tr. despejar un lugar de los bancos que lo ocupan; suplantar; hacer saltar la banca, en el juego.
desbandarse r. escapar en desorden; desertar.
desbarajustar tr. desordenar alguna cosa.
desbaratar tr. arruinar; estorbar; disipar los bienes.

desbarrar intr. discurrir irrazonablemente; tirar la barra sin cuidar de hacer tiro; errar.
desbecerrar tr. destetar a los becerros.
desbocar tr. quitar la boca.
desbordar intr. derramar; salirse de los bordes. U.t.c.r.
desbravar tr. domar al ganado cerril, muiar o caballar.
desbrozar tr. limpiar la broza.
desbullar tr. despojar a la ostra de su concha.
descabellar tr. despeinar, desgreñar. U.t.c.r.
descabezar tr. cortar la cabeza.
descaderar tr. hacer o hacerse uno daño grave en las caderas.
descalabrar tr. herir en la cabeza, maltratar.
descalabro m. daño; infortunio; pérdida.
descalcez f. calidad de descalzo.
descalificar tr. privar de calificación.
descaminar tr. apartar a alguien del camino que debe seguir; sacar del camino recto. U.t.c.r.
descamisado, da adj. que no tiene camisa; andrajoso. U.t.c.s.
descampado, da adj. terreno libre de malezas y espesuras.
descansar intr. reposar; dejar el trabajo para recuperar fuerzas.
descanso m. reposo; quietud; alivio.
descañonar tr. quitar los cañones a las aves.
descarado, da adj. falto de vergüenza.
descargadero m. lugar para descargar.
descargar tr. quitar la carga; disparar un arma de fuego.
descargo m. acción de descargar; excusa del cargo que se hace a alguien.
descarnar tr. quitar al hueso la carne; desmoronar alguna cosa. U.t.c.r.
descaro m. falta de respeto; insolencia.
descarriar tr. echar a alguien del carril; apartar del rebaño algunas reses. U.t.c.r.
descarrilar intr. salirse del carril los ferrocarriles; tranvías, etc.
descartar tr. apartar de sí alguna cosa; desechar lo inútil. U.t.c.r.
descarte m. cartas que se desechan.
descasar tr. declarar ilegítimo un matrimonio. U.t.c.r.
descascarar tr. quitar la cáscara.
descastado, da p.p. de descastar; adj. poco afectuoso con sus parientes; ingrato. U.t.c.s.
descastar tr. terminar con una casta.
descendencia f. estirpe; prole; sucesión.
descender intr. bajar; derivar; proceder de una misma persona.
descendiente p.a. de descender; descendente; que desciende.
descenso m. bajada; caída de una dignidad o estado a otro inferior.
descentrar tr. apartar una cosa de su centro. U.t.c.r.
descerezar tr. quitar a las semillas del café las cerezas en las que están contenidas.
descerrajar tr. disparar. U.t.c.r.
descifrar tr. declarar lo escrito en cifras; interpretar lo de difícil inteligencia.
desclavar tr. quitar clavos; quitar o desprender una cosa que esté clavada.
descoger tr. desplegar o extender lo que está plegado.
descolgar tr. bajar lo que está colgado, quitar las colgaduras; bajar algo por medio de cuerdas.
descolorido, da p.p. de descolorir; adj. de color muy pálido.
descollar intr. sobresalir. U.t.c.r.
descombrar tr. desembarazar algún lugar que tenga escombros.
descomedido, da adj. descortés desproporcionado.
descomedirse r. faltar al respeto de obra o palabra.
descomponer tr. desbaratar; separar las partes que integran un compuesto. U.t.c.r.
descompostura f. descomposición; desaseo; desaliño.
descompuesto, ta adj. atrevido; descortés; iracundo.
descomulgado, da adj. perverso; malvado. U.t.c.s.
descomunal adj. extraordinario; enorme.
desconceptuar tr. desacreditar. U.t.c.r.
desconcertado, da adj. desordenado; de malas costumbres; desbaratado.
desconcierto m. descomposición; desorden.

desconchar tr. romper el enlucido de una pared.
desconectar tr. elec. suprimir la corriente de un aparato o circuito.
desconfianza f. falta de confianza.
desconfiar intr. no confiar.
desconforme adj. no conforme.
desconocer tr. olvidar la idea que se tuvo de algo; negar lo propio.
desconocido, da adj. ingrato; no conocido; ignorado.
desconsiderar tr. no guardar consideración.
desconsolado, da adj. que no tiene consuelo.
desconsuelo m. tristeza; angustia; amargura.
descontento, ta adj. disgusto; desagrado.
descontinuo, nua adj. no continuo.
descorazonar tr. sacar el corazón; perder el ánimo. U.t.c.r.
descorchar tr. quitar el corcho.
descorrer tr. volver a correr el espacio corrido.
descortesía f. falta de cortesía.
descortezar tr. quitar la corteza a alguna cosa. U.t.c.r.
descosido, da adj. dícese de la persona que dice todo; desordenado.
descoyuntar tr. desencajar los huesos de su lugar. U.t.c.r.
descrédito m. pérdida de la reputación.
descreído, da adj. sin creencias; falto de fe.
describir tr. referir con sumo cuidado; delinear.
descripción f. narración minuciosa; delineación.
descriptivo, va adj. que describe.
descuajar tr. descoagular un líquido cuajado; arrancar la raíz de las plantas.
descuartizar tr. despedazar.
descubierta f. reconocimiento del campo.
descubrimiento m. encuentro de lo oculto o ignorado; adelanto científico o literario.
descubrir tr. encontrar lo ignorado o desconocido; manifestar; destapar.
descuello m. fig. elevación, superioridad.
descuento m. rebaja en el precio o en la compra de alguna cosa.
descuidado, da adj. desprevenido; negligente; omiso.
descuido m. desliz; omisión; olvido.
desdecir tr. retractarse; desmentir; negar la autenticidad de algo. U.t.c.r. e intr.
desdén m. desprecio; esquivez.
desdeñoso, sa adj. despegado; ingrato; esquivo.
desdibujado, da adj. dibujo defectuoso.
desdicha f. desgracia; pobreza, mala suerte.
desdichado, da adj. infeliz; desgraciado; desafortunado.
desdoblar tr. extender una cosa que estaba doblada.
desdorar tr. quitar el oro a alguna cosa; deslustrar.
desdoro m. deslustre o mancilla en la reputación o fama.
desear tr. codiciar; ambicionar; apetecer.
desecar tr. quitar la humedad. U. t.c.r.
desecativo, va adj. que deseca.
desechar tr. dejar de usar; excluir; reprobar.
desecho m. residuo; lo que se ha dejado de usar.
desembaldosar tr. quitar las baldosas.
desembarazar tr. quitar o allanar la dificultad o impedimento.
desembarazo m. despejo; desenfado.
desembargar tr. alzar el embargo.
desembarrancar tr. salir a flote la nave que está varada. U.t.c. intr.
desembocadura f. sitio en que se sale de un camino a otro.
desembocar intr. desaguar los canales y ríos en el mar.
desembolsar tr. entregar algún dinero; sacar de la bolsa.
desembolso m. entrega de algún dinero.
desembragar tr. separar un mecanismo del eje motor.
desembuchar tr. arrojar lo que hay en el buche.
desemejanza f. diferencia; falta de parecido.
desemejar intr. no presentar semejanza una cosa con otra de su misma especie; desfigurar. U. t.c.r.

desempacar tr. sacar las mercaderías de las pacas.
desempaquetar tr. desenvolver lo empaquetado. U.t.c.r.
desempastelar tr. deshacer un pastel.
desempatar tr. deshacer el empate que existía entre algo.
desempedrar tr. desencajar las piedras de algún empedrado.
desempeñar tr. cumplir lo ofrecido; sacar lo empeñado.
desemperezar intr. combatir o sacudir la pereza. U.t.c.r.
desempleo m. neol. falta de empleo.
desempolvar tr. quitar el polvo. U.t.c.r.
desemponzoñar tr. combatir la ponzoña.
desenamorar tr. hacer perder el amor que se tiene hacia algo o alguien; deponer el afecto que se le tenía. U.t.c.r.
desencadenar tr. quitar la cadena; desvincular; desenfrenarse. U. t.c.r.
desencajar tr. desunir una cosa del encaje o trabazón que tenía con otra. U.t.c.r.
desencantar tr. perder el encanto. U.t.c.r.
desencarcelar tr. sacar de la cárcel. U.t.c.r.
desenclavar tr. desclavar.
desencoger tr. extender lo encogido; doblado o enrollado; esparcirse. U.t.c.r.
desencolerizar tr. apaciguar la cólera. U.t.c.r.
desenconar tr. mitigar o quitar la inflamación o encendimiento.
desencono m. acción y efecto de desenconar.
desencordar tr. quitarle las cuerdas a un instrumento.
desencuadernar tr. deshacer lo que está encuadernado; descomponer. U.t.c.r.
desenfadado, da adj. despejado; desembarazado.
desenfado m. desahogo; despejo; diversión.
desenfrenar tr. quitar el freno a las caballerías.
desenfundar tr. sacar lo que está dentro de una funda.
desenganchar tr. desprender algo que está enganchado.
desengañar tr. desvanecer esperanzas; hacer conocer el engaño. U. t.c.r.
desengaño m. desilusión; conocimiento del engaño o error en que se encontraba uno.
desengranar tr. separar ruedas dentadas.
desengrasar tr. enflaquecer; perder o quitar la grasa.
desengrosar tr. adelgazar; enflaquecer.
desenhebrar tr. quitar la hebra de la aguja.
desenjaezar tr. quitar los jaeces.
desenjalmar tr. quitar la enjalma.
desenlace m. acción y efecto de desenlazar.
desenladrillar tr. arrancar los ladrillos del suelo.
desenlazar tr. soltar los lazos; aclarar. U.t.c.r.
desenmarañar tr. desenredar; deshacer el enredo; aclarar.
desenmascarar tr. quitar la máscara.
desenojar tr. hacer perder o calmar el enojo.
desenredar tr. deshacer lo enredado.
desenroscar tr. y r. extender lo que estaba enroscado.
desensamblar tr. quitar el ensamble a piezas de madera.
desensillar tr. acción de quitar la silla.
desenterrar tr. exhumar.
desentonar tr. abatir el orgullo o entono de alguien; salir el tono.
desentono m. desproporción en el tono de voz; descomedimiento.
desentorpecer tr. sacudir la torpeza. U.t.c.r.
desentrañar tr. arrancar las entrañas; averiguar.
desentronizar tr. destronar. U.t.c.r.
desentumir tr. desentumecer. U. t.c.r.
desenvainar tr. sacar de la vaina.
desenvoltura f. poca vergüenza; desembarazo.
desenvolver tr. descifrar; desarrollar; descubrir lo enredado. U. t.c.r.
deseo m. movimiento enérgico de la voluntad que apetece algo.
deseoso, sa adj. que desea.
desequilibrar tr. hacer perder el equilibrio. U.t.c.r.
desequilibrio m. falta de equilibrio.
desertar intr. separarse de una causa o partido. U.t.c.r.

desértico, ca adj. sitio que no está poblado; relativo al desierto.
desertor m. soldado que abandona la milicia.
desesperación f. pérdida total de la esperanza; alteración del ánimo por alguna causa desagradable.
desesperanzar tr. quitar a alguien la ilusión o la esperanza.
desesperar tr. impacientar; exasperar; desesperanzar. U.t.c.r. o intr.
desestimar tr. degenerar, desechar.
desfachatez f. desvergüenza; descaro.
desfalcar tr. quitar parte de algo.
desfalco m. acción y efecto de desfalcar.
desfallecer tr. causar desfallecimiento; disminuir las fuerzas. U.t.c. intr.
desfallecimiento m. desmayo; extinción.
desfavorable adj. perjudicial; poco favorable; adverso.
desfibrar tr. arrancar las fibras a las hojas; desvenar.
desfigurar tr. desemejar; afear; disfrazar.
desfiladero m. paso estrecho entre montañas.
desfilar intr. marchar en fila; salir varios, uno tras otro.
desflecar tr. hacer flecos.
desflorar tr. ajar; quitar el lustre; tratar con descuido algún tema o asunto.
desfogar tr. dar salida al fuego; exponer fogosamente o con ardor una pasión.
desfondar tr. quitar el fondo a algún vaso o caja. U.t.c.r.
desgajadura f. rotura de la rama cuando lleva consigo parte de la corteza.
desgajar tr. desgarrar; arrancar violentamente la rama del tronco de donde nace. U.t.c.r.
desgalichado, da adj. fam. desgarbado, desaliñado.
desgana f. falta de gana de comer; inapetencia; congoja.
desgañitarse r. fam. enronquecer gritando.
desgarbado, da adj. falto de garbo.
desgarrar tr. rasgar; apartar; separar. U.t.c.r.
desgarro m. rotura; desvergüenza; descaro.
desgarrón m. rasgadura o rotura grande en la ropa.
desgastar tr. consumir poco a poco por el roce alguna cosa; desperdiciar. U.t.c.r.
desglosar tr. quitar la glosa de algún escrito.
desgobernar tr. perturbar; deshacer; dislocar.
desgobierno m. falta de gobierno; desorden.
desgolletar tr. trozar el cuello a una vasija.
desgracia f. mala suerte; suerte adversa.
desgraciado, da adj. que tiene mala suerte; el que es desafortunado.
desgraciar tr. desagradar; disgustar; echar a perder alguna cosa. U.t.c.r.
desgranar tr. sacar el grano de alguna cosa; soltarse las piedras ensartadas. U.t.c.r.
desgreñar tr. desordenar los cabellos. U.t.c.r.
desguarnecer tr. quitar la guarnición.
desguazar tr. carp. desbastar un madero.
deshabitar tr. abandonar la habitación.
deshabituar tr. hacer que se pierda el hábito.
deshacer tr. destruir lo que está hecho.
deshebrar tr. sacar las hebras de alguna tela.
deshecha f. disimulo para quitar alguna sospecha.
deshecho, cha adj. impetuoso.
desherbar tr. arrancar las hierbas perjudiciales.
desheredar tr. excluir a alguien de una herencia forzosa.
desherrar tr. quitar los hierros al que está preso; quitar las herraduras a las caballerías. U.t.c.r.
deshidratar tr. quím. privar de agua a un cuerpo.
deshielo m. acción y efecto de deshelar.
deshilachar tr. sacar hilachas. U.t.c.r.
deshilar tr. sacar hilos de algún tejido; destejer. U.t.c.r.
deshilvanar tr. quitar los hilvanes.
deshojar tr. quitar las hojas.
deshoje m. caída de las hojas de las plantas.

deshonesto, ta adj. indecoroso; impúdico.
deshonor m. afrenta; pérdida del honor.
deshonrar tr. injuriar; quitar la honra. U.t.c.r.
deshonroso, sa adj. indecoroso; afrentoso.
desiderátum m. lo más digno de ser apetecido.
desidia f. inercia; negligencia.
desierto, ta adj. inhabitado; despoblado.
designar tr. formar propósito; indicar; señalar.
designio m. propósito del entendimiento.
desigual adj. dícese de lo que no es igual; excesivo; extremado.
desigualdad f. calidad de desigual.
desilusión f. pérdida de ilusiones; desengaño.
desilusionar tr. hacer perder a alguien las ilusiones; desengañar. U.t.c.r.
desinencia f. terminación; forma de terminar las palabras.
desinfectar tr. quitar la infección destruyendo los microbios y evitando su desarrollo.
desinflamar tr. quitar la inflamación. U.t.c.r.
desinflar tr. sacar de un cuerpo el aire que lo inflaba.
desinsectar tr. limpiar de insectos.
desinterés m. desprendimiento de todo bienestar personal.
desinteresado, da adj. desprendido.
desistir intr. apartarse de una empresa.
deslavar tr. lavar superficialmente; quitar fuerza y vigor. U.t.c.r.
desleal adj. que actúa sin lealtad. U.t.c.s.
deslechar tr. limpiar a los gusanos de seda de inmundicias.
deslenguado, da adj. mal hablado; desvergonzado.
deslenguar tr. cortar la lengua; desvergonzarse. U.t.c.r.
desligar tr. desatar; librar de algo.
deslindar tr. señalar los términos de una heredad o terreno; aclarar.
desliz m. acción y efecto de deslizar; caída en alguna flaqueza.
deslizar intr. resbalar los pies por una superficie mojada o lisa; cometer un descuido.
deslomar tr. quebrantar los lomos. U.t.c.r.
deslucir tr. quitar el atractivo o la gracia de alguna cosa; desacreditar. U.t.c.r.
deslumbrar tr. opacar la vista por exceso de luz. U.t.c.r.
deslustrar tr. quitar el lustre. U.t.c.r.
desmadejado adj. que siente flojedad o quebrantamiento en el cuerpo.
desmadejar tr. causar flojedad en el cuerpo. U.t.c.r.
desmadrado, da adj. dícese del animal abandonado por la madre.
desmán m. suceso infausto; desorden en obras o palabras.
desmandar tr. revocar la orden o mandato; propasarse. U.t.c.r.
desmantelar tr. arruinar las fortificaciones de alguna plaza; desamparar. U.t.c.r.
desmaño m. descuido, desgaire, desaliño.
desmarrido, da adj. desfallecido; mustio.
desmayar tr. causar desmayo; perder el sentido. U.t.c.r.
desmayo m. desaliento; privación de las fuerzas y de los sentidos.
desmedido, da adj. desproporcionado; desmesurado.
desmedirse r. descomedirse o excederse.
desmedrar tr. deteriorar.
desmedro m. acción y efecto de desmedrar.
desmelenar tr. desordenar el cabello. U.t.c.r.
desmembrar tr. dividir y apartar los miembros del cuerpo. U.t.c.r.
desmemoriado, da adj. torpe; falto de memoria.
desmemoriarse r. olvidarse; faltar a uno la memoria.
desmentir tr. decir a uno que miente; probar la falsedad de un hecho o dicho.
desmenuzar tr. deshacer algo en partes muy menudas.
desmerecer tr. perder una cosa parte de su valor; hacerse indigno de alabanza. U.t.c. intr.
desmesurar tr. descomponer; desarreglar; descomedirse. U.t.c.r.
desmochar tr. cortar la parte superior de una cosa.
desmonetizar tr. abolir el uso de un metal para la acuñación de moneda.
desmontable adj. dícese de todo aquello que se puede desmontar.

desmontar tr. cortar en un monte los árboles; quitar la cabalgadura a alguno. U.t.c.r. y c. intr.
desmonte m. acción de desmontar.
desmoralizar tr. corromper y alterar las buenas costumbres. U. t.c.r.
desmoronar tr. arruinar poco a poco un edificio; deshacer. U. t.c.r.
desmotar tr. quitar las motas. U.t.c.r.
desnatar tr. quitar la nata a la leche. U.t.c.r.
desnaturalizado, da adj. cruel; injusto; despiadado.
desnaturalizar tr. privar a alguien del derecho de naturaleza y patria; desfigurar alguna cosa. U. t.c.r.
desnivel m. falta de nivel.
desnivelar tr. alterar la nivelación. U.t.c.r.
desnucar tr. sacar de su lugar los huesos de la nuca. U.t.c.r.
desnudar tr. quitar las vestiduras; quitar la envoltura de alguna cosa.
desnudismo m. nudismo.
desnudo, da adj. que no tiene vestido; falto de adorno.
desnutrición f. trastorno de la nutrición que ocasiona la depauperación del organismo.
desobedecer tr. no hacer lo que ordenan los superiores o las leyes.
desobediente m. que desobedece. U.t.c.r. adj.
desocupación f. falta de ocupación.
desocupado, da adj. ocioso; que no tiene ninguna ocupación.
desocupar tr. dejar libre y sin impedimento algún lugar.
desodorante adj. que destruye los olores molestos o nocivos. T.s.
desoir tr. desatender.
desolación f. acción y efecto de desolar o desolarse.
desolado, da adj. muy abatido y preocupado.
desolar tr. afligirse en extremo; asolar.
desolladero m. matadero.
desollado, da adj. sin vergüenza; descarado.
desollar tr. despojar de la piel.
desorden m. confusión; alteración.
desordenado, da adj. que no tiene orden; confuso.
desordenar tr. alterar el orden.
desorejado, da adj. dícese de ciertas malas mujeres; infame; abyecto.
desorejar tr. cortar las orejas.
desorganizar tr. desordenar en exceso; alterar. U.t.c.r.
desorientar tr. perder la orientación. U.t.c.r.
desosar tr. deshuesar.
desovar intr. soltar sus huevos los peces.
desoxidar tr. acción de quitar el oxígeno a una sustancia. T.r.
despabilado, da adj. despejado; vivo.
despabilar tr. quitar la parte quemada a la luz artificial; avivar; quitar. U.t.c.r.
despachar tr. terminar un negocio; despedir; vender.
despacho m. acción y efecto de despachar; lugar destinado a despachar.
despalillar tr. quitar las venas gruesas de las hojas del tabaco antes de torcerlo o picarlo.
despampanar tr. dejar atónita a alguna persona; quitar los pámpanos a las vides.
despanzurrar tr. romper la panza. U.t.c.r.
despapar intr. llevar el caballo la cabeza muy levantada. U.t.c. tr
desparejar tr. deshacer la pareja. U.t.c.r.
desparpajo m. habilidad en el hablar y en el actuar.
desparramar tr. esparcir.
desparvar tr. levantar la parva amontonando la mies trillada para aventarla.
despavesar tr. quitar el pabilo o mecha ya quemada a la luz artificial.
despavorido, da adj. lleno de pavor.
despearse r. maltratarse los pies por haber caminado mucho.
despectivo, va adj. despreciativo.
despechar tr. causar indignación; dar pesar.
despecho m. indignación; malquerencia.
despechugar tr. quitar la pechuga a un ave; traer descubierto el pecho. U.t.c.r.
despedazar tr. hacer pedazos alguna cosa. U.t.c.r.
despedir tr. arrojar una cosa; alejar de sí a alguien; desprender; separarse de alguien. U.t.c.r.

despedregar tr. arrancar las piedras de la tierra.
despegado, da adj. áspero en el trato; descortés.
despegar tr. desprender lo que está pegado.
despego m. aspereza; desamor.
despeinar tr. desordenar el cabello. U.t.c.r.
despejado, da adj. que tiene soltura en el trato.
despejar tr. desalojar un sitio; encontrar el valor de una incógnita; adquirir soltura. U.t.c.r.
despejo m. que despeja; desembarazo.
despeluzar tr. erizar el cabello. U.t.c.r.
despeluznar tr. despeluzar.
despellejar tr. desollar; quitar el pellejo. U.t.c.r.
despenar tr. quitar a uno las penas.
despensa f. sitio destinado para guardar los comestibles.
despensero, ra m. f. persona encargada de la despensa.
despeñadero m. precipicio.
despeñar tr. arrojar una cosa desde un lugar alto; precipitar. U. t.c.r.
despepitarse r. alterarse; gritar con furia; arrojarse a algo sin miramientos.
despercudir tr. quitar lo percudido.
desperdiciar tr. emplear mal el dinero o la comida; malbaratar.
desperdicio m. derroche de los bienes; residuo de lo que no se puede aprovechar.
desperdigar tr. separar. U.t.c.r.
desperfecto m. deterioro en algo;
despernar tr. cortar o maltratar las piernas. U.t.c.r.
despertador, ra adj. que despierta; reloj que a la hora en que se le pone hace sonar un timbre para despertar. U.t.c.s. m. y f.
despertar tr. interrumpir el sueño al que está dormido; recordar; renovar. U.t.c.r.
despiadado, da adj. impío; inhumano; cruel.
despicar tr. satisfacer; vengarse de alguna ofensa o pique. U.t.c.r.
despierto, ta adj. vivo; advertido.
despilfarrar tr. malgastar; derrochar. U.t.c.r.
despilfarro m. derroche.
despimpollar tr. quitar los pimpollos a la vid.
despintar tr. quitar lo pintado. T.r.
despinzar tr. quitar con pinzas los pelos a las pieles, paños, etc.
despiojar tr. y r. quitar los piojos.
despique m. desagravio.
despistar tr. hacer perder la pista. U.t.c.r.
desplacer tr. disgusto; pena; amargura. U.t.c.r.
desplante m. audacia; desfachatez; postura irregular.
desplazar tr. desalojar en el agua el buque un volumen igual al de la parte sumergida de su casco.
desplegar tr. desdoblar lo que está plegado o doblado; extenderse; abrirse. U.t.c.r.
desplomar tr. caer a plomo; perder la posición vertical. U.t.c.r.
desplomo m. desviación de la vertical en una pared.
desplumar tr. despojar al ave de sus plumas; pelar. U.t.c.r.
despoblado adj. desierto; yermo; páramo.
despoblar tr. hacer de un lugar poblado un yermo o desierto.
despojar tr. desposeer; desnudarse; U.t.c.r.
despojo m. acción y efecto de despojar.
desportillar tr. romper el borde de algún objeto.
desposado, da adj. recién casado; sujeto o aprisionado con esposas. U.t.c.s.
desposeer tr. privar a alguno de lo que poseía.
desposorio m. casamiento; promesa mutua de contraer nupcias.
déspota m. el que tenía la total autoridad en algunos pueblos; persona áspera y cruel para tratar a sus semejantes.
despótico, ca adj. supremo; absoluto; tiránico.
despotismo m. ejercer tiranía con autoridad absoluta y arbitraria.
despotricar intr. fam. hablar sin consideración ni reparo de todo lo que a uno le suceda.
despreciable adj. digno de desprecio.
despreciar tr. desdeñar; tener en poca estima alguna cosa o persona.
despreciativo, va adj. que indica desprecio.

desprecio m. desdén; desaire; falta de aprecio.
desprender tr. desunir lo que estaba unido.
desprendido, da adj. dadivoso; generoso; liberal.
desprendimiento m. acción de desprenderse alguna cosa; desapego.
despreocupación f. falta de preocupación.
despreocuparse r. desentenderse; apartar de una persona o cosa la atención.
desprestigiar tr. quitar el prestigio.
desproporcionado, da adj. que no tiene la proporción conveniente o necesaria.
despropósito m. acto fuera de razón o de conveniencia.
después adv. que denota posterioridad de tiempo o lugar.
despuntar tr. descollar; romper la punta; empezar a brotar.
desquiciar tr. desencajar; sacar de quicio. U.t.c.r.
desquijarar tr. rasgar la boca dislocando las quijadas. U.t.c.r.
desquitar tr. restaurar lo que se ha perdido; tomar satisfacción o venganza de alguna ofensa. U.t.c.r.
desquite m. desagravio; despique; recobro de lo perdido.
destacamento m. porción de tropa destacada.
destacar tr. hacer figurar o resaltar; separar para algún fin una porción de tropa.
destajero, ra adj. dícese del que trabaja a destajo.
destajo m. trabajo o tarea que se ajusta por un tanto.
destarar tr. rebajar la tara de lo que se ha pesado en ella.
destartalado, da adj. desordenado; desarreglado.
destazar tr. despedazar alguna cosa.
destellar tr. lanzar rayos luminosos; brillar.
destello m. acción de destellar; luz esplendorosa; inteligencia.
destemplanza f. desorden; alteración; acción y efecto de destemplar.
destemplar tr. alterar; desordenar.
destemple m. acción y efecto de destemplar o de destemplarse.
desteñir tr. borrar el tinte. U t.c.r.
desternillarse r. romperse las ternillas.
desterrar tr. apartar de sí algo que no resulta agradable; expulsar de un territorio.
destetar tr. quitar la teta a un niño o a un animal. U.t.c.r.
destierro m. pena que consiste en echar de un territorio a alguna persona.
destilador, ra adj. que destila; alambique.
destilar tr. separar por medio del calor una sustancia volátil de otra.
destilería f. lugar donde se destila.
destinar tr. asignar algo para determinado fin; nombrar a una persona para un destino.
destinatario, ria adj. dícese de la persona a quien va destinada alguna cosa. U.t.c.s. m. y f.
destino m. hado; encadenamiento de los acontecimientos considerado como ineludible; empleo; señalamiento.
destituir tr. exonerar de un empleo o cargo de importancia.
destornillador, ra adj. que destornilla.
destornillar tr. sacar un tornillo dándole vueltas.
destral m. hacha pequeña.
destrenzar tr. deshacer la trenza.
destreza f. habilidad y arte para ejecutar alguna cosa.
destripar tr. sacar las tripas. U. t.c.r.
destripaterrones m. fam. peón de campo.
destrísimo, ma adj. dícese del que es muy diestro.
destriunfar tr. quitar los triunfos en el juego de naipes.
destronar tr. expulsar del trono; privar del reinado.
destrozar tr. hacer trozos. U.t.c.r.
destrozo m. acción y efecto de destrozar o destrozarse.
destructible adj. que es fácil de destruir.
destructivo, va adj. que tiene el poder de destruir.
destruir tr. arruinar; deshacer alguna cosa; romper. U.t.c.r.
desuncir tr. quitar el yugo.
desunión f. desavenencia; separación de lo que está unido.
desunir tr. introducir discordia; apartar; separar lo unido. U.t.c.r.
desuso m. falta de uso.

desvaído, da adj. dícese de la persona alta y desgarbada.
desvalijar tr. sacar lo que hay en una valija; robar la valija.
desvalimiento m. abandono; falta de ayuda.
desván m. parte más alta de una casa cerca del tejado.
desvanecer tr. disgregar las partículas de una materia en otra; atenuar. U.t.c.r.
desvanecido, da adj. soberbio, vanidoso.
desvarar tr. resbalar; deslizarse; poner a flote la nave varada. U. t.c.r.
desvarío m. delirio; acción fuera de tono y razón.
desvelar tr. no dejar dormir; quitar el sueño; esmerarse en algo. U.t.c.r.
desvencijar tr. desunir; aflojar. U. t.c. intr.
desvendar tr. quitar la venda; desilusionar.
desventaja f. perjuicio; mengua.
desventajoso, sa adj. que ocasiona desventaja.
desventura f. desgracia; desdicha; mala suerte.
desventurado, da adj. desdichado; desgraciado; infeliz.
desvergonzado, da adj. que actúa con desvergüenza.
desvergüenza f. insolencia; falta de vergüenza.
desvestir tr. desnudar. T.r.
desviar tr. disuadir; apartar a alguien de un camino inconveniente. U.t.c.r.
desvincular tr. apartar del dominio de una familia los bienes que siempre habían estado bajo su poder.
desvío m. desviación; despego; desagrado.
desvirgar tr. privar de su virginidad a una doncella. U.t.c.r.
desvirtuar tr. quitar la virtud
desvolvedor m. instrumento para apretar o aflojar tuercas.
detallado, da adj. en detalle; minucioso.
detalle m. pormenor: relación circunstanciada.
detección f. acción de descubrir la presencia de una cosa.
detector m. aparato de la telegrafía sin hilos que demuestra la presencia de las ondas hertzianas.
detener tr. arrestar; estorbar; retener. U.t.c.r.
detenimiento m. detención; reflexión; prudencia.
detentar tr. retener alguno sin derecho lo que no le pertenece.
detergente adj. que purifica y limpia. U.t.c.s.
deteriorar tr. poner en inferior condición alguna cosa; menoscabar. U.t.c.r.
deterioro m. daño; menoscabo.
determinado, da adj. decidido; valeroso; resuelto.
determinante p.a. de **determinar**; que determina. U.t.c.adj.
determinar tr. asignar los términos; tomar resolución. U.t.c.r.
determinativo, va adj. que resuelve.
determinismo m. fil. sistema que admite la influencia de los motivos.
detersorio, ria adj. que tiene facultad de limpiar o purificar.
detestable adj. abominable; pésimo; execrable.
detestar tr. abominar; execrar; condenar.
detonación f. acción y efecto de detonar; estrépito.
detonador, ra adj. que detona; mixto que obliga a detonar a un explosivo.
detorsión f. torcedura de los músculos en forma violenta
detracción f. murmuración.
detractor, ra adj. infamador; maldiciente. U.t.c.s.
detraer tr. infamar; apartar; desviar. U.t.c.r.
detrimento m. destrucción leve; daño moral.
detrito m. resuelto de la descomposición de una sustancia
deturpar tr. desdorar; macular.
deuterio m. isótopo del hidrógeno; símbolo D.
deuterón m. núcleo del átomo de deuterio.
devanar tr. arrollar hilo en ovillo o carrete.
devaneo m. desconcierto; desatino; distracción vana y reprensible.
devastación f. acción y efecto de devastar.
devastar tr. destruir un territorio
devengar tr. adquirir una ganancia, un sueldo.
devoción f. fervor religioso.

devolución f. restitución.
devolutivo, va adj. que devuelve.
devolver tr. restituir; volver.
devorar tr. tragar con ansia; consumir.
dextrina f. materia amorfa semejante al almidón, se obtiene de éste para sustituir a la goma.
deyección f. nombre que se da a los residuos de cosas o materias.
día m. período de tiempo correspondiente a veinticuatro horas.
diabetes f. padecimiento que se caracteriza por la presencia de azúcar en la orina.
diablesa f. diablo hembra.
diablura f. travesura; maldad.
diabólico, ca adj. perteneciente o relativo al diablo.
diacrítico, ca adj. dícese de los signos ortográficos que sirven para distinguir las letras y los sonidos.
diadema f. corona; cinta blanca que antiguamente ceñía la cabeza de los reyes.
diafanidad f. transparencia.
diáfano, na adj. transparente; claro.
diaforético, ca adj. sudorífico.
diafragma m. músculo que separa la cavidad del pecho de la del vientre.
diagnosis f. med. conocimiento de los síntomas de las enfermedades.
diagnosticar tr. determinar el carácter de una enfermedad.
diagrama m. dibujo geométrico que demuestra gráficamente una cosa.
dialéctica f. ciencia filosófica que trata del raciocinio y sus leyes, formas y modos de expresión.
dialecto m. lengua que se diferencia del idioma oficial de una nación por ciertas terminaciones.
diálisis f. separación de los coloides y cristaloides cuando están disueltos juntamente.
dializar tr. purificar una materia por medio de la diálisis.
diálogo m. plática entre dos o más personas.
dialoguista com. personas que escribe y compone diálogos.
diamante m. piedra preciosa, formada de carbono cristalizado.
diamantífero adj. que posee diamantes.
diamantino, na adj. perteneciente o relativo al diamante.
diametral adj. relativo al diámetro.
diámetro m. línea recta que divide al círculo en dos mitades.
diana f. toque militar para que la tropa se levante.
diapasón m. instrumento útil para regular voces e instrumentos.
diaquillón m. ungüento ablandativo para emplastos.
diario, ria adj. correspondiente a todos los días; libro en que se escribe cada día alguna cosa; periódico que se publica diariamente. U.t.c.s.
diarrea f. frecuentes evacuaciones líquidas del vientre.
diástole m. movimiento mediante el cual se dilata el corazón.
diátesis f. tendencia a contraer determinadas enfermedades.
diatónico, ca adj. dícese del sistema musical que procede por dos tonos y un semitono.
diatriba f. discurso violento y ofensivo.
dibujar tr. delinear figuras. U.t.c.r.
dibujo m. arte que enseña a dibujar; delineación.
dicción f. palabra; manera de expresarse cada quien.
diccionario m. libro en que por orden alfabético se reúnen las dicciones.
diciembre m. duodécimo mes del año con treinta y un días.
diciente p.a. de decir; que dice.
dicotiledóneo, a adj. llámase así a las semillas con dos cotiledones.
dictado m. acción de dictar.
dictador m. magistrado que reúne todos los poderes.
dictadura f. cargo de dictador.
dictamen m. opinión acerca de algo.
dictar tr. pronunciar en voz alta y clara algunas palabras para que otro las escriba.
dictatorio, ria adj. perteneciente al cargo de dictador.
dicha f. suceso feliz.
dicho m. palabra o expresión.
dichoso, sa adj. feliz; afortunado.
didáctica f. arte de enseñar.
didascálico, ca adj. didáctico.
didelfos m. pl. dícese de los animales cuyas hembras tienen una bolsa donde están las mamas.
dídimo, ma adj. órgano formado por dos partes iguales.
diedro adj. mat. aplícase al ángulo formado por dos planos.

diente m. hueso engastado en la mandíbula descubierto en parte para que sirva como órgano de masticación; punta de los engranes de una rueda.
diéresis f. figura que consiste en deshacer un diptongo, haciendo de una sílaba dos; gram. signo ortográfico.
diesi f. cada uno de los tres tonos que los griegos introducían en el intervalo de un tono mayor.
diestra f. derecha.
diestro, tra adj. derecho; experto y hábil para algo.
dieta f. privación de comer determinados alimentos; congreso en el que deliberan asuntos que les son comunes los Estados que integran una confederación.
dietética f. tratado de la higiene en las enfermedades.
diezmar tr. sacar de cada diez uno; fig. causar gran mortandad.
difamar tr. desacreditar con palabras o con hechos la reputación de alguien; divulgar.
difamatorio, ria adj. que difama.
diferencia f. cualidad o circunstancia por la cual una cosa se distingue de otra; resto.
diferencial adj. perteneciente a la diferencia de las cosas; diferencia mínima de una variable.
diferenciar tr. establecer diferencia; distinguir. U.t.c.r.
diferente adj. distinto.
diferir tr. dilatar; suspender la ejecución de algo; distinguirse entre sí dos cosas. U.t.c. intr.
difícil adj. dícese de todo aquello que se logra con mucho trabajo.
dificultad f. inconveniente; embarazo; obstáculo.
difidencia f. falta de fe.
difluir intr. derramarse; expandirse.
difracción f. desviación de los rayos luminosos.
difractar tr. fís. sufrir difracción.
difteria f. padecimiento infeccioso de la garganta.
difumar tr. esfumar.
difundir tr. propagar; extender; publicar. U.t.c.r.
difunto, ta adj. muerto; sin vida.
difuso, sa adj. ancho; superabundante en palabras.
digerir tr. transformar los alimentos en sustancia propia para la nutrición.
digestible adj. que es de fácil digestión.
digestión f. acción y efecto de digerir.
digestivo, va adj. que hace más fácil la digestión.
digitación f. arte de mover los dedos en algún instrumento.
digital adj. perteneciente o relativo a los dedos.
digitiforme adj. de forma de dedo.
digitígrado, da adj. animal que al andar sólo apoya los dedos como el gato.
dígito adj. y s. mat. número que puede expresarse con un guarismo.
dignarse r. tener la dignación de hacer alguna cosa.
dignatario, ria adj. persona que ejerce una dignidad. U.t.c.s.
dignidad f. calidad de digno; cargo honorífico.
dignificar tr. conceder dignidad a alguna cosa. U.t.c.r.
digno, na adj. que es merecedor de algo; benemérito.
digresión f. efecto de apartarse del tema en algún discurso.
dij o dije m. adorno pequeño del reloj o pulsera.
dilacerar tr. lacerar; despedazar las carnes de personas o animales.
dilación f. dilatación; extensión.
dilapidar tr. malgastar o derrochar los bienes propios o ajenos.
dilatación f. acción de dilatar.
dilatar tr. hacer que una cosa sea mayor o que ocupe más lugar o tiempo; retardar. U.t.c.r.
dilatorio, ria adj. for. que prolonga la tramitación de un asunto.
dilección f. amor reflexivo.
dilecto, ta adj. que es amado con dilección.
dilema m. argumento formado de dos proposiciones contrarias que llevan a la misma conclusión.
diligencia f. actividad; prontitud; rapidez; coche grande arrastrado por caballos.
diligente adj. ligero en el obrar; cuidadoso; activo.
dilucidar tr. ilustrar; explicar.
diluir tr. desleír.
diluviar tr. llover mucho.
diluvio m. inundación precedida de fuertes tormentas.
dimanar intr. proceder el agua de

sus manantiales; **derivar una** cosa de otra.
dimensión f. extensión; **medida.**
dimidiar tr. partir en mitades.
diminutivo, va adj. que puede hacer una cosa más pequeña; que disminuye.
diminuto, ta adj. imperfecto; defectuoso.
dimisión f. renuncia.
dimitir tr. renunciar. U.t.c.r.
dimorfo, fa adj. dícese de las sustancias que pueden cristalizar según dos formas.
dinámica f. parte de la mecánica que estudia las leyes del movimiento y de las fuerzas.
dinámico, ca adj. perteneciente o relativo a la dinámica.
dinamita f. mezcla explosiva de nitroglicerina de gran fuerza.
dinamitero, ra adj. el que destruye algo por medio de la dinamita. U.t.c.s.
dinamo [dínamo] m. máquina mediante la cual puede obtenerse energía eléctrica.
dinamómetro m. instrumento que sirve para evaluar las fuerzas motrices.
dinastía f. serie de príncipes que reinan en determinado país y pertenecen a la misma familia.
dinerada f. cantidad enorme de dinero.
dineral m. dinerada.
dinero m. moneda corriente.
dintel m. parte superior de puertas y ventanas que se apoya en las jambas.
dioptría f. unidad para medir el poder refringente de los anteojos y la refracción del ojo.
dióptrica f. parte de la óptica que estudia los fenómenos de la refracción de la luz.
diorama m. panorama en el que el telón es transparente y pintado por las dos caras, que se iluminan alternativamente.
Dios m. Ser Supremo.
diploma m. bula o despacho con sello de soberano.
diplomacia f. ciencia de la política internacional.
diplomática f. diplomacia.
diplomático, ca adj. perteneciente al diploma; dícese de aquél que interviene en asuntos de Estado.
dipsomanía f. manía en beber.
dipsomaniaco, ca [-níaco, ca] adj. dícese del que padece dipsomanía.
díptico m. cuadro o bajo relieve, formado con dos tableros que se cierran como un libro.
diptongar tr. unir dos vocales formando una sola sílaba.
diptongo m. unión de dos vocales que se pronuncian en una sola emisión de voz.
diputación f. acción y efecto de diputar; conjunto de los diputados de una nación.
diputado m. el que es designado por un cuerpo para representarle.
dique m. muro para detener las aguas.
dirección f. acción y efecto de dirigir o dirigirse; despacho del director; rumbo o camino que un cuerpo sigue en su movimiento.
directivo, va adj. que puede dirigir.
directo, ta adj. directo o en línea recta.
directorio, ria adj. lo que es propio para dirigir; junta directiva de determinadas asociaciones, partidos, etc.
directriz adj. mat. que dirige. T.f.
dirigible adj. que puede ser dirigido.
dirigir tr. llevar rectamente algo hacia un lugar señalado; guiar; regir. U.t.c.r.
dirimir tr. deshacer; disolver.
disartria f. pat. dificultad para articular las palabras.
discernimiento m. facultad de discernir, inteligencia.
discernir tr. distinguir unas cosas de otras acertadamente.
disciplina f. ciencia; disciplina moral de una persona; arte.
disciplinar tr. enseñar; imponer disciplina; azotar. U.t.c.r.
discípulo, la m. y f. dícese del que cursa en una escuela; persona que aprende una doctrina.
disco m. cuerpo cilíndrico cuya base es mucho más grande que su altura.
discóbolo m. dícese del atleta que arroja el disco.
díscolo, la adj. perturbador; indócil.
discontinuo, nua adj. no continuo.
discordancia f. desconformidad; discordia.

discordar intr. no estar acordes los instrumentos; no convenir; ser contrarias entre sí dos o más cosas.
discorde adj. disconforme.
discordia f. discordancia.
discoteca f. colección de discos, y lugar en que se guardan.
discreción f. sensatez; tacto en el obrar y en el hablar.
discrecional adj. que se hace libre y prudencialmente.
discrepancia f. disentimiento; discordancia.
discrepar intr. desdecir; diferenciarse.
discreto, ta adj. juicioso; sensato.
discriminar tr. diferenciar; hacer distinción.
disculpa f. causa que se alega para excusarse de una culpa.
disculpable adj. que es digno de disculpas.
disculpar tr. exponer razones y causas para defenderse de algo.
discurrir intr. pensar; razonar; andar; meditar.
discursear intr. fam. pronunciar discursos habitualmente.
discursivo, va adj. que puede discurrir.
discurso m. poder racional con el que se deducen unas cosas de otras; acto de la facultad discursiva.
discutir tr. profundizar y examinar una materia; debatir.
disecar tr. dividir en partes un cadáver para examinarlo; preparar el cuerpo de un animal muerto para su conservación.
disector m. dícese del que diseca.
diseminar tr. sembrar. U.t.c.r.
disensión f. oposición de muchos sujetos en los pareceres; contienda.
disentería f. enfermedad infecciosa que se caracteriza por diarrea y alguna mezcla de sangre.
disentir intr. no estar de acuerdo con la opinión de otro.
diseñar tr. delinear.
diseño m. delineación; plan.
disertación f. acción y efecto de disertar; discurso.
disertar intr. razonar, discurrir con método.
diserto, ta adj. que habla con facilidad.
disfagia f. pat. dificultad de tragar.
disfasia f. pat. dificultad de usar las palabras y construir frases.
disfavor m. pérdida de la atención; desaire.
disforme adj. desagradable; que tiene forma irregular; feo.
disfraz artificio para desfigurar alguna cosa para que no sea reconocida.
disfrutar tr. percibir los frutos y las utilidades de alguna cosa.
disfumar tr. esfumar.
disgustar tr. ocasionar disgusto y dificultades. U.t.c.r.
disgusto m. desagrado; fastidio; pesadumbre.
disidencia f. desacuerdo de opiniones.
disidir intr. apartarse de la doctrina común; apartarse de la creencia.
disimetría f. falta de simetría.
disimilitud f. desemejanza.
disimulado, da adj. que acostumbra disimular lo que siente.
disimular tr. encubrir astutamente la intención; encubrir algo que se siente.
disimulo m. arte con el que se encubre cualquier sensación.
disipación f. acción de disipar.
disipado, da adj. disipador; distraído. U.t.c.s.
disipador, ra adj. que despilfarra sus bienes. U.t.c.s.
disipar tr. esparcir las partes que integran algún cuerpo; desperdiciar los bienes. U.t.c.r.
dislalia f. pat. dificultad de pronunciar las palabras.
dislate m. disparate.
dislocar tr. sacar una cosa de su lugar. U.t.c.r.
disminuir tr. hacer menor algo. U.t.c.r. y c. intr.
disociación f. separación.
disociar tr. desunir; apartar; separar. U.t.c.r.
disoluble adj. que es fácil de disolver.
disolución f. acción y efecto de disolver o disolverse.
disoluto, ta adj. libre; licencioso. U.t.c.s.
disolver tr. desunir; separar las partículas de algo. U.t.c.r.
disonancia f. sonido poco agradable; disconformidad.
disonar tr. sonar desagradablemente; discrepar.

disosmia f. pat. dificultad en la percepción de los olores.
dispar adj. lo que no es igual; desigual.
disparador, ra adj. el que dispara; pieza donde se sujeta la llave de las armas portátiles y sirve para dispararlas. U.t.c.s.
disparar tr. hacer que alguna máquina dispare el cuerpo arrojadizo; despedir violentamente algo. U.t.c.r.
disparatado, da adj. opuesto a la razón; que fácilmente disparata.
disparate m. atrocidad; hecho disparatado.
disparejo, ja adj. lo que no está a ras; desigual.
disparidad f. desigualdad.
dispendio m. gasto excesivo e innecesario.
dispendioso, sa adj. costoso.
dispensa f. excepción; privilegio; escrito que contiene la dispensa.
dispensar tr. librar de alguna obligación; conceder. U.t.c.r.
dispensario m. lugar de beneficencia que presta servicio médico y medicinas a enfermos que no se hospedan en él.
dispepsia f. dificultad al digerir.
dispersar tr. separar lo que está reunido; desordenar. U.t.c.r.
disperso, sa adj. separado en diferentes lugares; esparcido.
displicencia f. indiferencia en el trato; desagrado.
displicente adj. que causa desagrado; malhumorado.
disponer tr. colocar las cosas en orden; prevenir; preparar. U.t.c.r.
disponible adj. dícese de todo aquello que puede emplearse.
dispositivo, va adj. lo que dispone; mecanismo automático.
disprosio m. elemento metálico raro; símbolo Dy.
disputa f. lucha; pelea; riña.
disputar tr. luchar; pelear; reñir. U.t.c. intr.
disquisición f. examen minucioso que se hace de algo.
distancia f. espacio o período de tiempo o de lugar entre dos cosas o sucesos.
distanciar tr. apartar; separar; rezagar. U.t.c.r.
distante adj. muy lejano y apartado.
distar intr. estar apartada una cosa; fig. diferenciarse mucho una cosa.
distender tr. ocasionar una tensión violenta.
dístico m. composición poética de dos versos.
distinción f. acción y efecto de distinguir o distinguirse; diferencia.
distinguido, da adj. noble; esclarecido.
distinguir tr. conocer la diferencia que existe entre varias cosas; sobresalir. U.t.c.r.
distintivo, va adj. que puede distinguir; divisa; señal; marca.
distinto, ta adj. que no es igual; que tiene distintas cualidades.
distorsión f. torsión de una parte del cuerpo; fís. interferencia de una onda.
distraer tr. divertir; quitar la atención a alguno de donde debía tenerla. U.t.c.r.
distraído, da adj. que es de fácil distracción; de vida desordenada y libertina.
distribuir tr. colocar ordenadamente alguna cosa; repartir. U. t.c.r.
distrito m. territorio sujeto a determinada jurisdicción.
disturbio m. turbación de la paz.
disuadir tr. inducir a alguno con razones a desistir de un propósito.
disyunción f. acción y efecto de separar y desunir.
disyuntiva f. oposición entre dos cosas por una de las cuales se tiene que optar.
ditirambo m. composición poética destinada a alabar al dios Baco.
diurético, ca adj. que facilita la orina.
diurno, na adj. perteneciente o relativo al día.
diva f. diosa.
divagar intr. separar o apartarse del tema que se está tratando. U.t.c.r.
diván m. tribunal supremo de los turcos; sofá con almohadones.
divergir intr. discrepar; irse apartando dos o más líneas unas de otras, sucesivamente.
diversidad f. diferencia; variedad; abundancia.
diversificar tr. diferenciar; variar. U.t.c.r.
diversión f. acción y efecto de di-

vertir o divertirse; entretenimiento.
diverso, sa adj. desemejante; de naturaleza diferente; varios.
divertido, da adj. de buen humor; festivo.
divertir tr. recrear; entretener; desviar. U.t.c.r.
dividir tr. desunir; repartir.
divieso m. tumor inflamatorio que se forma en la dermis.
divinidad f. Ser Supremo.
divino, na adj. perteneciente a Dios.
divisa f. lazo que se coloca a los toros; señal externa para distinguir alguna cosa.
divisar tr. percibir confusamente; observar.
divisible adj. que se puede dividir.
divisorio, ria adj. que es útil para dividir.
divo, va adj. cantante de gran mérito.
divorcio m. separación legal de dos casados.
divulgar tr. publicar alguna cosa.
dizque apócope de **dicen que**; murmuración.
do m. primera nota de la escala.
dobladillo m. borde que se hace a la ropa en los bordes.
doblar tr. aumentar algo otro tanto de lo que era; encorvar una cosa; tocar a muerto. U.t.c.r. y c. intr.
doble adj. duplo; toque de difuntos; simulado.
doblegar tr. doblar; torcer; sujetar a alguno. U.t.c.r.
doblete adj. entre doble y sencillo; piedra falsa que se hace con pedazos de cristal delgados y semeja al cristal.
doblez m. lo que se dobla o pliega en una cosa.
doblilla f. antigua moneda de oro.
docena f. reunión de doce.
docente adj. perteneciente o relativo a la enseñanza; que enseña.
dócil adj. obediente; suave.
docilidad f. calidad de dócil.
docto, ta adj. erudito; sabio.
doctorar tr. conferir el grado de doctor a alguno en una universidad. U.t.c.r.
doctrina f. ciencia; sabiduría.
doctrinar tr. aleccionar; enseñar.
documentado, da adj. que tiene los documentos necesarios.
documentar tr. justificar la veracidad de algo mediante documentos.
documento m. escritura.
dodecaedro m. sólido que se compone de doce caras.
dogal m. cuerda; tiranía; opresión.
dogma m. proposición fundamental.
dogmático, ca adj. que profesa el dogmatismo.
dogmatismo m. reunión de los dogmas religiosos.
dogmatista com. el que defiende nuevas opiniones.
dogmatizar tr. filosofar.
dogo, ga adj. perro alano. U.t.c.s.
doladura f. debastadura que se saca del dólar.
dólar m. moneda de plata de Estados Unidos que equivale a cinco pesetas.
dolencia f. malestar; achaque; indisposición.
doler intr. sufrir dolor o provocarlo; compadecerse; quejarse.
dolo m. simulación; engaño; mala intención.
dolor m. pesar; arrepentimiento; sensación desagradable que se sufre en alguna parte del cuerpo.
dolora f. poesía sentimental.
dolorido, da adj. que experimenta dolor; desconsolado; apenado.
doloroso, sa adj. que causa dolor; lamentable; lastimoso.
doloso, sa adj. fraudulento.
domar tr. amansar al animal a base de enseñanza y ejercicios.
dombo m. arq. cúpula.
domeñar tr. rendir; sujetar.
domesticar tr. acostumbrar al animal salvaje a gustar de la compañía de los hombres.
doméstico, ca adj. perteneciente o relativo a la casa; sirvienta.
domiciliario, ria adj. perteneciente al domicilio.
domicilio m. habitación o casa fija y permanente.
dómine m. fam. profesor de latín.
domingo m. primer día de la semana.
dominguillo m. muñeco con un contrapeso en la base, y movido en cualquier dirección vuelve a quedar recto.
dominical adj. perteneciente o relativo al domingo o a la dominica; relativo al señor.

dominio m. facultad o poder de disponer algo; autoridad legítima sobre algunos; territorio sujeto a alguna autoridad.
dominó m. juego que se compone de 28 fichas divididas en dos cuadros y son casi siempre blancas por la cara y negras por el envés y llevan marcados puntos.
don m. estado de ánimo para realizar alguna cosa; tratamiento cortés.
donación f. acción de donar.
donaire m. discreción y gracia en lo que se hace o dice; gallardía.
donante p.a. de **donar**. que dona. U.t.c.s.
donar tr. traspasar voluntariamente a alguna persona algo sobre lo que se tiene derecho.
donatorio m. persona a quien se hace la donación.
donativo m. dádiva que se hace voluntariamente.
doncel m. decíase de los jóvenes de la nobleza que aún no habían sido armados caballeros; joven soltero.
doncella f. mujer virgen; camarera; budión.
doncellez f. estado de doncel o doncella.
dondiego m. planta que tiene flores que se cierran al amanecer y se abren al anochecer.
donjuanismo m. propio del conquistador de mujeres.
donosura f. gracia; salero.
doñigal adj. higo que es muy encarnado por dentro. U.t.c.s.
dorada f. pez acantopterigio que se distingue por tener una especie de mancha dorada entre los ojos.
doradillo m. hilo delgado de latón.
dorado, da adj. de color semejante al oro.
dorar tr. cubrir alguna cosa con oro.
dórico, ca adj. dialecto de la lengua griega; arte dórico.
dormida f. acción de dormir; sitio donde los animales pasan la noche.
dormilona f. arete con un brillante o una perla.
dormir intr. estado de inacción y suspensión de los sentidos y de todo movimiento voluntario. U.t.c.r. y c. tr.
dormitar intr. estar semidormido.
dormitorio m. lugar destinado a dormir.
dornajo m. artesa redonda.
dorso m. revés o espalda.
dosel m. antepuerta o tapiz.
dosificar tr. determinar o precisar la dosis.
dosimetría f. distribución exacta de la dosis.
dosis f. toma de algún medicamento que se da al enfermo cada vez.
dotación f. acción y efecto de dotar; renta.
dotar tr. fijar dote; dar dote; adornar a alguien la naturaleza.
dote m. lo que se dota.
dovela f. arq. piedra en figura de cuña para formar arcos o bóvedas.
dracma f. moneda griega.
draga f. aparato que sirve para limpiar los fondos de los puertos.
dragaminas m. buque destinado a recoger las minas submarinas.
dragar tr. limpiar los ríos con la draga.
drago m. árbol liliáceo de cuyo tronco y por medio de incisiones se obtiene la resina llamada **sangre de drago.**
dragón m. animal fabuloso semejante a la serpiente con pies y alas; soldado que hace el servicio de jinete y de infante.
dragonear intr. Amér. hacer alarde; presumir
drama m. poema dramático de asunto lastimoso sacado directamente de la vida real.
dramático, ca adj. perteneciente al drama; fig. lo que conmueve.
dramaturgia f. dramática.
dramaturgo m. escritor que compone dramas.
drástico, ca adj. purgante de gran energía y eficacia. U.t.c.s.
dríada, dríade f. mit. ninfa de los bosques.
dril m. tela resistente de lino o de algodón y de color crudo.
driza f. cuerda para arriar e izar las vergas.
drizar tr. arriar las vergas.
droga f. sustancia medicinal.
droguería f. tienda donde se venden las drogas; comercio en drogas.
dromedario m. animal muy parecido al camello pero con una sola joroba.

druida m. sacerdote de los antiguos celtas.
drupa f. pericarpio carnoso de algunos frutos pero que carece de valvas.
dual adj. conjunto de dos. U.t.c.s.
dualidad f. condición de reunir dos cualidades alguien.
dualismo m. doctrina filosófica basada en dos principios.
dubitación f. duda.
dubitativo, va adj. que indica duda.
ducado m. título o dignidad de duque; antigua moneda de oro.
dúctil adj. que se puede estirar y alargar; fig. condescendiente.
ductilidad f. propiedad de algunos metales que pueden dilatarse sin romperse.
ductor m. guía; jefe; caudillo.
ductriz f. la que guía.
ducha f. chorro de agua que se deja caer sobre el cuerpo para asearlo.
duda f. vacilación; indeterminación del entendimiento y del ánimo en relación a alguna cosa.
dudar intr. desconfiar; estar en duda.
dudoso, sa adj. que ofrece o tiene duda; que es eventual.
duelo m. reto; dolor; angustia.
duende m. espíritu que se supone habita en algunas casas.
dueña f. antigua dama de compañía; la que es propietaria de algo.
dueño m. propietario; amo.
duerno m. dícese de dos pliegos impresos, metido el uno en el otro.
dueto m. mús. dúo.
dulcamara f. planta sarmentosa con flores violadas y cuyo fruto es una baya semejante al guisante, tiene uso medicinal.
dulce adj. que causa sensación agradable al paladar; manjar hecho a base de azúcar; amable; tierno.
dulcedumbre f. suavidad; delicadeza; dulzura.
dulcería f. confitería.
dulcificar tr. hacer dulce alguna cosa.
dulcinea f. dícese de la mujer amada.
dulzaina f. instrumento de música semejante a la chirimía.
dulzarrón, na adj. demasiado dulce.
dulzura f. calidad de dulce; deleite; suavidad.
duma f. parlamento de los rusos.
duna f. montecillo de arena formado por las aguas del mar.
dúo m. composición musical para ser interpretada por dos voces.
duodenal adj. perteneciente o relativo al duodeno.
duodeno m. primer intestino delgado.
dúplica f. escrito en el que se contesta a la réplica.
duplicado m. segundo documento que es idéntico al primero.
duplicar tr. hacer dos veces alguna cosa.
dúplice adj. doble.
duplicidad f. doblez; falsedad.
duplo, pla adj. múltiplo de algún número que lo contiene dos veces.
duque m. título de nobleza que indica su grado más alto.
durable adj. que es duradero.
duración f. acción y efecto de durar.
duradero, ra adj. dícese de todo aquello que es durable.
duramadre f. membrana que protege los centros nerviosos.
duramen m. bot. parte más seca y dura del tronco del árbol.
durar intr. subsistir; permanecer, continuar.
dureza f. calidad de duro.
durmiente p.a. de **dormir**; que duerme. U.t.c.s.
duro, ra adj. cuerpo que resiste a ser labrado o desfigurado; fuerte; áspero; terco.

E

e f. segunda vocal y sexta letra del abecedario español.
e conj. se usa ante palabras que empiezan por i o por hi.
¡ea! interj. con que se afirma una resolución.
ebanista m. el que trabaja en maderas finas.
ébano m. árbol ebanáceo cuya madera es maciza, lisa y muy negra, es muy apreciada en la industria.
ebanáceo, a adj. familia de los arbustos intertropicales cuyo tipo es el ébano.
ebonita f. caucho endurecido con azufre.

ebrio, bria adj. embriagado.
ebullición f. hervor.
ebullómetro m. aparato que determina las propiedades alcohólicas de algún líquido por su hervor.
ebúrneo, a adj. semejante al marfil.
ecarté m. juego de naipes entre dos.
Eccehomo m. imagen de Jesucristo lacerada y lastimosa después de azotada.
eccema amb. afección de la piel.
eclampsia f. padecimiento que se caracteriza por frecuentes convulsiones.
eclecticismo m. método que consiste en adoptar lo que parezca mejor de diferentes doctrinas.
eclesiástico, ca adj. perteneciente o relativo a la iglesia; clérigo.
eclímetro m. instrumento que mide la inclinación de las pendientes.
eclipsar tr. interceptar la luz; ocultar; tapar. U.t.c.r.
eclipse m. oscurecerse un astro por interponerse otro entre la tierra y él
eclíptica f. astr. círculo máximo de la esfera celeste, que señala el curso aparente del Sol en el año.
eco m. repetición de un sonido reflejado por las ondas sonoras.
ecoico, ca adj. perteneciente o relativo al eco.
ecología f. estudio de las relaciones entre los organismos y el medio en que viven.
economato m. empleo de ecónomo; almacén de diversos artículos que vende más barato a determinadas personas.
economía f. administración cuidadosa de los bienes.
económico, ca adj. perteneciente o relativo a la economía; miserable.
economista m. escritor de economía política.
economizar tr. ahorrar.
ectopión m. estado de anomalía de las vísceras.
ecuación f. igualdad que presentan una o más incógnitas.
ecuador m. paralelo mayor que se considera en la esfera celeste.
ecuanimidad f. imparcialidad; constancia de ánimo.
ecuatorial adj. perteneciente o relativo al Ecuador; telescopio; reflector.
ecuestre adj. relativo al caballero o al caballo.
ecuménico, ca adj. universal; mundial.
echar tr. despedir; arrojar con violencia; tenderse sobre un plano. U.t.c.r.
edad f. tiempo que ha vivido una persona desde el día en que nació; período de la historia que reúne varios siglos.
edén m. paraíso terrenal.
edición f. impresión y publicación de algún libro o revista.
edicto m. decreto; mandato; aviso que se fija en los lugares públicos.
edículo m. edificio chico; caseta.
edificar tr. construir un edificio; ejemplificar.
edil m. magistrado romano encargado de las obras públicas; miembro de algún ayuntamiento.
editar tr. publicar por medio de la imprenta algún texto o escrito.
editorial adj. perteneciente o relativo a la edición o al editor.
edredón m. plumón de ciertas aves; cobertor relleno de plumón.
educación f. acción y efecto de educar; enseñanza.
educando, da adj. que recibe educación en un colegio. U.t.c.s.
educar tr. doctrinar; encaminar; dirigir.
educir tr. deducir; sacar una cosa de otra.
efebo m. adolescente.
efectismo m. ansia de provocar grande efecto.
efectivo, va adj. verídico; verdadero.
efecto m. lo que se produce por una causa; objeto comercial.
efectuar tr. realizar; ejecutar.
efemérides f. pl. libro en el que se relatan los acontecimientos diarios.
efervescencia f. agitación; hervor.
eficacia f. virtud; fuerza.
eficaz adj. que produce algún resultado moral o físico.
eficiente adj. lo que produce un efecto.
efigie f. figura; imagen.
efímero, ra adj. que sólo dura un día; pasajero.
efluvio m. emanación de partículas sutiles.
éforo m. cada uno de los magistrados espartanos que contra-

pesaban el poderío del senado y de los reyes.
efugio m. salida airosa de una dificultad.
efundir tr. derramar algún líquido.
efusión f. derramamiento de un líquido; manifestación vehemente de un afecto.
égida [egida] f. escudo; protección; defensa.
egipán m. sátiro.
égloga f. poema de pastores.
egoísmo m. amor intenso hacia uno mismo.
egolatría f. amor excesivo de sí mismo.
egotismo m. afán de hablar de sí mismo.
egregio, gia adj. famoso; ilustre.
egreso m. salida; partida de descargo.
eje m. pieza sobre la que giran las ruedas.
ejecutar tr. poner por obra alguna cosa; ajusticiar.
ejecutivo, va adj. que no da espera.
ejecutoria f. diploma en que se acredita la nobleza de alguno.
ejemplar m. que da buen ejemplo; copia de algún escrito o dibujo.
ejemplaridad f. calidad de ejemplar.
ejemplo m. hecho que es digno de imitarse; símil.
ejercer tr. practicar los actos propios de algún oficio. U.t.c. intr.
ejercitar tr. practicar alguna cosa.
ejército m. conjunto de tropas de diversas armas.
ejido m. terreno inculto cercano a un lugar.
el art. determinado en género masculino y número singular.
él pron. personal de tercera persona, en género masculino y número singular.
elaborar tr. preparar alguna cosa; trabajar. U.t.c.r.
elación f. altivez; soberbia; presunción.
elástica f. prenda interna hecha de punto, con o sin mangas.
elasticidad f. calidad de elástico.
elástico, ca adj. que tiende a recuperar su forma y extensión cuando cesa de actuar la causa que la modifica.
eléboro m. planta ranunculácea de las montañas europeas.
elección f. acción y efecto de elegir.
elector, ra adj. que elige o tiene la facultad de elegir.
electricidad f. agente natural que se presenta por fenómenos mecánicos, luminosos, fisiológicos y químicos.
electrificar tr. cambiar instalación de vapor en eléctrica.
electrizar tr. pasar electricidad. U t.c.r.
electrocutar tr. matar por medio de una descarga eléctrica. T.r
electrodinámica f. fís. estudio de los fenómenos de la electricidad en movimiento.
electrodo m. dícese de los polos de la pila eléctrica.
electróforo m. aparato para conservar la electricidad.
electroimán m. fís. barra a la que una corriente eléctrica da fuerza de atracción.
electrólisis f. descomposición de un cuerpo producido por la electricidad.
electrólito m. cuerpo que se somete a la electrólisis.
electrometría f. fís. estudio de la intensidad eléctrica.
electrómetro m. fís. aparato para medir la intensidad eléctrica.
electromotor adj. máquina en que la energía eléctrica se convierte en trabajo mecánico.
electrón m. fís. partícula del átomo, cargada de electricidad negativa.
electrónica f. fís. estudio y aplicación del flujo de los electrones.
electroscopio m. fís. aparato para medir pequeñas cargas eléctricas.
electrotecnia f. tratado de las aplicaciones de la electricidad.
electuario m. sustancia de consistencia melosa preparado con diferentes materias.
elefancía f. lepra que oscurece y arruga la piel.
elefanta f. hembra del elefante.
elefante m. mamífero considerado como el más grande animal terrestre.
elegancia f. pureza de lenguaje y de estilo; gentileza; donaire.
elegante adj. dícese de todo aquello que está adornado sin afectación.
elegía f. poesía triste y melancólica.
elegir tr. hacer elección.

elemental adj. que participa en los elementos.
elemento m. principio que entra en la composición de los cuerpos; fundamento.
elenco m. índice, lista, rol.
elevar tr. levantar en alto.
elidir tr. frustrar; gram. suprimir una vocal.
elipse m. curva plana y cerrada, simétrica respecto de dos ejes perpendiculares entre sí con dos focos.
elipsis f. figura de construcción que consiste en suprimir palabras que no son indispensables para el correcto significado de lo que se expresa.
elipsoide m. sólido limitado y cuyas partes planas son todas elipsis o círculos.
elíptico, ca adj. perteneciente a la elipsis.
elixir [elíxir] m. licor hecho de diversas sustancias medicinales disueltas en alcohol.
elocución f. empleo correcto del lenguaje.
elocuencia f. dícese de la propiedad de expresarse con eficacia y con riqueza de lenguaje.
elocuente adj. persona que se expresa con elocuencia.
elogiar tr. alabar; enaltecer.
elucidar tr. aclarar alguna cosa.
eludir tr. evitar la dificultad.
ella f. pron. personal de tercera persona en género femenino y número singular.
elle f. nombre de la letra **ll**.
emancipar tr. libertar de la esclavitud, de la patria potestad, etc. U.t.c.r.
embadurnar tr. untar; pintar groseramente. U.t.c.r.
embair tr. embaucar; embelesar.
embajada f. cargo de embajador; mensaje que lleva asunto importante.
embajador m. agente diplomático que representa al jefe de un Estado cerca del otro; emisario.
embaldosado m. operación de embaldosar; pavimento solado con baldosas.
embalsadero m. lugar pantanoso donde se recogen las aguas.
embalsamar tr. llenar con materias balsámicas los cadáveres para conservarlos.
embarazar tr. estorbar; retardar alguna cosa; poner encinta a una mujer. U.t.c.r.
embarazo m. dificultad; obstáculo; preñado de la mujer.
embarcadero m. sitio destinado para embarcarse.
embargar tr. impedir; suspender; paralizar.
embargo m. retención de bienes por órdenes de autoridades competentes; daño; incomodidad.
embarque m. acción de depositar diversos objetos en un medio de transporte.
embastar tr. hilvanar.
embaste m. hilván.
embate m. ataque repentino e impetuoso; acometida.
embaucar tr. engañar; alucinar a alguno valiéndose de su inocencia.
embeber tr. absorber un cuerpo sólido un líquido; encogerse las telas. U.t.c.r.
embeleco m. mentira; embuste.
embelesar tr. subyugar; robar los sentidos. U.t.c.r.
embeleso m. arrebato de los sentidos; efecto de embelesar.
embellecer tr. hermosear. U.t.c.r.
embestir tr. acometer a alguno violentamente.
emblema m. representación simbólica de algo.
emblemático, ca adj. perteneciente y relativo al emblema.
embobamiento m. embeleso.
embojar tr. preparar las ramas de hoja para los gusanos de seda.
embolado, da adj. toro con bolas de madera en la punta de los cuernos.
embolar tr. colocar bolas de madera en los cuernos del toro.
embolia f. coagulación de un vaso sanguíneo.
émbolo m. disco, que dentro de un cuerpo de bomba se corre y se ajusta.
embolsar tr. guardar alguna cosa en la bolsa. U.t.c.r.
emboquillar tr. decorar y labrar la boca o la entrada de un túnel o de una galería.
emborrachar tr. provocar embriaguez. U.t.c.r.
emboscar tr. ocultarse entre el ramaje; irritar. U.t.c.r.
emboscar tr. ocultar gente armada, para dar un golpe de sorpresa.

embotar tr. despuntar a un arma y quitarle el filo.
embotellar tr. guardar líquidos en botellas.
embozar tr. cubrir la parte inferior del rostro. U.t.c.r.
embozo m. prenda que sirve para embozar.
embravecer tr. irritar; enardecer; enfurecer. U.t.c.r.
embrazar tr. guardar el brazo en el asa del escudo.
embrear tr. untar algo con brea.
embriagar tr. emborrachar.
embriaguez f. enajenación producida por el exceso de bebida alcohólica.
embrión m. dícese del germen de algún cuerpo organizado.
embroca f. cataplasma.
embrocación f. embroca.
embrocar tr. volver una vasija boca abajo para vaciarla en otra; asegurar con brocas.
embrollar tr. embaucar; enredar; confundir. U.t.c.r.
embrollo m. enredo; confusión; trampa.
embromar tr. engañar a alguien con trampas; meter broma.
embrujar tr. hechizar.
embrutecer tr. entorpecer y privar a alguien del uso de la razón. U.t.c.r.
embuchado m. dícese de los morcones rellenos de carne de puerco.
embuchar tr. poner algo en el buche del animal; embocar.
embudar intr. colocar el embudo en la boca de la vasija o de otro objeto.
embudo m. instrumento de forma cónica por medio de un apéndice tubular que sirve para trasvasar licores.
embuste m. engaño artificioso.
embutido m. embuchado.
embutir tr. formar embutidos; meter una cosa dentro de otra y presionarla.
eme f. nombre de la letra m.
emenagogo m. medicamento que sirve para provocar la menstruación.
emergencia f. acción y efecto de emerger; accidente.
emerger intr. salir o brotar el agua.
emersión f. dícese de la aparición de un astro por detrás de otro.
emético, ca adj. vomitivo. U.t.c.s.m.
emigración f. acción de emigrar.
emigrante p. a. de emigrar; que emigra. U.t.c.s.
emigrar tr. salir de la patria para establecerse en ciudad extranjera.
eminencia f. título honorífico; altura.
eminente adj. elevado; digno.
emir m. amir.
emisario m. mensajero; desaguadero.
emitir tr. arrojar hacia afuera alguna cosa; manifestar una opinión; hacer circular papel moneda.
emoción f. conmoción; enardecimiento del ánimo.
emocionar tr. producir emoción.
empachar tr. provocar indigestión U.t.c.r.
empacho m. indigestión; obstáculo; cortedad.
empadronar tr. inscribir en el padrón.
empalagar tr. cansar; hastiar; fastidiar.
empalizada f. estacada.
empalmadura f. empalme.
empalmar tr. unir dos cosas por sus extremos o puntas.
empanada f. manjar cubierto con pan y cocido en el horno.
empanar tr. encerrar manjares en masa de pan.
empañar tr. oscurecer; nublar; envolver en paños a un niño.
empapar tr. mojar alguna cosa haciendo que quede penetrada del líquido con que se moja. U. t.c.r.
empapelar tr. envolver algo en papel; procesar.
empaque m. acción y efecto de empaquetar; gravedad fingida y ridícula.
empaquetar tr. guardar en paquetes.
emparedado m. dícese de alguna vianda colocada entre dos pedazos de pan.
emparedar tr. aprisionar entre paredes. U.t.c.r.
emparejar tr. formar parejas; alcanzar al que va delante. U.t.c intr.
emparentar intr. adquirir o contraer parentesco con alguna persona.

empastar tr. encuadernar en parte algún libro; cubrir de pasta.
empastelar tr. alterar el orden de las letras de alguna palabra; mezclar diferentes letras sin que tengan sentido.
empatar tr. igualar los votos. U. t.c.r.
empavesado, da adj. dícese de los buques engalanados con gallardetes y banderas; con pavés.
empecinar tr. cubrir de lodo; empegar.
empedernido, da adj. duro; insensible.
empedernir tr. hacerse muy duro de corazón; ser inflexible. U.t.c.r.
empedrar tr. pavimentar con piedras.
empeine m. pubis; parte superior de los pies.
empeltre m. olivo injerto; injerto de escudete.
empellón m. empujón dado con fuerza.
empenachar tr. cubrir con penachos. U.t.c.r.
empeorar tr. ir de mal en peor algún asunto; perjudicar; poner peor. U.t.c.r.
empequeñecer tr. disminuir el tamaño de algo; aminorar. U.t.c.r.
emperador m. dícese del soberano de algún imperio.
emperatriz f. mujer del emperador.
emperezar intr. dejar que domine a uno la pereza.
emperifollar tr. adornar con mucho esmero y exageradamente. U.t.c.r.
empezar tr. iniciarse alguna cosa. U.t.c. intr.
empinar tr. alzar en alto; levantarse apoyándose en la punta de los pies; beber demasiado.
empíreo, a adj. perteneciente o relativo al cielo.
empirismo m. procedimiento que se basa en la rutina.
empitonar tr. coger, entre los pitones el toro al torero.
empizarrar tr. cubrir con pizarras.
emplomar tr. cubrir con plomo.
emplumecer intr. echar plumas las aves.
empobrecer tr. hacerse pobre; caer en la pobreza.
empolvar tr. llenarse de polvo; cubrir con polvo.
empollar tr. sacar pollos al calentar los huevos.
emponzoñar tr. dar ponzoña. U.t.c.r.
emporcar tr. ensuciar con porquería. U.t.c.r.
emporio m. mercado universal.
empotrar tr. introducir algo en el suelo o en la pared.
emprendedor, ra adj. resuelto; decidido; constante; con iniciativa.
emprender tr. dar principio a algo complicado. U.t.c.r.
empreñar tr. fastidiar; molestar; hacer fecunda a la hembra.
empresario, ria m. y f. dícese de la persona encargada de alguna empresa.
empréstito m. acción de prestar; lo que se presta.
empujar tr. impeler. U.t.c.r.
empujón m. empellón.
empuñadura f. puño de la espada.
empuñar tr. sujetar por el puño.
emular tr. imitar a alguno para igualarlo y aventajarle.
émulo m. contrincante; competidor.
emulsión f. mezcla de diversas sustancias oleaginosas diluídas en alcohol.
enguazar tr. encharcar.
enajenar tr. perder el uso de la razón. U.t.c.r.
enaltecer tr. alabar; encumbrar a alguien. U.t.c.r.
enamoradizo, za adj. que tiende a enamorarse.
enamorar tr. despertar amor en alguna persona. U.t.c.r.
enano, na adj. dícese de la persona que es demasiado pequeña; cosa diminuta.
enarbolar tr. alzar en alto.
enardecer tr. excitar una pasión del ánimo. U.t.c.r.
enarenar tr. cubrir arena.
encabestrar tr. poner el cabestro.
encabezamiento m. principio de un escrito; registro para imponer los tributos.
encabritarse r. dícese del caballo cuando se pone sobre los pies.
encadenar tr. enlazar; unir con cadenas; trabar.
encajar tr. colocar ajustadamente una cosa dentro de otra. U.t.c.r.
encajonar tr. guardar algo en cajones.
encalabrinar tr. sentir mareo y dolor de cabeza por un mal olor. U.t.c.r.
encalar tr. poner blanca alguna

cosa con cal; meter algo en una cala.
encalmarse r. cansarse las bestias; apaciguarse; quedar calmado el viento.
encalvecer intr. ir quedando calvo.
encallar intr. quedar la embarcación o nave atascada en piedras o arena.
encallecer intr. endurecerse la carne formando callo. U.t.c.r.
encaminar tr. llevar a un fin; enseñar a alguno por donde debe de ir; poner en camino. U.t.c.r.
encanalar tr. hacer que corra el agua por canales.
encanarse r. dícese del acto de quedarse envarada la criatura que no puede romper a llorar.
encandecer tr. hacer que una cosa quede como ascua.
encandilar tr. deslumbrar por un golpe de luz; alucinar; encender.
encanecer intr. envejecer.
encanijar tr. poner a los niños enfermos por alimentarlos con leche de mala calidad. U.t.c.r.
encantar tr. hacer algo que resulta hermoso aparentemente; seducir; subyugar.
encanto m. encantamiento; hechizo.
encantusar tr. engañar con galanteos y halagos.
encañado m. conducto hecho de caños para que corra el agua.
encañar tr. conducir el agua por caños; poner cañas para sostener los tallos de las plantas.
encañonar intr. poner algo en forma de cañón.
encapotar tr. cubrirse de nubes el cielo; tapar con el capote. U. t.c.r.
encaprichar tr. despertar algún capricho.
encarar intr. ponerse cara a cara. U.t.c.r.
encarcelar tr. meter en la cárcel.
encarecer tr. ponderar alguna cosa; subir el precio de los artículos comerciales.
encargar tr. dejar a alguno al cuidado de alguna cosa. U.t.c.r.
encargo m. acción de encargar; lo que se encarga.
encariñar tr. inspirar cariño; U. t.c.r.
encarnado, da adj. colorado; de color semejante al de la carne.
encarnar intr. adquirir forma humana el Divino Verbo; criar carne alguna herida o llaga.
encarnecer intr. criar o tomar carne.
encarnizado, da adj. con mucha saña; enardecido; ensangrentado.
encarnizar tr. cebar a algún animal alimentándolo con carne de otro. U.t.c.r.
encarrujarse r. ensortijarse.
encartar tr. inscribir a alguno en el padrón; procesar.
encartonar tr. poner algo en cartones.
encasillado m. lista de los futuros gobernantes o candidatos.
encasillar tr. formar el encasillado.
encasquetar tr. encajar bien el sombrero en la cabeza; obstinarse en una idea. U.t.c.r.
encastar intr. procrear.
encastillar tr. perseverar con ahínco en algún concepto; fortificar con castillos.
encausar tr. procesar.
encausto m. dícese de cierta tinta roja que era empleada sólo por los emperadores.
encauzar tr. formar cauce a las aguas; guiar por buen camino alguna cosa.
encefalitis f. inflamación del encéfalo.
encéfalo m. masa nerviosa contenida en el cráneo.
encelar tr. provocar celos.
encenagarse r. entregarse a los vicios; meterse en el cieno. U.t.c.tr.
encendedor m. aparato para encender.
encender tr. hacer arder alguna cosa; incitar. U.t.c.r.
encerado m. lienzo con cera que es utilizado como pizarra.
encerar tr. aderezar alguna cosa con cera.
encerrar tr. ocultar; incluir; meter en un encierro.
encía f. carnosidad que guarnece la dentadura.
enciclopedia f. obra en que se tratan diversos temas científicos; conjunto de diferentes ciencias.
encierro m. acción y efecto de encerrar o encerrarse.
encimar tr. colocar alguna cosa encima de otra. U.t.c. intr.
encina f. árbol productor de las bellotas.
encinta adj. mujer que está preñada.

encizañar tr. provocar discordia y enemistad.
enclavar tr. fijar con clavos.
enclenque adj. débil; enfermizo.
enclítico, ca adj. vocablo que se une al que precede.
enclocar intr. estar clueca alguna ave. U.t.c.r.
encobar intr. echarse las aves sobre sus huevos para empollarlos.
encoger tr. apocar el ánimo. U.t.c.r.
encogido, da adj. apocado.
encolar tr. pegar alguna cosa con cola.
encolerizar tr. poner colérico; enfurecer; enojar. U.t.c.r.
encomendar tr. comisionar; encargar; confiar. U.t.c.r.
encomiástico, ca adj. que contiene honores y alabanzas.
encomienda f. encargo; comisión; dignidad de las órdenes militares.
encomio m. elogio; honor; alabanza.
encono m. enojo; rencor.
encontradizo, za adj. que se encuentra con alguno.
encontrado, da adj. puesto enfrente.
encontrar tr. dar con algo; topar; tropezar.
encontrón m. tropezón involuntario.
encopetar tr. formar copete; alzar. U.t.c.r.
encorajarse r. encenderse en coraje; encolerizarse.
encorar intr. sanar las llagas.
encordar tr. poner cuerdas.
encordonar tr. poner cordones.
encornar tr. herir con los cuernos los toros.
encorvada f. acción de encorvar o encorvarse.
encrespamiento m. acción de encrespar o encresparse.
encrespar tr. rizar el cabello; encenderse las pasiones. U.t.c.r.
encrucijada f. punto de intersección de dos o más caminos.
encrudecer tr. poner una cosa cruda; irritar. U.t.c.r.
encuadernación f. acción y efecto de encuadernar; cubierta de los libros.
encuadernar tr. coser y ponerles cubiertas a los libros y cuadernos.
encuarte m. caballos que refuerzan el tiro de algún carruaje.
encubridor, ra adj. que encubre.
encubrir tr. ocultar; tapar; proteger.
encuentro m. acción y efecto de encontrar o encontrarse.
encumbrado, da adj. elevado; honrado.
encumbrar tr. ensalzar; alabar.
encunar tr. poner al niño en su cuna.
encurtir tr. conservar algunos manjares en vinagre.
encharcarse r. inundarse algún terreno.
enchiquerar tr. guardar al toro en el chiquero.
enchufar tr. hacer que entre la boca de un caño en la de otro.
endeble adj. enfermizo; débil; delicado.
endecágono, na adj. polígono con once caras o lados.
endecasílabo, ba adj. dícese del verso de once sílabas.
endecha f. poema de asunto triste.
endémico, ca adj. enfermedad propia de un país.
endemoniar tr. penetrar el espíritu diabólico en el cuerpo.
endentar tr. unir dos piezas por medio de dientes.
endentecer intr. empezar a brotar los dientes a los niños.
enderezar tr. poner recto lo que está torcido; dirigir.
endeudarse r. adeudarse.
endiablado, da adj. desagradable; endemoniado; malvado.
endiosamiento m. altivez; orgullo.
endocardio m. dícese de la membrana interior de las cavidades del corazón.
endocarpio m. capa interior del pericarpio.
endomingar tr. ataviar como en día festivo; emperejilar. U.t.c.r.
endosar tr. extender un documento de crédito; anotándolo al dorso.
endósmosis [endosmosis] f. corriente que va de fuera al interior y que se establece entre dos líquidos separados por una membrana.
endoso m. acción de endosar algún documento de crédito.
endriago m. monstruo de fábula o leyenda con aspecto de fiera y humano.
endrina f. fruto del endrino.
endrino, na adj. semejante a la

endrina; dícese del ciruelo silvestre.
endulzar tr. poner dulce alguna cosa; suavizar. U.t.c.r.
endurecer tr. hacer que alguna cosa se endurezca; robustecer. U.t.c.r.
endurecimiento m. tenacidad; dureza.
eneágono, na adj. polígono con nueve lados.
enebro m. árbol de madera olorosa, cuyo fruto en forma de baya es de color negro azulado.
enema f. lavativa.
enemiga f. enemistad.
enemigo, ga adj. adversario; contrario.
enemistad f. contrariedad oposición.
enemistar tr. crear enemistad entre dos personas. U.t.c.r.
energía f. vigor; fuerza; actividad.
enero m. nombre del primer mes del año.
enervar tr. debilitar; entorpecer.
enfadar tr. molestar; cansar; disgustar. U.t.c.r.
enfado m. desagrado; disgusto; enojo.
enfaldar tr. quitar las ramas bajas de los árboles; recogerse las faldas las mujeres.
enfangar tr. cubrir de lodo; encenagar. U.t.c.r.
enfardar tr. formar fardos.
enfardelar tr. hacer fardeles.
énfasis f. fuerza en la expresión o en la entonación que se da a alguna arenga o discurso.
enfermar intr. caer enfermo.
enfermedad f. quebrantamiento de la salud.
enfermería f. lugar destinado para alojar a los enfermos.
enfermizo, za adj. que tiene poca salud; que ocasiona muchas enfermedades.
enfermo, ma adj. persona que no tiene salud.
enfilar tr. poner en fila.
enfisema f. tumefacción en el tejido celular ocasionada por un gas.
enfiteusis f. canon anual que otorga la cesión del dominio útil.
enflaquecer tr. poner flaco. U.t.c.r.
enfocar tr. concentrar el foco de un lente.
enfriadera f. vasija que sirve para enfriar.
enfriar tr. hacer que algo se enfríe. U.t.c.r.
enfundar tr. meter dentro de una funda; llenar.
enfurecer tr. enojar; encolerizar. U.t.c.r.
engaitar tr. engañar con promesas y con palabras artificiosas.
engalanar tr. adornar; embellecer. U.t.c.r.
engallarse r. ponerse erguido; fingir seriedad.
enganchar tr. agarrar con gancho. U.t.c.r.
engañador, ra adj. persona que es afecta a engañar. U.t.c.s.
engañar tr. inclinar a creer lo que es falso; burlar.
engañifa f. engaño con artificio.
engargantar tr. introducir por la garganta.
engaritar tr. fortificar por medio de garitas.
engarrar tr. agarrar; sostener; asir.
engarzar tr. unir dos cosas con hilos de metal.
engastar tr. encajar; embutir algo en un metal.
engavillar tr. agavillar.
engendrar tr. procrear. U.t.c.r.
engendro m. feto.
englobar tr. juntar varias cosas en una sola.
engolfar intr. entrar un buque en alta mar.
engolosinar tr. despertar el deseo con atractivos.
engomar tr. untar con goma. U. t.c.r.
engordar tr. cebar; ponerse gordo. U.t.c. intr. y r.
engoznar tr. poner los goznes.
engranaje m. acción y efecto de engranar; piezas que engranan entre sí.
engranar intr. endentar.
engrasar tr. untar grasa; dar crasitud.
engrosar tr. hacer gruesa alguna cosa. U.t.c.r.
engrudo m. masa harinosa cocida en agua que sirve como pegamento.
engullir tr. tragar los alimentos sin masticarlos.
enharinar tr. cubrir con harina.
enhebrar tr. pasar la hebra a través del ojo de la aguja.
enhorabuena f. felicitación.
enhornar tr. poner en el horno.

enigma m. dicho o expresión que es difícil de entender.
enigmático, ca adj. oscuro; misterioso; incomprensible.
enjabonar tr. jabonar.
enjalbegar tr. poner blancas las paredes.
enjalma f. aparejo semejante a una albardilla.
enjambre m. conjunto de abejas; gentío; muchedumbre.
enjaretar tr. decir algo descuidadamente.
enjebar tr. preparar los paños con lejía.
enjebe m. acción de enjebar; lejía.
enjoyar tr. adornar con joyas.
enjuagar tr. limpiar y asear la dentadura con algún líquido; limpiar con agua lo que tiene jabón. U.t.c.r. y c. intr.
enjuague m. líquido para enjuagar; enredo.
enjugar tr. quitar la humedad. U. t.c.r.
enjuiciar tr. someter a juicio.
enjundia f. dícese de la gordura de los animales.
enjuta f. cada uno de los espacios triangulares, que el círculo inscrito deja en un cuadro.
enjuto, ta adj. flaco.
enlace m. unión; parentesco.
enladrillado m. pavimento formado de ladrillos.
enlazar tr. unir con lazos; atar; casar. U.t.c.r.
enlizar tr. añadir lizos al telar.
enloquecer tr. perder la razón; volverse loco. U.t.c.r.
enlosado, da adj. pavimento formado con losas.
enlucir tr. limpiar los metales.
enmarañar tr. enredar; confundir; embrollar.
enmaridar intr. casarse la mujer.
enmascarar tr. disfrazar; ocultar el rostro con máscara. U.t.c.r.
enmelar tr. untar con miel; endulzar.
enmendar tr. corregir; reformar. U.t.c.r.
enmienda f. corrección de alguna falta o error.
enmohecer tr. cubrirse de moho alguna cosa. U.t.c.r.
enmudecer tr. perder la voz; guardar silencio; callar. U.t.c.r.
ennegrecer tr. pintarse de negro alguna cosa. U.t.c.r.
enojar tr. provocar irritación y enojo.
enojo m. acción de enojarse; enfado; ira; cólera.
enología f. arte de fabricar los vinos.
enorgullecer tr. llenar de soberbia y orgullo. U.t.c.r.
enorme adj. de grandes proporciones; desmedido.
enormidad f. exceso de algo; demasiado grande.
enquiridión m. libro que a pesar de contener pocas páginas trata puntos doctrinales.
enquistarse r. envolverse en una membrana o en un quiste.
enramada f. conjunto de ramas que cubren un cobertizo.
enramar tr. adornar con ramaje. U.t.c.r.
enranciarse r. ponerse rancia alguna cosa. U.t.c.tr.
enrarecer tr. disminuir la densidad de un cuerpo al dilatarse. U.t.c.r.
enredadera f. planta trepadora cuyas flores son campanillas rosadas.
enredador, ra adj. que enreda.
enredar tr. confundir; hacer enredos. U.t.c.r.
enredijo m. maraña; enredo.
enredo m. acción de enredar; punto artificioso de los dramas.
enrejado, da adj. semejante a una reja; conjunto de rejas de alguna fachada o cerca.
enrejar tr. sujetar la reja en el arado; cercar con rejas.
enrevesado, da adj. revesado.
enriquecer tr. convertir a alguno en rico; adornar.
enriscado, da adj. con muchos riscos.
enristrar tr. colocar la lanza en el ristre.
enrizar tr. rizar.
enrojecer tr. poner rojo. U.t.c.r.
enrolarse r. inscribirse en el rol. U.t.c.tr.
enrollar tr. envolver una cosa alrededor de sí misma o con otra.
enroscar tr. poner en forma de rosca. U.t.c.r.
enrudecer tr. convertir en rudo a alguno. U.t.c.r.
ensabanar tr. tapar con sábanas.
ensaimada f. bollo arrollado en figura de espiral, hecho de pasta hojaldrada.

ensalada f. dícese de cualquier hortaliza hecha en aceite y vinagre.
ensalmar tr. arreglar los huesos dislocados o rotos; curar por ensalmo.
ensalmo m. acción y efecto de ensalmar; curar a base de oraciones supersticiosamente.
ensalzar tr. alabar; exaltar. U.t.c.r.
ensanchar tr. extender; dilatar. U.t.c.r.
ensanche m. dilatación.
ensangrentar tr. llenar de sangre. U.t.c.r.
ensañar tr. enojar; encolerizar; desquitarse con crueldad. U.t.c.r.
ensartar tr. unir cuentas pasándolas por un hilo; hablar cosas incoherentes.
ensayar tr. probar alguna cosa. U.t.c.r.
ensayo m. acción de ensayar; prueba.
ensebar tr. untar con sebo.
ensenada f. dícese del recodo que el mar forma en la tierra.
enseña f. insignia; bandera; estandarte.
enseñanza f. instrucción.
enseñar tr. instruir; indicar; demostrar.
enseres m. pl. dícese de los muebles y efectos.
ensiforme adj. de figura de espada.
ensilar tr. guardar el grano en silos.
ensillar tr. poner la silla a una caballería.
ensimismarse r. abismarse en sí mismo.
ensoberbecer tr. excitar la soberbia. U.t.c.r.
ensobinarse r. quedarse un animal sin poderse levantar.
ensogar tr. atar con sogas. U.t.c.r.
ensordecer tr. quedar sordo; producir sordera.
ensortijar tr. torcer a manera de sortija.
ensuciar tr. poner sucio algo; cagar. U.t.c.r.
ensueño m. dícese de lo imaginado en el sueño.
entablado m. suelo formado con tablas.
entablamento m. techo formado con tablas.
entablillar tr. sostener con tablillas un hueso roto.
entallar tr. hacer que algo se ajuste al talle; formar figuras en relieve. U.t.c.r.
entallecer intr. arrojar tallos las plantas.
entarimar tr. cubrir con tarimas.
ente m. lo que es o es imaginable; lo que existe o es fácil que exista.
enteco, ca adj. enfermizo; débil
entelar tr. cubrir con tela; oscurecerse algo a la vista. U.t.c.r.
entenado, da m. y f. dícese del hijastro o de la hijastra.
entender tr. comprender claramente algo; formar una idea precisa.
entendido, da adj. inteligente; sabio.
entenebrecer tr. llenar de tinieblas. U.t.c.r.
enteralgia f. dolor en los intestinos.
enterar tr. dar a conocer de un negocio. U.t.c.r.
entereza f. integridad; firmeza de carácter; rectitud en el obrar.
enteritis f. inflamación de la mucosa de los intestinos.
enterizo, za adj. que está entero.
enternecer tr. despertar ternura, ablandar. U.t.c.r.
entero, ra adj. recto; cabal; íntegro.
enterocele m. hernia intestinal.
enterrador m. sepulturero.
enterrar tr. dar sepultura.
enterronar tr. cubrir con terrones.
entesar tr. fortalecer alguna cosa.
entibar intr. estribar.
entidad f. dícese de lo que forma la esencia de algo.
entintar tr. teñir con tinta.
entomología f. parte de la zoología que estudia a los animales.
entomólogo, ga adj. que se dedica al estudio de la entomología.
entonar tr. cantar apegándose al tono; vigorizar las fibras.
entontecer tr. hacer tonto a alguno; volverse tonto. U.t.c.r. y c. intr.
entorchado m. cordoncillo de seda protegido por un hilo metálico retorcido.
entorchar tr. retorcer las velas para formar antorchas.
entornar tr. medio cerrar las puertas o ventanas.
entorpecer tr. volver torpe a alguno; turbar. U.t.c.r

entrada f. lugar por donde se entra; acción y efecto de entrar.
entramar tr. construir un armazón de madera para levantar un tabique.
entrambos, bas adj. pl. ambos.
entrampar tr. caer en la trampa; adquirir deudas.
entraña f. víscera comprendida en las principales cavidades del cuerpo.
entrañar tr. adentrarse en el corazón; compenetrarse con alguno. U.t.c.r.
entrar intr. pasar de afuera a dentro; penetrar; introducir. U. t.c.r.
entreacto m. dícese del intermedio teatral.
entrecejo m. espacio entre las dos cejas.
entrecortar tr. cortar sin llegar a dividir completamente; interrumpir.
entrefino, na adj. dícese de los objetos de mediana calidad.
entrega f. acción de entregar.
entregar tr. colocar o dar alguna cosa para que pase a poder de otro; someterse voluntariamente a alguno. U.t.c.r.
entrelazar tr. entretejer; enlazar; unir.
entremés m. pieza teatral de carácter cómico desarrollada en un acto; platillo de encurtidos y otras viandas.
entremeter tr. introducir alguna cosa entre otras; meterse uno donde no debe. U.t.c.r.
entremetido, da adj. que gusta de meterse donde no lo llaman.
entremezclar tr. mezclar diversas cosas sin confundirlas.
entrenamiento m. acción de entrenar.
entrenar tr. ejercitar o practicar para aprender algún deporte. U.t.c.r.
entrenzar tr. formar trenzas.
entreoir tr. oír sin escuchar totalmente lo que se dice.
entrepiernas f. pl. parte interior de los muslos.
entresacar tr. sacar u obtener unas cosas de entre otras.
entresijo m. lo que está escondido; oculto.
entresuelo m. habitación situada entre la habitación principal y la baja.
entretejer tr. trabar unas cosas con otras.
entretela f. lienzo que va entre el forro y la tela.
entretener tr. divertir; distraer; recrear; prolongar algún asunto.
entretenido, da adj. de humor festivo; agradable; que produce distracción.
entretiempo m. tiempo de primavera y otoño.
entrever tr. observar con confusión.
entreverado, da adj. que lleva intercaladas diferentes cosas.
entreverar tr. intercalar; mezclar.
entrevía f. dícese del espacio comprendido entre las vías del ferrocarril.
entrevista f. conferencia o plática para tratar algún asunto.
entristecer tr. provocar tristeza; ponerse triste, melancólico. U. t.c.r.
entrojar tr. introducir o meter el grano en las trojes.
entroncar tr. descender de un tronco común; emparentar. U.t.c. intr.
entronizar tr. ensalzar; sentar en el tronco.
entronque m. parentesco con el tronco de alguna familia.
entropión m. inversión de los párpados hacia el globo del ojo.
entruchada f. tanteada; engaño.
entubar tr. colocar tuberías.
entuerto m. ofensa; agravio.
entullecer tr. cesar la actividad y el movimiento.
entumecer tr. cesar el movimiento de un miembro.
enturbiar tr. poner turbia alguna cosa.
entusiasmo m. alegría; gusto; arrobamiento.
entusiasta adj. apasionado; alegre.
enumeración f. enunciación de las partes de un todo o de un conjunto de cosas.
enunciación f. declaración de algo desconocido.
enunciar tr. expresar una idea desconocida.
envainar tr. introducir un arma en la vaina.
envalentonar tr. despertar o infundir valentía; cobrar valor. U t.c.r

envasar tr. guardar líquidos en vasijas.
envejecer tr. ponerse vieja alguna cosa; U.t.c.r.
envenenador, ra adj. que envenena. U.t.c.s.
envenenar tr. emponzoñar. U.t.c.r.
enverar intr. comenzar a ponerse madura la uva.
envergadura f. distancia entre las puntas de las alas de las aves cuando las tienen abiertas.
envero m. dícese del color de la uva próxima a madurarse.
envés m. revés.
enviado m. embajador; mensajero.
enviar tr. mandar a alguno a determinado lugar.
enviciar tr. corromper.
envidia f. deseo de tener los bienes ajenos.
envidiable adj. que es digno de envidiarse.
envilecer tr. hacer vil. U.t.c.r.
enviudar intr. quedar viudo alguno de los cónyuges al morir el otro.
envoltorio m. montón o lío de ropa.
envoltura f. conjunto de pañales de un niño.
envolver tr. cubrir alguna cosa ciñéndola con papel u otra cosa; acorralar.
enyesar tr. cubrir con yeso.
eñe f. nombre de la letra ñ.
epacta f. número de días en que el año solar excede al lunar de 12 lunaciones.
epanadiplosis f. figura retórica que consiste en repetir al final de una frase o una cláusula, la misma palabra con la que empieza.
epéntesis f. aumento de letras en medio de dicción.
epentético, ca adj. aumentado por epéntesis.
eperlano m. pez de río semejante a la trucha.
epiceno, na adj. género de los nombres de animales que con una sola terminación designan al macho y a la hembra.
epicentro m. punto de la superficie de la tierra; donde se originan las ondulaciones sísmicas.
épico, ca adj. poesía de género heroico.
epidemia f. dícese de alguna enfermedad que ataca al mismo tiempo a varias personas de una sola población.
epidémico, ca adj. perteneciente y relativo a la epidemia.
epidermis f. membrana externa del cutis.
epigastrio m. parte superior del vientre.
epiglotis f. cartílago elástico unido a la parte posterior de la lengua y tapa de la glotis al momento de la deglución.
epígrafe f. inscripción en diversos materiales, por ejemplo en piedra o metal.
epigrafía f. estudio de las inscripciones o epígrafes.
epigrama m. poema corto y jocoso.
epilepsia f. padecimiento nervioso que se manifiesta con convulsiones.
epílogo m. resumen de algún discurso con conclusiones de lo dicho.
epinicio m. canto de tipo heroico o triunfal.
episcopado m. dignidad de obispo; conjunto de obispos de la iglesia católica.
episodio m. suceso incidental.
epístola f. carta; misiva.
epístola f. parte de la misa que se reza entre las primeras oraciones y el gradual.
epistolario m. libro con cartas; libro que reúne las epístolas sagradas.
epitafio m. inscripción que se pone en las sepulturas.
epitelio m membrana exterior de las mucosas.
epítome m. compendio de alguna obra.
epizootia f. epidemia del ganado.
epopeya f. poema de acciones heroicas y escrito en estilo elevado.
equiángulo, la adj. dícese del cuerpo geométrico que consta de ángulos iguales.
equidad f. ecuanimidad; justicia.
equidistar intr. distar igualmente.
equilátero, ra adj. con lados o caras iguales.
equilibrista adj. hábil para hacer equilibrios.
equimosis f. mancha amarilla de la piel.
equinoccio m. tiempo anual en que los días son iguales a las noches.

equipar tr. proveer de lo indispensable. U.t.c.r.
equiparar tr. comparar dos cosas considerándolas iguales.
equitación f. arte de montar a caballo.
equitativo, va adj. recto; justo.
equivalencia f. equidad o igualdad en el valor.
equivalente adj. que es igual a otra cosa.
equivaler intr. ser exacto en valor.
era f. espacio de tierra para trillar; punto exacto donde se inicia el cómputo de los años.
eral m. dícese del novillo que es menor de dos años.
erario m. tesoro público.
ere f. nombre de la letra r, suave.
eréctil adj. que es de materia fácil de enderezar.
eretismo m. enardecimiento de la vitalidad de algún órgano.
ergotina f. principio activo del cornezuelo de centeno.
erguir tr. enderezar alguna cosa. U.t.c.r.
erial adj. dícese de la tierra inculta. U.t.c.s.
eriáceo, a adj. dícese de las plantas de la familia del madroño.
erigir tr. fundar.
eritema f. inflamación de la piel.
erizo m. mamífero que se contrae formando una bola roja y se distingue por tener los costados cubiertos de púas.
erogar tr. distribuir; repartir.
erosión f. desgaste que se produce en la superficie de un cuerpo por el roce con otro.
erótico, ca adj. amatorio.
erotismo m. pasión vehemente de amor.
errabundo, da adj. errante.
errante p.a. de errar; adj. que yerra; que vaga.
errar tr. actuar con error; andar; vagar. U.t.c. intr.
errata f. error en la impresión o en la escritura.
erre f. nombre de la letra r, fuerte.
erróneo, a adj. que contiene error.
error m. idea equivocada; falta; culpa.
eructar intr. despedir ruidosamente gases por la boca.
erudición f. amplia instrucción enciclopédica.
erupción f. brote de algún humor en el cutis; salida de la lava de los volcanes.
eruptivo, va adj. que tiene o produce erupción.
esbelto, ta adj. dícese de la persona de figura bien proporcionada.
esbirro m. alguacil.
esbozo m. bosquejo.
escabel m. taburete; pequeño banquillo para apoyar los pies.
escabioso, sa adj. sarnoso.
escabroso, sa adj. desigual; áspero.
escabullirse r. escaparse de entre las manos.
escalafón m. lista de las personas que integran algún cuerpo, clasificadas.
escalar tr. penetrar en algún lugar con escalas o rompiendo paredes.
escaldar tr. bañar con agua hirviendo. U.t.c.r.
escaleno adj. triángulo con lados desiguales. U.t.c.s.
escalera f. escala; serie de escalones.
escalfar tr. cocer los huevos en agua hirviendo. U.t.c.r.
escalinata f. dícese de las escaleras de piedra situadas en el exterior de algún edificio.
escalón m. peldaño de la escalera.
escalpelo m. instrumento que sirve para disecar.
escama f. hojuela transparente que protege la piel de algunos animales.
escamar tr. quitar las escamas; escarmentar.
escamotar tr. hacer que desaparezcan las cosas; robar.
escamotear tr. escamotar.
escándalo m. vocerío; bulla; ruido.
escandallo m. sonda marina.
escaño m. banco con respaldo.
escapar intr. salir de alguna dificultad.
escapatoria f. acción y efecto de escapar o escaparse.
escápula f. omóplato.
escapulario m. pedazo de tela con una imagen que se lleva colgado al cuello.
escaque m. casillas del ajedrez.
escara f. costra que queda en las llagas al sanar.
escarabajo m. insecto coleóptero que se reproduce en el estiércol.
escaramujo m. fruto del rosal silvestre.
escarapela f. divisa que se pone en el hombro; pelea.

escarbadero m. lugar donde escarban los animales.
escarbar tr. remover ligeramente la tierra.
escarcha f. dícese del rocío congelado.
escarificar tr. operar incisiones en el cuerpo.
escarlata f. color carmesí semejante al de la grana.
escarlatina f. fiebre contagiosa que se presenta con fiebre elevada y exantema difuso encarnado.
escarmentar tr. tomar experiencia de los castigos y sucesos desafortunados.
escarmiento m. desengaño; castigo.
escarnio m. mofa; desprecio.
escarpia f. clavo de cabeza.
escarpiador m. peine con púas muy gruesas.
escarpín m. zapato de una suela y una costura.
escarzano m. arco más chico que el semicírculo.
escasear tr. faltar poco a poco alguna cosa.
escasez f. mezquindad; ruindad; cortedad.
escatimar tr. cercenar; dar algo con ruindad.
escayola f. yeso cristalizado y calcinado.
escena f. lo que se representa de una obra teatral en el escenario.
escenario m. lugar del teatro donde se representa la escena.
escenografía f. arte de pintar decoraciones.
escepticismo m. teoría filosófica que niega la capacidad del hombre para conocer la verdad.
escindir tr. dividir; partir.
escirro m. tumor canceroso que se forma en las glándulas.
esclarecer tr. ennoblecer; iluminar.
esclarecido, da adj. claro; ilustre.
esclavina f. vestido como capa corta que va sujeta al cuello con algunas prendas.
esclavitud f. condición de esclavo; yugo.
esclavo, va adj. que está bajo el dominio de otro.
esclerosis f. falta de consistencia en los tejidos.
esclerótica f. membrana blanca que protege el globo del ojo.
escoba f. conjunto de ramas sujetas a un mango para barrer.
escobajo m. escoba deteriorada.
escobilla f. cepillo para quitar el polvo.
escobillón m. instrumento para limpiar los cañones.
escocer intr. provocar escozor; sentirse. U.t.c.r.
escofina f. lima de dientes gruesos y en forma de triángulo.
escoger tr. elegir con preferencia.
escogido, da adj. electo; preferido.
escolar adj. perteneciente o relativo a la escuela.
escoliosis f. desviación lateral del raquis.
escolopendra f. cientopiés.
escolta f. dícese de la tropa destinada a escoltar.
escoltar tr. acompañar; resguardar; conducir. U.t.c.r.
escollera f. obra que se hace en los puertos como de resguardo con piedras arrojadas desordenadamente.
escollo m. peñasco escondido bajo las aguas del mar.
escombro m. desperdicio de alguna obra de albañilería.
esconder tr. ocultar. U.t.c.r.
escondite m. escondrijo.
escopeta f. arma de fuego útil para cacerías.
escopetazo m. herida producida por tiro de escopeta.
escopetería f. militares armados con escopetas.
escora f. línea céntrica del buque; inclinación de las naves por el esfuerzo de las velas.
escorbuto m. padecimiento que se caracteriza por hemorragias, trastornos en la digestión y constante caquexia.
escoria f. hez de los animales.
escorial m. dícese del terreno con muchas escorias.
escorpión m. alacrán; pez muy semejante a la escorpina aunque poco más grande.
escorzonera f. planta cuya raíz es empleada en medicina.
escotadura f. dícese del corte hecho en algunas cosas.
escotar tr. cercenar.
escote m. dícese de la escotadura del cuello de los vestidos de las mujeres.
escotilla f abertura hecha en la cubierta de algún buque.
escotillón m. puerta abierta en el suelo; trampa.

escozor m. comezón con muchas molestias.
escribiente p.a. de **escribir**; que escribe; escribano.
escribir tr. dar representación a las ideas por medio de signos gráficos.
escritura f. acción de escribir; dícese de todo documento autorizado por notario.
escriturar tr. asegurar algún contrato por medio de escritura pública.
escrófula f. tumor de los ganglios linfáticos.
escrofulosis f. afecciones producidas por la escrófula.
escroto m. dícese de la materia que cubre los testículos.
escrutinio m. examen pormenorizado de algo; recuento de votaciones.
escuadra f. instrumento con figura de ángulo recto; división de alguna armada naval.
escuadrar tr. trazar ángulos rectos.
escuadrón m. división de un regimiento de caballería.
escuálido, da adj. persona flaca y descolorida; macilento.
escucha f. acción y efecto de escuchar; centinela.
escuchar tr. poner atento el oído. U.t.c.r.
escudar tr. proteger con escudo; amparar; resguardar.
escudero m. decíase de los antiguos servidores encargados de llevar el escudo a los armados caballeros.
escudilla f. vasija redonda para servir alimentos líquidos.
escudillar tr. intervenir en cosas ajenas como si fueran propias; echar algún líquido en la escudilla.
escudo m. nombre dado a diferentes monedas de oro y plata usadas antiguamente; arma de defensa empleada por los guerreros antiguos para protegerse el cuerpo.
escudriñar tr. averiguar lo secreto.
escuela f. doctrina; sistema; institución de enseñanza.
escuerzo m. sapo.
escueto, ta adj. libre; desembarazado.
esculpir tr. grabar.
escultismo m. deporte de los aficionados al alpinismo.
escultura f. acción y efecto de esculpir; obra del escultor.
escupir intr. arrojar la saliva.
esdrújulo, la vocablo que carga su pronunciación en la antepenúltima sílaba.
ése, ésa, eso, ésos, ésas pronombres demostrativos en sus tres géneros; masculino, femenino y neutro y números singular y plural.
esencia f. dícese de la naturaleza de las cosas; lo más depurado de alguna cosa.
esfenoides adj. hueso del cráneo. U.t.c.s.
esfera f. cuerpo limitado por una superficie curva cuyos puntos equidistan de uno interior llamado centro; clase social.
esferoide m. cuerpo parecido a la esfera.
esfigmómetro m. instrumento que es útil para medir el pulso.
esfinge f. animal legendario o fabuloso con cabeza y busto de mujer y cuerpo de león; mariposa crepuscular.
esforzar tr. dar fuerza y ánimo, alentar. U.t.c.r.
esfuerzo m. valor; vigor; ánimo.
esgrima f. deporte de manejar la espada, sable y otras armas semejantes.
eslabón m. anillo de una cadena; hierro que sirve para sacar fuego del pedernal.
eslabonar tr. unir eslabones entre sí; unir las partes de algún discurso. U.t.c.r.
eslinga f. cuerda gruesa para alzar objetos pesados.
esmaltar tr. adornar con esmalte.
esmalte m. dícese del barniz vítreo que se adhiere al metal.
esmeralda f. piedra preciosa de color verde.
esmerar tr. concentrar atención y cuidado para hacer algo; pulir. U.t.c.r.
esmeril m. piedra pulverizada empleada para bruñir.
esmerilar tr. bruñir con esmeril.
esmero m. atención y cuidado sumo.
esofagitis f. dícese de la inflamación del esófago.
esófago m. dícese del conducto que va de la faringe al estómago.
esotérico, ca adj. escondido; misterioso; secreto.

espaciar tr. esparcir; dejar espacio entre dos cosas.
espacio m. lugar libre entre dos cosas; dícese de la extensión del universo.
espada f. arma blanca alargada y recta con punta cortante.
espadachín m. dícese del hábil manejador de espada.
espadar tr. macerar el lino con la espadilla.
espadín m. espada pequeña.
espalda f. parte trasera del tronco humano; envés de alguna cosa.
espaldar m. espalda de una coraza; enrejado que se coloca en una pared para las plantas trepadoras.
espaldarazo m. golpe que se da en las espaldas.
espaldilla f. omóplato.
espalmadura f. deshechos de los cascos de algunos animales cuadrúpedos.
espantadizo, za adj. que fácilmente se espanta.
espanto m. terror; miedo.
espantoso, sa adj. que espanta; desagradable.
españolizar tr. adquirir costumbres españolas; adoptar en español algún vocablo extranjero.
esparaván m. tumor en el corvejón de las caballerías.
espárrago m. planta esmilácea cuya raíz en primavera produce abundantes yemas de tallo blanco y cabezuelas amoratadas comestibles y de sabor agradable.
esparteña f. alpargata hecha de esparto.
espartería f. oficio de espartero; tienda donde se venden o fabrican esparteñas.
esparto m. planta textil con hojas filiformes y resistentes.
espasmo m. contracción repentina de los músculos.
espasmódico, ca adj. perteneciente y relativo al espasmo.
espátula f. paletilla con mango largo.
especia f. dícese de las sustancias aromáticas para condimentar los guisos.
especial adj. singular; particular.
especialidad f. particularidad; singularidad.
especialista adj. que practica una parte de alguna ciencia. U.t.c.s.
especie f. conjunto de caracteres que hace que los individuos se asemejen entre sí; caso; suceso.
especificar tr. explicar algo con precisión. U.t.c.r.
específico, ca adj. que determina una especie; dícese de algún medicamento especial para curar determinado mal.
espectáculo m. festividad pública.
espectador, ra adj. que observa algo atentamente; asistente a un espectáculo. U.t.c.s.
espectro m. fantasma; luz alterada por el prisma.
especular tr. comerciar; traficar; reflexionar.
espejismo m. fenómeno que permite ver invertidas las imágenes de cosas distantes.
espelta f. variedad de escanda.
espeluznar tr. despeluzar. U.t.c.r.
esperanza f. virtud de índole teológica que hace confiar en Dios; seguridad relativa de lograr alguna cosa.
esperar tr. confiar; aguardar.
esperma f. semen.
espermático, ca adj. perteneciente o relativo a la esperma.
espermatorrea f. emisión involuntaria del semen.
espesor m. grueso de un cuerpo.
espesura f. lugar poblado de árboles; calidad de espeso.
espetar tr. colocar algo en el asador.
espetera f. tabla con garfios para colgar trastos de cocina.
espetón m. hierro en forma de asador.
espichar intr. morir; pinchar. U. t.c.tr.
espiga f. conjunto de flores o frutos reunidas en torno de un mismo eje.
espigar tr. coger espigas en los rastrojos; desarrollarse mucho. U. t.c.r.
espigón m. aguijón de la abeja; mazorca.
espina f. púa de algunas plantas; espinazo; espina dorsal.
espinar m. lugar con muchos pinos.
espinazo m. hilera de vértebras desde la nuca hasta la rabadilla.
espineta f. clavicordio pequeño.
espino m. arbusto cuya madera es de gran dureza y tiene hojas y ramas espinosas.
espionaje m. acción de espiar.

espira f. dícese de la vuelta de la hélice.
espiral f. vuelta de una espira o hélice; curva que rodea a un punto alejándose de él cada vez más.
espirar intr. expeler el aire aspirando.
espirilo m. bacteria filamentosa en forma de espiral.
espiritar tr. endemoniar; irritar. U.t.c.r.
espiritismo m. doctrina que sostiene la creencia en el llamamiento a los espíritus.
espiritoso, sa adj. que es fácil de exhalarse.
espíritu m. lo que es incorpóreo; alma de los racionales; virtud.
espiritual adj. perteneciente o relativo al espíritu.
espiritualismo m. doctrina opuesta al materialismo.
espirómetro m. instrumento útil para medir la fuerza de la respiración.
esplacnología f. estudio de las vísceras.
esplendente adj. resplandeciente.
esplendidez f. grandeza; magnificencia.
espléndido, da adj. liberal; magnífico; grandioso.
esplendor m. lustre; nobleza de linaje; brillo.
esplenología f. tratado del bazo.
espliego m. planta que por tener semillas olorosas son utilizadas como sahumerio.
espolear tr. picar con la espuela; estimular.
espoleta f. detonador de bombas y torpedos.
espolique m. dícese del mozo de a pie que va adelante de un jinete.
espolón m. remate de una proa; malecón.
esponja f. materia del mar ligera y muy porosa de color amarillento.
esponjado m. azucarillo.
esponjar tr. hacer un cuerpo muy poroso; envanecerse. U.t.c.r.
esponjoso, sa adj. semejante a la esponja; poroso y ligero.
esponsales m. pl. mutua promesa de matrimonio.
espontáneo, a adj. de movimiento voluntario.
espora f. dícese del corpúsculo que reproduce las criptógamas.
esporádico, ca adj. enfermedades no endémicas ni infecciosas.
esposar tr. colocar esposas.
esposas f. pl. manillas metálicas para sujetar las muñecas de las manos.
esposo, sa adj. dícese de la persona casada con relación a su cónyuge.
espuela f. instrumento ajustado al talón de la bota para picar al caballo.
espuerta f. cesta grande con dos asas.
espuma f. burbujas que se forman en la superficie de algún líquido
espumajear tr. arrojar espumajos.
espumar tr. quitar la espuma de un líquido.
espumoso, sa adj. que forma mucha espuma.
espurio, ria adj. dícese del hijo no legítimo; falso.
esqueje m. cogollo que se separa de la planta para formar otra.
esquelético, ca adj. relativo al esqueleto; demasiado enjuto y flaco.
esqueleto m. armazón de huesos de los vertebrados.
esquema m. representación gráfica de algo inmaterial.
esquife m. bote de dos proas que se usaban en las antiguas galeras.
esquila f. cencerro; esquileo.
esquilar tr. cortar el pelo o la lana de las bestias.
esquilón m. esquila grande.
esquina f. arista; ángulo que sale.
esquinado, da adj. que tiene o forma esquina.
esquirla f. astilla de hueso.
esquivar tr. evitar; rehuir.
esquivez f. aspereza; despego.
esquivo, va adj. huraño; desdeñoso; áspero.
estabilidad f. permanencia; firmeza.
estable adj. duradero; firme.
establecer tr. fundar; decretar.
establecimiento m. acción y efecto de establecer o establecerse; fundación.
establo m. sitio destinado a guardar el ganado.
estaca f. palo con una punta en la extremidad.
estacazo m. golpe de estaca.
estación f. cada una de las cua-

tro divisiones del año; sitio donde para el tren.
estada f. estancia prolongada en algún lugar.
estadio m. octava parte de una milla; lugar destinado por los griegos para sus juegos.
estadizo, za adj. que permanece largo tiempo sin orearse.
estafar tr. obtener dinero con engaños.
estalactita f. materia calcárea que cuelga del techo de las grutas.
estalagmita f. materia calcárea formada en el suelo de las grutas.
estallar intr. reventar o estallar algo con estruendo.
estameña f. tejido hecho con estambre puro.
estampa f. efigie impresa.
estampar tr. imprimir.
estampería f. lugar donde se venden estampas.
estampido m. ruido seco parecido al cañonazo.
estancia f. mansión de lujo; sala; aposento.
estanco m. lugar donde se venden géneros estancados; buque en perfectas condiciones después de reparado.
estandarte m. bandera de los cuerpos montados; bandera de diversas corporaciones.
estangurria f. enfermedad que se caracteriza por una honda irritación en la orina.
estanque m. dícese del receptáculo de agua.
estante p.a. de estar; armario con cajones; que está en un solo sitio.
estantería f. conjunto de estantes.
estantigua f. persona enjuta y alta; fantasma.
estañar tr. cubrir con estaño.
estaño m. metal semejante a la plata y sirve para soldar.
estar intr. existir.
estatura f. altura de una persona.
estatuto m. reglamento de alguna orden o corporación.
este m. oriente.
este. ésta, esto, éstos, éstas pronombres demostrativos en los tres géneros masculino, femenino y neutro y en número singular y plural.
estearina f. materia blanca y grasosa para fabricar bujías.
estela f. señal que al navegar dejan las embarcaciones en el mar.
estenografía f. taquigrafía.
estenógrafo, fa m. y f. taquígrafo, taquígrafa.
estentóreo, a adj. voz ruidosa y altisonante.
estepa f. erial llano y extenso; planta resinosa cuyo fruto es capsular.
estera f. tejido hecho generalmente de esparto o junco para cubrir el piso.
estereotipar tr. fundir en planchas especiales un escrito tipográfico.
estéril adj. que no produce fruto.
esterilizar tr. volver estéril. U.t.c.r.
esterlina f. libra o moneda de oro de los ingleses.
esternón m. hueso situado en la parte anterior del tórax.
estertor m. agonía; dícese de la agonía de los moribundos.
esteta adj. persona que posee la ciencia de la estética.
estética f. tratado de la belleza.
esteva f. pieza curva del arado que empuñan los labradores.
estiércol m. excremento del animal; abono.
estigma m. señal en alguna parte del cuerpo; extremo del pistilo.
estigmatizar tr. ofender; poner huellas a alguien con hierro candente. U.t.c.r.
estilar intr. acostumbrar; practicar.
estilete m. puñal agudo.
estima f. aprecio; estimación.
estimación f. afecto; cariño; aprecio.
estimar tr. apreciar; valuar algo.
estimular tr. incitar; avivar. U.t.c.r.
estímulo m. incitada; avivada.
estío m. estación del año situada entre el solsticio de verano y el equinoccio de otoño.
estipendio m. sueldo; paga.
estíptico, ca adj. astringente.
estipulación f. acción y efecto de estipular; acuerdo; tratado.
estipular tr. celebrar o llevar a cabo estipulación.
estirar tr. poner tiesa y tirante alguna cosa; dilatar. U.t.c.r.
estirpe f. tronco común de linaje.
estival adj. perteneciente y relativo al estío.
estocada f. golpe dado con la punta de la espada.
estofa f. tejido con labores de seda.

estofar tr. labrar formando acolchados; hacer un guiso en estofado.
estoicismo m. teoría filosófica de Zenón que se guiaba exclusivamente por la razón.
estolidez f. imbecilidad.
estólido, da adj. imbécil; estúpido; tonto.
estomacal adj. perteneciente o relativo al estómago.
estómago m. víscera del cuerpo comprendida entre el esófago y el intestino.
estopa f. parte basta del lino.
estopilla f. estopa hecha de lino.
estoque m. dícese de la espadilla angosta con punta poco filosa.
estoraque m. árbol del cual se extrae cierta sustancia para formar un bálsamo muy oloroso.
estorbar tr. poner estorbos u obstáculos a algo.
estorbo m. embarazo; estorbo; obstáculo.
estornino m. cierto pájaro de plumas negras con pintas blancas.
estornudar intr. acto de arrojar con estrépito el aire aspirado.
estrabismo m. padecimiento visual de los bisojos o vizcos.
estrado m. estancia, sala de ceremonia; sala de los tribunales.
estrafalario, ria adj. desarreglado; extravagante; raro.
estrangul m. boca de algún instrumento músico.
estrangular tr. ahogar presionando el cuello.
estratagema f. ardid de guerra.
estrategia f. habilidad para dirigir las maniobras militares.
estrato m. nube en forma de faja.
estraza f. trapo.
estrella f. dícese de cada uno de los astros fijos.
estrellamar f. cierto animal de los mares que se caracteriza por tener el cuerpo estrellado.
estrellar tr. tirar con fuerza algo haciéndolo añicos; freír los huevos.
estremecer tr. temblar convulsivamente.
estrenar tr. iniciar el uso de algo; actuar por primera vez. U.t.c.r.
estreñir tr. estar en condiciones de no poder evacuar el vientre. U.t.c.r.
estrépito m. ruido; estruendo.
estría f. la mitad de una caña en hueco.
estriar tr. hacer estrías.
estribar tr. apoyar una cosa en otra.
estribera f. estribo.
estribillo m. lo que se repite al finalizar cada una de las estrofas.
estribo m. escalón; pieza para que apoye los pies el jinete.
estricnina f. alcaloide que se obtiene de la nuez vómica y del haba de San Ignacio y se caracteriza por ser muy venenosa.
estridente adj. sonido estrepitoso y agudo.
estrofa f. parte de un poema.
estropajo m. esparto para fregar.
estructura f. orden y armonía en lo que integra a un todo.
estruendo m. ruido estrepitoso
estrujar tr. apretar o presionar para sacar el jugo.
estudiante p.a. de **estudiar**; que estudia.
estudiantina f. dícese de la comparsa musical de los estudiantes.
estudiar tr. dedicar el entendimiento a aprender diversos conocimientos; cursar estudios.
estudio m. acción y efecto de estudiar; lugar destinado a estudiar, por ejemplo una estancia.
estupefaciente adj. soporífero; que tiene propiedades de narcótico.
estupendo, da adj. asombroso, magnífico.
estupidez f. tardanza para entender algo.
estupor m. pasmo; asombro.
estuprar tr. violar a una virgen.
esturión m. pez grande de cuyas huevas se saca el caviar.
etcétera f. término que se emplea para indicar que se suprime lo que queda por decir.
éter m. firmamento; líquido de sabor y olor penetrantes y fuertes.
etéreo, a adj. perteneciente y relativo al éter.
eterismo m. envenenamiento producido por el éter.
eternizar tr. prolongar indefinidamente la duración de algo.
eterno, na adj. lo que no tiene ni principio ni fin.
eteromanía f. dícese del deseo inmoderado de tomar éter.

etesio adj. viento mudable en determinada época del año.
ética f. rama de la filosofía que estudia la moral.
etilo m. radical del alcohol simple.
etimología f. dícese del origen de cada palabra.
etiología f. tratado acerca de los orígenes de las enfermedades.
etmoides adj. hueso de la cavidad nasal.
etnografía f. descripción de los pueblos, de sus razas y costumbres.
etnología f. ciencia que estudia las diferentes razas.
eucalipto m. árbol de gran tamaño cuyas hojas de aroma fragante tienen uso medicinal.
eucologio m. devocionario.
eucrático, ca adj. dícese de la persona de temperamento apacible.
eudiómetro m. tubo de cristal que es utilizado para estudiar un gas por la chispa eléctrica.
eufenismo m. figura retórica que se distingue por suavizar las expresiones modificando su forma.
eufonía f. calidad de sonar agradablemente; armonía.
euforia f. dícese del estado normal o de buena salud.
eunuco m. hombre que ha sido castrado.
euritmia f. armonía y proporción en algo.
evacuar tr. desocupar; vaciar; arrojar un humor del cuerpo.
evadir tr. evitar; eludir; escapar. U.t.c.r.
evaluar tr. valuar.
evaporar tr. desvanecer; convertir en vapor. U.t.c.r.
evasión f. fuga; huída; efugio.
evasiva f. acción de evadir.
evento m. contingencia.
evidencia f. certeza precisa y clara acerca de algo.
evidente adj. que tiene evidencia; claro.
evocar tr. invocar a los espíritus; hacer que acuda algún recuerdo a la memoria.
evolución f. desarrollo y alteración en el estado de las cosas.
evolucionar tr. hacer evoluciones.
evolutivo, va adj. que tiene la propiedad de modificarse.
exacción f. cobro violento e injusto; acción de exigir impuestos y multas.
exacto, ta adj. puntual; preciso, fiel.
exactor m. dícese del recaudador de rentas o tributos.
exageración f. acción de exagerar; ponderación.
exagerar tr. aumentar los meritos de algo más allá de los límites que merece. U.t.c.r.
exaltar tr. alabar; irritar. U.t.c.r.
examen m. prueba; reconocimiento.
examinado, da adj. persona sujeta a examen.
examinar tr. inquirir; analizar.
exánime adj. que no da señales de vida.
exantema f. erupcion cutánea encarnada.
excarcelar tr. dejar en libertad al prisionero.
excavar tr. formar hoyos; zanjear.
exceder tr. sobrepasar; rebasar los límites justos. U.t.c.r.
excelencia f. calidad suprema; tratamiento que se da a algunas personas ilustres.
excelente adj. que es perfecto.
excelentísimo, ma adj. tratamiento que se da a quien tiene excelencia.
excelso, sa adj. muy excelente y elevado.
excentricidad f. calidad de excéntrico.
excéntrico, ca adj. que se considera fuera del centro.
excepción f. acción de exceptuar.
excepcional adj. que hace excepción.
exceptuar tr. excluir a algo de la regla común. U.t.c.r.
excerta f. recopilación.
excesivo, va adj. que sobrepasa o excede.
exceso m. lo que excede.
excipiente adj. sustancia que sirve de base para mezclar varias en un medicamento.
excitar tr. estimular, instigar. U. t.c.r.
exclamación f. grito vehemente.
exclamar tr. lanzar gritos vehementes.
excluir tr. no admitir una persona o cosa con otras.
exclusiva f. monopolio; privilegio; deferencia.
exclusivo, va adj. que puede excluir.
excogitar tr. encontrar algo después de meditar.

excomulgar tr. expulsar de la comunión.
excoriar tr. corroer el cutis. U.t.c.r.
excrecencia f. carnosidad superflua.
excremento m. lo que evacúa el vientre.
excretar intr. excrementar.
excretorio, ria adj. conducto para excretar.
excursión f. paseo campestre; correría.
excursionismo m. tendencia a hacer excursiones.
excusa f. acción de excusar; pretexto; disculpa.
excusado, da adj. retrete; inútil.
excusar tr. dar razones de disculpa; evitar.
execrar tr. maldecir; aborrecer.
exégesis f. explicación detallada de la biblia.
exégeta adj. dícese del que explica la biblia. U.t.c.s.
exención f. acción de eximir.
exequátur m. permiso que otorga un soberano a los diplomáticos extranjeros.
exequias f. pl. honras fúnebres.
exfoliación f. caída o desprendimiento de algún tejido en forma de escamas.
exhalación f. acción de exhalar; centella.
exhalar tr. arrojar gases o vapores; despedir quejas y suspiros.
exhausto, ta adj. agotado; extasiado.
exhibir tr. presentar; exponer; manifestar. U.t.c.r.
exhortar tr. obligar a alguno con razones y ruegos. U.t.c.r.
exhumar tr. desenterrar.
exigente adj. que puede exigir o que exige. U.t.c.s.
exigible adj. dícese de lo que se puede exigir.
exigir tr. pedir; obligar.
exiguo, gua adj. pobre; escaso.
eximio, mia adj. muy excelente.
eximir tr. librar a alguien de una obligación. U.t.c.r.
existencia f. acción de existir.
existir intr. vivir; subsistir; ser real algo.
exito m. resultado favorable de algún asunto.
éxodo m. nombre que se da al segundo libro del pentateuco.
exonerar tr. quitar el cargo u obligación de algo; destituir.
exorbitancia f. exceso desmedido.
exorcismo m. sentencia contra el espíritu del mal.
exordio m. preámbulo; introducción.
exornar tr. engalanar; arreglar. U.t.c.r.
exotérico, ca adj. común; corriente; popular.
exótico, ca adj. de país extranjero.
expandir tr. extender. U.t.c.r.
expansión f. acción de divertirse o dilatarse.
expatriarse r. dejar su patria alguna persona.
expectación f. curiosidad vehemente con que se espera alguna cosa.
expectante adj. que espera.
expectativa f. dícese del estado de esperanza por lograr algo.
expectorar tr. expulsar por la boca las secreciones del aparato respiratorio.
expedición f. acción de expedir; excursión.
expedicionario, ria adj. perteneciente o relativo a la expedición.
expediente m. asunto que es seguido sin juicio contradictorio; papeles concernientes a algún asunto legal.
expedir tr. dar curso a los negocios; enviar mercancías.
expedito, ta adj. libre; ligero.
expeler tr. arrojar de sí.
expender tr. vender por cuenta de una empresa.
expensas f. pl. gastos.
experiencia f. conocimiento que dicta la práctica; experimento.
experimental adj. apoyado en la experiencia.
experimentar tr. probar y analizar prácticamente.
experto, ta adj. práctico; experimentado.
expiar tr. purgar los pecados o culpas.
expiatorio, ria adj. que se hace por expiación.
expirar intr. fallecer; morir.
explanada f. declive que va desde la campaña hasta el camino cubierto.
explanar tr. allanar; declarar.
explicar tr. exponer lo que se sabe o se piensa.
explícito, ta adj. que expresa y explica algo claramente.
explorar tr. reconocer; analizar.
explosión f. acción de explotar.

explotar tr. beneficiar una mina; obtener provecho de algo.

expoliar tr. despojar.

exponencial adj. con exponente variable.

exponente p. a. de exponer; que expone; signo que expresa el grado de la potencia.

exponer tr. manifestar; declarar; arriesgar.

exportar tr. extraer objetos mercantiles del país y conducirlos a otro.

exposición f. acción de exponer.

expositivo, va adj. que puede exponer.

expresar tr. exponer o manifestar con claridad. U.t.c.r.

expresión f. declaración; acción de expresar.

exprimidera f. objeto en que se ponen las sustancias que se han de exprimir.

exprimir tr. sacar el jugo por presión o torción.

expropiar tr. desposeer a alguno de sus propiedades legalmente.

expugnar tr. tomar un lugar por la fuerza de las armas.

expulsar tr. expeler; arrojar.

expurgar tr. limpiar; purificar.

exquisito, ta adj. delicado; delicioso.

éxtasis f. arrobamiento; embeleso.

extático, ca adj. que está en éxtasis.

extemporáneo, a adj. que es fuera de tiempo o inoportuno.

extender tr. agrandar la superficie de algo; propagarse. U.t.c.r.

extensible adj. que es fácil de extender o puede extenderse.

extensión f. acción de extender; capacidad de algún cuerpo para ocupar un sitio en el espacio.

extensivo, va adj. que puede extenderse a otras cosas.

extenuar tr. perder fuerzas; adelgazar. U.t.c.r.

exterior adj. que está por fuera; externo.

extinguir tr. externo; que está por fuera. U.t.c.r.

extintor m. instrumento para apagar incendios.

extirpador, ra adj. que extirpa. U.t.c.s.

extirpar tr. desprender o arrancar de cuajo.

extorsión f. acción de extorsionar; perjuicio; daño.

extracción f. acción y efecto de extraer.

extractar tr. convertir en extracto.

extracto m. dícese de la sustancia extraída de alguna cosa.

extradición f. acto de entregar un reo que estaba refugiado en un país extranjero.

extraer tr. sacar algo de donde estaba. U.t.c.r.

extrajudicial adj. que se hace fuera de la justicia.

extralegal adj. no legal.

extranjería f. calidad y condición legal del extranjero.

extranjero, ra adj. que es oriundo de otro país. U.t.c.s.

extrañar tr. expulsar a país extranjero; escuchar algo con extrañeza. U.t.c.r.

extrañeza f. asombro; sorpresa.

extraño, ña adj. de costumbres raras; de distinta nacionalidad o familia.

extraordinario, ria adj. que va más allá de lo ordinario.

extravagancia f. desorden en el actuar.

extravenarse r. salirse la sangre fuera de las venas.

extraviarse r. perderse; inducir a equivocaciones. U.t.c.tr.

extremar tr. conducir al extremo alguna cosa; esmerarse. U.t.c.r.

extremaunción f. sacramento que se imparte a los moribundos.

extremidad f. punta de algo; fin de una cosa.

extremoso, sa adj. que gusta de extremar las cosas.

extrínseco, ca adj. accidental; exterior.

exuberancia f. abundancia.

exudar tr. salir algún líquido como si fuera sudor.

eyacular tr. arrojar con fuerza una secreción.

F

f letra consonante y séptima del alfabeto, se denomina efe.

fa m. cuarta voz de la escala de música.

fabada f. guiso especial compuesto de judías o alubias, carne de cerdo, etc.

fabla f. habla; imitación de la antigua manera de hablar el castellano.

fábrica f. acto de fabricar; lugar donde se fabrica algo.
fabricante p.a. de fabricar; que fabrica. U.t.c.s.
fabricar tr. hacer o construir algo por medios mecánicos.
fabril adj. relativo a las fábricas o a sus operarios.
fábula f. rumor; apólogo; ficción artificiosa conque se oculta una verdad.
fabulista com. persona que idea y escribe fábulas.
fabuloso, sa adj. ficticio; perteneciente o relativo a la fábula.
faca f. cuchillo corvo; cuchillo largo y puntiagudo.
facción f. rasgo del rostro.
faccioso, sa adj. y s. que forma parte de una facción; dícese del rebelde armado.
faceta f. cada una de las caras de un poliedro pequeño; fig. cada uno de los aspectos que pueden considerarse en un asunto.
facial adj. perteneciente y relativo al rostro.
fácil adj. que se puede alcanzar con poco esfuerzo; manejable y dócil.
facilidad f. habilidad para hacer algo sin trabajo.
facilitar tr. hacer fácil algo; proporcionar.
facineroso, sa adj. malvado; delincuente.
facistol m. atril grande de las iglesias.
facón m. aum. de faca; Arg. cuchillo largo de punta aguda.
facsímile f. dícese de la imitación exacta de algo.
factible adj. que es fácil de hacerse.
facticio, cia adj. lo que es hecho por arte.
factor m. elemento que ayuda a un resultado; agente comercial.
factoría f. empleo y oficina del factor.
factótum m. encargado de varios asuntos en una casa.
fácula f. mancha brillante en el Sol.
facultad f. poder para hacer algo; ciencia o arte.
facultar tr. conceder facultades, autorizar.
facultativo, va adj. perteneciente o relativo a alguna facultad.
facundia f. verbosidad, facilidad para hablar.
facundo, da adj. dícese del que habla fácil y abundante.
facha f. fam. aspecto, traza.
fachada f. parte exterior de un edificio.
fachenda f. jactancia.
fachendear intr. presumir; ostentar.
fachendoso, sa adj. fatuo, vanidoso.
fachoso, sa adj. fam. de figura ridícula.
fada f. hada, hechicera.
faena f. trabajo.
faetón m. coche descubierto de cuatro ruedas.
faetórnido m. pájaro tenuirrostro de plumaje muy apreciado.
fagocito m. fisiol. elemento orgánico que destruye los microbios patógenos.
fagocitosis f. med. función fisiológica de los fagocitos.
fagot m. instrumento músico de viento.
fagotista m. el que ejerce o profesa el arte de tocar el fagot.
faisán m. ave gallinácea semejante a un gallo del que se distingue por llevar en la cresta un penacho.
faja f. ceñidor que se sujeta a la cintura.
fajar tr. y r. ceñir con faja.
fajero m. fajilla de punto especial para niños.
fajín m. dim. de faja; distintivo de los oficiales superiores del ejército.
fajina f. pila de haces de mies; toque de guerra.
fajo m. haz.
falacia f. mentira.
falange f. hueso de los dedos.
falange f. cuerpo de infantería del ejército griego.
falangeta f. tercera falange de los dedos.
falangina f. segunda falange de los dedos.
falansterio m. edificio para alojamiento colectivo.
falaz adj. engañoso; falso.
falazmente adv. m. con falacia.
falcado, da adj. en figura de hoz.
falce f. cuchillo con figura encorvada.
falconete m. especie de culebrina que lanzaba balas hasta de kilo y medio.
falcónido, da adj. zool. dícese de aves de rapiña como el halcón.

falda f. parte de la vestidura de las mujeres, que va de la cintura para abajo; parte inferior de un monte.
faldar m. parte de la armadura que caía como faldillas desde el extremo inferior del peto.
faldear tr. andar por la falda de un monte.
faldero, ra adj. perteneciente a la falda; fig. aficionado a estar entre mujeres.
falencia f. engaño o error.
falible adj. lo que puede engañarse o fallar.
falsario, ria adj. falsificador.
falsear tr. adulterar; perder firmeza una cosa.
falsedad f. mentira; falta de sinceridad.
falsete m. mús. voz más aguda que la natural.
falsía f. falsedad.
falsificador tr. engañar; adulterar; contrahacer.
falsilla f. dícese del papel rayado que se pone debajo de uno blanco.
falta f. privación; falla; defecto.
faltar intr. no existir algo donde debe estar; cometer una falta.
falto, ta adj. informe; defectuoso.
faltriquera f. bolsa del vestido.
falúa f. embarcación menor con carroza.
falucho m. embarcación costanera con una vela latina.
falla f. defecto, falta, deterioro.
fallar intr. frustrarse; sentenciar. U.t.c.tr.
fallecer intr. morir.
fallido, da adj. equivocado; frustrado.
fallo, lla adj. en ciertos juegos de naipes, falto de un palo; m. decisión, sentencia definitiva del juez.
fama f. renombre; celebridad.
Fama mit. diosa mensajera de Júpiter, encargada de publicar por el mundo toda clase de noticias.
famélico, ca adj. hambriento.
familiar adj. relativo a la familia; llano, sencillo.
familiaridad f. confianza; llaneza.
familiarizar tr. hacer familiar algo; habituar.
familiarmente adv. m. con confianza.
famoso, sa adj. renombrado.
fámula f. doméstica; criada.
fanal m. farol en faro.
fanático, ca adj. la persona que defiende aun sin razón sus ideas. U.t.c.s.
fandango m. bailable español.
fangal [fangar] adj. lugar con mucho fango.
fango m. lodo.
fantasear intr. dejar volar la fantasía.
fantasía f. imaginación.
fantasma m. espantajo.
fantasmón, na adj. muy jactancioso. U.tc.s.
fantástico, ca adj. quimérico.
fantoche m. títere.
faquín m. changador, mozo de cuerda.
faquir m. dícese de cierto santo mahometano de costumbres muy severas y que vive de limosnas.
faradio m. fís. unidad electromagnética de capacidad de un cuerpo o de un sistema de cuerpos conductores.
farala m. volante en las vestiduras femeninas.
faramalla f. charla.
farándula f. oficio de los histriones.
farandulear intr. farolear.
farandulero, ra adj. comandante; histrión. U.t.c.s.
fardar tr. abastecer y surtir a uno, en especial de ropa.
fardo m. bulto apretado y grande.
farfolla f. vaina que envuelve las panojas del maíz.
farfulla f. fam. defecto de quien habla de prisa y balbuciente.
farfullar tr. decir las palabras en forma atropellada.
farináceo, a adj. derivado de la harina.
faringe f. conducto protegido por membranas que comunica el fondo de la boca con el esófago.
faringitis f. inflamación de la faringe.
fariseo m. individuo perteneciente a una antigua secta de los judíos que a pesar de su austeridad, estaba al margen de la ley.
farmacéutico, ca adj. perteneciente y relativo a la farmacia. U.t.c.s.
farmacia f. botica; ciencia que estudia los medicamentos y su composición.
farmacología f. estudio de los medicamentos y de sus aplicaciones.
farmacopea f. libro en que se especifican los medicamentos más usuales y el modo de prepararlos.

faro m. torre de gran altura que contiene una luz en la punta para guiar.
farol m. caja de vidrio o de otra sustancia transparente, en que se pone una luz.
farolazo m. golpe que se da con un farol; Méx. trago de licor.
farolear intr. fam. hacer ostentación.
farolero, ra adj. jactancioso; presumido; dícese del cuidador de los faroles. U.t.c.s.
farolillo m. cierta planta de las trepadoras que se toma como diurético.
farpa f. cada una de las puntas cortadas al canto de alguna cosa.
fárrago m. reunión o montón de cosas desordenadas y confusas.
farruco, ca adj. fam. impávido, valiente.
farsa f. representación de una comedia o fábula; ficción.
farsante m. el que representa una comedia; histrión; falso. U.t.c. adj.
fascículo m. brazado; folleto.
fascinar tr. aojar, hacer mal de ojo; fig. hechizar.
fase f. dícese de cada aspecto de la luna o de otro planeta; aspecto de algún negocio.
fasiánidos m. pl. zool. familia de aves gallináceas.
fastial m. arq. piedra más alta de un edificio.
fastidiar tr. provocar molestia y hastío. U.t.c.r.
fastidio m. enojo; cansancio; molestia; disgusto.
fastuosidad f. ostentación exagerada; suntuosidad.
fatal adj. perteneciente y relativo al hado.
fatalismo m. doctrina que atribuye todos los acontecimientos al hado.
fatídico, ca adj. que señala el porvenir; funesto; siniestro.
fatiga f. cansancio; trabajo fatigoso y excesivo.
fatigoso, sa adj. laborioso; agitado.
fatuo, a adj. sin gracia ni entendimiento; ridículo y presumido.
fauces f. pl. parte posterior de la boca.
fauna f. conjunto de animales de algún país.
fausto, ta adj. feliz.
fautor, ra adj. protector; que proporciona ayuda.
favonio m. viento suave.
favor m. ayuda; privanza.
favorecer tr. apoyar; ayudar.
favoritismo m. preferencia del valor sobre el mérito.
favorito, ta adj. que es estimado con predilección.
faz f. cara; rostro.
fe f. virtud que nos ayuda a creer las verdades de la religión.
fealdad f. desagradable; desproporción.
febeo, a adj. perteneciente y relativo a Febo.
feble adj. flaco, débil.
Febo m. Sol.
febrífugo, ga adj. que combate la calentura.
febril adj. relativo a la fiebre.
fecal adj. materias del excremento
fécula f. materia de color blanco extraída de algunos vegetales.
fecundar tr. fertilizar.
fecundidad f. fertilidad.
fecundizar tr. fecundar.
fecha f. data.
fechar tr. poner la fecha a algo. U.t.c.r.
fechoría f. acción denigrante y mala.
federación f. confederación.
federalismo m. método de federación entre pueblos y comarcas.
federativo, va adj. perteneciente a la federación.
feérico, ca adj. galicismo por mágico, maravilloso.
feldespato m. silicato de alúmina con cal o sosa.
felice adj. poét. feliz.
felicidad f. prosperidad; dicha.
felicitar tr. cumplimentar; agasajar. U.t.c.r.
félidos m. pl. zool. familia de mamíferos carniceros como el león.
feligrés, sa m. y f. persona que pertenece a determinada parroquia.
felino, na adj. perteneciente y relativo al gato.
felón, na adj. traidor; malvado.
felonía f. deslealtad; traición.
felpa f. tejido aterciopelado que tiene pelo por la haz; fig. y fam. zurra de golpes; paliza.
femenil adj. perteneciente a las mujeres.
femenino, na adj. relativo y propio de la mujer.

fementidamente adv. m. con falsedad y deslealtad.
fementido, da adj. traidor.
feminismo m. doctrina que apoya a la mujer con los mismos derechos que el hombre.
femoral adj. perteneciente al fémur.
fémur m. hueso del muslo.
fenda f. raja o hendedura al hilo en la madera.
fenecer tr. poner fin a algo; terminar; morir. U.t.c.intr.
fénico adj. ácido extraído de la brea.
fénix f. cierta ave fabulosa que volvía a nacer de sus cenizas.
fenol m. ácido derivado de la bencina.
fenómeno m. que es anormal; extraordinario.
feo, a adj. falto de belleza; que causa aversión.
feracidad f. fecundidad; fertilidad.
feral adj. sanguinario; cruel.
feraz adj. fértil.
féretro m. caja mortuoria.
feria f. cualquier día de la semana, excepto sábado y domingo; mercado en sitio público; exposición.
feriado, da adj. dícese del día en que no trabajan los tribunales.
feriar tr. permutar.
ferino, na adj. relativo a la fiera o que tiene sus propiedades.
fermentar intr. alterar una sustancia por la acción de otra; descomponerse. U.t.c.r.
fermento m. sustancia que hace fermentar.
ferocidad f. crueldad; fiereza.
ferraje m. herraje.
ferrar tr. forrar con hierro.
férreo, a adj. perteneciente al hierro, hecho de hierro.
ferretería f. comercio en donde se venden artefactos y objetos diversos de metal.
férrico, ca adj. quím. dícese de las combinaciones del hierro más oxigenadas.
ferrocarril m. camino de hierro.
ferroso, sa adj. combinación de hierro poco ferruginosa.
ferroviario, ria adj. perteneciente al ferrocarril; empleado de éste.
ferruginoso, sa adj. con hierro.
fértil adj. que es muy productivo.
fertilidad f. fecundidad de la tierra.
fertilizar tr. fecundar o producir la tierra.
férvido, da adj. apasionado; ardiente.
ferviente adj. fervoroso.
fervor m. calor muy intenso; fig. devoción, piedad.
festejar tr. agasajar; galantear; celebrar.
festejo m. acción de festejar.
festín m. fiesta con banquete espléndido.
festividad f. fiesta o solemnidad.
festivo, va adj. perteneciente a la fiesta; día de fiesta.
festón m. bordado en figura de hondas.
festonear tr. arreglar o adornar con festones.
fetiche m. ídolo, objeto de admiración.
fetichismo m. culto de los fetiches.
fetidez f. hedor; olor muy desagradable.
feto m. dícese de lo que la hembra concibe.
feúco, ca adj. fam. feúcho.
feúcho, cha adj. desp. fam. feo.
feudal adj. decíase del señor que tenía el dominio de un feudo.
feudo m. antiguo contrato mediante el cual algún poderoso proporcionaba tierras en usufructo a cambio de una promesa de vasallaje.
fez m. dícese del turbante usado por los árabes.
fiacre m. galicismo por coche de plaza.
fiador, ra m. y f. persona que fía a otra y responde por ella.
fiambre adj. manjar que se come en frío. U.t.c.s.
fiar tr. responder por alguno con promesa de cumplir en su defecto; vender a crédito. U.t.c.intr.
fiasco m. mal éxito, fracaso.
fíat m. mandato o consentimiento para que tenga efecto una cosa.
fibra f. filamento que se encuentra en la composición del cuerpo vegetal o animal.
fibrilla f. bot. ramificación capilar en los extremos de las raíces y otros órganos de las plantas.
fibrina f. sustancia albuminoidea que entra en la composición de la sangre.
fibrocartilaginoso, sa adj. anat. relativo al fibrocartílago.

fibrocartílago m. anat. tejido muy resistente que contiene entre sus fibras materia cartilaginosa que le da particular elasticidad.
fibroma m. pat. tumor formado por tejido fibroso.
fíbula f. hebilla a modo de imperdible, que usaron muchos griegos y romanos.
ficción f. acción de fingir; fábula.
ficoideo, a adj. y s. bot. aplícase a plantas dicotilédoneas, con hojas gruesas, flores axilares y frutos capsulares.
ficticio, a adj. fabuloso; falso.
fichar tr. tomar medidas antropométricas y hacer la ficha correspondiente.
fidedigno, na adj. que es digno de fe y crédito.
fideicomisario, ria adj. persona encargada de un fideicomiso.
fideicomiso m. disposición por la cual el testador deja bienes encomendados a alguien para que ejecute su voluntad.
fidelidad f. lealtad.
fideo m. pasta para sopa en figura de hebras delgadas.
fiduciario, ria adj. que depende del crédito y confianza que merezca.
fiebre adj. aumento de la temperatura por alguna enfermedad.
fiel adj. exacto, verdadero; feligrés.
fieltro m. tela de lana.
fiera f. persona despiadada y cruel.
fierabrás m. fig. y fam. persona perversa.
fiereza f. inhumanidad; crueldad.
fiesta f. regocijo; día de diversión o de gran solemnidad.
fígaro m. barbero de oficio.
figle m. instrumento de música que consiste en un tubo alargado y doblado en su punta, con llaves.
figón m. fonducha; casa de comidas de poca categoría.
figulino, na adj. que es de barro cocido.
figura f. forma externa de algo; rostro; apariencia.
figuración f. acción de figurar o figurarse algo.
figurante, ta s. bailarín comparsa.
figurar tr. representar algo describiendo o trazando su figura; aparentar; imaginar.
figurín m. patrón de modas; modelo.
fija f. bisagra
fijador, ra adj. que puede fijar; pulverizador que se usa para fijar un dibujo o un clisé.
fijar tr. hincar; clavar; señalar.
fijeza f. seguridad; firmeza; solidez.
fila f. hilera.
filamento m. fibra.
filantropía f. amor al prójimo.
filántropo, pa m. y f. el que se distingue por amar al prójimo.
filaria f. gusano parásito de algunos animales y también del hombre.
filarmonía f. amor exagerado a la música.
filarmónico, ca adj. que gusta de la música y del canto.
filatelia f. estudio de las estampillas de correos y arte de coleccionarlas.
filatería f. dícese del empleo exagerado de palabras para expresar una sola idea.
filet m. galicismo por filete de carne o pescado.
filete m. solomillo; moldura.
filetear tr. adornar con filetes.
filfa f. fam. engaño, mentira, embuste.
filiación f. señas particulares de alguna persona; procedencia.
filial adj. perteneciente y relativo a los hijos.
filicida adj. y s. que mata a su hijo.
filigrana f. obra hecha de hilos de oro o plata; cosa hecha con pulimento y delicadeza.
filípica f. invectiva; arenga.
film m. cinta cinematográfica.
filo m. corte de algún instrumento.
filología f. ciencia que estudia el lenguaje.
filón m. masa mineral que se encuentra oculta en la tierra.
filosofar tr. discurrir; examinar; analizar.
filosofía f. ciencia del conocimiento de las diversas cosas por sus causas y efectos.
filósofo, fa m. y f. persona dedicada al estudio de la filosofía.
filotecnia f. tendencia al estudio de las bellas artes.
filoxera f. insecto destructor de los viñedos.
filtrar tr. hacer que un líquido pase por un filtro.
filtro m. utensilio mediante el

cual se hace que pase algún líquido para filtrarlo.
fimo m. estiércol.
fimosis f. dícese de la estrechez del orificio del prepucio.
finado, da m. y f. fallecido; muerto.
final adj. fin.
finalidad f. fin; causa; móvil.
finalizar tr. terminar; concluir.
finamiento m. muerte, fallecimiento.
financiar tr. proporcionar capital para una empresa.
finar intr. morir; fallecer.
finca f. inmueble; propiedad.
fineta f. tela de algodón de tejido diagonal, compacto y fino.
fineza f. delicadeza; bondad; acto obsequioso hacia alguna persona.
fingido, da adj. que finge.
fingir tr. disimular; aparentar. U. t.c.r.
finiquitar tr. dar término; saldar una cuenta.
finir intr. Amér. acabar, finalizar.
finito, ta adj. que termina o que tiene fin.
fino, na adj. delicado; de buena clase; sutil.
finura f. delicadeza; primor; cortesía.
firma f. nombre o título que se coloca al final de algún documento o escrito.
firmamento m. esfera o bóveda celeste.
firmar tr. estampar la firma.
firme adj. sólido; estable; fuerte.
firmeza f. estabilidad; solidez.
fiscal adj. perteneciente o relativo al fisco; el que acusa públicamente en los tribunales.
fiscalizar tr. actuar de fiscal; tratar de vigilar los actos ajenos.
fisco m. tesoro público.
fisga f. arpón tridente; ironía.
fisgar tr. pescar con fisga; curiosear; espiar.
fisgón, na adj. curioso; husmeador.
física f. ciencia que se ocupa del estudio de los cuerpos y de sus propiedades.
fisiología f. ciencia que analiza las funciones de la vida.
fisioterapia f. tratamiento de las enfermedades mediante agentes naturales.
fisonomía f. apariencia particular del rostro de alguno.
fisonomista m. que se ocupa del estudio de la fisonomía. U.t.c. adj.
fístula f. canal abierto en las mucosas o en la piel.
fistuloso, sa adj. con figura de fístula.
fisura f. fractura longitudinal de algún hueso.
flagelar tr. azotar.
flamante adj. nuevo; resplandeciente; lúcido.
flamear tr. arrojar llamas; ondear la vela de la nave.
flamenco, ca adj. originario de Flandes; gitanesco. U.t.c.s.
flámeo, a adj. de la naturaleza de la llama.
flámula f. especie de banderola.
flanco m. costado; lado; cara de algún cuerpo.
flanquear tr. proteger el flanco de alguna fuerza.
flanqueo m. ataque por los flancos.
flaqueza f. extenuación; fragilidad.
flato m. acumulación de gases en el tubo digestivo.
flatulencia f. molestia o incomodidad del flatulento.
flatulento, ta adj. que padece flatos. U.t.c.s.
flautín m. flauta pequeña.
flautista m. dícese del que toca la flauta.
flebitis f. inflamación de las venas.
flebotomía f. sangría.
fleco m. adorno de hilos o cordoncillos colgantes.
flecha f. saeta.
flechar tr. poner la flecha en el arco; matar con flecha; fig. inspirar amor.
fleje m. tira de chapa de hierro con que se hacen aros para toneles.
flema f. tardanza; mucosidad que se arroja por la boca.
flemático, ca adj. relativo a la flema; fig. quieto, calmoso.
flemón m. tumor en las encías.
fletar tr. alquilar cualquier medio de transporte; fig. mandar a paseo.
flete m. precio del transporte de mercaderías.
flexible adj. que puede doblarse con facilidad.
flexión f. acto de doblar o encorvar algo.
flexor, ra adj. que hace que algo se doble con movimiento de flexión.
flirt m. neol. galanteo, coqueteo.
flojear intr. flaquear; perder ánimo.

flojedad f. flaqueza; debilidad.
flojel m. plumón de las aves.
flojera f. fam. flojedad.
flojo, ja adj. que no está bien atado; falto de energía.
floqueado, da adj. guarnecido con fleco.
flor f. órgano de la fructificación de las plantas; piropo; galanteo.
flora f. dícese del conjunto de plantas de una región.
floración f. florescencia.
flordelisar tr. ornar con flores de lis.
florear tr. arreglar o adornar con flores; galantear.
florecer intr. arrojar flor.
floreciente p.a. de florecer. adj. que florece; próspero.
floreo m. conversación de pasatiempo; dicho lisonjero.
florero m. vasija para colocar las flores.
florescencia f. eflorescencia.
floresta f. sitio con vegetación agradable.
florete m. espadín para adiestrarse en la esgrima.
floricultor, ra adj. el que se dedica a la floricultura. U.t.c.s.
floricultura f. arte de cultivar las flores.
floridamente adv. m. fig. elegantemente; con donaire y gracia.
florido, da adj. que tiene muchas flores.
florilegio m. colección de fragmentos literarios escogidos.
florín m. moneda de plata de Holanda y otros países.
floripondio m. arbusto solanáceo sudamericano, cuya flor es de olor agradable pero pernicioso.
florón m. arq. adorno semejante a la flor, que va en el centro de los techos de las habitaciones.
flota f. conjunto de buques de guerra.
flotación f. acción y efecto de flotar.
flotador, ra adj. que flota. U.t.c.s.
flotamiento m. acto de flotar.
flotar tr. sobrenadar.
flote m. flotación.
flotilla f. flota de buques menores.
fluctuación f. acción de fluctuar.
fluctuar intr. vacilar algún cuerpo sobre las aguas; titubear.
fluencia f. sitio donde emana un líquido.
fluidez f. calidad de fluido.
fluido, da adj. cuerpo líquido y gaseoso; estilo fácil y sencillo. U.t.c.s.
fluir intr. correr derramar un líquido.
flujo m. movimiento de los fluidos.
flúor m. metaloide tóxico e irrespirable.
fluorescencia f. propiedad de algunos cuerpos de mostrarse luminosos, al recibir ciertas radiaciones.
fluorhídrico adj. quím. ácido deletéreo compuesto de flúor e hidrógeno.
fluorina f. fluorita.
fluorita f. fluoruro de calcio.
fluoruro m. mezcla del calcio con algún radical.
fluvial adj. perteneciente y relativo al río.
fluviátil adj. que abunda y nace en los ríos.
fluxión f. acumulación de humores en alguna parte del cuerpo.
fobia f. repulsión, odio.
foca f. animal pisciforme con cabeza y cuello semejantes a los del perro y con extremidades como aletas.
focal adj. relativo al foco.
focense adj. y s. natural de Fócida o perteneciente a ella.
foco m. punto donde se reúnen los rayos caloríferos y luminosos reflejados o refractados.
fodongo, ga adj. Méx. sucio, desaseado.
fofo, fa adj. blando, de poca consistencia.
fogarada f. llamarada.
fogarata f. fam. fogata.
fogaril m. jaula de aros metálicos en cuyo interior se enciende lumbre y se cuelga para que sirva como señal.
fogata f. fuego que hace llama; hornillo de pólvora.
fogón m. sitio de las cocinas para hacer fuego; oído en las armas de fuego.
fogonazo m. llama que levanta la pólvora.
fogonero m. el que cuida del fogón.
fogosidad f. ardimiento y viveza.
fogoso, sa adj. que quema fig. ardiente.
foguear tr. limpiar un arma cargandola con poca pólvora y dis-

parándola; acostumbrarse al fuego de la pólvora.
fogueo m. acción y efecto de foguear.
foguista m. Arg. fogonero.
foja f. ave zancuda, nadadora, de plumaje negro con reflejos grises.
folía intr. música ligera de gusto popular.
foliáceo, a adj. bot. perteneciente o relativo a las hojas.
foliar tr. numerar los folios.
folículo m. pericarpio de la semilla en algunas plantas.
folio m. hoja de libro o cuaderno.
folklore m. conjunto de tradiciones y costumbres populares.
folklórico, ca adj. relativo al folklore.
folklorista com. persona entendida en el folklore.
follaje m. conjunto de hojas de los árboles y otros vegetales.
follar tr. afollar; r. soltar alguna ventosidad sin ruido.
folletín m. dim. de folleto; novela, artículo de crítica, etc., que se inserta en los periódicos.
folletinesco, ca adj. relativo al folletín.
folletinista com. persona que compone folletines.
folleto m. obra de escasa impresión.
follisca f. Col. y Venez. pendencia, riña.
follón, na adj. y s. flojo, perezoso; m. ventosidad sin ruido.
fomentar tr. promover; exitar. U. t.c.r.
fomento m. auxilio; protección.
fonda f. casa donde se sirven comidas; especie de merendero.
fondeadero m. paraje donde es fácil a un buque fondear.
fondear tr. reconocer el fondo del mar; anclar. U.t.c. intr.
fondeo m. acto de fondear.
fondillos m. pl. parte trasera de los calzones o pantalones.
fondista m. y f. dícese de la persona encargada de una fonda.
fondo m. parte baja de alguna cosa hueca; índole; lecho de un río.
fonema m. gram. cada sonido simple del lenguaje hablado.
fonendoscopio m. aparato similar al estetoscopio.
fonética f. estudio de los sonidos de un idioma.
fonético, ca adj. perteneciente y relativo a la fonética o al sonido de las letras.
fonetismo m. conjunto de los caracteres fonéticos de un idioma.
fonetista com. persona entendida en fonética.
foniatría f. parte de la medicina que estudia los trastornos y enfermedades de la voz.
fónico, ca adj. propio al sonido o a la voz.
fonil m. embudo para embasar líquidos en los barriles.
fonografía f. sistema de inscribir sonidos para reproducirlos por medio del fonógrafo.
fonógrafo m. aparato que sirve para reproducir los sonidos.
fonograma m. placa fonográfica.
fonología f. estudio acerca de los sonidos.
fontana f. fuente.
fontanal adj. perteneciente o relativo a la fuente.
fontanar m. cascada; manantial.
fontanería f. arte de entubar las aguas.
forajido, da adj. bandido; facineroso; salteador de caminos.
foral adj. perteneciente al fuero.
forastero, ra m. y f. persona que es o llega de otra región. U.t.c. adj.
forcejar intr. forcejear.
forcejear intr. hacer fuerza.
forcejeo m. acción de forcejear.
fórceps m. instrumento usado en los partos difíciles para la extracción de las criaturas.
forense adj. perteneciente y relativo al foro.
forero, ra adj. perteneciente y relativo al fuero.
forestal adj. relativo al bosque.
forja f. acción de forjar; fragua.
forjar tr. formar el metal con el martillo; fingir.
forma f. figura exterior de las cosas.
formal adj. relativo a la forma; juicioso; rígido, estricto.
formalidad f. exactitud; gravedad; seriedad.
formalismo m. dícese de la observancia rigurosa del método.
formalizar tr. detallar la forma de algo; ponerse serio. U.t.c.r.
formar tr. dar forma; reunir personas o cosas de suerte que hagan un todo; educar.
formativo, va adj. aplícase a lo que da la forma.

formato m. forma y volumen de un libro.
fórmico, ca adj. ácido que arrojan las hormigas rojas.
formidable adj. de tamaño excesivo.
formol m. aldehído fórmico.
formón m. instrumento similar al escoplo, aunque menos grueso y más ancho.
fórmula f. modo o sistema establecido para explicar alguna cosa; receta.
formular tr. decir algo en términos claros y precisos.
formulario m. texto o libro que tiene fórmulas.
formulismo m. excesiva atención a las fórmulas.
formulista adj. y s. muy apegado a las fórmulas.
fornicar tr. tener relaciones íntimas fuera del matrimonio.
fornido, da adj. persona robusta y corpulenta.
fornitura f. dícese de la letra que completa una fundición.
foro m. lugar para que ejerza el tribunal; fondo de un escenario.
forraje m. pasto verde.
forrar tr. poner forro a alguna cosa.
forro m. resguardo; cubierta.
fortalecer tr. fortificar. U.t.c.r.
fortaleza f. fortificación; vigor; energía.
fortificable adj. que se puede fortificar.
fortificación f. acción de fortificar.
fortificar tr. dar vigor y fuerza. U.t.c.r.
fortín m. fuerte pequeño.
fortísimo, ma adj. superlativo de fuerte.
fortuito, ta adj. imprevisto, casual.
fortuna f. casualidad; buena suerte.
Fortuna mit. divinidad que presidía la vida y distribuía los bienes y males entre los hombres.
forúnculo m. pat. divieso, furúnculo.
forzado, da adj. que es ocupado por la fuerza; presidiario. U.t.c.s.
forzamiento m. acto de forzar.
forzar tr. hacer violencia; apoderarse de algo por fuerza.
forzoso, sa adj. inevitable.
forzudo, da adj. que es muy fuerte.
fosa f. sepultura; cavidad del cuerpo humano.
fosco, ca adj. hosco; oscuro.
fosforescente p.a. de **fosforecer**; que fosforece.
fosforecer intr. arrojar destellos fosfóricos en la oscuridad.
fósforo m. metaloide muy combustible y venenoso.
fósil m. materia orgánica petrificada en las capas terrestres.
foso m. hoyo.
fotograbado m. método para obtener por medio de la luz planchas grabadas.
fotografía f. arte de grabar la imagen lograda en la cámara oscura.
fotógrafo, fa m. y f. persona dedicada al arte fotográfico.
fotolitografía f. arte de lograr imágenes de fotografía en la piedra litográfica.
fotología f. estudio de la luz.
fotósfera f. dícese de la atmósfera solar.
fracaso m. caída; derrumbe; mal éxito.
fracción f. cada división de las partes de un todo; número quebrado.
fraccionar tr. dividir en partes o fracciones.
fraccionario, ria adj. número quebrado.
fracturar tr. romper alguna cosa; quebrar.
fragancia f. olor aromático y delicioso.
fragata f. mar. buque de tres palos con vergas y cofas en todos ellos.
frágil adj. débil; quebradizo.
fragmentar tr. y r. reducir algo a fragmentos.
fragmento m. porción de alguna cosa.
fragor m. ruido estrepitoso.
fragosidad f. aspereza de los montes.
fragoso, sa adj. intrincado; áspero.
fragua f. dícese del fogón donde se forjan los metales.
fraguar tr. idear; pensar; forjar.
fraile m. nombre de los religiosos de ciertas órdenes.
frambuesa f. fruto del frambueso muy semejante a la zarzamora.
frambueso m. planta rosácea, cuyo fruto es la frambuesa.
francachela f. fam. comida entre varias personas para divertirse.
francmasonería f. asociación pri-

vada, religiosa y política que se funda en símbolos adquiridos de la albañilería.
franco, ca adj. liberal; sincero.
francófilo, la adj. y s. amigo de los franceses.
francolín m. ave del orden de las gallináceas.
franela f. tejido hecho de lana.
frangible adj. que puede quebrarse.
franja f. guarnición hecha de hilos de oro y plata entretejidos.
franjar tr. adornar con franja.
franjear tr. franjar.
franqueable adj. que se puede franquear.
franquear tr. liberar; poner libre de un tributo; librar de estorbos.
franqueza f. sinceridad; llaneza.
franquía f. situación del buque que tiene paso franco para zarpar.
franquicia f. exención de un pago o tributo.
fraque m. frac.
frasco m. vaso alto con cuello angosto.
frase f. conjunto de palabras que forman un sentido.
frasear tr. hacer frases.
fraseología f. dícese del estilo peculiar de cada escritor para arreglar las frases.
fraternal adj. perteneciente y relativo a los hermanos.
fraternidad f. unión y armonía entre hermanos.
fraternizar intr. vivir en armonía y unión.
fraterno, na adj. relativo a los hermanos.
fraticida adj. dícese del asesino de su propio hermano.
fraticidio m. homicidio en que los protagonistas son hermanos.
fraude m. estafa; dolo; engaño.
fraudulencia f. fraude.
fraudulento, ta adj. falaz, engañoso
fray m. apócope de fraile.
frazada f. manta peluda para echarse sobre la cama.
frecuencia f. repetición reiterada de un acto o suceso.
frecuentar tr. asistir con frecuencia a determinado lugar; repetir algo muy seguido.
frecuente adj. repetido con frecuencia.
fregadero m. sitio donde se friega.
fregar tr. frotar fuertemente.
fregona f. criada que friega.
fregonil adj. fam. lo que es propio de fregonas.
fregotear tr. fam. fregar mal y de prisa.
freír tr. hervir algún manjar en aceite o manteca.
fréjol m. judía.
frenar tr. refrenar; contener.
frenesí m. delirio impetuoso.
frenético, ca adj. que está poseído de frenesí.
frénico, ca adj. anat. y pat. perteneciente al diafragma.
frenillo m. dícese del repliegue que existe abajo de la lengua.
frenología f. tratado de las aptitudes del hombre por el cerebro.
frenólogo, ga s. persona que profesa la frenología.
frenópata com. persona que estudia la frenopatía.
frenopatía f. padecimiento de carácter mental.
frente f. espacio o lugar despejado del rostro desde las cejas hasta el cabello.
fresa f. planta de tallos rastreros cuyo fruto es rojo y de sabor agradable.
fresca f. aire fresco; fam. descaro.
frescachón, na adj. robusto, fuerte. de aspecto sano.
frescal adj. aplícase a los pescados conservados con poca sal.
frescales com. fam. persona que no tiene empacho.
fresco, ca adj. relativamente frío; descocado; sereno.
fresno m. árbol cuya madera es blanca y sus hojas y corteza tienen aplicación medicinal.
fresón m. fresa grande de sabor ácido.
fresquera f. jaula especial para mantener frescas determinadas cosas.
frete m. arq. ornamento sobre fondo liso, compuesto de líneas quebradas o entrelazadas.
freza f. desove de los pescados; excremento de ciertos animales.
frezar intr. desovar el pescado. arrojar el excremento los animales.
friable adj. que puede desmenuzarse con facilidad.
frialdad f. sensación que deriva de la falta de calor.
fricar tr. frotar; estregar.

fricativo, va adj. gram. dícese de las letras cuya articulación se prolonga al rozar el aire contra los órganos bucales.
fricción f. acción de frotar o estregar.
friccionar tr. dar friegas.
frigidez f. frialdad.
frígido, da adj. poét. frío.
frigorífico, ca adj. que produce enfriamiento; dícese de las cámaras o espacios enfriados artificialmente.
frijol m. fréjol; judía; alubia.
frío, a adj. pérdida de calor; indiferente.
friolento, ta adj. que es propenso a sentir mucho frío.
friolera f. cosa de poco valor.
frisa f. tela ordinaria de lana, que sirve para forros y vestidos.
frisar tr. levantar el pelo de los tejidos.
friso m. arq. faja más o menos ancha que suele pintarse en la parte inferior de las paredes, de diverso color que éstas.
fritada f. conjunto de cosas fritas.
fritanga f. fritada, especialmente la abundante en grasa.
frívolo, la adj. baladí; ligero; fútil.
fronda f. hoja de un árbol o planta; conjunto de ramas muy espesas.
frondosidad f. abundancia de hojas y ramas.
frontal adj. perteneciente y relativo a la frente.
frontalera f. correa de la cabezada y de la brida del caballo, que le ciñe la frente y sujeta las carrilleras.
frontera f. fachada; confín de un estado o región.
fronterizo, za adj. que está enfrente.
frontil m. pieza acolchada que se pone a los bueyes entre su frente y la coyunda.
frontis m. fachada.
frontispicio m. fachada delantera.
frontón m. pared principal del juego de pelota.
frotar tr. estregar una cosa con otra. U.t.c.r.
fructífero, ra adj. que da fruto.
fructificable adj. que puede fructificar.
fructificar tr. producir fruto o utilidad.
fructuoso, sa adj. fructífero.
frugal adj. dícese de la persona que es parca en comer.
frugalidad f. templanza.
fruición f. dícese del goce del bien que se tiene.
fruncir tr. arrugar el entrecejo; arrugar.
frustráneo, a adj. que no produce lo que se desea.
frustrar tr. dejar sin efecto algún intento.
fruta f. fruto comestible de los vegetales.
frutal adj. que tiene fruta.
frutecer intr. poét. empezar a echar fruto los árboles y las plantas.
frútice m. bot. cualquier planta casi leñosa y de aspecto semejante al de los arbustos.
fruticoso, sa adj. tallo delgado y leñoso.
fruto m. lo que producen los vegetales; ventaja; provecho; utilidad.
fucilar intr. producirse fucilazos en el horizonte; fulgurar.
fucilazo m. relámpago sin ruido que ilumina la atmósfera en el horizonte por la noche.
fuco m. alga común que se desarrolla a orillas de ríos y pantanos.
fucsina f. materia que sirve de tinte rojo oscuro.
fuego m. lo que produce la combustión.
fuelle m. instrumento para recoger aire y lanzarlo con dirección determinada; arruga del vestido, casual o hecha; fig. conjunto de nubes que se dejan ver sobre las montañas.
fuente f. manantial; plato grande.
fuer m. apócope de fuero.
fuero m. compilación de leyes; privilegio; presunción.
fuerte adj. que tiene fuerza.
fuerza f. vigor; energía; violencia.
fuga f. huída apresurada; salida de gas o líquido por un orificio; composición musical sobre un tema y su imitación.
fugarse r. escaparse, huir.
fugaz adj. que desaparece con velocidad.
fugitivo, va adj. y s. que anda huyendo.
fulano, na s. voz usada para designar una persona indeterminada.
fúlgido, da adj. brillante.

fulgor m. resplandor con luz propia.
fulgurar intr. brillar.
fulminante p.a. de **fulminar**; aplícase a la enfermedad que mata rápidamente; materia que estalla con explosión.
fulminar tr. arrojar rayos; dictar sentencia, excomunión, etc.
fulminato m. quím. cada una de las sales formadas por el ácido fulmínico con las bases de plata, mercurio, cinc o cadmio.
fulmíneo, adj. que tiene las propiedades del rayo.
fulmínico, ca adj. quím. ácido líquido muy volátil.
fulleresco, ca adj. perteneciente a los fulleros.
fullería f. trampa y engaño en el juego.
fullero, ra adj. y s. que hace fullerías.
fullona f. fam. riña, pendencia entre dos o más personas.
fumable adj. que se puede fumar.
fumada f. porción de humo que se toma de una vez al fumar.
fumadero m. sitio especialmente destinado a los fumadores.
fumar intr. aspirar y despedir el humo del tabaco.
fumaria f. hierba de la familia de las papaveráceas con tallo tendido, hueco, ramoso y de flores color purpúreo.
fumarola f. grieta en las regiones volcánicas por donde salen gases o vapores.
fumífero, ra adj. poét. que echa o despide humo.
fumigación f. acción de fumigar.
fumigador, ra m. y f. persona que fumiga; aparato fumigador.
fumigar tr. desinfectar con humo, gas o vapor.
fumino m. esfumino.
fumista m. el que hace o arregla cocinas, chimeneas o estufas; el que vende estos aparatos.
fumistería f. taller de cocinas o estufas.
fumívoro, ra adj. y s. que no despide humo.
fumosidad f. materia del humo.
fumoso, sa adj. que tiene mucho humo.
función f. ejercicio de un órgano; ejercicio de una facultad o empleo; espectáculo.
funcional adj. relativo a las funciones.
funcionar intr. ejecutar las funciones que le son propias.
funda f. cubierta con que se envuelve una cosa para conservarla.
fundamentar tr. echar los fundamentos; fig. establecer, asegurar.
fundamento m. cimiento de un edificio; raíz, principio de una cosa.
fundar tr. edificar, erigir; establecer, crear; fig. apoyar con razones eficaces.
fundente adj. que facilita la fundición.
fundible adj. capaz de fundirse.
fundibulario m. soldado romano que peleaba con honda.
fundíbulo m. máquina de guerra de los antiguos.
fundir tr. derretir minerales.
fundo m. finca rústica.
fúnebre adj. relativo a los difuntos; fig. triste, funesto.
funeral adj. perteneciente al entierro; solemnidad de un entierro.
funerala (A la) m. adv. que expresa la manera de llevar las armas los militares en señal de duelo, con las bocas o las puntas hacia abajo.
funesto, ta adj. aciago; triste.
fungible adj. que se consume con el uso.
fungosidad f. cir. carnosidad fofa que impide o dificulta la cicatrización de las heridas.
fungoso, sa adj. esponjoso.
funicular adj. dícese del artefacto con tracción por cuerdas o cables.
funículo m. bot. cordoncito que une a la placenta cada uno de los óvulos; bot. conjunto de vasos nutritivos que unen la semilla al pericarpio después de haber atravesado la placenta.
furente adj. poét. arrebatado y poseído de furor.
furgón m. carro para transportar víveres, municiones, equipajes, etcétera.
furia f. ira.
furibundo, da adj. airado.
furioso, sa adj. poseído de furia.
furo, ra adj. dícese de la persona huraña.
furor m. cólera, ira; arrebatamiento, entusiasmo.

furtivo, va adj. a escondidas.
fusa f. nota musical que vale la mitad de la semicorchea.
fusado, da adj. llámasele así al escudo o pieza heráldica que tiene demasiados husos.
fusco, ca adj. obscuro.
fuselaje m. cuerpo del avión.
fusia f. Amér. fucsia.
fusible adj. que puede fundirse.
fúsidos m. pl. zool. familia de los molúscos gasterópodos de concha fusiforme y opérculo calizo.
fusiforme adj. de figura de huso.
fusil m. arma de fuego destinada a la infantería.
fusilar tr. matar a alguien con descarga de fusil.
fusilería f. conjunto de fusiles.
fusilero m. soldado armado de fusil.
fusión f. acción de fundir.
fusionar tr. fundir, unir. U.t.c.r.
fuslina f. lugar donde se funden minerales.
fusta f. vara delgada, larga y flexible, con una trencilla de correa en uno de sus extremos que se usa para castigar a las caballerías.
fustal m. fustán.
fuste m. asta de una lanza; pieza de la columna situada entre el capitel y la base.
fustero, ra adj. perteneciente al fusto; tornero.
fustíbalo m. instrumento de guerra que usaban los romanos para arrojar piedras a gran distancia.
fustigar tr. azotar.
fútbol [futbol] m. juego de pelota denominado balompié.
futesa f. cosa fútil.
fútil adj. de escasa importancia.
futilidad f. escasa importancia de algo.
futre adj. y s. petimetre.
futura f. derecho a la sucesión de un empleo o cargo aún no vacante; dícese de la prometida.
futurismo m. escuela literaria inspirada en lo porvenir.
futuro, ra adj. lo que está por venir; tiempo del verbo que expresa la acción que ha de suceder; dícese del prometido.

G

g f. letra consonante de nombre ge y es la octava del alfabeto.
gabacho, cha adj. y s. natural de los Pirineos; m. fam. lenguaje plagado de galicismos.
gabán m. abrigo capote con mangas; sobretodo.
gabardina f. tela de tejido diagonal con la que se fabrican sobretodos.
gabarra f. embarcación mayor que la lancha con vela y remo.
gabarrero m. el que conduce la gabarra.
gabejo haz pequeño de paja o leña.
gabela f. tributo.
gabinete m. aposento privado; cuerpo de gobierno.
gacel m. macho de la gacela.
gacela f. antílope que se distingue por su agilidad y hermosos ojos.
gaceta f. papel periódico en que se dan noticias de toda índole.
gacetilla f. dícese de la sección de un periódico dedicada a importantes noticias.
gacha f. masa muy blanda; pl. manjar semilíquido compuesto de harina y agua.
gacho, cha adj. inclinado hacia abajo.
gachón, na adj. fam. con atractivo y gracia.
gaditano, na adj. y s. natural de Cádiz.
gadolinio m. cuerpo metálico simple que se encuentra en estado de óxido en algunos minerales.
gafa f. gancho para hacer la ballesta; anteojos.
gaffe f. galicismo por pifia, equivocación.
gafedad f. contracción crónica de los dedos.
gafete m. broche.
gafo, fa adj. con los dedos contraídos. U.t.c.s.
gaguear intr. Amér. tartamudear.
gaita f. instrumento de música.
gaitero, ra s. el que tiene por oficio tocar la gaita.
gaje m. fam. molestias o perjuicios propios de un empleo.
gajo m. parte del racimo de uvas; rama de árbol.
gala f. vestido rico y lucido.
galaico, ca adj. natural de Galicia.
galán adj. apócope de galano; m. hombre gallardo; actor que hace los principales papeles en una obra.
galano, na adj. dispuesto con buen gusto; fig. dicho ingenioso.
galante adj. gallardo; atento; cortés.

galantear tr. requebrar.
galanteo m. galantear.
galantería f. frase obsequiosa, comportamiento caballeresco.
galantina f. ave deshuesada prensada, rellena y fría.
galápago m. reptil del orden de los quelonios cubiertos con un caparazón osificado.
galardón m. premio; honor; recompensa.
Galatea mit. una de las ninfas Nereidas amada por Polifemo.
gálbula f. fruto que tiene la forma de cono corto y de base redondeada.
galdrufa f. trompo.
galena f. dícese del sulfuro natural del plomo.
galeno m. médico.
galeón m. nave antigua de gran tamaño.
galeote m. el que remaba forzado en las galeras.
galera f. barco antiguo de remos y velas.
galerada f. carga de una galera; trozo de composición que se pone en una galera.
galerero m. el que gobierna las mulas de la galera o es dueño de ella.
galería f. pieza larga; colección de pinturas y cuadros; crujía.
galerna f. viento huracanado.
galés, sa adj. y s. natural de Gales.
galga f. cada una de las cintas que sujetan ciertos tipos de zapatos a las piernas.
galgo, ga adj. perro de caza muy ligero. U.t.c.s.
gálibo m. arco de hierro que se emplea para saber si pueden circular los vagones por los túneles y puentes.
galicado, da adj. relativo a los giros y voces afrancesados.
galicismo m. idiotismo propio de la lengua francesa; empleo de giros franceses en distinto idioma.
gálico, ca adj. venéreo.
galimatías m. lenguaje artificioso y complicado.
galio m. hierba empleada para cuajar la leche; metal de las blendas.
galiparla f. lenguaje de los que usan en castellano giros del francés o afrancesados.
galocha f. calzado especial para caminar sobre la nieve.
galón m. cinta que se aplica sobre una prenda como adorno.
galón m. medida inglesa que equivale a unos cuatro litros y medio.
galop m. danza húngara de movimientos rápidos.
galopada f. carrera de una caballería que va a galope.
galopante p.a. de galopar; que galopa; tisis aguda de rápida evolución. U.t.c. adj.
galope m. dícese de la marcha veloz y rápida del caballo.
galopín m. muchacho desharrapado y sucio; pícaro.
galopo m. galopín.
galpón m. Amér. cobertizo para preservar frutos o semillas de la intemperie.
galvanismo m. electricidad producida por las reacciones químicas entre dos metales.
galvanizar tr. exponer a la acción del galvanismo.
galvano m. reproducción hecha mediante la galvanoplastía.
galvanómetro m. aparato que sirve para determinar la intensidad de una corriente eléctrica.
galla f. remolino que en algunas ocasiones se forma en el pelo del caballo, a los lados del pecho.
gallada f. Amér. baladronada, bravata.
galladura f. pinta de sangre en la yema del huevo de la gallina.
gallar tr. cubrir el gallo a las gallinas.
gallardear intr. demostrar gallardía.
gallardete m. banderín de forma triangular y angosto que se usa como insignia.
gallardía f. apostura, bizarría.
gallardo, da adj. bizarro; apuesto.
gallareta f. foja.
gallegada f. cierto baile de los gallegos.
gallego, ga adj. de Galicia.
gallería f. lugar en que se celebran las peleas de gallos.
gallero m. persona que se dedica a criar gallos de pelea.
galleta f. pan cocido dos veces y hecho de levadura.
galletazo m. fam. trompada, bofetón.
gallina f. dícese de la hembra del gallo.
gallináceo, a adj. perteneciente y relativo a la gallina; familia de

aves a la que pertenecen el gallo y el pavo.
gallinaza f. excremento de las gallinas.
gallinazo m. buitre americano o propio de América.
gallinero m. el que comercia en gallinas; lugar en el que se guardan las gallinas.
gallineta f. chocha.
gallito m. dícese de la persona que sobresale en alguna cosa.
gallo m. ave gallinácea con plumaje lustroso y cresta roja; dícese de la persona valentona y autoritaria.
gama f. hembra del gamo; serie de colores; escala de música.
gamarra f. correa que presiona el freno para impedir que el caballo levante la cabeza.
gámaso m. zool. familia de insectos aracnoideos que viven parásitos sobre los animales.
gamba f. crustáceo parecido al langostino.
gambetear f. hacer gambetas; hacer corvetas el caballo.
gamboa f. variedad de membrillo, consistente en un injerto de sabor poco ácido y muy jugoso.
gamella f. arco que existe en cada extremo del yugo de los bueyes.
gamma f. tercera letra del alfabeto griego.
gamo m. rumiante con pelo rojo y cuernos en figura de pala.
gamón m. planta medicinal empleada para curar enfermedades cutáneas.
gamuza f. antílope semejante a la cabra que se distingue por su agilidad; piel delgada y de color adobado.
gamuzado, da adj. de color de gamuza.
gana f. apetito.
ganadería f. cría de ganado.
ganadero, ra adj. perteneciente al ganado; s. propietario de ganado.
ganado m. conjunto de bestias de la misma especie.
ganador, ra adj. y s. que gana.
ganancia f. acción de ganar; fruto o provecho de un negocio.
ganancioso, sa adj. que ocasiona ganancia.
ganapán m. gandúl.
ganar tr. lograr reunir un caudal; aventajar; triunfar; conquistar. U.t.c.r.
ganchillo m. dim. de gancho; aguja de gancho.
gancho m. instrumento de forma curva y con punta afilada.
gándara f. terreno bajo y lleno de maleza.
gandaya f. tuna.
gandujar tr. encoger; plegar.
gandul, la adj. vago; holgazán. U.t.c.s.
gandulear intr. holgazanear.
ganga f. lo que se obtiene a bajo precio; materia de desecho que llevan los minerales.
ganglio m. abultamiento de los nervios.
ganglionar adj. propio de los ganglios.
gangosidad f. condición de gangoso.
gangrena f. muerte que se localiza en alguna parte del tejido de la piel.
ganguear intr. pronunciar las voces despidiendo el sonido por la nariz.
gangueo m. acción de ganguear.
gánguil m. barco grande de un solo palo y dos proas.
ganoideo, dea adj. y s. zool. dícese de los peces que tienen escamas o placas óseas y branqueas libres.
ganoso, sa adj. ansioso de algo.
ganso, sa m. y f. ánsar.
ganzúa f. garfio para abrir las cerraduras.
gañán m. mozo de labranza.
gañido m. aullido de dolor del perro; quejido de otros animales.
gañiles m. pl. laringe de los animales.
gañir intr. aullar los perros.
gañote m. garganta.
garabato m. garfio de hierro para sujetar alguna cosa; letra mal hecha.
garaje m. cochera.
garanbaina f. adorno de mal gusto; pl. fam. ademanes afectados.
garante m. dícese de la persona que fía.
garantía f. fianza.
garantizar tr. quedar fiador de alguna persona o cosa.
garañón m. asno semental.
garapiña f. estado del líquido congelado en grumos.
garapiñado, da adj. semejante a una garapiña.

garapiñar tr. hacer que un líquido se convierta en garapiña.
garapita f. red espesa y corta.
garapito m. insecto hemíptero que nada de espaldas en la superficie de las aguas estancadas.
garapullo m. rehilete.
garbanzo m. planta con flores blancas cuyo fruto es una vaina con semillas comestibles.
garbear intr. afectar garbo.
garbillar tr. echar el grano.
garbillo m. harnero hecho de esparto.
garbo m. gentileza; apostura.
garbullo m. barullo.
garceta f. ave zancuda parecida a la cigüeña aunque más pequeña.
gardenia f. planta con flores blancas y aromáticas.
garduño f. animal semejante a la comadreja.
garete f. frase empleada para expresar que una nave va sin gobierno.
garfa f. uña; garra.
garfio m. instrumento de forma corva y puntiaguda para sostener alguna cosa.
gargalismo m. odio sensual a la naturaleza.
gargachón m. garguero.
garganta f. parte anterior del cuello; angostura de ríos.
gargantada f. porción de líquido que se expele violentamente de una vez por la garganta.
gargantear intr. gorgoritear.
gargantilla f. collar que rodea la garganta ciñéndola.
gárgara f. acto de impregnar la garganta con un líquido, manteniéndolo en la entrada y agitándolo constantemente con el aire expelido del pulmón.
gargarismo m. acto de gargarizar.
gárgol m. ranura.
gárgola f. fuente o caño vistoso de tejado.
garguero m. parte superior de la tráquea; fig. fam. garganta.
garita f. casita del vigilante o centinela.
garito m. casa de juego.
garla f. fam. conversación.
garlito m. red en forma cilíndrica con entrada en forma de embudo, que sirve para pescar; fig. fam. celada.
garlopa f. cepillo de carpintero.
garnacha f. especie de uva de sabor agradable; vino hecho de ella.
garra f. uña.
garrafa f. vasija ancha y redondeada con cuello largo y estrecho.
garrafal adj. extraordinario; grande.
garrafón m. aum. de garrafa; damajuana.
garrapata f. insecto arácnido que es parásito de los animales.
garrapatear intr. hacer garrapatos.
garrapato m. rasgo irregular hecho al escribir.
garrido, da adj. galeno.
garrobilla f. astillas de algarrobo empleadas en tintorería.
garrocha f. vara armada de un pequeño arpón en su punta.
garrón m. espolón de las aves.
garrotazo m. golpe de garrote.
garrote m. palo grueso; ligadura resistente.
garrotillo m. difteria; crup.
garrucha f. polea.
gárrulo, la adj. que charla mucho o gorjea.
garulla f. granuja.
garza f. ave zancuda que habita en las orillas de los pantanos y de los ríos.
garzo, za adj. de color azulado.
garzón m. joven apuesto.
gas m. fluido aeriforme.
gasa f. tela delgada y sutil.
gascón, na adj. y s. de Gascuña; dialecto de los gascones.
gaseiforme adj. que está convertido en gas.
gaseoso, sa adj. con muchos gases.
gasificar tr. pasar un cuerpo al estado de gas.
gasolina f. líquido derivado del petróleo muy inflamable.
gasómetro m. instrumento para medir los gases.
gastadero m. y fam. acción de gastar.
gastado, da p.p. de gastar; adj. debilitado.
gastador, ra adj. y s. persona que gasta excesivamente.
gastar tr. consumir algo; emplear el dinero.
gasterópodo adj. zool. dícese de los moluscos que tienen en el vientre un pie carnoso con el que se arrastran. U.t.c.s.m.
gasto m. acción de gastar.
gastralgia f. pat. dolor de estómago.

gastrálgico, ca adj. pat. relativo a la gastralgia.
gástrico, ca adj. relativo al estómago; dícese del jugo segregado durante la digestión.
gastritis f. inflamación del estómago.
gastroenteritis f. inflamación del estómago y de los intestinos.
gastronomía f. ciencia de comer abundantemente.
gastronómico, ca adj. relativo a la gastronomía.
gastrónomo, ma s. persona amante de los placeres de la mesa.
gata f. hembra del gato; fig. fam. mujer nacida en Madrid.
gatada f. acción propia de gatos.
gatas m. adv. manera de andar una persona con pies y manos en el suelo.
gateado, da adj. semejante al gato.
gatear intr. andar a gatas; trepar.
gatería f. fam. concurrencia de gatos.
gatesco, ca adj. fam. gatuno.
gatillo m. instrumento que usan los dentistas para extracciones de la boca; disparador de alguna arma de fuego.
gato m. animal doméstico que se come a los ratones; aparato para levantar cosas pesadas.
gatuno, na adj. relativo al gato o propio de él.
gatuña f. planta que se desarrolla en los sembrados, de raíz medicinal.
gatuperio m. mezcla de cosas incoherentes; fig. y fam. intriga.
gaucho m. dícese del campesino del Río de la Plata.
gavanza f. flor del gavanzo o escaramujo.
gaveta f. cajón de un escritorio.
gavia f. jaula para encerrar al loco.
gavilán m. ave rapaz semejante al halcón; punta de la plúma de escribir.
gavilla f. dícese del haz de trigo.
gavillar m. terreno cubierto de gavillas.
gaviota f. ave palmípeda de plumas blancas que abunda en la costa.
gavota f. bailable de los siglos xvii y xviii.
gayo, ya adj. hermoso.
gayuba f. mata del tamaño de un guisante.
gaza f. lazo que se hace en el extremo de una cuerda.
gazapa f. fam. mentira, embuste.
gazapera f. madriguera de conejos; escondite de maleantes.
gazapo m. conejillo nuevo; gazapa.
gazmoñada f. gazmoñería.
gazmoño, na adj. falso; hipócrita. U.t.c.s.
gaznate m. garguero.
gazpacho m. sopa de pan hecha en frío con vinagre y aceite.
gazuza f. hambre.
gehena m. infierno.
geisha f. bailarina japonesa.
gelatina f. sustancia sólida y transparente extraída de las pieles y huesos.
gema f. piedra preciosa; sal mineral; botón.
gemelo, la adj. hermanos nacidos del mismo parto; mancuernillas; anteojos de larga vista.
gemido m. voz que expresa dolor.
géminis m. dícese de uno de los doce signos del Zodiaco.
gemir intr. lamentar; expresar con voces lastimosas alguna pena.
genciana f. planta de uso medicinal y principalmente febrífuga.
gendarme m. agente de policía.
gendarmería f. conjunto de gendarmes.
genealogía f. dícese de los ascendientes de alguno.
genealógico, ca adj. relativo a la genealogía.
generable adj. que se produce por generación.
generación f. acción de engendrar; rama de descendientes directos.
generador, ra adj. que engendra. U.t.c.s.
general adj. que es común a varios; superior de alguna comunidad religiosa; el que posee alguno de los cuatro grados superiores de la milicia.
generala f. mujer del general; toque de alarma.
generalidad f. mayoría de los individuos u objetos de una clase o todo.
generalizar tr. hacer común alguna cosa. U.t.c.r.
generar tr. engendrar.
generativo, va adj. que puede engendrar.
generatriz adj. generadora. U.t.c.s.
genéricamente adv. de un modo genérico.
genérico, ca adj. que es común a muchas especies.

género m. especie; orden; mercancía; accidente gramatical que indica el sexo de algo.
generosidad f. grandeza de alma.
generoso, sa adj. noble; desinteresado; dadivoso.
genésico, ca adj. perteneciente o relativo a la generación.
génesis f. dícese del origen y desarrollo de algo; libro de las Sagradas Escrituras que relata la creación del mundo.
genetista com. el que se dedica al estudio de la genética.
genial adj. perteneciente y relativo al genio.
genialidad f. particularidad del genio.
genio m. índole; tendencia o facultad para realizar algo; ingenio.
genipa f. bot. género de plantas rubiáceas.
genital adj. útil para la generación.
genitivo, va adj. que puede engendrar; caso declinable que indica pertenencia.
genitor m. el que engendra.
genovés, sa adj. y s. natural de Génova.
gente f. conjunto de personas.
gentecilla f. desp. gentes o personas ruines y despreciables.
gentil adj. idólatra; pagano; galán. U.t.c.s.
gentileza f. gallardía; urbanidad.
gentilicio, cia adj. perteneciente a las gentes o naciones; gram. aplícase al nombre que denota el pueblo o nación de las personas.
gentilidad f. religión de los gentiles.
gentío m. aglomeración de gente.
gentuza f. gente vil y miserable.
genuflexión f. acción de doblar la rodilla.
genuino, na adj. natural.
geodesia f. arte de medir la tierra.
geodésico, ca adj. relativo a la geodesia.
geófago, ga adj. y s. persona que come tierra.
geografía f. ciencia de la descripción de la tierra.
geógrafo, fa adj. persona que estudia la geografía. U.t.c.s.
geología f. ciencia de la naturaleza.
geológico, ca adj. relativo o perteneciente a la geología.
geólogo, ga s. persona que estudia o profesa la geología.
geómetra com. persona que profesa la geometría.
geometría f. ciencia de la extensión.
geométrico, ca adj. relativo a la geometría; fig. con gran exactitud.
geomorfía f. parte de la geodesia que estudia la figura del globo terráqueo y la formación de los mapas.
geórgica f. obra poética acerca de la agricultura.
geranio m. planta con flores en umbela, cuyos frutos capsulares van unidos de cinco en cinco.
gerencia f. empleo de gerente.
gerente m. el que dirige una asociación o empresa.
gerifalte m. especie de halcón de gran tamaño.
germanía f. dialecto de los gitanos y maleantes.
germánico, ca adj. y s. natural de Germania.
germanio m. metal que por sus propiedades físicas y químicas se clasifica entre el antimonio y el bismuto.
germanismo m. giro del lenguaje alemán.
germinización f. acción de germinar.
germanizar tr. hacer tomar el sello germánico o sentir inclinación hacia las cosas germanas. U.t.c.r.
germano, na adj. originario de la antigua Germania; alemán. U. t.c.s.
germen m. semilla; principio; origen.
germinación f. acción de germinar.
germinal adj. perteneciente al germen.
germinar intr. brotar; comenzar a desarrollarse las plantas.
germinativo, va adj. que tiene fuerza germinadora.
gerundio m. una de las formas verbales del infinitivo; modo impersonal.
gesta f. conjunto de hechos heroicos de alguno.
gestación f. tiempo que dura la preñez.
gestar tr. y r. barbarismo por incubar, preparar.
gesticulación f. efecto y acción de gesticular.
gesticular tr. hacer gestos.

gestionar intr. hacer diligencias y trabajos para lograr alguna cosa.
gesto m. mueca.
gestor, ra adj. gerente; que puede gestionar. U.t.c.s.
gestudo, da adj. y s. fam. que pone mal gesto.
giba f. corcova.
gibar tr. molestar; corcovar.
gibosidad f. defecto de la columna vertebral.
giboso, sa adj. corcovado.
gigante adj. gigantesco; m. persona de estatura muy elevada.
gigantismo m. pat. anomalía que se caracteriza por un excesivo crecimiento.
gigantón, na s. figura gigantesca que es llevada en procesiones.
gimnasia f. arte de desarrollar la figura mediante el ejercicio.
gimnasio m. sitio para hacer gimnasia.
gimnoto m. pez que arroja descargas eléctricas.
gimotear intr. fam. gemir con frecuencia.
ginebra f. alcohol de semillas aromatizado con bayas de enebro.
ginebrino, na adj. y s. natural de Ginebra.
gineceo m. departamento que los griegos destinaban en su casa para habitaciones de la mujer.
ginecología f. tratado acerca de las enfermedades propias de la mujer.
gingivitis f. inflamación de las encías.
gira f. excursión de pasatiempo emprendida por un grupo de personas; viaje de negocio.
giraldilla f. dícese de la veleta de una torre.
girándula f. rueda de cohetes.
girar tr. dar vueltas; extender letras de cambio.
girasol m. planta con flores amarillas que miran hacia el Sol.
giro m. efecto de girar; dirección y fase de un negocio; com. documento bancario que ordena pago.
giroscopio m. aparato para probar el movimiento de rotación de la Tierra.
gitanería f. halago; caricia; conjunto de gitanos.
gitano, na adj. individuo de un pueblo errante originario de Oriente. U.t.c.s.
glacial adj. frío; helado.
glaciar m. masa de hielo.
glacis f. explanada.
gladiador m. luchador romano.
gladio m. espadaña.
glándula f. órgano que secreta los humores.
glasé m. tafetán con mucho brillo.
glasear tr. satinar el papel.
glasto m. planta de cuyas hojas se extrae un tono semejante al del añil.
glauco adj. de color verdoso.
glaucoma f. padecimiento muy grave de los ojos.
gleba f. terrón que levanta el arado; fig. plebe.
glicerina f. líquido espeso que se obtiene de materias grasas.
glifo m. arq. acanaladura redonda y angulosa de una sección con que se decora en arquitectura.
glíptica s. arte de grabar piedras finas.
global adj. total; tomado en conjunto.
globo m. cuerpo de forma de esfera; aeróstato para navegar.
globoso, sa adj. con figura de globo.
globular adj. en forma de globo; compuesto de glóbulos.
glóbulo m. dim. de **globo**; cuerpo esférico diminuto.
globuloso, sa adj. que está formado o compuesto de glóbulos.
gloria f. bienaventuranza; reputación.
gloriar tr. honrar.
glorieta f. plazoleta circular en una encrucijada.
glorificar tr. hacer glorioso.
glorioso, sa adj. que es digno de alabanza o gloria.
glosa f. comentario o explicación de un escrito.
glosador, ra adj. el que glosa.
glosar tr. acto de escribir glosas.
glosario m. diccionario de voces que han caído en desuso.
glositis f. inflamación de la lengua.
glotis f. orificio superior de la laringe.
glotón, na adj. que come demasiado. U.t.c.s.
glotonear tr. comer con ansia y mucho.
glotonería f. acción de glotonear.
glucemia f. med. presencia en la sangre de una porción excesiva de glucosa.

glucina f. óxido de glucinio.
glucinio m. metal semejante al aluminio.
glucógeno, na adj. que produce azúcar o glucosa.
glucometría f. acción de medir la cantidad de azúcar que contiene un líquido por medio del glucómetro.
glucómetro m. instrumento para determinar la cantidad de glucosa contenida en algún líquido.
glucosa f. quím. azúcar menos dulce que la común; encontrada en las uvas, en la sangre y en gran parte de las frutas.
gluten m. materia pegagosa que está en la harina.
glúteo adj. relativo a la nalga.
glutinoso, sa adj. que sirve para pegar; pegajoso.
gnomo m. dícese del ser fantástico, enanito que cuidaba de tesoros.
gnosticismo m. doctrina filosófica y religiosa de la iglesia que pretendía tener conocimiento misterioso e instintivo de las cosas divinas.
gnóstico, ca adj. relativo al gnosticismo; persona que lo practica. U.t.c.s.
gobernación f. acto de gobernar; territorio o comarca de un país dependiente del gobierno nacional.
gobernador, ra adj. que gobierna. U.t.c.s.
gobernar tr. mandar; regir; guiar.
gobierno m. acción y efecto de gobernar.
gobio m. pez con cabeza grande y carne, que al cocerla se pone roja.
goce m. efecto de gozar.
gofio m. Amér. harina de trigo o maíz tostado.
gol m. en deportes acción de introducir la pelota en el arco, cesto, etc.
gola f. adorno de tela a manera de cuello; pieza de la armadura que cubría la garganta.
goleta f. embarcación de dos palos con un cangrejo en cada uno.
golf m. juego escocés semejante al mallo.
golfear intr. fam. vida de golfos.
golfo m. parte del mar que se interna en la tierra.
golfo, fa s. persona de conducta dudosa, sin medios de vida conocidos.
golondrina f. pájaro con plumaje azulado por encima y blanco por abajo cuya cola es ahorquillada.
golondrino m. pollo de la golondrina.
golosina f. manjar exquisito; deseo.
goloso adj. y s. persona aficionada a comer con exceso golosinas.
golpazo m. aum. de golpe; golpe violento.
golpe m. desgracia imprevista; choque violento; latido del corazón; fig. admiración, sorpresa.
golpear tr. dar golpes repetidos. U t.c. intr.
golpeo m. golpeadura.
golpete m. palanca metálica que sirve para mantener abierta una puerta o ventana.
golpeteo m. acción de golpetear.
gollería f. manjar exquisito.
gollete m. parte más alta de la garganta.
goma f. sustancia viscosa extraída de algunos vegetales.
gomero m. persona que recolecta goma o caucho.
gomoso, sa adj. que contiene goma.
góndola f. bote de recreo con una especie de carroza en el centro.
gondolero m. el que tiene por oficio conducir la góndola.
gongorino, na adj. estilo muy afectado y oscuro; que incurre en gongorismo. U.t.c.s.
gongorizar intr. hablar y escribir en estilo afectado, oscuro.
gonococo m. microbio de la blenorragia.
gonorrea f. escurrimiento o flujo uretral.
gordezuelo, la adj. dim. de gordo.
gordiano adj. dícese del nudo muy enredado y difícil de desatar.
gordiflón, na adj. y s. fam. persona muy gruesa que tiene muchas carnes flojas.
gordo, da adj. con muchas carnes, abultado; graso.
gordolobo m. planta de flores amarillas cuya raíz es empleada para la tuberculosis.
gordura f. grasa del cuerpo.
gorgorita f. pequeña burbuja.
gorgoritear intr. fam. en el canto, hacer gorgoritos.
gorgorito m. trémolo de la voz al cantar. U. m. en pl.
gorgorotada f. sorbo muy grande de licor.
gorja f. garganta.

gorjeo m. quiebro de la voz al cantar.
gorra f. prenda para cubrir la cabeza sin copa ni alas; m. adv. a costa ajena.
gorrear intr. gorronear.
gorrero, ra s. el que hace o vende gorras; m. gorrón.
gorrinera f. pocilga para cerdos.
gorrino, na m. y f. cerdo.
gorrión m. pájaro cuyo plumaje es castaño y se alimenta con insectos y cereales.
gorrista adj. gorrón. U.t.c.s.
gorro m. prenda redonda hecha de tela para proteger la cabeza.
gorrón, na adj. y s. persona que vive, come y se divierte a costa de los demás.
gorullo m. burujo.
gota f. partícula redonda de algún líquido; enfermedad de las arterias debido al ácido úrico.
goteado, da p.p. de **gotear**; adj. lo que está manchado con gotas.
gotear intr. derramar o caer gota a gota.
gotera f. grieta que se abre en el techo por donde cae el agua al interior de la casa.
gótico, ca adj. perteneciente y relativo a los godos; dícese también del arte ojival.
gozar tr. poseer alguna cosa agradable; complacerse en algo o por algo. U.t.c. intr.
gozne m. combinación de dos piezas de metal para poder hacer girar las puertas, ventanas, etc.
gozo m. júbilo; alegría; deleite.
grabado m. arte de grabar; acción y efecto de grabar.
grabar tr. esculpir algo mediante el buril.
gracejo m. gracia en la expresión.
gracia f. donaire; gallardía; atractivo.
¡gracias! expr. locución con que manifestamos nuestro agradecimiento.
Gracias (las) las tres divinidades subalternas hijas de Venus y Baco, de las cuales los antiguos esperaban toda clase de prosperidades.
grácil adj. lo que es menudo y sutil.
graciola f. planta escrofulariácea de tallo rollizo y hojas opuestas y lanceoladas, de flores en forma de embudo que se usan en medicina.
graciosamente adv. m. con mucha gracia; generosamente.
gracioso, sa adj. que tiene mucha gracia; dícese del cómico de la comedia. U.t.c.s.
grada f. cada uno de los escalones de una escalinata; instrumento para allanar la tierra.
gradación f. serie de cosas en progresión.
gradería f. conjunto de gradas.
grado m. ascenso; denominación dada al graduado; cada una de las 360 partes iguales de un círculo.
graduable adj. lo que se puede graduar.
graduado, da p.p. de **graduar**; el que ha obtenido un título en alguna facultad.
gradual adj. que va por grados; fig. poco a poco.
graduar tr. conceder a algo el grado correspondiente.
grafía f. modo de escribir o representar los sonidos.
gráfico, ca adj. que es representado por medio de figuras.
grafio m. aparato que sirve para dibujar sobre superficie estofada.
grafito m. mineral de color negro con el que se fabrican los lápices.
grafología f. ciencia que estudia la escritura manuscrita de las personas para describir su carácter.
grafólogo, ga s. persona que practica o profesa la grafología.
grajo m. ave semejante al cuervo con el pico rojo y las uñas negras.
grama f. planta gramínea, medicinal, de flores en espigas y tallo rastrero.
gramática f. arte de hablar y escribir correctamente algún lenguaje.
gramatical adj. concerniente a la gramática.
gramático, ca adj. el especializado en gramática. U.t.c.s.
gramil m. instrumento para trazar líneas paralelas.
gramilla f. planta gramínea que se emplea para sujetar dos tablas.
gramínea f. familia de las plantas que producen cereales.
gramo m. unidad ponderal que es

igual al peso de un centímetro cúbico de agua destilada.
gramófono m. fonógrafo perfeccionado.
gran adj. apócope de **grande**.
grana f. cochinilla.
granada f. fruto del granado; proyectil de gran explosión.
granadillo m. árbol leguminoso de América.
granadina f. refresco que se hace con zumo de granada.
granado, da adj. fig. muy notable, seleccionado; m. árbol mirtáceo, de tronco liso y tortuoso, de flores rojas y cuyo fruto es la granada.
granar intr. crecer y formarse los granos en los frutos, en las plantas, como las espigas en el trigo.
granate m. rubí ordinario.
grande adj. que es más que lo común y regular.
grandilocuencia f. elocuencia preclara.
grandiosidad f. magnificencia.
grandioso, sa adj. lo que causa asombro por grande o magnífico.
grandulón, na adj. y s. fam. Amér. grandullón.
grandullón, na adj. y s. fam. llámase así a las personas jóvenes muy desarrolladas, más de lo que corresponde a su edad.
graneador m. especie de criba para refinar el grano de la pólvora.
granear tr. extender o regar el grano en las siembras; convertir en grano la pólvora.
granero m. lugar destinado a guardar el grano.
granillo m. tumor en la rabadilla de las aves.
granítico, ca adj. que es semejante al granito.
granito m. dim. de grano; roca dura y compacta, formada de feldespato, mica y cuarzo.
granizada f. lluvia de granizo; fig. variedad de cosas que caen o se suceden continuamente.
granizar intr. caer granizo.
granizo m. agua de lluvia congelada que cae en pequeñas bolas duras.
granja f. hacienda con casería.
granjear tr. captar; conquistar.
grano m. fruto de la mies; semilla; tumorcillo.
granuja f. uva desgranada; muchacho vago.
granujada f. acto propio de los granujas.
grao m. desembarcadero.
grapa f. pieza de metal cuyos dos extremos, se clavan para juntar dos cosas.
grasa f. sebo del animal o vegetal.
graso, sa adj. mantecoso.
gratificar tr. recompensar un favor o servicio extraordinario.
gratitud f. agradecimiento que se experimenta por un favor.
grato, ta adj. gustoso; agradable; atractivo.
grava f. guijo.
gravamen m. obligación; hipoteca; censo.
grave adj. que pesa; arduo; difícil.
gravedad f. calidad de grave; fuerza de atracción hacia el centro de la Tierra.
gravitación f. poder de atracción universal.
gravitar intr. pesar una cosa sobre otra.
graznar tr. proferir o dar graznidos.
graznido m. grito del cuervo.
grecorromano, na adj. perteneciente y relativo a los griegos y romanos.
greda f. arcilla para limpiar manchas.
gremio m. asociación de los individuos de un ramo; regazo.
greña f. cabellera revuelta y desordenada.
gres m. roca que se forma de la aglutinación de granos de cuarzo
grey m. rebaño grande.
grieta f. abertura; rajadura.
grifa f. plantilla para formar figuras en el hierro caldeado.
grifo, fa adj. letra aldina; cierto animal fabuloso con el cuerpo mitad de águila y mitad de león.
grilla f. hembra del grillo.
grillete m. dícese de la prisión para los pies.
grillo m. insecto que se distingue por su sonidillo agudo y monótono.
gripe f. enfermedad común de carácter epidémico.
gris adj. color de ceniza.
grisáceo, a adj. de color casi gris.
griseo, a adj. de color gris.
griseta f. tela de seda con dibujos de flores y adornos.
grisma f. Amér. migaja, pizca.

grisú m. gas que existe en las minas de hulla, que produce terribles explosiones al contacto con materias inflamadas.
grita f. voces que demuestran desagrado; gritería.
gritería f. mezcla de voces altas y desentonadas.
grito m. voz estentórea.
gritón, na adj. y s. fam. persona que da muchos gritos.
grog m. cierta bebida compuesta de ron, azúcar y limón.
gromo m. yema o cogollo de los árboles.
grosella f. fruto del grosellero que es una baya roja de sabor agradable y dulce.
grosellero m. arbusto que tiene por fruto una baya roja de agradable sabor denominada grosella.
grosería f. falta de cortesía; terquedad.
grosero, ra adj. descortés, sin educación.
grosísimo, ma adj. sup. de grueso.
grosor m. espesor; grueso.
grosura f. sustancia crasa.
grotesco, ca adj. extravagante, ridículo.
grúa f. cabría con un eje giratorio y un brazo para sostener pesos.
gruesa f. doce docenas.
grueso, sa adj. robusto; abultado; grande.
grujir tr. igualar los bordes del vidrio.
grulla f. ave zancuda de elevada estatura y cuyo pico es de forma cónica.
grumete m. aprendiz de marinero.
grumo m. yema o cogollo de los árboles; porción coagulada de un líquido.
gruñido m. voz del cerdo.
gruñón, na adj. fam. que gruñe; persona de mal carácter.
grupa f. anca.
grupera f. almohadilla que se coloca en la parte posterior de la silla de montar.
gruta f. caverna.
guacamayo m. papagayo cuyo plumaje es amarillo, azul y rojo.
guadamací [-macil] m. cuero adornado con relieves.
guadaña f. cuchilla de forma curva que va en un mango largo y sirve para segar a ras de tierra.
guajira f. canción típica de la gente de campo cubana; su música.
guajiro, ra s. campesino cubano de color blanco.
guaiatina f. platillo que se hace con leche de almendras, harina de arroz y manzanas.
gualda f. planta utilizada en tintorería.
gualdo, da adj. de color de gualda, amarillo.
guamo m. árbol leguminoso de nueve metros de altura que se emplea para dar sombra al café.
guanábano m. árbol anonáceo natural de las Antillas cuyo fruto tiene figura de corazón y de sabor agradable.
guanajo m. pavo; fig. y fam. persona tonta, boba.
guano m. llámanse así a las palmeras en América; abono compuesto de las tierras del pacífico
guantada f. golpe dado en la cara con la mano abierta.
guantazo m. guantada.
guante m. prenda para la mano y de su misma forma.
guantelete m. pieza de la armadura antigua con que se cubría la mano; manopla.
guantería f. lugar en que se expenden o fabrican guantes.
guantero, ra s. el que vende o fabrica guantes.
guapeza f. fam. bizarría, valor.
guapo, pa adj. fam. el que tiene bellas facciones o rasgos; valiente.
guarapo m. jugo de la caña de azúcar.
guarda m. acción de guardar; el que guarda algo.
guardabarrera com. persona que cuida un paso a nivel en las líneas de los ferrocarriles.
guardabarros m. pieza que va en los vehículos sobre las ruedas para protejerlos del barro
guardabosque m. el que vigila los bosques.
guardador, ra adj. y s. persona que guarda o cuida sus cosas.
guardagujas m. dícese del vigilante y manejador de las agujas en los ferrocarriles.
guardapelo m. alhaja a guisa de relicario en donde se guarda el cabello de las personas queridas.
guardar tr. vigilar; cuidar; observar.

guardarropía f. conjunto de trajes especiales de un teatro.
guardavía m. persona encargada de vigilar las vías férreas.
guardia f. defensa; miembro de ciertos cuerpos de tropa; tropa que vigila un puesto.
guardiamarina m. cadete de la marina.
guardián, na adj. el que cuida de algo; prelado de los franciscanos.
guarnir tr. guarnecer.
guardilla f. buhardilla.
guarecer tr. amparar; socorrer; acoger; refugiar.
guarida f. lugar donde se protegen los animales.
guarismo m. cifra.
guarnecer tr. arreglar; poner una guarnición.
guarnición f. adorno en las vestiduras; tropa defensora de una plaza.
guasa f. broma; chanza.
guasca f. Amér. látigo.
guasearse r. burlarse, chancearse.
guasón, na adj. y s. fam. persona que chancea mucho.
guatemalteco, ca adj. y s. natural de Guatemala.
¡guay! interj. ¡ay!
guayaba f. dícese del fruto del guayabo, semejante a una manzana con muchas semillas y de sabor agradable y olor aromático.
guayacol m. fenol extraído de la bencina.
gubia f. formón pequeño y delgado con figura de media caña.
guedeja f. cabellera abundante y larga; dícese de la melena de los leones.
guedejoso, sa adj. con muchas guedejas.
guerra f. lucha; combate.
guerrear intr. hacer la guerra.
guerrera f. chaqueta de soldado.
guía f. acción de guiar; el que dirige.
guiar tr. encaminar; dirigir; mostrar el camino.
guijarro m. piedra lisa y pequeña.
guijo m. conjunto de guijarros útiles para consolidar el camino.
guillame m. cepillo pequeño y estrecho usado en carpintería.
guillotina f. máquina con una cuchilla para decapitar; máquina para cortar papel.
guillotinar tr. acto de cortar con la guillotina; matar con guillotina.
guinchar tr. herir con la punta de un palo.
guincho m. punta aguda de palo.
guinda f. fruto del guindo semejante a una cereza redonda y de sabor ácido.
guindado m. bebida alcohólica que se prepara con guindas.
guindal m. guindo.
guindar tr. poner una cosa en lo más alto; conseguir una cosa que otros anhelan.
guindilla f. pimiento pequeño muy picante.
guindo m. cerezo con hojas pequeñas y su fruto es la guinda.
guinea f. antigua moneda inglesa.
guiñapo m. harapo.
guiñar tr. medio cerrar un ojo disimuladamente.
guión m. signo ortográfico que marca un inciso o divide un vocablo; pendón que precede al prelado.
guipur m. encaje ancho de malla.
guirigay m. lenguaje complicado y confuso.
guirlache m. turrón de almendra.
guirnalda f. dícese de una corona de flores.
guisa f. modo; semejanza; voluntad.
guisado, da p.p. de **guisar**; m. manjar de carne preparado al fuego.
guisar tr. acción de preparar los manjares por medio del fuego.
guiso m. manjar hecho por medio del fuego.
guitarra f. instrumento de música compuesto de seis cuerdas y un mástil con trastes, y cuya caja está agujereada en el centro.
guitarrazo m. acción de golpear con la guitarra.
guitarrillo m. pequeña guitarra de cuatro cuerdas.
guitarrista com. persona que tiene por oficio tocar la guitarra.
gula f. exceso o deseo desordenado en el comer o beber.
gumía f. arma blanca usada entre los moros con forma de daga un poco encorvada.
gumífero, ra adj. que tiene o produce goma.
gurbión m. tela de seda gruesa; goma del euforbio.
gurriato m. pollo del gorrión.

gurrumina f. fam. condescendencia que tiene un hombre por su propia cónyuge.
gurrumino, na adj. fam. ruin, desmedrado.
gusanear intr. hormiguear.
gusanera f. lugar donde hay muchos gusanos.
gusano m. animal invertebrado cuyo cuerpo es blando, contráctil y cilíndrico.
gusanoso, sa adj. que tiene gusanos.
gusarapo m. animalillo que se desarrolla en los líquidos.
gustar tr. percibir el sabor; complacerse en alguna cosa; probar; agradar. U.t.c. intr. y c.r.
gusto m. sentido con el que se capta el sabor de algo; sabor de las cosas; agrado.
gutapercha f. goma más blanda que el caucho y sólida empleada para hacer telas impermeables.
gutiámbar f. goma amarilla, utilizada para iluminaciones.
gutural adj. perteneciente y relativo a la garganta.
guzla f. instrumento de música a manera de rabel.

H

h f. letra que carece de sonido y cuyo nombre es **hache** y es la novena del alfabeto.
haba f. planta cuyo fruto es una vaina con semillas grandes y aplastadas, y tiene flores en figura de mariposa.
habanero, ra adj. y s. natural de La Habana.
habano, na adj. perteneciente a La Habana; m. cigarro puro.
habar m. plantío de habas.
haber tr. poseer; acaecer.
habichuela f. alubia.
habiente p.a. de **haber**; que tiene o posee.
hábil adj. diestro; inteligente; capaz.
habilidad f. destreza; capacidad agilidad.
habilidoso, sa adj. persona que realiza las cosas con habilidad.
habilitado, da p.p. de **habilitar**; s. empleado público que gestiona el cobro de sueldos de una dependencia para efectuar su pago oportunamente.
habilitar tr. declarar hábil a algo; considerar capaz a alguien.
habitación f. mansión; vivienda; aposento.
habitante m. dícese de los individuos que residen en un lugar.
habitar tr. vivir en un lugar.
hábito m. costumbre; traje de cada cual.
habitual adj. que se hace por hábito.
habla f. facultad del hombre para comunicarse con palabras.
hablador, ra adj. y s. que habla mucho.
hablar tr. proferir voces.
habón m. roncha que se forma en el cutis; haba grande.
hacedor, ra adj. que hace, dícese sólo de Dios. U.t.c.s.
hacendoso, sa adj. trabajador; cuidadoso; solícito. U.t.c.s.
hacer tr. obrar; realizar; crear; producir.
hacienda f. conjunto de bienes; finca de campo.
hacina f. conjunto de haces agrupados uno sobre otro; fig. montón de objetos diversos.
hacinar tr. agrupar, apilar, amontonar.
hacha f. herramienta cortante compuesta de una pala acerada, con filo por un lado y un ojo para ensartarla por el lado opuesto.
hacha f. mecha fabricada de esparto y alquitrán; vela de cera, grande y gruesa.
hache f. nombre de la letra **h**.
hacho m. conjunto de esparto que se enciende para que alumbre.
hada f. ser fabuloso y fantástico en figura de mujer.
hado m. suerte; destino.
¡hala! interj. empleada para infundir ánimo o llamar.
halagar tr. mostrar afecto; honrar; lisonjear.
halago m. acción de halagar; acto o hecho que halaga.
halagüeño, ña adj. que adula.
halar tr. tirar de los cabos.
halcón m. ave rapaz que persigue a todas las aves.
hálito m. vapor; aliento.
halo m. dícese de la corona lunar o solar.
hallar tr. encontrar; inventar.
hambre f. gana de comer; carestía de víveres; escasez.
hambrear tr. provocar hambre.
hampa f. género de vida de los

pícaros y maleantes; conjunto de malvivientes.
hangar m. cobertizo para los aviones.
harén m. lugar privado donde habitan las mujeres musulmanas.
harina f. polvo que resulta de moler semillas; granos o legumbres.
harmonía f. armonía.
harnero m. criba.
harpa f. arpa.
harpía f. arpía; ave rapaz que tiene bastante similitud con el águila.
hartar tr. calmar el apetito. U. t.c.r.
hastío m. fastidio; asco a la comida.
hastial m. fachada que termina con las vertientes del tejado.
hatajo m. hato de ganado.
hato m. porción de ganado; rebaño; bulto con ropa para el uso ordinario.
haya f. árbol cupulífero.
haz m. porción de mies atada; leña.
haza f. porción de tierra labrantía.
hazuela f. dim. de haza.
hebdómada f. semana; espacio de siete años.
Hebe mit. diosa de la juventud, hija de Júpiter y Juno.
hebilla f. pieza metálica con broche.
hebra f. fibra, filamento o trozo de hilo.
hebraico, ca adj. hebreo.
hebreo, a adj. individuo del pueblo de Dios; judío.
Hécate mit. uno de los nombres de Diana.
hectárea f. medida de superficie igual a 100 áreas.
hecto voz que significa cien.
hectogramo m. medida de peso igual a 100 gramos.
hectolitro m. medida de capacidad igual a 100 litros.
hectómetro m. medida de longitud igual a 100 metros.
hechizar tr. embelesar, cautivar.
hechizo, za adj. artificioso; m. acto de hechizar; fig. persona o cosa que embelesa.
hecho, cha adj. maduro; suceso, acontecimiento; asunto de que se trata.
hechura f. acción de hacer, forma de una cosa.
hedentina f. pestilencia; parte donde la hay.
hediondez f. hedor.
hedor m. olor desagradable.
hegemonía f. supremacía que un Estado ejerce sobre otros.
héjira f. Era de los musulmanes.
hélada nombre que daban los griegos a su país.
hélade ver hélada.
heladería f. sitio donde se expenden y fabrican helados.
helar tr. congelar.
helechal m. parte donde abundan los helechos.
helénico, ca adj. perteneciente a Grecia.
helenio m. fruto cansular de raíz amarga y aromática.
helenismo m. cultura griega; giro de la lengua griega.
helenista com. persona que cultiva o profesa la literatura y lengua griegas.
helero m. masa de hielo que se forma en las montañas.
helgadura f. hueco entre diente y diente; desigualdad de éstos.
helicónides f. pl. mit. las musas, así llamadas porque moraban en el monte Helicón.
helicóptero m. aparato de aviación que puede ascender y descender verticalmente.
helio m. cuerpo simple gaseoso e incoloro, que se ha encontrado en las emanaciones de radio.
heliófilo, la adj. que busca la luz.
heliogábalo m. fig. hombre muy goloso o dominado por la gula.
heliografía f. descripción del Sol.
heliotropo m. planta de hermosas flores y olor agradable.
hematoma m. tumor provocado por contusión en cualquier parte del cuerpo.
hematosis f. transformación o cambio de la sangre venosa en arterial.
hembra f. animal del sexo femenino.
hembrear intr. tener mucha inclinación por las hembras.
hemeroteca f. lugar donde se archivan periódicos.
hemiciclo m. semicírculo.
hemiplejía f. pat. parálisis de todo un lado del cuerpo.
hemíptero, ra adj. y s. insecto de cuatro alas.
hemisferio m. mitad de una esfera.
hemofilia f. pat. hemopatía hereditaria.

hemopatía f. enfermedad de la sangre.
hemorragia f. flujo de sangre.
hemorroide f. pat. almorrana.
hemostático, ca adj. medicamento que contiene o corta las hemorragias. U.t.c.s.m.
henchidura f. acción de henchir.
henchir tr. y r. hinchar, llenar.
hender tr. formar una hendedura.
henequén m. agave.
hepático, ca adj. med. que padece del hígado. U.t.c.s.
hepatología f. med. tratado acerca del hígado y sus padecimientos.
heptasílabo, ba adj. y s. que consta de siete sílabas.
Heracles mit. nombre griego de Hércules.
heráclidas hist. nombre de cuatro dinastías griegas que se decían descendientes de Hércules o Heracles.
heráldica f. ciencia del blasón.
heraldo m. rey de armas.
herbáceo, a adj. que tiene las cualidades de la hierba.
herbar tr. curtir con hierbas los cueros o pieles.
herbecer intr. nacer la hierba.
herbero m. esófago de los rumiantes.
herbívoro, ra adj. animal que se alimenta de vegetales: U.t.s.m.
herborizar intr. andar por valles y montes reconociendo y cogiendo hierbas.
hercúleo, a adj. perteneciente a Hércules o que se semeja a él.
hércules m. fig. persona de mucha fuerza.
heredad f. finca campestre.
heredero, ra adj. dícese de la persona a quien pertenece una herencia. U.t.c.s.
heredípeta com. persona que con astucias se procura legados o herencias.
hereje m. y f. dícese del cristiano contrario al catolicismo.
herejía f. error dogmático defendido fanáticamente.
herencia f. lo que se hereda.
herida f. rotura en las carnes; fig. agravio.
herir tr. hacer heridas.
hermafrodita adj. que tiene aparentemente los dos sexos. U.t.c.s.
hermandad f. cofradía.
hermético, ca adj. que cierra y ajusta perfectamente.
hermosear tr. embellecer. acicalar U.t.c.r.
hernia f. tumor causado por la desviación de una víscera.
héroe m. el que realiza actos heroicos; personaje principal de una obra de ficción.
heroicidad f. acto de heroísmo.
heroico, ca adj. propio de héroes, poesía que celebra las azañas de los héroes.
heroína f. mujer heroica; personaje principal de una obra de ficción; quím. alcaloide derivado de la morfina.
herpe amb. erupción cutánea. U. m. en pl.
herpetismo m. estado general del que padece herpes.
herradero m. acto de marcar a las bestias con el hierro.
herradura f. hierro que se clava en los cascos de los caballos.
herraje m. conjunto de piezas metálicas con que se guarnece una puerta, carruaje, etc.
herrar tr. colocar las herraduras a las bestias; marcar con hierro candente.
herrería f. oficio y taller de herrero.
herrero m. el que tiene por oficio trabajar el hierro.
herrumbrar tr. y r. aherrumbrar
herrumbre f. orín.
herrumbroso, sa adj. que tiene herrumbre.
hervir intr. agitarse un líquido que está en ebullición
hervor m. acción de hervir: fig. fogosidad, viveza.
hesitación f. duda, perplejidad.
hesitar intr. estar en duda, vacilar
hespérides f. pl. astr. pléyades.
hetaira f. prostituta, ramera.
heteróclito, ta adj. gram. que se aparta de las reglas; fig. fuera de orden, extraño.
hético, ca adj. tísico. U.t.c.s.; fig.
hexaedro m. geom. sólido con seis caras.
hez f. poso de un líquido.
hiante adj. dícese del verso que tiene demasiados hiatos.
hiato m. sonido desagradable que se produce al encuentro de dos palabras seguidas, cuando la primera termina en vocal y la segunda principia con la misma letra

hildalguez f. hidalguía.
hidalguía f. calidad de hildalgo.
hidráulica f. ciencia de los fluidos.
hídrico, ca adj. lo que contiene agua o hidrógeno.
hídrido, da- adj. que vive en el agua.
hidrofobia f. pat. horror que tienen al agua los mordidos por animales rabiosos.
hidrófobo, ba adj. y s. persona que tiene hidrofobia.
hidrografía f. parte de la geografía que describe los mares, ríos, etc.
hidromel [-miel] m. aguamiel.
hidrometría f. ciencia que se ocupa o enseña a medir el caudal, la fuerza y la velocidad de los líquidos.
hidrosfera f. conjunto de las aguas que forman la parte líquida en la superficie del globo terráqueo.
hiel f. humor de color amarillento verdoso que tiene parte muy activa en la digestión intestinal; fig. amargura, aspereza.
hielo m. agua congelada.
hierba f. dícese de toda planta pequeña.
hierbabuena f. planta labiada aromática, que se usa en condimentos.
hierbatero m. Chile. el que se dedica a la venta de forrajes.
hierro m. metal maleable y dúctil.
hígado m. víscera segregadora de la bilis.
higiene f. fig. aseo, limpieza.
higiénico, ca adj. relativo a la higiene.
hilo m. hebra larga y delgada.
hilván m. costura provisional.
himno m. canto de alabanza.
hinchar tr. aumentar una cosa de volumen.
hipnotizar tr. causar el sueño hipnótico.
hipo m. movimiento del diafragma.
hipócrita adj. falso. U.t.c.s.
hipódromo m. lugar para carreras de caballos.
hipoteca f. finca comprometida para seguridad de un crédito.
hipótesis f. suposición.
historia f. narración verídica de hechos pasados.
hoguera f. combustible que puede encenderse y produce llama.
hoja f. parte plana y verde que arrojan las plantas; cuchilla de un arma.
hombre m. varón.
homicida adj. asesino. U.t.c.s.
honor m. virtud moral que nos obliga cumplir con el deber; virginidad.
horma f. molde para construir algo.
hormiga f. insecto con el tórax y el abdomen iguales.
horno m. fábrica en forma de bóveda para caldear.
horquilla f. vara terminada en dos puntas.
horror m. aversión provocada por una causa espantosa.
hortaliza f. dícese de las plantas hortenses, plantas y verduras.
hortensia f. planta japonesa de hermosas flores.
hospedaje m. alojamiento.
hospedar tr. alojar o recibir huéspedes.
hospicio m. casa de beneficencia para menesterosos.
hospital m. casa de salud.
hostería f. especie de restaurante.
hoya f. hueco.
hoyo m. hoya.
huelga f. tiempo de suspensión de trabajo por protesta de los obreros.
huella f. señal.
hueso m. parte del esqueleto de los vertebrados; parte dura del interior de algunas frutas.
hueste f. ejército en guerra.
huevo m. cuerpo orgánico que ponen algunas hembras como la gallina.
huir intr. escapar.
hule m. caucho.
hulla f. carbón de piedra.
humanidad f. naturaleza humana.
humear intr. despedir humo.
húmero m. hueso del brazo.
humildad f. sumisión.
humillar tr. combatir el orgullo.
hundir tr. sumergir; arruinar; destrozar.
huracán m. viento impetuoso y desencadenado.
hurí f. mujer bella musulmana.
hurtar tr. robar.
husmear tr. investigar con cautela; rastrear con el olfato.
huso m. instrumento para hilar.
¡huy! interj. indica dolor o asombro.

I

i f. tercera vocal y décima letra del abecedario.
ibero, ra [íbero, ra] adj. original de Iberia.
ictericia f. derrame de bilis en la sangre.
idea f. concepción de algo; opinión; intención.
ideal adj. perteneciente y relativo a la idea.
idealizar tr. llevar las cosas más allá de la realidad.
identificar tr. hacer que dos cosas sean iguales; reconocer a alguien.
idioma m. lenguaje oficial de una nación.
idiotez f. estupidez.
idolatrar tr. adorar ídolos.
iglesia f. congregación de los fieles; templo.
ignorar tr. desconocer algo.
igual adj. equivalente.
ilegal adj. opuesto a las leyes.
ilusión f. imagen o idea sin realidad.
ilustrar tr. hacer ilustre; iluminar el entendimiento. U.t.c.r.
imagen f. representación de algo; figura.
imán m. mineral que tiene el poder de atraer al hierro.
imanar tr. imantar.
imbuir tr. persuadir; convencer.
imitar tr. hacer algo igualado a otro.
impacientar tr. agotar la paciencia.
impavidez f. denuedo.
impedimento m. estorbo.
impedir tr. estorbar; privar.
imperar tr. ejercer poder imperial; gobernar.
imperceptible adj. que no se percibe.
imperdonable adj. que no se perdona.
imperfecto, ta adj. que no es perfecto.
imperio m. dignidad de emperador; acción de imperar.
impersonal adj. que no expresa persona determinada.
ímpetu m. acción violenta; fuerza.
implacable adj. que no puede aplacarse.
implantar tr. plantear.
implorar tr. solicitar algo con ruegos.
imponer tr. infundir respeto; poner alguna obligación.
importar intr. introducir artículos extranjeros; servir.
importe m. cantidad; precio de algo.
imposición f. acción de imponer.
impregnar tr. introducir moléculas de un cuerpo en las de otro. U.t.c.r.
imprenta f. local donde se hacen impresiones.
impresión f. acto de imprimir; señal.
impresionar tr. dejar una impresión en el ánimo.
imprimir tr. fijar los caracteres por medio de la presión.
improperio m. ofensa; injuria.
improvisar tr. hacer algo sin haberlo preparado.
imprudencia f. falta de prudencia.
impugnar tr. refutar.
impulsar tr. impeler.
impulso m. acto de impeler.
imputar tr. achacar una culpa.
inagotable adj. que no puede agotarse.
inapetencia f. sin apetito.
incaico, ca adj. perteneciente o relativo a los incas o a su imperio.
incapacitar tr. inhabilitar.
incautarse r. tomar la autoridad competente posesión de dinero u otros bienes.
incauto, ta adj. poco cauteloso.
incendiar tr. y r. poner fuego a algo que no está destinado a ser quemado.
incendio m. fuego que abraza edificios.
incertidumbre f. falta de seguridad o certidumbre.
incesante adj. que no cesa.
incesto m. cópula entre ascendientes y descendientes o entre hermanos.
incidencia f. lo que sobreviene en el curso de un asunto y tiene con él conexión.
incidente m. lo que sobreviene en el trámite de un asunto.
incidir tr. cometer un error.
incienso m. gomorresina útil para quemarse en las ceremonias religiosas.
incinerar tr. convertir en cenizas.
incipiente adj. que comienza.

incisión f. hendedura producida en un cuerpo con instrumento cortante.
incisivo, va adj. m. cada uno de los cuatro dientes centrales de las mandíbulas; fig. punzante.
inciso m. trozo de un párrafo o período que abarca un sentido parcial; cortado.
incitar tr. estimular.
inclinar tr. desviar algo de la posición perpendicular o vertical en que se encuentra; persuadir.
incluir tr. poner una cosa dentro de otra.
inclusa f. casa de expósitos.
inclusive adv. m. que se ha incluído.
incoación f. acto de incoar.
incoar tr. principiar una cosa, dícese de un proceso, expediente, pleito, etc.
incoercible adj. lo que no puede ser contenido o refrenado.
incógnita f. cantidad que resulta desconocida en algún problema matemático.
incógnito, ta adj. mat. valor desconocido que es preciso determinar en un problema o ecuación; fig. no conocido.
incoherencia f. que no tiene coherencia.
incoloro, ra adj. que no tiene color.
incólume adj. sin deterioro, sano.
incomodar tr. provocar molestia e incomodidad. U.t.c.r.
incomodidad f. molestia.
incomplexo, xa adj. sin adherencia ni trabazón, desunido.
incomprensión f. falta de comprensión.
inconcluso, sa adj. que no está concluido.
inconcuso, sa adj. cierto, evidente; sin duda ni contradicción.
incongruencia f. que le falta congruencia.
inconmovible adj. que no puede conmoverse.
inconsciente adj. no consciente.
inconsecuencia f. falta de consecuencia en lo que se hace o dice.
inconsútil adj. sin costura.
incontinencia f. vicio opuesto a la continencia.
incontinente adj. que no se refrena; libertino.
incontrovertible adj. lo que no admite duda.
incordio m. fig. fam. persona pesada y fastidiosa, o cosa demasiado molesta.
incorporar tr. sentar el cuerpo tendido; agregar. U.t.c.r.
incorpóreo, a adj. no corpóreo.
incorrecto, ta adj. que no es correcto.
increíble adj. que es difícil de creer.
incremento m. aumento.
increpar tr. reprender duramente.
incrustar tr. proteger algo con costra dura; hacer trabajos de taracea.
incubar tr. empollar.
incuestionable adj. que no admite cuestión o duda.
inculcar tr. repetir empeñosamente algo.
inculpar tr. acusar.
inculto, ta adj. que no se ha cultivado; fig. dícese de las personas de modales rústicos y de muy poca instrucción.
incumbencia f. obligación de algo.
incumbir tr. dejar algo a cargo de alguno.
incunable adj. y m. dícese de aquellos libros que fueron impresos antes del siglo XVI.
incuria f. carencia de cuidado, negligencia.
incurrir intr. caer en falta o culpa.
incursión f. correría.
indagar tr. investigar.
indecoroso, sa adj. falto de decoro.
indefectible adj. que no puede faltar.
indefinido, da adj. que no está definido.
indeleble adj. que no se puede borrar.
indemne adj. libre o exento de daño.
indemnizar tr. recibir algún dinero por el daño sufrido. U.t.c.r.
independencia f. libertad.
indeterminismo m. fil. sistema opuesto al determinismo, que admite el libre albedrío.
indevoto, ta adj. dícese de la persona que no es afecta a una persona o cosa; carente de devoción.
indicar tr. significar; explicar; dar a conocer.
índice m. segundo dedo de la mano; lista ordenada de los capítulos de un libro.
indicio m. señal que muestra lo oculto.

indígena adj. originario de un país.
indigencia f. falta de todo recurso.
indigestión f. falta de digestión.
indigesto, ta adj. que no puede digerirse.
índigo m. añil.
indisoluble adj. que no puede disolverse.
indisponer tr. alterar la salud; quitar la disposición conveniente. U.t.c.r.
individuo, a adj. individual.
indiviso, sa adj. que no puede dividirse. U.t.c.s.
indócil adj. que no es dócil.
indocto, ta adj. que no es docto.
índole f. inclinación natural de cada persona.
indolencia f. falta de sensibilidad.
indoloro, ra adj. que no produce dolor.
indomable adj. que no se doma.
indómito, ta adj. no domesticable; fig. difícil de sujetar.
inducir tr. persuadir.
indudable adj. lo que no deja lugar a duda.
indulgencia f. perdón.
indultar tr. perdonar una culpa.
industrial adj. perteneciente y relativo a la industria.
inédito, ta adj. dícese de los escritos que aún no han sido publicados.
ineluctable adj. dícese de aquello contra lo que no es posible luchar; inevitable.
inepto, ta adj. inútil; que no es capaz. U.t.c.s.
inercia f. desidia; fís. incapacidad de los cuerpos para salir del estado de reposo o movimiento, sin la intervención de alguna fuerza.
inescrutable adj. lo que no es posible saber, ni determinar.
inexorable adj. que no escucha súplicas.
in extenso loc. lat. a lo largo, en toda su extensión.
inextenso, sa adj. que no es extenso.
inextricable adj. confuso, intrincado, difícil de desenredar.
infalible adj. que no puede engañar o engañarse.
infamar tr. privar de fama.
infame adj. traidor; deshonroso.
infancia f. edad hasta los siete años.
infantería f. tropa de a pie.
infanticidio m. asesinato a un niño.
infatuar tr. envanecer; engreír. U.t.c.r.
infectar tr. inficionar. U.t.c.r.
inferir tr. obtener o deducir consecuencia.
infestar tr. apestar. U.t.c.r.
inficionar tr. contagiar. U.t.c.r.
infierno m. sitio de castigo eterno para los malvados.
infiltrar tr. penetrar un líquido a través de los poros de un sólido. U.t.c.r.
infinitesimal adj. relativo a las cantidades infinitamente pequeñas.
inflexión f. torcimiento de lo que es derecho; elevación de la voz.
infligir tr. imponer penas y castigos.
influir tr. causar una cosa efecto en otra.
infolio m. libro cuyo tamaño es igual a medio pliego de oficio.
informar tr. enterar; dar noticia. U.t.c.r.
informe m. información.
infortunio m. desgracia.
in fraganti loc. lat. que equivale al m. adv. en flagrante; fam. con las manos en la masa.
infringir tr. alterar una ley. U.t.c.r.
ingeniar tr. discurrir; inventar.
ingeniero m. facultativo que se dedica a dirigir construcciones.
ingenio m. invento; maña.
ingénito, ta adj. no engendrado; nacido con uno, innato, connatural.
ingerir tr. incluir; introducir. U t.c.r.
ingrávido, da adj. ligero y tenue como la gasa.
ingrediente m. dícese de las sustancias que forman un compuesto.
ingresar intr. entrar.
ingurgitar tr. engullir.
inhabilitar tr. estar incapacitado.
inhalar tr. aspirar; absorber.
inherente adj. que por su naturaleza no se puede desunir.
inhibición f. acción y efecto de inhibir.
inhumanidad f. fiereza; crueldad.
inhumar tr. sepultar.
inicial adj. perteneciente y relativo al principio.
iniciar tr. empezar.

injertar tr. ingerir en un vegetal parte de otro.
inmaculado, da adj. que es limpio, sin mancha.
inmigrar tr. arribar a un país los extranjeros para radicar en él.
inmiscuir tr. entremeterse; mezclar. U.t.c.r.
inmolar tr. sacrificar.
inmortal adj. que no puede morir.
innovar tr. introducir novedades.
inocentada f. broma.
inocente adj. cándido; sencillo. U. t.c.s.
inodoro, ra adj. que carece de olor.
inopia f. indigencia; pobreza.
inquietar tr. alterar la calma. U. t.c.r.
inquirir tr. investigar; indagar.
insalubre adj. malsano.
inscribir tr. apuntar en lista. U. t.c.r.
insecto m. animalillo articulado con respiración traqueal.
insertar tr. incluir.
insigne adj. famoso; honroso.
insignia f. distintivo.
insinuar tr. dar a conocer algo sin decirlo claramente.
insolación f. enfermedad causada por el exceso de calor.
insólito, ta adj. inesperado; no común.
insomnio m. falta de sueño.
inspeccionar tr. examinar; vigilar.
inspirar tr. aspirar; despertar ideas. U.t.c.r.
instalar tr. colocar en un cargo; situar.
instantánea f. plancha fotográfica tomada de repente.
instante p.a. de instar; que insta; lo que dura poco; segundo.
instar tr. solicitar insistentemente.
instigar tr. provocar.
institutriz f. educadora o aya.
instruir tr. enseñar. U.t.c.r.
ínsula f. isla.
insultar tr. ofender; injuriar.
integrar tr. formar un todo. U.t.c.r.
intelecto m. entendimiento.
intemperie f. destemplanza del tiempo.
intención f. deseo deliberado.
intentar tr. tener el intento de hacer alguna cosa.
intercalar tr. interponer.
interés m. rédito; provecho.
interesar intr. poner interés en algo; participar en un negocio. U.t.c.tr. y r.
interior adj. interno; de adentro.
interminable adj. que no termina.
internar tr. penetrar. U.t.c.r.
interponer tr. colocar una cosa entre otras. U.t.c.r.
interpretar tr. entender el significado de una cosa; traducir.
interrogación f. pregunta.
interrumpir tr. suspender o interceptar alguna cosa.
intimidad f. dícese de la amistad íntima y estrecha.
intoxicación f. envenenamiento.
intrepidez f. osadía; audacia.
intriga f. enredo.
intrigar tr. enredar.
introducir tr. entrar. U.t.c.r.
inundar tr. cubrir el agua la tierra. U.t.c.r.
inutilizar tr. hacer inútil o inservible alguna cosa. U.t.c.r.
inventar tr. descubrir algo nuevo; afirmar algo falso.
invertebrado, da adj. que no tiene columna vertebral.
investir tr. conferir un cargo o dignidad.
invisible adj. que no puede verse.
invitar tr. convidar.
invocar tr. pedir auxilio.
iris m. arco que presenta los siete colores del prisma; disco que contiene la pulpa del ojo.
irradiar intr. arrojar destellos de luz.
irremediable adj. que no se remedia.
irrigar tr. rociar con un líquido. U.t.c.r.
irrisión f. burla; desprecio.
irrisorio, a adj. que provoca risa.
isla f. tierra rodeada de agua.
israelita adj. hebreo. U.t.c.s.
istmo m. lengua de tierra que sirve de unión a dos continentes.
izquierdo, da adj. contrario al derecho.

J

j f. undécima letra del alfabeto y su nombre es jota.
jabalí m. cerdo salvaje.
jabalina f. arma arrojadiza; hembra del jabalí.
jabato m. cachorro de la jabalina.
jabón m. pasta hecha con aceite y un álcali.
jabonadura f. enjabonadura.
jabonera f. recipiente para colocar el jabón.

jabonería f. fábrica de jabón; tienda donde se expende o vende jabón.
jabonero, ra adj. perteneciente o relativo al jabón; s. persona que fabrica o vende jabón.
jaca f. caballo de poca alzada.
jacal m. Méx. choza.
jácara f. romance en que se narran hechos de la vida airada; grupo de personas alegres que andan cantando de noche; fig. y fam. enfadado; mentira; razonamiento.
jacarear tr. entonar jácaras.
jacinto m. planta de flores aromáticas.
jaco m. caballo pequeño escuálido, que no es útil para el trabajo; jubón de tela burda hecho con pelo de cabra.
jacobinismo m. doctrina de los jacobinos.
jacobino, na adj. dícese del individuo del partido más exaltado de Francia, en tiempo de la revolución.
jactancia f. halago que hace una persona de sí misma.
jactancioso, sa adj. que alardea de sus virtudes o méritos.
jaculatoria f. oración breve.
jadear intr. respirar dificultosamente por fatiga y cansancio.
jadeo m. acción de jadear.
jaez m. guarnición y adorno de las caballerías. U. m. pl.; fig. propiedad de una cosa.
jagüel m. pozo de poca profundidad.
jagüey m. jagüel.
jalapa f. raíz purgante.
jalapeño, ña adj. y s. natural de Jalapa.
jalbegar tr. enjalbegar.
jalbegue m. blanqueo hecho con cal o arcilla blanca; lechada de cal para enjalbegar.
jalea f. conserva de frutas.
jalear tr. excitar con gritos de aprobación a los que cantan o bailan.
jaleo m. acción de jalear; fig. y fam. trifulca.
jalón m. vara con regatón que se clava en tierra como señal.
jamás adv. nunca.
jamelgo m. fam. caballo desgarbado y flaco por hambriento.
jamón m. carne curada de la pierna del cerdo.
jamona adj. fam. dícese de la mujer entrada en carnes y años, pero bien conservada. U.t.c.s.
jangada f. armadía.
janículo una de las siete colinas de Roma.
jaque m. lance del juego de ajedrez en que el rey o la reina están amenazados por alguna pieza; fam. bravucón.
jaqueca f. dolor agudo de cabeza.
jaquet m. galicismo por chaqué.
jarabe m. líquido hecho con azúcar y sustancias medicinales.
jarana f. fam. bullicio, diversión; pendencia.
jaranear f. fam. andar en jaranas.
jaranero, ra adj. y s. amigo de jaranas.
jarcia f. aparejos de un buque. U. m. en pl.; conjunto de utensilios para pescar.
jareta f. costura que se hace cosiendo el borde de la tela.
jaretón m. jareta muy ancha.
jaro, ra adj. y s. aplícase al animal de pelo rojizo.
jaropar tr. fam. dar muchos jaropes o medicinas; fig. fam. dar un licor en forma de jarope.
jarra f. vasija de cuello y boca anchos y una o más asas; **en jarras** m. adv. que denota o señala la postura del cuerpo que se toma arqueando los brazos y poniendo las manos en la cintura.
jarrete m. parte de la pierna opuesta a las rodillas, por donde se dobla y encorva; parte alta de la pantorrilla, hacia la corva.
jarretera f. liga, con su hebilla, para sujetar la media o el calzón por el jarrete.
jarro m. vasija semejante a una jarra.
jaspe m. piedra silícia de grano fino y textura homogénea; mármol veteado.
jaspeado, da adj. salpicado de pintas como el jaspe; m. acción y efecto de jaspear.
jauja f. nombre con que se denota aquello que quiere presentarse como modelo de abundancia y prosperidad.
jaula f. caja con enrejado para encerrar animales.
jauría f. conjunto de perros de caza.
jayán, na s. persona alta y de muchas fuerzas.

jazmín m. planta de hermosas y olorosas flores.
jefe, fa s. superior de un cuerpo u oficio; m. fig. caudillo, adalid.
jején m. mosquito pequeño de América, cuya picadura es muy irritante.
jeme m. distancia que hay desde el extremo del pulgar al del índice, separado el uno del otro todo lo posible; fig. y fam. palmito, cara.
jenízaro m. soldado de infantería de la antigua guardia del emperador de Turquía.
jeque m. en algunos pueblos orientales, jefe, señor.
jerarca m. superior y principal de la jerarquía eclesiástica.
jerarquía f. orden o grados de personas o cosas.
jeremiada f. muestra exagerada de dolor.
jeremías com. fig. persona que se lamenta continuamente.
jerez m. vino de fina calidad.
jerezano, na adj. y s. natural de Jerez.
jerga f. tela gruesa.
jerigonza f. caló; fig. y fam. lenguaje enrevesado.
jeringar tr. inyectar un líquido con jeringa.
jersey m. tejido elástico generalmente de lana.
Jesucristo m. dícese del Hijo de Dios hecho hombre.
jesuita adj. y s. religioso perteneciente a la Compañía de Jesús.
jícara f. vasija pequeña y redonda.
jilguero m. pájaro de armonioso canto.
jinete m. dícese del gallardo montador de caballos.
jirón m. pedazo de una tela.
jocoso, sa adj. gracioso; cómico; festivo.
jocundo, da adj. plácido, alegre.
jolgorio m. fiesta, holgorio.
jornada f. lo que se camina durante un día en un viaje.
jornal m. lo que gana el trabajador en un día de faena.
joroba f. corcova.
jorobar tr. molestar; fastidiar.
jota f. nombre de la j; baile popular de España.
joven adj. dícese del individuo de poca edad. U.t.c.s.
joya f. dícese de las piedras preciosas; objeto de plata u oro.
jubilar tr. quitar a alguien de su empleo dándole pensión.
jubileo m. indulgencia plenaria que el Papa concede universalmente.
júbilo m. deleite; alegría.
judío, a adj. israelita. U.t.c.s.
jueves m. dícese del quinto día de la semana.
juez m. el que se encarga de juzgar y sentenciar al acusado.
jugar tr. retozar; entretenerse con algún juego o pasatiempo.
juglar m. antiguo trovador; farsante.
juicio m. opinión; dictamen; poder de juzgar.
jumento m. asno; burro.
juntar tr. unir.
jurado m. tribunal que se encarga de juzgar.
jurar tr. hacer un juramento.
jurisdicción f. poder para gobernar.
jurisprudencia f. ciencia del delito
justicia f. virtud que otorga a cada quien lo que merece.
justificar tr. probar algo; ser justo al hacer o juzgar alguna cosa.
juventud f. período de la vida entre la infancia y la madurez.
juzgar tr. dictar una sentencia como juez; formular un dictamen.

K

k f. duodécima letra del alfabeto, su nombre es ka.
kadmita f. explosivo de poca fuerza.
kaiser m. emperador.
kaki m. caqui.
kalismo m. intoxicación por las sales potásicas.
kalmuco, ca. adj. y s. calmuco.
kantiano, na adj. perteneciente o relativo al kantismo.
kantismo m. sistema filosófico de Kant.
kappa f. décima letra del alfabeto griego.
karata m. planta semejante al ananás.
kea m. ave trepadora de plumaje verde y manchas pardas.
kepis m. quepis.
kermesse f. rifa y verbena popular.
kerosene m. Amér. querosén.
kilo m. prefijo que indica mil

kilociclo m. cantidad de mil ciclos.
kilogramo m. peso equivalente a mil gramos.
kilolitro m. medida de capacidad que es igual a mil litros.
kilométrico, ca adj. relativo al kilómetro; fig. de larga duración.
kilómetro m. medida de longitud de mil metros.
kilovatio m. fís. medida electromagnética equivalente a mil vatios.
kilovoltio m. fís. unidad de fuerza electromotriz equivalente a mil voltios.
kimono m. prenda japonesa, semejante a una bata amplia.
kinestesia f. estudio de las reacciones musculares y de la forma o método de educarlas.
kinestésico, ca adj. relativo a la kinestesia.
kiosko m. quiosco.
kirie m. deprecación que se hace al Señor, al principio de la misa. U. m. en pl.
kirieleison m. fig. canto de los entierros y oficio de difuntos.
kiwi m. ave corredora.

L

l f. decimotercera letra del abecedario, su nombre es ele.
la f. sexta nota de la escala musical; artículo determinado.
labial adj. perteneciente y relativo al labio.
labranza f. faena de cultivar la tierra.
lacayo m. criado.
lacerar tr. dañar; lastimar.
lactancia f. acción de lactar.
lactar tr. amamantar.
ladear tr. torcer para un lado.
ladrido m. voz del perro.
ladrillo m. prisma de figura rectangular hecho de barro cocido.
lagartija f. lagarto muy pequeño que habita entre las piedras.
lagarto m. reptil saurio famoso por su agilidad y ligereza.
laguna f. lago pequeño.
lamentar tr. deplorar; sentir pena por algo desagradable. U.t.c. intr. y r.
lámina f. plancha delgada de metal.
lampiño, ña adj. dícese del que carece de vellos y barba.
lana f. vellón de los carneros y ovejas.
lanar m. ganado de ovejas.
lancha f. embarcación.
langosta f. insecto saltador; crustáceo cuya carne es muy agradable al paladar.
lanza f. arma que consta de un asta con punta de hierro.
lanzar tr. echar; arrojar. U.t.c.r.
lápida f. piedra para inscripciones.
lápiz m. dícese de varias sustancias minerales útiles para dibujar.
lapso m. período de tiempo.
laringe f. órgano de la voz.
larva f. dícese de la primera fase de los insectos.
lascivia f. tendencia a los placeres de la carne.
lasitud f. desfallecimiento.
lastimar tr. herir; martirizar; causar daño.
lateral adj. que está al lado.
latinidad f. dícese de las voces del latín.
latir intr. dar latidos.
latón m. unión de cobre y cinc.
laudear tr. dictaminar sentencia árbitro.
laurear tr. coronar con laureles.
laurel m. árbol que siempre está verde cuyas hojas sirven de medicamento; triunfo; gloria.
lauréola [laureola] f. corona que se da en premio.
lavadero m. lugar adecuado para fregar y lavar la ropa.
lavar tr. purificar; limpiar con algún líquido.
laxar tr. disminuir la tensión.
laxo, xa adj. relajado.
lazareto m. dícese del sanatorio de leprosos.
lazarillo m. mozo de ciego.
lazo m. nudo.
lección f. acción de leer; clase que el maestro enseña.
lectura f. acto de leer.
leche f. líquido de gran poder nutritivo que se cría en las tetas.
lechón m. cochinillo pequeño.
lechuga f. planta hortense que sirve para ensalada.
lechuza f. ave rapaz nocturna con pico encorvado y ojos brillantes.
legación f. embajada.
legalizar tr. autorizar algún documento.
legar tr. dejar un legado en testamento.

legendario, adj. perteneciente y relativo a la leyenda.
legión f. cuerpo de tropa romana dividida en diez cohortes.
legionario, ria adj. perteneciente y relativo a la legión.
legitimar tr. demostrar la legitimidad de alguna cosa; declarar legítimo a un hijo.
legítimo, ma adj. que va conforme a la ley.
legumbre f. fruto desarrollado en vainas.
lejía f. agua con sal alcalina.
lengua f. órgano móvil de la boca para hablar; idioma.
lenguaje m. idioma.
lentitud f. tardanza.
leña f. trozo de algún tronco que sirve para encender lumbre.
leñar tr. cortar leña.
león m. mamífero de pelaje claro, cola larga y cabeza grande.
leopardo m. mamífero con tipo de gato grande.
letal adj. que causa la muerte.
letrero m. rótulo.
leva f. recluta de gente para el ejército.
levantar tr. edificar; mover de abajo a arriba; ensalzar.
levar tr. alzar el ancla.
léxico m. diccionario.
ley f. precepto; lealtad; amor.
leyenda f. lo que se lee; tradición escrita.
leyente p. a. de leer; que lee. U. t.c.s.
lezna f. punzón de punta muy aguda.
liana f. galicismo por bejuco.
liar tr. y r. atar; r. fig. fam. disputar, reñir; hacer bultos.
libación f. acción de libar.
libelo m. escrito difamatorio.
libélula f. insecto de aspecto hermoso que se conoce en el vulgo como caballito del diablo.
liberación f. acto de liberar.
liberal adj. que actúa liberalmente o libremente.
liberar tr. libertar, librar.
libertad f. facultad de obrar por propia voluntad.
libertado, da adj. atrevido, osado; libre.
libertar tr. y r. acto de poner en libertad; librar.
libertinaje m. desenfreno.
libertino, na adj. y s. que es dado al libertinaje.
libidinoso, sa adj. lujurioso.
librar tr. guardar de un daño; girar letras de cambio.
librea f. prenda de vestir de algunos criados.
librería f. tienda en que se expenden libros; biblioteca.
librero, ra s. persona que se dedica a vender o expender libros.
libreto m. obra para que se le ponga acompañamiento musical.
licenciado, da p.p. de licenciar; adj. que se da por libre; s. dícese de las personas que han obtenido grado en una facultad.
licenciar tr. conceder el grado de licenciado.
lícito, ta adj. justo, legal; que es de la ley o calidad que se manda.
licuar tr. derretir. U.t.c.r.
licurgo, ga adj. fig. inteligente, astuto; m. fig. legislador.
lidia f. acción de lidiar.
liebre f. roedor semejante al conejo.
liendre f. huevo del piojo.
lienzo m. tela de lino, algodón; pintura; fachada de un edificio.
ligar tr. enlazar; atar.
ligereza f. agilidad.
ligero, ra adj. de poco peso; ágil.
ligur adj. y s. natural de Liguria.
lijar tr. pulir con lija.
liliputiense adj. el que es demasiado débil y pequeño.
limar tr. desgastar con lima; fig. pulir un escrito u obra.
limbo m. lugar donde están detenidas las almas; orla.
limeño, ña adj. natural de Lima.
limitar tr. fijar límites.
límite m. confín; término.
limpiar tr. hacer que desaparezca la suciedad. U.t.c.r.
linaje m. clase social; línea de una familia.
lingote m. barra de metal sin pulir.
lino m. planta textil que tiene gran aplicación en la industria de telas.
liquen m. planta de las criptógamas que forma costras en las rocas.
liquidar tr. ajustar alguna cuenta. U.t.c.r.
lisonja f. adulación; alabanza.
lisonjear tr. adular.

litera f. vehículo que carecía de ruedas, con dos varas laterales.
literatura f. estudio de las letras humanas.
litigar tr. pleitar.
litro m. medida de capacidad que es igual a un centímetro cúbico.
lobato m. dícese del cachorro del lobo.
local m. lugar; sitio con techo y paredes.
localizar tr. fijar algo en determinados límites. U.t.c.r.
locución f. modo de hablar.
locura f. pérdida de la razón.
logia f. sitio de reunión de los masones.
lograr tr. obtener.
lombriz f. gusanillo muy delgado y de cuerpo cilíndrico.
lotería f. juego popular en el que se obtienen premios a base de números sacados a la suerte.
lucerna f. araña de alumbrado.
lucero m. astro muy brillante.
luciérnaga f. insecto que arroja destellos de luz fosforescente.
Lucifer m. dícese de Satanás.
lucir intr. brillar; resplandecer.
lucha f. disputa entre dos a brazo partido.
luchar intr. pelear.
lugar m. sitio; paraje; poblado más pequeño que una villa.
lúgubre adj. triste; luctuoso.
lujo m. exceso en pompa; fastuoso.
lujuria f. deseo carnal desenfrenado.
lumbre f. materia combustible encendida.
lunar adj. perteneciente y relativo a la luna.
lunes m. nombre del segundo día de la semana.
lustrar tr. bruñir.
lustre m. esplendor; brillo.
lustro m. período de tiempo equivalente a cinco años.
luto m. manifestación exterior de duelo por la muerte de alguno.
luz f. llama; lo que produce iluminación.
Luzbel m. Lucifer.

LL

ll f. decimacuarta letra del abecedario, su nombre es elle.
llaga f. úlcera.
llagar tr. abrir llagas; hacerse llagas, ulcerarse.
llama f. dícese de cierto rumiante sudamericano; masa gaseosa en combustión.
llamada f. señal que se hace en los manuscritos para llamar la atención hacia una nota, cita, etc.
llamado m. llamamiento.
llamador, ra s. m. persona que avisa o llama.
llamamiento m. acción de llamar.
llamar tr. proferir voces para que acuda alguien; convocar.
llamarada f. llama grande y fugaz; fig. coloración viva en el rostro que se produce por la vergüenza, la ira, etc.
llamativo, va adj. muy escandaloso.
llamazar f. terreno cenagoso.
llambria f. parte de las peñas de plano muy inclinado y de difícil paso.
llamear intr. echar llamas; fig. arder en ira, odio, etc.
llana adj. gram. relativo a las palabras de acento prosódico cargado en la penúltima sílaba; f. alb. herramienta que sirve para extender y alisar el yeso, que se compone de una plancha de metal y una asa.
llanada f. llanura.
llanamente adv. m. con sencillez e ingenuidad.
llaneza f. sencillez; familiaridad; camaradería.
llano, na adj. afable; sencillo.
llanta f. aro de metal o caucho que se pone a las ruedas de los carruajes.
llantería f. Chile. llanto simultáneo de varias personas.
llanto m. efusión de lágrimas.
llanura f. extensión grande de tierra plana, sin altos ni bajos.
llareta f. planta americana; su tallo destila una resina usada como estimulante y estomacal.
llaucana f. Chile. barrita de hierro para escarbar y reconocer una veta.
llave f. instrumento para abrir o cerrar cerraduras; instrumento para apretar tuercas.
llavero, ra s. persona que guarda las llaves; m. anillo metálico con que se llevan las llaves.
llavín m. llave pequeña.
lleco, ca adj. y s. dícese de la tierra jamás labrada.
llegada f. acción y efecto de llegar.

llegar intr. arribar.
llenamente adv. m. copiosamente.
llenar tr. ocupar totalmente un sitio.
lleno, na adj. henchido; fig. y fam. harto de comer o beber; m. plenilunio.
lleta f. tallo recién nacido de una planta.
llevadero, ra adj. que se puede llevar; soportable, tolerable.
llevar tr. conducir; transportar. U. t.c.r.
llorar intr. arrojar lágrimas.
llorera f. llanto fuerte y continuado.
lloriquear intr. simular llanto, gimoteando.
lloriqueo m. acto de lloriquear.
lloro m. acción de llorar; llanto.
llorón, na adj. que llora mucho.
llovedizo, za adj. dícese del agua de lluvia; techumbre que, por defecto, no impide la filtración del agua.
llover intr. derramar agua las nubes.
llovizna f. lluvia menuda.
lloviznar intr. caer llovizna o lluvia menuda.
lluvia f. acción de llover.
lluvioso, sa adj. tiempo o país en que llueve mucho.

M

m f. decimaquinta letra del abecedario, su nombres es eme.
macana f. clava usada por los indios americanos.
macerar tr. y r. ablandar una cosa teniéndola sumergida en un líquido.
maceta f. tiesto donde se siembran flores.
macizo, za adj. sólido, firme.
mácula f. mancha.
machaca f. instrumento para machacar.
machacar tr. quebrantar a golpes.
machaquería f. importunidad, pesadez.
machete m. cuchillo grande.
machetero m. el que desmonta con machete los montes para abrir paso; el que corta la caña de azúcar en los ingenios.
machiega adj. dícese de la abeja reina.
machina f. grúa; martinete.
macho m. animal del sexo masculino; mulo.
machorra f. hembra estéril; marimacho.
machucar tr. herir, magullar, golpear una cosa.
madama f. voz que se emplea en tratamiento de honor y que equivale a señora.
madeja f. manojo de hilo dispuesto en vueltas iguales.
madejuela f. dim. de madeja.
madera f. parte sólida de los árboles.
maderamen m. conjunto de maderas de una construcción.
madero m. pieza larga de madera.
madrastra f. esposa del padre, en su relación con los hijos de éste.
madre f. hembra que ha tenido hijos.
madreperla f. ostra que contiene perlas.
madreselva f. planta de tallos trepadores.
madrigal m. composición poética.
madriguera f. guarida de ciertos animales; fig. sitio en que se reune gente maleante.
madrina f. mujer que asiste a otra persona que recibe un sacramento.
madrugada f. acción de madrugar; alba.
madrugar intr. levantarse al amanecer.
maestra f. mujer que enseña o se dedica a la enseñanza; mujer del maestro.
maestranza f. conjunto de individuos, talleres y oficinas de un arsenal.
maestre m. superior de una orden militar.
maestría f. arte y destreza en enseñar o ejecutar algo.
maestro, tra adj. obra de gran mérito; dícese de la persona capacitada para enseñar. U.t.c.s.
magancería f. engaño.
magaña f. trampa, ardid.
magisterio m. profesión de maestro.
magnesia f. óxido de magnesio.
magnolia f. árbol de bellas flores blancas.
maitines m. pl. primeras oraciones del día en iglesia y conventos.
maíz m. planta con mazorcas cuyos granos tienen poder nutritivo.
mal m. apócope de malo.
malaventura f. infelicidad; desgracia.

maldecir tr. proferir maldiciones.
maleante p.a. de malear; que obra mal; burlador. U.t.c. adj.
malear tr. causar daño. U.t.c.r.
maleta f. bolsa especial para viaje.
maliciar tr. recelar. U.t.c.r.
maltratar tr. dar mal trato.
malva f. planta de flores moradas que tiene uso medicinal.
malvavisco m. planta de raíz emoliente de uso medicinal.
mamar tr. chupar la leche de las tetas.
mamey m. árbol americano cuyo fruto es muy agradable.
mamífero, ra adj. animal con mamas.
manada f. rebaño.
manceba f. concubina.
mandamiento m. orden o precepto.
mandar tr. ordenar.
mandíbula f. quijada.
mandolina f. instrumento músico semejante al laúd.
mango m. parte para sujetar algún objeto.
maní m. cacahuate.
manicomio m. casa de salud para locos; hospital para locos.
manifestación f. acción de manifestar.
manifestar tr. declarar algo.
maniobra f. dícese de algún trabajo manual.
manir tr. refrigerar la carne.
manjar m. dícese de cualquier comestible exquisito.
mano f. parte del brazo comprendida desde la muñeca hasta la punta de los dedos.
mansedumbre f. suavidad; docilidad.
mantear tr. alzar en el aire a alguien con una manta. U.t.c.r.
manteca f. grasa de los animales.
mantel m. lienzo para cubrir la mesa.
mantequilla f. sustancia suave hecha de azúcar o sal y manteca de vaca.
mantón m. pañuelo que sirve de abrigo.
manzana f. fruto del manzano.
manzanilla f. hierba medicinal.
manzano m. árbol cuyo fruto es la manzana.
maña f. parte del día desde el amanecer hasta el mediodía; día que sucede al de hoy.
máquina f. aparato para dirigir la acción de una fuerza.
marchar intr. caminar; adelantar; andar.
marchitar tr. deslucir; ajar; destrozar.
marchito, ta adj. sin lozanía, ajado.
marea f. flujo y reflujo del mar.
marear tr gobernar una nave; fig. y fam. enfadar, molestar. U.t.c.i.
marejada f. agitación violenta de las olas; fig. murmuraciones.
maremagno m. fam. **mare mágnum**.
mare mágnum loc. lat. fig. fam. abundancia o confusión, grandeza; muchedumbre confusa de cosas o personas.
mareo m. efecto de marearse; pat. indisposición que se experimenta en algunas circunstancias.
marfil m. materia ósea extraída de los colmillos del elefante.
marfileño, ña adj. de marfil.
margen m. orilla de algo.
marginal adj. perteneciente al margen; lo que se pone o escribe al margen.
marginar tr. dejar márgenes; hacer alguna anotación al margen.
marica f. urraca; m. fig. y fam. hombre afeminado.
maricón m. fig. y fam. marica. U.t.c. adj. sodomita.
mariconada f. acción propia del maricón.
maridaje m. enlace y conformidad de los casados.
maridar intr. hacer vida marital; tr. fig unir o enlazar.
marido m. hombre casado con respecto a su cónyuge.
marimacho m. fam. mujer con aspecto y aficiones de hombre.
marinería f. conjunto de marineros; oficio de marinero.
marinero, ra adj. m. hombre de mar.
mariscal m. grado máximo en algunos ejércitos.
mariscar tr. coger mariscos.
marisco m. aplícase a los animales marinos invertebrados, especialmente los moluscos comestibles.
marital adj. perteneciente y relativo a la vida conyugal.
maritornes f. fig. y fam. mujer joven ordinaria, fea, zafia y con modales hombrunos.
marmitón m. pinche.
mármol m. piedra caliza de textura compacta, susceptible de pulimento que frecuentemente se encuentra mezclada con sustan-

cias que le dan color o figuran manchas o vetas.
marmolería f. lugar o sitio donde se trabaja el mármol.
marmóreo, a adj. semejante al mármol.
marmota f. mamífero roedor, herbívoro.
marrajo, ja adj. astuto, cauto.
marrana f. hembra del marrano; fig. y fam. mujer sucia o de mal comportamiento.
marranada f. fig. y fam. cochinada.
marrano m. cerdo; puerco.
marrón adj. galicismo por castaño.
marsellés, sa adj. y s. natural de Marsella.
marsopa f. cetáceo parecido al delfín.
marsopla f. marsopa.
marsupial adj. didelfo. U.t.c.s.
marta f. mamífero carnicero de piel muy estimada.
Marte m. dios guerrero; planeta del sistema solar.
martes día consagrado a Marte; tercer día de la semana.
martillar tr. y r. acto de golpear con el martillo.
martillazo m. golpe dado con el martillo.
martillo m. herramienta de percusión, compuesta de una cabeza de hierro y un mango; uno de los huesecillos del oído.
mártir com. fig. persona que sufre trabajos y afanes.
martirio m. muerte o tormentos aceptados en defensa de un ideal; sufrimiento intenso y prolongado; fig. trabajo largo y penoso.
martirizador, ra adj. y s. que martiriza.
martirologio m. libro de los mártires.
marxismo m. doctrina socialista fundada por Carlos Marx.
marxista adj. el que profesa la doctrina de Carlos Marx.
mascar tr. triturar con la dentadura.
máscara f. figura de cartón o de algún otro material para cubrir el rostro.
mascarada f. fiesta de máscaras; comparsa.
mascarón m. aum. de máscara; figura fantástica que se usa en arquitectura como adorno.
mascota f. persona o cosa que da suerte.
masculino, na adj. fig. varonil, enérgico; gram. género de los nombres de varón o animal macho.
masón m. francmasón.
masonería f. francmasonería.
masticar tr. mascar.
mástil m. mar. maderos que sostienen las vergas y velas.
mastín, na adj. y s. perro de presa, grande y de pecho ancho, con manos y pies recios y de pelo largo.
mastique m. almáciga; pasta de yeso mate y agua de cola, que se utiliza para igualar las superficies.
mastodonte m. paquidermo fósil semejante al elefante; persona demasiado corpulenta.
masturbación f. acción y efecto de masturbarse.
masturbarse r. producirse solitariamente el placer sexual.
matachín m. fig. y fam. hombre pendenciero, matarife.
matadero m. lugar en donde se mata el ganado.
matador, ra adj. y s. el que mata; m. torero.
matalón, na adj. y s. caballo viejo y con mataduras.
mataperros m. fig. fam. muchacho travieso y callejero.
matar tr. privar de la vida.
matarife m. el que tiene por oficio matar y descuartizar reses.
matasanos m. fig. y fam. mal médico.
matasellos m. estampilla con que se inutiliza en la oficina de correos los sellos de las cartas.
matasiete m. fig. fam. fanfarrón.
mate m. lance con que se termina en el juego de ajedrez.
mate m. infusión que se prepara con las hojas de la yerba mate.
matear intr. Amér. acción y efecto de tomar mate.
matemáticas f. pl. dícese de las ciencias exactas o de los números.
maternal adj. materno.
maternidad f. estado o calidad de madre; sanatorio en que se asiste a las parturientas.
materno adj. perteneciente a la madre.
matinal adj. perteneciente a la mañana.
matiz m. armonía de los colores de un cuadro.

matizar tr. dar determinado matiz a un color.
matorral m. campo no cultivado, lleno de matas y maleza.
matricida m. dícese del asesino de su madre.
matrimonio m. enlace legítimo del hombre y la mujer.
mayorazgo m. institución por la cual el único heredero de los bienes paternos era el primogénito.
mazmorra f. prisión subterránea.
mecer tr. agitar algún líquido; mover con vaivén. U.t.c.r.
mediante p.a. de mediar; que media; por medio de.
mediodía m. parte del día en que el Sol está más alto en el horizonte.
medir tr. valuar; calcular.
meditar tr. reflexionar.
mejilla f. dícese de las prominencias de la faz; carrillos.
mejorar tr. acrecentar; adelantar; poner mejor alguna cosa.
melancolía f. tristeza grande y permanente.
melocotón m. fruto del melocotonero, que consiste en una drupa esférica con pulpa jugosa.
melodrama m. drama con música.
mellizo, za adj. gemelo.
memoria f. poder anímico que permite recordarse de las cosas.
menear tr. mover de un lugar a otro. U.t.c.r.
menguar intr. disminuir.
menospreciar tr. tener algo en menos de lo que merece.
menstruo m. sangre que desechan mensualmente las mujeres.
mentís m. voz para desmentir a alguno.
menudeo m. acción de menudear; venta al por menor.
meñique adj. nombre del dedo más chico de la mano. U.t.c.s.
mercar tr. comprar. U.t.c.r.
Mercurio m. azogue; planeta cercano al Sol; dios del comercio.
merecer tr. ser digno de alguno. U.t.c. intr.
merendar tr. tomar algún alimento antes de la cena. U.t.c. intr.
merengue m. dulce hecho de azúcar con claras de huevo.
mermelada f. conserva de frutas con azúcar y miel.
mesa f. tabla lisa sostenida sobre unos pies.
mestizo, za adj. hija de padre y madre de distintas razas. U.t.c.s.
metal m. cuerpo simple que es poderoso conductor de la electricidad y del calor.
metalizar tr. convertir una sustancia en metal. U.t.c.r.
método m. sistema de actuar o hablar con orden.
métrica f. arte de versificación.
metro m. unidad de longitud que es base del sistema métrico decimal; medida del verso.
mezclar tr. incorporar; unir. U. t.c.r.
microbio m. ser microscópico que altera las sustancias.
miedo m. temor; inquietud; angustia.
migaja f. partícula de pan.
milagro m. acontecimiento sobrenatural debido al poder de Dios.
milicia f. profesión militar.
miligramo m. milésima parte de un gramo.
mililitro m. milésima parte de un litro.
milímetro m. milésima parte de un metro.
millar m. conjunto de mil unidades.
millón m. mil millares.
mimar tr. halagar; acariciar.
mina f. criadero de metal; camino subterráneo.
ministerio m. cargo de ministro; gobierno del Estado.
ministrar tr. desempeñar un empleo; suministrar. U.t.c. intr.
minorar tr. convertir en menos. U.t.c.r.
mirar tr. fijar la vista; atender.
mirlo m. pájaro doméstico que repite sonidos armoniosos.
mirto m. arrayán.
miserable adj. infeliz.
miseria f. desgracia; pobreza.
místico f. tratado de la existencia espiritual y contemplativa.
mitología f. historia de los dioses y héroes.
moco m. humor pegajoso que es segregado por las mucosas.
modelar tr. formar una figura con materia blanda.
modificar tr. reducir las cosas a cierto estado que las distinga.
mohín m. mueca; gesto.
mojar tr. humedecer con un líquido. U.t.c.r.

molde m. pieza de diversas formas y hueca que es útil para amoldar.
moldear tr. sacar moldes de algo.
molino m. máquina que sirve para moler.
momento m. corto espacio de tiempo.
momia f. cadáver conservado y desecado.
momificar tr. hacer que un cadáver quede convertido en momia. U.t.c.r.
mona f. hembra del mono; dícese de la embriaguez.
monarca m. príncipe supremo de un Estado.
monasterio m. convento; claustro.
mondar tr. quitar a alguna cosa lo superfluo.
mondongo m. dícese de la panza y de los intestinos del animal.
monóculo, la adj. que consta de un solo ojo; lente para un solo ojo.
monógamo adj. casado con una sola mujer.
monopolio m. acaparamiento exclusivo de un negocio.
monotonía f. dícese de la uniformidad cansada y fastidiosa.
montaña f. monte.
montar intr. cabalgar; subirse encima de algo. U.t.c.r.
montaraz adj. que se cría en los montes.
monte m. elevación natural del terreno.
montura f. cabalgadura; arneses de la cabalgadura.
morada f. residencia; domicilio.
moraleja f. dícese de la enseñanza que se obtiene de un cuento o fábula.
morder tr. coger con los dientes una cosa clavándolos en ella.
moreno, na adj. de color oscuro.
morfina f. alcaloide del opio.
moribundo, da adj. próximo a fallecer. U.t.c.s.
morigerar tr. moderar los excesos. U.t.c.r.
morir intr. dejar de vivir; fallecer; acabar.
morosidad f. tardanza; demora.
morrocotudo, da adj. dificultoso; problemático.
morsa f. animal semejante a la foca.
mosca f. insecto de cuerpo negro azuloso, patas largas y alas transparentes; conductor de muchas enfermedades.
moscatel m. uva de grano aromático y dulce.
mosquear tr. asustar a las moscas.
mostaza f. planta de cuyas semillas se hace una harina que sirve de medicamento y condimento.
mote m. apodo.
motejar tr. censurar.
motín m. refriega; alboroto.
mover tr. hacer que un cuerpo cambie de lugar; inducir.
movilizar tr. activar tropas; maquinarias, etc.
mudar tr. tomar otro ser, lugar, etc.
muérdago m. planta parásita de los árboles.
mugido m. dícese de la voz de la res vacuna.
multa f. pena pecuniaria.
multiforme adj. con diversas formas.
múltiple adj. de diversos modos.
multitud f. muchedumbre; gentío.
mullir tr. esponjar una cosa.
mundial adj. universal.
mundo m. universo; sociedad de los humanos.
muñeca f. parte del cuerpo en donde se unen la mano con el brazo.
murmurear tr. hablar en secreto.
murmurar tr. hacer ruido leve algunas cosas; conversar con murmuración.
musa f. dícese de las nueve deidades, diosas de las artes y de las ciencias.
músculo m. parte del cuerpo que es órgano del movimiento.
musitar tr. murmurar.
muslo m. parte de la pierna desde el cuadril hasta la rodilla.
mutilar tr. cercenar un miembro del cuerpo. U.t.c.r.
mutual adj. recíproco; mutuo.

N

n f. decimasexta letra del abecedario, su nombre es ene.
nabar adj. m. lugar en que se siembran nabos; perteneciente a los nabos.
nabo m. planta hortense de raíz amarillenta o blanca, comestible.
nácar m. sustancia tornasolada y brillante que forma la parte interior de las conchas de algunos moluscos.

nacarado, da adj. nacarino.
nacarino, na adj. que tiene o presenta el aspecto del nacar.
nacer intr. salir del claustro materno; tomar origen.
nacido, da p.p. de **nacer**; adj. connatural y propio de una cosa.
nacimiento m. acto de nacer.
nación f. conjunto de habitantes de un territorio que es regido por un gobierno.
nacional adj. de una nación.
nacionalidad f. condición y carácter peculiar de los individuos de una nación.
nacionalización f. acto de nacionalizar.
nadadera f. dícese de las vejigas o calabazas que se emplean para aprender a nadar.
nadador, ra adj. s. persona que practica el deporte de la natación.
nadar intr. sostenerse flotando sobre un líquido.
nadería f. cosa u objeto sin valor.
nadie pron. indet. ninguna persona; m. fig sujeto insignificante.
nafta f. hidrocarburo líquido.
naftalina f. hidrocarburo sólido.
nagual m. Méx. hechicero, brujo.
naipe m. carta de la **baraja**.
nalga f. dícese de cada una de las porciones carnosas del trasero.
nalguear intr. mover, al andar, exageradamente las nalgas.
nao f. nave.
naosauro m. pal. reptil prehistórico muy osificado.
napoleón m. antigua moneda francesa, que equivalía a cinco francos.
napoleónico, ca adj. perteneciente a Napoleón o relativo a su sistema político.
napolitano, na adj. y s. natural de Nápoles.
narango m. Amér. árbol propio de las Antillas, perteneciente a la familia de las leguminosas.
naranja f. fruto del naranjo consistente en una pulpa jugosa dividida en gajos y de sabor agridulce.
narciso m. fig. el que se aprecia de galán hermoso, cuidando de su adorno excesivamente.
narcótico, ca adj. que puede adormecer. U.t.c.s.
narcotizar tr. producir narcotismo. U.t.c.r.
narigudo, da adj. que tiene demasiado larga la nariz. U.t.c.s.
nariz f. órgano del olfato.
narración f. acto de narrar; exposición de hechos reales, relación.
narrar tr. dar a conocer un suceso, con detalles.
narrativo, va adj. relativo a la narración.
nasal adj. perteneciente a la nariz.
nasalidad f. calidad de nasal.
nata f. sustancia espesa que se forma en los líquidos que se encuentran en reposo.
natalicio m. dícese del día del nacimiento.
natividad f. nacimiento.
nativo, va adj. dícese de los propios de un país. U.t.c.s.; aplícase a los metales que se encuentran en la naturaleza en forma pura.
nato, ta p.p. irreg de **nacer**; aplícase a la persona que tiene título anexo al cargo o calidad.
naturaleza f. esencia de cada cosa; dícese de todo lo creado.
navaja f. cuchillo de hoja que puede doblarse sobre el mango.
navajada f. navajazo.
navajazo m. golpe y herida producidos por la navaja.
navajón m. y aum. de **navaja**.
navegar intr. viajar por **mar** en una embarcación o nave.
nazareno, na adj. oriundo de Nazaret.
neblina f. niebla espesa.
nebulosa f. astr. mancha que se observa en el cielo y que está formada por conglomerado de estrellas.
nebuloso, sa adj. que es abundante en nieblas; fig. sombrío, oscuro.
necear intr. hacer o decir necedades.
necedad f. condición de necio.
necesitado, da p.p. de **necesitar**; adj. y s. que está falto de lo necesario.
necesitar tr. e intr. que tiene necesidad de algo.
negar tr. afirmar la falsedad de una cosa.
negligencia f. descuido.
neptuno m. planeta mayor que la tierra.
nervio m. órgano de la sensibilidad.
nerviosidad f. fuerza de los nervios; excitación.

nervioso, sa adj. que tiene nervios; relativo o perteneciente a los nervios.
neutralizar tr. hacer neutral.
nevar intr. caer nieve.
nicotina f. alcaloide del tabaco.
nido m. lecho de las aves.
nieve f. agua congelada.
nimbo m. aureola.
nivelar tr. igualar un plano con su nivel.
noble adj. honroso; ilustre; principal.
nonato, ta adj. que no es nacido naturalmente.
normalizar tr. hacer normal algo. U.t.c.r.
nostalgia f. tristeza; pena.
notar tr. señalar; marcar.
noticia f. aviso.
noticiar tr. avisar; dar noticia.
notificar tr. noticiar; poner en conocimiento.
novel adj. que principia; nuevo.
novena f. período de tiempo de nueve días consagrado al culto.
novenario m. espacio de tiempo de nueve días de luto, que siguen a la muerte de alguno.
noviciado m. tiempo de prueba antes de profesar.
novillo m. dícese del toro joven.
nube f. masa de vapor de agua sostenida en el aire.
nuca f. parte de unión de la cabeza y el espinazo.
nudo m. lazo difícil de soltar.
nuevo, va adj. reciente.
nuez f. fruto del nogal.
numen m. deidad pagana; inspiración.
numerar tr. contar con números.
número m. expresión de la unión que existe entre la unidad y la cantidad; accidente gramatical que indica si se trata de uno o de varios seres.
nuncio m. mensajero o embajador del Papa.
nupcias f. pl. bodas.
nutrir tr. vitaminar al cuerpo por medio del alimento. U.t.c.r.

Ñ

ñ f. decimoséptima letra del abecedario, su nombre es eñe.
ña f. Amér. tratamiento que equivale a doña.
ñacanina f. Arg. víbora grande y ponzoñosa.
ñacunda f. Arg. ave nocturna de plumaje acanelado.
ñagaza f. añagaza.
ñandú f. avestruz de hermoso plumaje gris.
ñanduti m. Amér. tejido muy fino, usado en América del Sur para la confección de ropa blanca.
ñanga f. Hond. estero de fondo pantanoso.
ñaño, ña s. Chile. hermana o hermano; f. niñera.
ñapango, ga adj. mestizo o mulato.
ñaque m. dícese del conjunto de cosas inútiles y ridículas.
ñato, ta adj. Amér. el que tiene la nariz roma. U.t.c.s.
ñereo m. Chile. instrumento de madera que sirve para tejer mantas.
ño m. Amér. tratamiento que equivale a don, señor.
ñoñería f. acción perteneciente al ñoño.
ñoño, ña adj. chocho; viejo; caduco. U.t.c.s.
ñu m. antílope del Africa del Sur.
ñudillo m. nudillo.
ñudo m. nudo.
ñudoso, sa adj. nudoso.
ñuto, ta adj. Ec. molido o hecho polvo.

O

o f. decimoctava letra del abecedario y cuarta vocal; conjunción disyuntiva.
oasis m. tierra con vegetación en medio de un desierto.
obcecar tr. cegar; ofuscar. U.t.c.r.
obedecer tr. acatar la voluntad del que ordena.
obediente p.a. de obedecer; que obedece; que tiende a obedecer.
obeso, sa adj. muy grueso.
obispo m. prelado superior de alguna diósesis.
objeto m. lo que se percibe con los sentidos; materia de una ciencia.
oblea f. hoja transparente de harina y agua.
obligar tr. precisar.
oblongo, ga adj. que es más largo que ancho.
óbolo m. antigua moneda de los griegos; cantidad con que se ayuda a un fin.
obrar tr. hacer algo; defecar. U. t.c. intr.
observatorio m. sitio alto para la observación de los astros.

obstruir tr. tapar; cubrir; cerrar. U.t.c.r.
obvio, a adj. dícese de lo que se ve claramente.
occidente m. punto cardinal del horizonte.
océano m. mar que cubre gran parte de la tierra.
octubre m. nombre del décimo mes del año.
ocultar tr. tapar; esconder.
ocupar tr. adquirir posesión de alguna cosa; llenar un espacio vacío.
ocurrencia f. broma; acontecimiento; suceso.
ocurrir intr. acontecer.
odalisca f. esclava del harén del sultán de Turquía.
odio m. aborrecimiento; aversión.
odontología f. estudio de los dientes.
ofender tr. causar daño; injuriar.
oferta f. ofrecimiento; promesa.
ofertorio m. parte de la misa en que se ofrece a Dios el vino y la hostia consagrados.
oficiar tr. celebrar los oficios.
oficina f. sitio donde se trabaja.
ofuscar tr. turbar; oscurecer. U. t.c.r.
oir tr. escuchar; percibir los sonidos.
ojo m. órgano de la vista; agujero de una aguja para ensartar el hilo.
ola f. onda grande que se forma por la agitación del agua.
oler intr. percibir olor; husmear. U.t.c.tr.
olfato m. sentido mediante el cual se perciben los olores.
olivo m. árbol cuyo fruto es una drupa de sabor amargo llamada aceituna.
olor m. lo que se percibe con el olfato.
olvidar tr. perder el recuerdo de algo. U.t.c.r.
omitir tr. pasar en silencio; dejar de considerar. U.t.c.r.
ondear tr. formar ondas.
ópalo m. piedra preciosa de diferentes colores.
ópera f. poema dramático con música.
operar tr. realizar algún trabajo de incisión en el cuerpo animal vivo.
opinión m. juicio; idea.
opio m. jugo narcótico extraído de las adormideras.
oponer tr. colocar una cosa contra otra; impedir la realización de algo. U.t.c.r.
oprimir tr. presionar.
orar intr. rezar; hablar públicamente.
orden m. colocación correspondiente; arreglo; disposición, mandato; serie de algo.
ordenar tr. colocar en orden algo.
ordeñar tr. apretar las tetas de algunos animales para sacar la leche.
orégano m. planta de olor penetrante cuyas flores son medicinales.
oreja f. oído.
orfandad f. situación de huérfano.
orfebrería f. arte de trabajar el oro o la plata.
organismo m. conjunto de órganos del cuerpo.
organizar tr. disponer; hacer; preparar.
oriente m. punto del horizonte por donde aparece el Sol.
orificio m. abertura.
original adj. perteneciente y relativo al origen.
originar tr. ser principio u origen de algo.
ornato m. arreglo; adorno.
orquesta f. conjunto de músicos que tocan juntos.
orujo m. hollejo de la uva.
ósculo m. beso.
oso m. animal de cabeza grande y extremidades gruesas con el cuerpo cubierto de pelaje largo.
otoño m. estación del año que sigue al estío.
otorgar tr. conceder; conseguir en algo.
otorrea f. pat. flujo mucoso o purulento procedente del conducto auditivo.
otorrinolaringología f. parte de la patología que trata de las enfermedades del oído, nariz y laringe.
otorrinolaringólogo m. médico que se dedica a la otorrinolaringología.
otoscopia f. med. exploración del órgano del oído.
otrora adv. m. en otro tiempo.

otrosí adv. además; U. por lo común en lenguaje forense; for. cada una de las peticiones o pretensiones que se ponen después de la principal.

ovación f. aplauso ruidoso que colectivamente se tributa a una persona o cosa.

ovacionar tr. aclamar, tributar una ovación; barbarismo por vitorear, aplaudir.

ovado, da adj. aplícase al ave después de haber sido sus huevos fecundados por el macho; aovado; ovalado.

óvalo m. curva cerrada con la convexidad vuelta siempre a la vuelta de afuera, como la elipse, y simetría respecto de uno o de dos ejes.

ovario m. arq. moldura adornada con óvalos; zool. cada uno de los órganos de que se forman los óvulos, que en las hembras de la mayoría de los animales existen en número de dos.

ovariotomía f. cir. operación que consiste en la extirpación de uno o de ambos ovarios.

ovaritis f. pat. inflamación de los ovarios.

oveja f. hembra del carnero.

ovejuno, na adj. perteneciente o relativo a las ovejas.

overa f. dícese del ovario de las aves.

overol m. anglicismo por traje de faena, mono.

oviducto m. zool. conducto por el que los óvulos de los animales salen del ovario para ser fecundados.

ovillejo m. poét. combinación métrica que consta de tres versos octasílabos seguidos cada uno de ellos de un pie quebrado que con él forma consonancia, y de una redondilla cuyo último verso está compuesto de los tres pies quebrados.

óvulo m. vesícula que lleva el germen de un nuevo ser.

oxidar tr. transformar un cuerpo por la acción del oxígeno.

oxigenar tr. mezclar o combinar con oxígeno. U.t.c.r.

oxígeno m. cuerpo gaseoso que forma parte del aire.

oyente p.a. de oír; que oye o escucha.

ozono m. oxígeno electrizado.

P

p f. decimonona letra del abecedario, su nombre es pe.

pabellón m. tienda de campaña sostenida por un palo vertical.

pabilo [pábilo] m. mecha de una vela.

pabulo m. alimento, sustento; fig. lo que sustenta una cosa inmaterial.

paca f. fardo o lío.

pacato, ta adj. de condición pacífica, tranquila y moderada. U. t.c.s.

pacer intr. comer el ganado la hierba de los campos, prados, etc. U.t.c.tr.

paciencia f. virtud que consiste en sufrir sin perturbación del ánimo los infortunios y trabajos.

pacificar tr. restablecer la paz.

pacotilla f. porción de géneros que los marineros u oficiales de un barco pueden embarcar por su cuenta libres de flete; fig. de poca o inferior calidad.

pacto m. tratado entre dos o más.

pachorra f. fam. indolencia, tardanza.

pachorrudo, da adj. fam. que gasta mucha pachorra; que en todo procede con pachorra.

padecer tr. lamentar o sentir alguna desgracia. U.t.c.r.

padrazo m. fam. padre muy indulgente con sus hijos.

padrenuestro m. **padre nuestro**; oración dominical.

padrino m. el que lleva a quien recibe un sacramento.

padrón m. nómina o lista de los habitantes de una nación, ciudad; dechado.

paella f. plato de arroz seco, con carne, legumbres, etc.

¡paf! onomatopeya que expresa el ruido que hace una persona o cosa al caer o chocar contra algún objeto.

paganismo m. gentilidad; religión de los paganos.

pagano, na adj. aplícase a los que adoran falsas divinidades, especialmente a los antiguos griegos y romanos. U.t.c.s.

pagar tr. cumplir lo que se debe.

pagaré m. documento de obligación por una cantidad que ha de pagarse en tiempo determinado.

página f. plana de un libro.

paginar tr. numerar páginas o planas.
pago m. entregar el dinero debido.
pagoda f. templo de los ídolos en algunos pueblos de Oriente.
paidología f. ciencia que estudia todo lo concerniente o relativo a la infancia y su buen desarrollo físico e intelectual.
paila f. vasija grande de metal, redonda y poco profunda.
pailebote m. goleta pequeña, sin gavias, muy rasa y fina.
país m. región, reino o territorio.
paisajista adj. aplícase al pintor que pinta paisajes.
paja f. caña de los cereales.
pájara f. ave pequeña; fig. mujer sagaz y cautelosa. U.t.c. adj.
pájaro m. nombre común de las aves.
paje m. servidor de corta edad.
palabra f. conjunto de sonidos para expresar una idea.
palabrota f. dicho ofensivo, indecente, grosero.
paladar m. parte superior de la boca.
paladear tr. saborear.
paladín m. defensor denodado; caballero fuerte y valeroso que se distingue por sus hazañas en la guerra.
palafrenero m. criado que lleva del freno el caballo; mozo de caballos.
palangana f. jofaina.
palangre m. cordel largo con ramales provistos de anzuelos para pescar, y que se cala en parajes de mucho fondo donde no se puede pescar con red.
palanquín m. ganapán o mozo de cordel que lleva cargas de una parte a otra; especie de andas usadas en Oriente para llevar en ellas a los personajes.
palatino, na adj. relativo a palacio.
palatino, na adj. relativo o perteneciente al paladar.
palco m. aposento independiente con balcón en los teatros y otros lugares de recreo; palenque donde se coloca la gente para ver una función.
palenque m. terreno cercado por una estacada para celebrar algún acto solemne; valla o cerca.
paleografía f. arte de leer la escritura y los signos de los libros y documentos antiguos.
paleolítico adj. perteneciente a la primitiva edad de la piedra. U. t.c.s.
paleología f. ciencia de la historia primitiva del lenguaje.
paleontología f. tratado de los seres orgánicos, cuyos restos se hayan fósiles.
paleozoico, ca adj. dícese del segundo de los períodos de la Tierra.
palestra f. sitio o lugar donde se lidia o lucha.
paletilla f. omóplato.
paleto m. gamo; m. fig. persona rústica y zafia.
paliar tr. disimular.
paleativo, va adj. dícese de los remedios que sirven para mitigar los dolores.
palidez f. amarillez.
pálido, da adj. macilento, amarillo; desanimado, falto de expresión.
palimpsesto m. manuscrito antiguo que conserva huellas de una escritura anterior.
palio m. prenda externa del traje de los antiguos griegos; dosel.
palique m. fam. conversación de poca importancia.
paliza f. zurra de golpes con palo.
palmatoria f. candelero bajo, con asa y pie, generalmente de forma de platillo.
palmípedo adj. zool. dícese de las aves que tienen los dedos unidos entre sí por una membrana.
paloma f. ave domesticada que deriva de la paloma silvestre.
palomar adj. casa para las palomas.
palotear intr. golpear.
palpable adj. lo que se puede palpar; fig. evidente.
palpitar intr. dilatarse y contraerse el corazón.
pampa f. llanura extensa y árida
pámpano m. sarmiento.
pan m. masa hecha de harina y agua que se cuece en el horno.
panal m. conjunto de casitas de cera construidas por las abejas.
pandilla f. conjunto de gente mala.
panteón m. lugar para enterrar a las personas.
pantorrilla f. parte carnosa y gruesa de la pierna.
papagayo m. ave de hermoso plumaje y pico encorvado.
papar tr. comer alimentos blandos para no masticar.
papelería f. tienda de papel.

papera f. tumor de carácter infeccioso en las papadas.
par adj. semejante en todo; número entero que se puede dividir en dos; dos cosas semejantes.
paraje m. sitio; lugar; estancia.
parangonar tr. establecer comparación entre dos o más cosas.
parar intr. terminar en la actividad; cesar. U.t.c.r.
parco, ca adj. moderado; sobrio.
parentela f. conjunto de familiares o parientes.
parir tr. dar a luz. U.t.c. intr.
parlamento m. asamblea legislativa de una nación o estado; acto de parlar.
parlar tr. charlar.
parodia f. imitación de algo hecha en forma satírica.
parónimo, ma adj. voz íntimamente relacionada con otra.
parpadear intr. mover los párpados.
parricida m. y f. dícese del asesino de un ascendiente o de su cónyuge.
párroco m. sacerdote jefe de una feligresía.
parsimonia f. moderación.
partícula f. parte mínima de algo.
partir tr. dividir en partes; romper.
párvulo, la adj. dícese de los niños muy pequeños.
pasadizo m. paso estrecho.
pasaje m. acto de pasar; lugar por donde se puede pasar; parte de un escrito.
pasante p.a. de pasar; que pasa.
pasión f. acto de padecer; cariño desenfrenado.
pasmar tr. provocar pasmo; enfriar excesivamente.
pastar intr. pacer el ganado.
pata f. hembra del pato; pie y pierna de los animales.
patalear tr. mover rápidamente las piernas o patas.
patarata f. ridiculez.
patíbulo m. lugar de ejecución.
pato m. ave palmípeda de pico ancho.
patrocinar tr. amparar; favorecer.
patrulla f. conjunto de gente armada encargada de cuidar el orden.
pausa f. interrupción.
pavor m. espanto; miedo.
paz f. sosiego; calma y tranquilidad.
peca f. mancha oscura en el cutis.
pecado m. falta contra la ley de Dios.
pechuga f. dícese del pecho del ave.
pedo m. ventosidad por el ano.
pedregal m. lugar con mucho cascajo.
peine m. instrumento con púas delgadas.
pelambre m. conjunto de pelo.
pelear tr. luchar; batallar. U.t.c.r.
película f. piel delgada; cinta cinematográfica.
peligrar tr. estar en peligro.
peligro m. riesgo inminente.
pellejo m. piel del animal.
pellizcar tr. apretar la carne con los dedos.
pena f. aflicción; castigo de la justicia.
penar tr. sufrir; imponer una pena.
pendejo m. dícese del pelillo de las ingles y del empeine.
pene m. miembro viril.
penetración f. acto de penetrar.
penetrar tr. meter o introducir un cuerpo en otro por sus poros; comprender. U.t.c.r.
península f. tierra rodeada de agua y comunicada al continente por una parte.
pensar tr. discurrir.
pensión f. casa de huéspedes; cantidad que se concede a alguien periódicamente.
pensionar tr. dar una pensión.
penuria f. escasez.
pepino m. planta rastrera de fruto redondo y comestible.
pera f. fruto del peral.
peral m. árbol cuyo fruto es la pera.
percance m. contratiempo; desgracia.
percatar intr. pensar; observar.
perder tr. dejar de tener lo poseído; extraviarse. U.t.c.r.
perdiz f. ave de cabeza pequeña cuya carne es muy gustada.
perecer intr. fallecer; acabar.
perenne adj. continuo.
perfumar tr. esparcir un olor agradable; sahumar. U.t.c.r.
pergamino m. piel seca y restirada.
perímetro m. ámbito.
periódico, ca adj. que guarda cierto período.
permeable adj. que lo puede penetrar un fluido.

permutar tr. cambiar.
peroné m. hueso de la pierna.
perpetuo, a adj. que existe siempre.
personificar tr. conceder a los seres inanimados poderes de los animados.
persuadir tr. convencer.
pervertir tr. corromper; depravar; seducir. U.t.c.r.
pescado, da adj. todo pez comestible sacado del agua; lo que se pesca.
pescar tr. coger peces con anzuelos.
pespunte m. labor de agujas con puntadas unidas.
petrificar tr. convertir en piedra. U.t.c.r.
piano m. instrumento músico de cuerdas de metal y teclado.
piar intr. voz del polluelo.
picapedrero m. cantero.
picar tr. herir con una punta.
picardía f. ruindad.
pierna f. parte del cuerpo desde el pie hasta la rodilla.
pieza f. parte que interviene en la composición de un todo.
píloro m. orificio inferior del estómago.
pilotear tr. mandar un buque; manejar algún medio de transporte.
pinchar tr. picar con objeto punzante.
pingüino m. ave de los mares del polo.
pintar tr. representar las imágenes sobre un plano, utilizando colores.
pinzas f. pl. instrumento semejante a las tenacillas.
piñón m. simiente del pino.
piojo m. insecto parásito de los mamíferos.
piorrea f. flujo de pus.
piragua f. embarcación larga.
piropo m. requiebro.
pirotecnia f. arte de fabricar explosivos.
pisar tr. apretar fuertemente; sentar los pies.
piscina f. estanque.
pistola f. arma de fuego que se maneja con una mano.
pito m. flautilla de sonido agudo.
placer m. gusto; alegría.
plagiar tr. robar; apropiarse alguna cosa ajena
planeta m. cuerpo celeste que brilla por el efecto de la luz del Sol.
plantar tr. meter la raíz de un vegetal en la tierra para que arraigue.
plañidero, ra adj. lloroso.
playa f. ribera arenosa.
plebe f. populacho.
pleito m. litigio judicial; altercado.
plomo m. metal de color gris azulado.
plural adj. que expresa pluralidad
poblar tr. formar una población. U.t.c. intr. y r.
pocilga f. dícese del chiquero para los cerdos; lugar desaseado.
polca f. danza polaca.
policía f. dícese del cuerpo de guardias del orden público.
política f. arte de gobernar un país; urbanidad.
polvo m. partícula de tierra; residuo.
ponche m. bebida de limón y azúcar con ron.
poncho m. capote para la lluvia o el frío que usan los campesinos.
popular adj. perteneciente y relativo al pueblo. U.t.c.s.
pordiosero, ra adj. limosnero; mendigo. U.t.c.s.
portal m. pórtico.
porte m. acto de portar o llevar alguna cosa; conducta que observa una persona.
posada f. domicilio particular de cada persona; mesón.
posible adj. que puede ser.
posponer tr. dejar a una persona o cosa después de otra.
posteridad f. dícese de la generación futura.
postizo, za adj. sobrepuesto.
postrar tr. derribar; abatir; debilitar. U.t.c.r.
postre m. dulce que se sirve al finalizar la comida; postrero; último.
potable adj. dícese del agua potable o que se puede beber.
potestad f. poder.
potro m. dícese del caballo joven.
practicar tr. ejercitar y repetir lo aprendido. U.t.c.r.
precaución f. cautela; prudencia.
preceder tr. adelantar; ir delante.
precipicio m. despeñadero.
precisar tr. determinar; fijar de modo exacto.
predecir tr. profetizar.
predicar tr. reprender; amonestar.

prefacio m. prólogo.
pregunta f. encuesta; interrogación.
premiar tr. recompensar; remunerar.
prender tr. aprender.
preparar tr. disponer algo para cierto fin. U.t.c.r.
preposición f. parte de la oración que indica la relación que existe entre dos o más términos.
presa f. acción de prender; muro que se construye a través de un río.
presbiterio m. área del altar mayor hasta el final de las gradas.
presencia f. asistencia personal; aspecto.
presentir tr. preveer.
presidente p.a. de **presidir**; el que preside.
presidio m. cárcel.
prestar tr. dar algo con promesa de devolverlo. U.t.c. intr.
pretender tr. aspirar a algo.
pretérito, ta adj. lo que ya pasó.
prieto, ta adj. color muy oscuro; apretado.
primavera f. período del año comprendido entre el 21 de marzo y el 21 de junio.
principal adj. dícese de lo más importante.
principiar tr. comenzar.
prismático, ca adj. con forma de prisma.
privar tr. despojar; quitar; prohibir.
privilegio m. prerrogativa.
problema m. lo que se pretende resolver.
procedencia f. origen.
proceso m. progreso.
proclamar tr. decir públicamente alguna cosa.
procrear tr. engendrar.
profanar tr. no respetar lo sagrado.
proferir tr. pronunciar vocablos.
profetizar tr. predecir lo futuro.
progresar intr. hacer progresos.
prólogo m. prefacio.
pronto, ta adj. rápido; veloz.
propalar tr. hacer público lo secreto. U.t.c.r.
propiedad f. hacienda.
propulsar tr. impeler.
prorrumpir intr. salir impetuosamente.
prosa f. forma natural del lenguaje.
prostituta f. ramera.
proteger tr. patrocinar.
protestante p.a. de **protestar**; que protesta.
protestar tr. reclamar enérgicamente contra algo.
protocolo m. dícese del libro que contiene las escrituras.
provecho m. utilidad.
provincia f. dícese de cualquier división de un Estado.
proyectil m. dícese de todo cuerpo que puede ser arrojado.
prudencia f. cordura.
pubertad f. dícese del período de la vida en que comienza el poder generativo.
publicar tr. declarar pública alguna cosa.
puerco m. paquidermo domesticado de cuerpo grueso que es cebado para el consumo.
pugna f. oposición.
pulcritud f. exceso y cuidado en la higiene personal.
pulgar m. nombre del dedo más pequeño y grueso de la mano.
pulmón m. órgano de la respiración.
púlpito m. tribuna situada en el interior de los templos para predicar en ella.
pulso m. latido de la arteria.
punta f. extremo agudizado de alguna cosa.
punto m. signo de la ortografía que señala el término de un período; puntada; límite de algo.
puntuar tr. colocar los signos ortográficos en un escrito.
punzar tr. herir de punta.
puñal m. especie de daga corta.
pupila f. dícese de la niña de los ojos; huérfana menor de edad en relación a su tutor.
puré m. sopa de legumbres cocidas y disueltas en caido.
purgar tr. expiar una pena o culpa; limpiar.
purificar tr. limpiar toda mancha e imperfección.
púrpura f. dícese del color rojo intenso.
purulento, ta adj. que contiene pus.
pusilánime adj. dícese del individuo de poco ánimo.
puta f. ramera.
pútrido, da adj. podrido.
puyazo m. herida hecha con puya.

Q

q f. vigésima letra del alfabeto, su nombre es cu.
quasimodo m. liturg. cuasimodo.
quebrachal m. Amér. dícese del terreno poblado de quebrachos.
quebracho m. Amér. árbol leguminoso americano, de madera extraordinariamente dura; **quiebrahacha.**
quebrada f. abertura estrecha entre montañas.
quebradizo, za adj. que se quiebra con mucha facilidad; fig. persona delicada en la salud y disposición corporal.
quebrado, da adj. número que indica parte de la unidad; que ha hecho quiebra.
quebrantahuesos m. ave de rapiña, diurna, por su tamaño la más grande de Europa. Persigue mamíferos pequeños y en especial las crías de los ganados.
quebrantaolas m. mar. navío que en los puertos se echa a pique para quebrantar las marejadas.
quebrantapiedras f. bot. planta herbácea anual de tallo y flores verdosas cubiertas de pelos de color ceniciento, se ha usado para el mal de la piedra.
quebrantar tr. cascar; romper.
quebrar tr. quebrantar.
quebrazas f. pl. grave defecto en las hojas de las espadas, consistente en grietas muy sutiles, que sólo se descubren al doblar las espadas con fuerza.
queda f. hora de la noche en que se señalan a los habitantes de algunos pueblos el momento de recogerse; toque de campana que se da con este fin.
quedar intr. parar en algún lugar; permanecer. U.t.c.r.
quedo, da adj. quieto; adv. m. lo que se dice en voz baja.
quehacer m. ocupación; trabajo.
queja f. querella; lamentación.
quejarse r. manifestación que se hace a una persona del resentimiento que se tiene de otra.
quejido m. gemido.
quema f. acto de quemar; incendio.
quemado, da p.p. de **quemar**; m. fam. cosa quemada.
quemadura f. acción y efecto de un cáustico o del fuego sobre un cuerpo.
quemar tr. abrasar; calentar demasiado.
quena f. instrumento semejante a la flauta que es usado por algunos indios de América del Sur.
quepis m. gorra usada por los militares de algunos países.
querella f. queja.
querencia f. apego del hombre y de algunos animales a un sitio; cariño.
querer m. amor, cariño.
querido, da p.p. de querer; s. amante; adj. amado.
querosén m. Amér. mezcla de hidrocarburos.
querubín m. espíritu celeste; fig. serafín.
quesera f. la que fabrica quesos.
queso m. masa de leche cuajada y aderezada con sal.
quevedesco, ca adj. propio o característico de Quevedo.
quevedos m. pl. lentes de forma circular que por su forma se sujetan a la nariz.
quicio m. parte de las puertas y ventanas en que se asegura la hoja.
quid divinum loc. lat. con que se designa la inspiración propia del genio.
quiebra f. rotura, grieta, abertura; com. acción y efecto de quebrar o declararse insolvente.
quienquiera pron. indef. alguien, persona indeterminada; pl. **quienesquiera.**
quietud f. paz; tranquilidad.
quijada f. hueso de la cabeza que sostiene a la dentadura.
quijotada f. acción inspirada en un ideal y no en el interés.
quijotería f. proceder ridículo, presuntuoso y grave.
quilatador m. persona que quilata oro o piedras preciosas.
quilatar tr. aquilatar.
quilate m. unidad de peso para las piedras preciosas, equivalente a los 205 miligramos.
quilífero, ra adj. dícese de los vasos linfáticos de los intestinos que absorben el quilo.
quilificar tr. y r. convertir los alimentos en quilo.
quilo m. líquido que secretan los intestinos.
quimera f. monstruo fabuloso de cabeza de león, vientre de cabra y cola de dragón; fig ficción imposible.

quimérico, ca adj. fabuloso, imaginario.
quimificar tr. y r. fisiol. convertir el alimento en quimo.
quimo m. pasta agria en que se transforman los alimentos en el estómago por la digestión.
quincalla f. conjunto de objetos de metal de poco valor.
quincena f. período de tiempo igual a quince días.
quincuagena f. conjunto de cincuenta cosas de una misma especie.
quiniela f. juego de azar, especie de lotería.
quinina f. alcaloide extraído de la quina.
quinquenal adj. que dura un quinquenio; que sucede o se hace cada quinquenio.
quinta f. casa de recreo en el campo; mús. intervalo que consta de tres tonos y un semitono mayor.
quintaesencia f. refinamiento, última esencia o extracto de alguna cosa.
quintañón adj. fam. que tiene cien años. U.t.c.s.
quintero, ra s. persona que trabaja o arrienda una quinta.
quinteto m. combinación métrica de cinco versos; mús. composición para cinco voces o instrumentos.
quintilla f. combinación métrica de cinco versos octosílabos.
quinto, ta adj. lo que sigue en orden a lo cuarto; aplícase a cada una de las cinco partes en que se divide un todo.
quintuplicar tr. y r. multiplicar por cinco.
quíntuplo, pla adj. que contiene un número exactamente cinco veces. U.t.c.s.m.
quinzavo, va adj. y s. arit. aplícase a cada una de las quince partes iguales en que se divide un todo.
quiosco m. templete de estilo oriental.
quiragra f. pat. gota en las manos.
quirinal adj. perteneciente a Quirino o Rómulo, o a uno de los siete montes de la antigua Roma.
quiromancia [- mancía] f. adivinación supersticiosa por las rayas de las manos.
quiromántico, ca adj. relativo a la quiromancia.
quirópodo, da adj. zool. que tiene los pies divididos en varios dedos.
quiróptero adj. y s. zool. dícese del mamífero que vuela con alas formadas por una extensa membrana que tiene entre los dedos y otras partes del cuerpo, como el murciélago.
quiroteca f. guante.
quirúrgico, ca adj. relativo o perteneciente a la cirugía.
quisquilloso, sa adj. y s. persona que con facilidad se ofende y agravia.
quitaguas m. paraguas.
quitamanchas m. que tiene por oficio quitar las manchas.
quitar tr. separar; hurtar.
quitasol m. sombrilla grande.
quitónidos m. pl. familia de los moluscos gasterópodos que viven pegados a las algas y piedras.
quórum m. número de personas necesarias que se reúnen para tomar ciertos acuerdos en un cuerpo deliberante.

R

r f. vigésima primera letra del abecedario, su nombre es erre y ere.
rabadilla f. nombre de la extremidad inferior del espinazo.
rabal m. arrabal.
rabanal m. parte de terreno sembrado de rábanos.
rábano m. planta comestible de raíz carnosa.
rabear intr. acto de menear el rabo.
rabel m. instrumento de música parecido al laúd de sonido muy agudo, tiene tres cuerdas que se tocan con un arco.
rabí m. nombre que dan los judíos a los sabios de su religión.
rabia f. enfermedad propia de animales que se trasmite por mordedura, llamada también hidrofobia por la aversión al agua, que es su síntoma más característico; fig. ira, cólera, enojo.
rabiar tr. irritarse; tener rabia.
rabicorto, ta adj. rabón.
rabieta f. fam. acceso de ira pasajero, por una cosa fútil.
rabino m. maestro hebreo, que interpreta la biblia.

rabioso, sa adj. persona o animal que padece rabia; fig. vehemente, violento.
rabo m. cola.
rabón, na adj. aplícase al animal al que se le ha cortado el rabo.
rábula m. abogado mediocre.
racial adj. relativo o perteneciente a una nación o raza.
racimo m. porción de uvas o granos de la vid que tienen un mismo pie; fig. conjunto de cosas menudas.
racimoso, sa adj. que tiene o echa racimos.
raciocinar intr. emplear el entendimiento y la razón para dictaminar algo.
ración f. porción alimenticia; alimento para cada individuo de una colectividad.
racional adj. que tiene razón.
racionalismo m. doctrina filosófica que todo lo funda en la razón.
racionamiento m. acción de racionar.
racionar tr. distribuir raciones. U. t.c.r.
racismo m. doctrina que sustenta la superioridad de ciertas razas.
rada f. bahía, ensenada.
radar m. sistema radioeléctrico para determinar la presencia de aviones, barcos, etc.
radiación f. efecto de radiar.
radiactivo, va adj. dícese de los cuerpos que emiten radiaciones.
radiador, ra adj. que radia; m. aparato que sirve para la calefacción o refrigeración.
radiar intr. emitir un cuerpo rayos luminosos, o emanaciones térmicas o eléctricas.
radicación f. acción de radicarse o radicar; arraigamiento.
radical adj. relativo a la raíz; fig. fundamental; partidario de reformas extremas.
radicar intr. arraigar; estar ciertas cosas en un lugar determinado.
radícula f. bot. órgano de que se forma la raíz, como el embrión de la planta.
radio m. recta que va del centro del círculo a la circunferencia; distrito.
radio m. metal rarísimo, cuyas sales desprenden calor y producen radiaciones eléctricas.
radioactivo adj. radiactivo.
radiodifusión f. acción de radiodifundir.
radioemisora adj. f. radiodifusora. U.t.c.s.
radiofonía f. cualquier transmisión radiotelefónica; parte de la física que trata de los fenómenos de producción del sonido por la energía radiante.
radiología f. parte de la medicina que estudia la teoría y aplicación de los rayos X.
radiológico, ca adj. propio o perteneciente a la radiología.
radiólogo m. médico que estudia en especial el empleo de los rayos X.
radiosonda f. indicador meteorológico que se lanza al espacio mediante un globo sonda y que transmite por radio datos sobre la temperatura, humedad y presión del aire.
radioscopio m. aparato empleado en la radioscopia.
radiotecnia f. conjunto de conocimientos sobre la radiocumunicación, construcción, reparación de los aparatos respectivos.
radiotécnico, ca adj. persona que ejerce o profesa la radiotecnia. U.t.c.s.
radiotelegrafía f. telegrafía sin hilos.
radiotelegrafiar tr. manejar el radiotelégrafo; transmitir un despacho por radiotelegrafía.
raer tr. quitar vello de alguna parte raspándola.
ráfaga f. movimiento violento del aire; golpe de luz repentino.
raid m. viaje, recorrido.
raído, da adj. desgastado.
raigón m. raíz de las muelas y dientes.
raíl [rail] m. riel.
raíz f. órgano de las plantas que se desarrolla bajo tierra; origen, fundamento.
raja f. astilla; hendedura, abertura; trozo cortado a lo largo o a lo ancho de una cosa.
rajá m. soberano de un Estado indio.
rajar tr. hender.
ralea f. raza; casta.
raleza f. calidad de ralo.
ralo, la adj. aplícase a las cosas cuyas partes están separadas más de lo regular.
rallador m. utensilio de cocina para rallar.

rallar tr. convertir en polvo alguna cosa con el rallo.
rallo m. utensilio de cocina para raer.
ramera f. mujer pública.
rampa f. calambre; declive suave; plano inclinado para subir o bajar.
ramplón, na adj. dícese del calzado tosco; fig. grosero, inculto, burdo.
rana f. batracio de color verde, patas largas y ojos saltones.
rapar tr. afeitar.
rapaz adj. inclinado al robo; dícese de las aves de rapiña.
rapaz, za s. muchacho o muchacha de corta edad.
rapé m. tabaco de polvo.
rapista m. fam. el que rapa.
raposa f. zorra; fig. persona astuta, sagaz.
raposo m. zorro.
rascar tr. frotar fuertemente. U.t.c.r.
rasurar tr. rapar la barba. U.t.c.r.
ratón m. roedor semejante a la rata aunque más pequeño.
raudal m. corriente rápida de agua.
raudo, da adj. veloz; rápido.
rayar tr. trazar rayas; sobresalir.
rayo m. línea de luz; fuego eléctrico que se desprende de una nube.
razón f. facultad que permite discurrir.
razonar intr. discurrir; pensar.
realizar tr. hacer efectiva alguna cosa. U.t.c.r.
reanudar tr. anudar de nuevo; continuar lo que se había interrumpido. U.t.c.r.
rebajar tr. humillar; disminuir.
rebaño m. hato grande de ganado.
rebasar tr. exceder de algún límite.
rebelarse r. sublevarse.
rebozo m. embozo.
rebuzno m. dícese de la voz del asno.
recaer intr. que vuelve a caer.
recapacitar tr. refrescar la memoria combinando algunas ideas. U.t.c.r.
recaudo m. precaución.
recepción f. acción de recibir.
recibir tr. aceptar uno lo que se le ofrece; admitir.
reciente adj. de hechura nueva.
reclamar tr. clamar contra algo con derecho.
reclusión f. encierro; clausura.
recoger tr. albergar; volver a coger.
recompensar tr. compensar; remunerar.
reconciliar tr. armonizar los ánimos distanciados.
reconfortar tr. fortalecer.
reconstruir tr. volver a construir.
recopilación f. colección.
recopilar tr. juntar para formar colección de algunas cosas.
recordatorio m. aviso en el que se recuerda alguna cosa.
recortar tr. cercenar lo que sobra.
recuerdo m. memoria de lo pasado.
recuperar tr. recobrar.
recurrir tr. acudir a alguna autoridad para solicitar amparo.
red f. aparejo de mallas.
rededor m. contorno.
redentor, ra adj. que puede redimir.
rédito m. interés; renta.
redondear tr. hacer una cosa redonda.
reducir tr. suprimir; hacer menor alguna cosa.
refacción f. alimento moderado.
referencia f. relato; narración.
referente p. a. de referir; que refiere.
referir tr. contar; narrar; relatar. U.t.c.r.
refinar tr. hacer que una cosa se purifique.
refirmar tr. apoyar; ratificar. U.t.c.r.
reflexionar tr. meditar; pensar detenidamente.
refocilar tr. deleitar.
refrescar tr. combatir el calor, por algún medio.
refrigerar tr. helar; refrescar. U.t.c.r.
refuerzo m. dícese de lo que sirve para fortalecer algo; ayuda.
refugio m. amparo; protección.
regalar tr. dar algo en calidad de obsequio; obsequiar; agradar.
regenerar tr. mejorar lo degenerado. U.t.c.r.
regente p. a. de regir; que rige.
registrar tr. observar con minuciocidad; examinar.
reglamentar tr. imponer y someter a un reglamento.
reglamento m. conjunto de normas y leyes que rigen una colectividad.
regresar intr. volver al sitio del que se salió.

rehusar tr. alejar; no aceptar algo; excusar.
reinado m. período de gobierno de un rey.
reja f. red hecha de barrotes de hierro, útil para cerrar un hueco; pieza del arado para remover la tierra.
relacionar tr. formar relación de un hecho; hacer o poner en relación.
relámpago m. luz que se produce por una fuerte descarga eléctrica en las nubes.
relegar tr. desterrar; expulsar.
relinchar intr. proferir el caballo su voz.
relucir intr. arrojar destellos de luz algo que resplandece. U.t.c.r.
remar intr. manejar los remos.
rememorar tr. recordar.
remesa f. envío de algo de una parte a otra.
remitir tr. enviar; perdonar.
remolino m. movimiento violento y repentino de aire, de agua, etc.
remordimiento m. dícese de la intranquilidad que experimenta en el ánimo el que obra mal.
remozar tr. rejuvenecer. U.t.c.r.
renacuajo m. dícese de la cría de la rana.
rendir tr. derrotar; vencer; cansar. U.t.c.r.
renombre m. fama; celebridad; sobrenombre.
renunciar tr. abandonar alguna cosa.
reñir intr. disputar; luchar.
repartir tr. distribuir entre varias personas o seres alguna cosa.
repetir tr. volver a hacer lo hecho.
repleto, ta adj. pleno; lleno hasta los bordes.
repollo m. col con hojas apiñadas que forman una especie de cabeza.
reporte m. noticia.
reposar intr. posar; descansar.
repostero, ra m. y f. dícese de la persona que fabrica dulces, pastas o golosinas.
reprensible adj. que merece reprensión.
representar tr. manifestar; exponer; quedar en lugar de alguno; actuar. U.t.c.r.
reprimir tr. contener; refrenar; detener. U.t.c.r.
reptil m. dícese del animal que al caminar roza el suelo con el vientre. U.t.c. adj.
república f. Estado; dícese del país en que se gobierna sin monarca.
repudiar tr. alejar de sí lo propio.
repugnar tr. chocar una cosa con otra; resistirse a aceptar algo. U.t.c.r.
repulsar tr. repeler.
reputación f. gama; honor.
requerir tr. galantear o solicitar a una mujer.
requesón m. masa mantecosa que se forma al cuajar la leche.
requisito m. condición.
res f. cabeza de ganado.
resabio m. gusto desagradable; rencor.
rescatar tr. obtener nuevamente lo que estaba en poder de otro.
rescoldo m. braza que queda en la ceniza.
resecar tr. secar nuevamente. U t.c.r.
resellar tr. sellar nuevamente.
reseña f. revista de la tropa; narración breve.
reserva tr. guardar; preveer.
resfriado m. malestar causado por la falta de transpiración.
resfriar tr. enfriar; refrescar. U. t.c.r.
residencia f. acto de residir; sitio donde se habita.
residir intr. vivir o habitar en un lugar.
resina f. sustancia inflamable que tienen algunas plantas.
resistir intr. oponer una cosa al poder de otra; rechazar. U.t.c.r.
resolano, na adj. dícese del lugar donde se toma el sol.
resolver tr. solucionar; decidir. U. t.c.r.
resorte m. poder elástico de algo; muelle.
respingada f. llámase a las narices cuya punta mira hacia arriba.
respingar tr. gruñir las bestias.
respirar intr. aspirar el aire.
responder tr. contestar.
responso m. responsorio u oraciones especiales que se dicen por los muertos.
restar tr. quitar una parte de algo.
resumen m. acción de resumir.
resumir tr. reducir. U.t.c.r.
retablo m. reunión de figuras pintadas o esculpidas; decoración de un altar.

retahíla f. serie de cosas reunidas por su orden.
retama f. mata de flores amarillas.
retar tr. desafiar.
retazo m. trozo de tela.
retener tr. guardar en sí; conservar algo.
reticencia f. efecto de dar a entender una cosa con medias palabras.
retina f. membrana interna del ojo, en la que se forman las imágenes.
retintín m. sonido prolongado; tonillo que zahiere.
retirado, da adj. distante, lejano; dícese del militar que ha dejado el servicio.
retiro m. acción de retirarse; lugar alejado.
reto m. provocación al duelo, desafío.
retocador m. que retoca.
retocar tr. volver a tocar; perfeccionar; tocar nuevamente.
retoñar intr. volver a echar retoños la planta.
retórica f. habilidad de hablar bien y con elegancia.
retozar intr. brincar y saltar alegremente.
retractar tr. desdecirse; revocar lo dicho. U.t.c.r.
retraer tr. traer de nuevo.
retrasar tr. retardar, suspender, atrasar. U.t.c.r.
retrete m. excusados; aposento de descanso.
retribuir tr. remunerar.
retroceder intr. regresar, volver atrás.
retrospectivo, va adj. perteneciente y relativo a épocas pasadas.
retumbante p.a. de retumbar; que retumba.
retumbar intr. sonar con estruendo; resonar.
reumatismo m. padecimiento que se caracteriza por dolores musculares o articulares.
reunión f. acción de reunir o reunirse.
reunir tr. congregar, unir nuevamente, amontonar. U.t.c.r.
revalidar tr. ratificar, confirmar algo.
revelar tr. exponer un secreto. U. t.c.r.
revender tr. vender por menor precio lo comprado por mayor.
reventar intr. romperse algo por una fuerza interior; estallar; fastidiar. U.t.c.r. y tr.
reverencia f. veneración, respeto; acto de inclinar el cuerpo en señal de respeto.
reversible adj. que puede revertir.
revertir intr. volver algo a la propiedad de su antiguo dueño.
revés m. parte contraria a la cara; golpe que se da con el dorso de la mano.
revista f. inspección militar; publicación periódica con temas sobre diversas materias.
revistar tr. pasar revista.
revivir intr. volver a la vida.
revolución f. acto de revolver; alboroto.
revolucionario, ria adj. perteneciente y relativo a la revolución; escandaloso, alborotador.
revolver tr. menear mucho algo; enredar, inquietar.
revuelta f. motín, revolución; segunda vuelta.
rey m. monarca de un reino; carta de la baraja que representa un rey.
reyerta f. riña, pleito.
rezar tr. recitar el oficio de Dios; orar verbalmente.
ribera f. dícese de la orilla del mar o del río.
ribete m. cinta que sirve de refuerzo al borde de una cosa.
ribetear tr. hacer ribetes.
rico, ca adj. adinerado; poderoso; abundante.
ridiculez f. dícese de todo lo que es extravagante y ridículo.
ridículo, la adj. que provoca a risa.
riego m. acto de regar.
riel m. barra hecha de metal; barra de las vías férreas.
rienda f. sujeción; dícese de cada una de las dos correas del freno.
riesgo m. cercanía a un daño.
rifa f. sorteo público de alguna cosa.
rigor m. severidad; energía extrema.
rigorismo m. exceso de severidad.
rigorista adj. y s. muy severo.
rigurosidad f. rigor.
riguroso, sa adj. áspero y acre; austero.
rija f. alboroto, pendencia.
rilar intr. tiritar, temblar.
rima f. dícese de una composición poética; consonancia.

rimador, ra adj. y s. dícese del que versifica con facilidad.
rimar intr. componer en rima.
rimbombancia f. calidad de rimbombante.
rimbombante p. a. de **rimbombar;** que rimbomba.
rimbombar intr. resonar, retumbar.
rimero m. conjunto o grupo de cosas colocadas unas sobre otras.
rinalgia f. med. dolor de la nariz.
rincón m. ángulo entrante formado por dos paredes.
rinconada f. ángulo entrante formado por dos casas o dos calles.
rinde m. producto o utilidad de una cosa.
ring m. pista para pruebas y luchas deportivas.
ringla f. fam. ringlera.
ringlera f. fam. línea de cosas colocadas una tras otra.
rinoceronte m. paquidermo de gran talla, con uno o dos cuernos cortos y encorvados.
rinología f. parte de la patología que estudia las enfermedades de las fosas nasales.
riña f. lucha, pendencia.
riñón m. dícese de cada una de las glándulas secretorias de la orina.
riñonada f. tejido adiposo que cubre o envuelve los riñones.
río m. corriente de agua que desemboca en el mar.
ripia f. tabla delgada desigual y sin pulir.
ripiar tr. hablar sin tiento, gastar palabras en vano.
ripio m. residuo de una cosa; palabra o frase superflua usada viciosamente para completar el verso.
ripioso, sa adj. lleno de ripios.
riqueza f. conjunto de bienes.
risa f. movimiento de la boca y del rostro que expresa alegría.
riscal m. sitio poblado de riscos.
risco m. peñasco alto y escarpado.
riscoso, sa adj. que tiene muchos riscos.
risible adj. capaz de reírse; que causa risa.
risotada f. risa estrepitosa; carcajada.
ríspido, da adj. áspero, rudo.
ristra f. trenza de ajos o cebollas.
risueño, ña adj. que manifiesta risa; que se ríe fácilmente; fig. favorable, próspero.
ritmo m. composición armoniosa de voces y sonidos.
rito m. ceremonia, costumbre.
ritual adj. relativo al rito o perteneciente a él.
ritualidad f. observancia de las formalidades.
rival m. competidor.
rivalizar intr. competir.
rizar tr. formar anillos en el pelo.
rizo, za adj. ensortijado; m. mechón de pelo ensortijado; abundante en rizos.
róbalo m. pez de cuerpo oblongo y carne comestible.
robar tr. hurtar.
roble m. árbol de madera muy dura que produce bellotas.
robledo m. sitio poblado de robles.
robo m. acción y efecto de robar.
robusto, ta adj. fuerte, vigoroso.
roca f. piedra de gran dureza.
rocalloso, sa adj. abundante en rocalla.
roce m. acción y efecto de rozar; trato continuo.
rociada f. acción y efecto de rociar.
rociadura f. acción y efecto de rociar.
rociar intr. caer el rocío; esparcir un líquido en gotas menudas. U.t.c.tr.
rocín m. caballo de mal aspecto y poca alzada; caballo de trabajo.
rocinante m. fig. rocín.
rocío m. vapor de agua que por la noche se condensa en la atmósfera y cae en forma de lluvia menudísima; fig. gotas menudas esparcidas sobre alguna cosa.
rococó adj. aplícase al estilo de ornamentación o decoración muy recargado.
roda f. pieza gruesa y curva que forma la proa de la nave.
rodaballo m. pez marino de cuerpo casi rombal y carne muy estimada; fig. hombre taimado y astuto.
rodada f. huella que deja la rueda en la tierra.
rodadizo, za adj. que rueda fácilmente.
rodado, da adj. dícese del canto o piedra que arrastran las aguas; artillería ligera.
rodaja f. pieza plana y circular.
rodaje m. conjunto de ruedas.
rodar intr. dar vueltas un cuerpo alrededor de un eje.
rodear intr. andar alrededor.
rodela f. escudo redondo que cu-

bría el pecho de los que peleaban con espada.
rodeo m. tardanza para realizar algo; acto de rodear.
rodete m. rosca del peinado; rosca de paño, esparto, etc., que se pone en la cabeza.
rodilla f. punto de articulación del muslo y la pierna.
rodillo m. cilindro pesado que se hace rodar.
rodio m. metal de color blanco de plata, inatacable por los ácidos y poco fusible.
rodrigón m. vara que sostiene las ramas de una planta.
roedor, ra adj. que roe. U.t.c.s.
roer tr. desprender con los dientes partículas de alguna cosa.
rogar tr. suplicar algo.
rojear intr. tirar a rojo.
rojizo, za adj. que tira a rojo.
rojo, ja adj. y s. encarnado muy vivo.
rol m. lista, nómina.
rolar intr. mar. dar vueltas en círculo.
rollo m. cosa cilíndrica.
romance adj. nombre de las lenguas neolatinas; combinación métrica de versos asonantes.
románico, ca adj. aplícase al estilo derivado del arte romano.
romano, na adj. y s. natural de Roma.
romanticismo m. sistema de los escritores que dejaron de imitar a los clásicos a principios del xix.
romántico, ca adj. perteneciente y relativo al romanticismo.
romanza f. aria de carácter sentimental.
rómbico, ca adj. rombal.
rombo m. geom. paralelogramo de lados iguales y ángulos desiguales dos a dos.
romboidal adj. geom. que tiene figura de romboide.
romería f. peregrinación a un santuario.
romero, ra adj. peregrino que va en romería; planta de fruto seco y flores aromáticas. U.t.c.s.
romper tr. dividir algo violentamente.
ron m. licor alcohólico extraído de la miel de caña.
roncar intr. producir ruido con el resuello al dormir.
ronco, ca adj. que padece ronquera; con voz bronca.
roncha f. bultillo producido por una picadura.
rondar intr. vigilar de noche las calles.
ronquera f. padecimiento de la laringe que hace bronca la voz.
ropa f. cualquier prenda de vestir.
ropón m. vestidura larga exterior.
rosa f. flor del rosal, aromática y de diversos colores.
rosal m. arbusto con tallos ramosos y con aguijones, sirve de ornato en los jardines.
rosario m. rezo en que se conmemoran los cinco misterios de la Virgen; sarta de cuentas empleada para este rezo.
rosicler m. color rosado claro de la aurora.
rostro m. semblante, faz; pico de las aves.
rotario, ria adj. con movimiento circular.
rotonda f. edificio o sala de planta circular.
rótula f. hueso en la articulación del fémur con la tibia.
rotular tr. poner rótulos a algo.
rótulo m. letrero, inscripción.
rotura f. rompimiento; parte quebrada o rota.
roturar tr. arar por primera vez un terreno.
rozagante adj. vistoso, ufano.
rozar tr. limpiar los terrenos de malezas; pasar una cosa frotando de la superficie de otra. U.t.c. intr.
rubéola f. sarampión.
rubí m. piedra preciosa roja y de gran brillo.
rubio, bia adj. dícese del color rojo claro o de color de oro.
rubor m. color encendido en el rostro.
ruborizar tr. causar rubor o vergüenza; teñirse de rubor una persona; fig. sentir vergüenza.
ruboroso, sa adj. que tiene rubor.
rúbrica f. rasgo que cada quien pone después de su firma.
rubricar tr. firmar.
rubro, bra adj. rojo, encarnado; m. Amér. rúbrica, título.
rucio, cia adj. de color pardo claro, blanquecino canoso. Aplícase a las bestias. U.t.c.s.
ruda f. planta de olor fuerte y uso medicinal.
rudimento m. estado primordial e informe de un ser orgánico; pl.

primeros estudios o nociones de una ciencia, arte, etc.
rudo, da adj. tosco, sin pulimento; que no se ajusta a las reglas del arte.
rueca f. instrumento para hilar.
rueda f. máquina circular que gira sobre un eje.
ruedo m. acción de rodar; círculo de una cosa; parte puesta o colocada alrededor de una cosa.
ruego m. petición, súplica.
rufián m. maleante.
rugido m. dícese de la voz del león.
rugir intr. bramar el león.
rugosidad f. calidad de rugoso; arruga.
rugoso, sa adj. que tiene arrugas, arrugado.
ruido m. sonido confuso e inarticulado.
ruidoso, sa adj. que causa mucho ruido; fig. aplícase a la acción o lance notable del que se habla mucho.
ruin adj. mezquino, despreciable.
ruina f. acción de caerse alguna cosa; pérdida de bienes.
ruiseñor m. pájaro de hermoso canto.
rumbo m. dirección de la nave; camino que uno se propone seguir.
rumiante p.a. de rumiar; que rumia; mamífero que tiene cuatro estómagos.
rumor m. voz que corre entre el público; ruido confuso y continuado.
ruptura f. rompimiento.
rural adj. perteneciente y relativo al campo.
rústico, ca adj. perteneciente al campo; rudo, tosco.
ruta f. itinerario de un viaje.
rutilar intr. brillar como el oro.
rutina f. hábito de hacer las cosas por simple práctica.

S

s f. vigésima segunda letra del abecedario; su nombre es ese.
sábado m. nombre del último día de la semana.
sábana f. manta de cama.
sabana f. llanura.
sabandija f. dícese de cualquier insecto o reptil pequeño.
sabanero, ra adj. habitante de una sabana. U.t.c.s.; relativo a la misma.
sabañón m. inflamación del cutis acompañada de picazón.
sabático, ca adj. perteneciente al sábado.
saber tr. ser docto en alguna materia; conocer algo.
sabidillo, lla adj. que presume de entendido y docto sin serlo o sin venir a cuento. U.t.c.s.
sabiduría f. conocimiento profundo en ciencias, letras o artes.
sabiendas (a) m. adv. a ciencia segura; con conocimiento y deliberación.
sabihondo, da adj. fam. que alardea de sabio sin serlo. U.t.c.s.
sable m. arma semejante a la espada, pero algo corva.
sablear intr. fig. y fam. dar sablazos.
sablista adj. fam. que tiene por costumbre sablear.
sabor m. efecto que producen algunas cosas en el sentido del gusto.
saborear tr. dar sabor a algo; percibir lentamente un agradable sabor.
sabotaje m. acto de perjudicar el obrero los intereses del patrón.
saboteo m. acción y efecto de sabotear.
sabueso, sa adj. perro sabueso. U. t.c.s.; m. fig. persona que sabe indagar.
sacacorchos m. instrumento para descorchar botellas.
sacar tr. extraer una cosa de otra; quitar.
sacarina f. materia blanca muy dulce.
sacarosa f. principio azucarado extraído de la remolacha.
sacatapón m. sacacorchos.
sacerdote m. hombre que ha recibido las órdenes para celebrar oficios de Dios.
sacerdotisa f. mujer dedicada al culto de dioses paganos.
saciar tr. hartar.
saco m. receptáculo de tela, cuero, papel, etc., abierto por uno de los lados; especie de gabán grande, y en general vestidura holgada que no se ajusta al cuerpo.
sacramental adj. relativo a los sacramentos.
sacramentar tr. dar el viático. U t.c.r.

sacramento m. dícese de Cristo sacramentado en la hostia.
sacre m. ave del orden de los rapaces, muy semejante al gerifalte; pieza de artillería; fig. ladrón.
sacrificio m. ofrenda; acto violento a que uno se sujeta con resignación.
sacrilegio m. profanación de alguna cosa sagrada.
sacristán m. el que ayuda al sacerdote.
sacristía f. sitio donde se guardan las cosas del culto.
sacro, cra adj. sagrado.
sacrosanto, ta adj. que reúne las cualidades de sagrado y santo.
sacudir tr. golpear o agitar alguna cosa.
sachar tr. escardar la tierra sembrada; limpiarla de malezas.
sacho m. instrumento de hierro que sirve para sachar.
sádico, ca adj. relativo o perteneciente al sadismo; dícese del que procede con sadismo. U.t.c.s.
sadismo m. perversión sexual, lubricidad cruel y refinada.
saeta f. arma arrojadiza que se dispara con arco; coplilla.
sagaz adj. astuto, ladino.
sagitario m. dícese del noveno signo del Zodíaco; arquero.
sagrado adj. dedicado a Dios y a su culto.
sagrario m. parte donde se guardan las cosas sagradas.
sahumar tr. y r. dar humo aromático a alguna cosa.
sainete m. dim. de saín; salsa; pieza dramática breve.
saíno m. mamífero paquidermo semejante al jabalí.
sajadura f. cortadura en la carne.
sal f. cloruro de sodio que se usa para condimento.
sala f. pieza principal en los edificios.
salacot m. sombrero filipino.
saladar m. laguna pequeña en que se cuaja la sal de las marismas.
salado, da adj. terreno estéril por exceso de salitre; fam. gracioso, chistoso.
salamandra f. batracio semejante al lagarto, de color negro con manchas amarillas.
salamanquesa f. reptil parecido a la lagartija, pero más ancho.
salar tr. curar carnes o pescados con sal; sazonar con sal.
salario m. paga, estipendio, sueldo.
salaz adj. inclinado a la lujuria.
salcochar tr. cocer algún manjar con agua y sal.
salchicha f. embutido de carne de cerdo.
salchichón m. embutido de jamón, tocino y pimienta.
saldar tr. liquidar cuentas.
saldo m. remate o finiquito de cuentas.
saledizo m. salidizo, salido.
salep m. fécula que se saca de los tubérculos de algunas orquídeas.
salero m. vaso en que se sirve la sal; fam. gracia y donaire.
saleroso, sa adj. fam. que tiene gracia y donaire.
saleta f. dim. de sala; habitación que está antes de la antecámara regia.
salicaria f. planta medicinal.
salicilato m. sal del ácido salicílico.
salicílico, ca adj. dícese de un ácido que se extrae de las flores de la reina de los prados.
salida f. acción de salir; parte por donde se sale.
salidizo, za adj. salido, que sobresale.
salido, da adj. dícese de lo que sobresale en un cuerpo.
saliente p.a. de salir; que sale.
salina f. mina de sal.
salino, na adj. que contiene sal.
salir intr. pasar de adentro afuera; brotar, nacer, aparecer; derramarse un líquido.
salitral adj. salitroso; m. sitio donde se cría el salitre.
saliva f. humor de la boca que segregan ciertas glándulas.
salivar tr. arrojar saliva.
salivoso, sa adj. que arroja mucha saliva.
salmear intr. rezar o cantar los salmos.
salmo m. cántico que contiene alabanzas a Dios.
salmón m. pez con el cuerpo rollizo y carne comestible.
salmuera f. agua con sal.
saloma f. canto de los marineros.
salpicar tr. rociar. U.t.c.r.
salpicón m. fiambre con pimienta de carne deshebrada.
salpimentar tr. adobar con pimienta y sal.
salpresar tr. arreglar algo con sal, apretándolo.

salpullido m. erupción de la piel con granitos.
salsifí m. planta semejante a la barba cabruna, con raíz comestible.
saltador, ra adj. que puede saltar; saltimbanqui. U.t.c.s.
saltamontes m. insecto de color amarillento, con las patas posteriores muy largas y salta mucho.
saltar intr. levantarse del suelo con fuerza para dejarse caer después; romperse algo con violencia; omitir parte de lo que se copia o se lee. U.t.c.tr.
saltarín. na adj. danzante; bailarín.
salteador m. el que asalta en despoblado.
saltear tr. robar en los caminos y despoblados.
salterio m. instrumento músico con cuerdas metálicas y figura triangular; libro de los salmos.
saltón, na adj. que salta con frecuencia; dícese de los ojos abultados.
salubre adj. saludable.
salubridad f. calidad de salubre.
salud f. dícese del estado normal del organismo; sanidad.
saludable adj. perteneciente y relativo a la salud.
saludar tr. dirigirse a una persona con cortesía; manifestándole respeto.
salutífero, ra adj. saludable.
salva f. prueba que se hacía de la comida en palacio; saludo con armas de fuego.
salvado m. cascarilla del trigo molido.
salvador, ra adj. que salva; dícese de Jesucristo. U.t.c.s.
salvaguardia f. custodia; papel de garantía.
salvajada f. acto salvaje.
salvaje adj. plantas silvestres y animales que no son domesticados con facilidad; países sin cultura.
salvar tr. librar de un peligro. U. t.c.r.
salvataje m. galicismo por salvamento.
salvavidas m. aparato con que se pueden salvar los náufragos.
salve f. oración de ruego dedicada a la Virgen.
salvedad f. razonamiento de excusa; excepción que se hace de algo.
salvia f. planta de carácter medicinal utilizada para las enfermedades estomacales.
salvo, va p.p. irreg. de **salvar**; adj. librado de un peligro, ileso.
salvoconducto m. licencia expedida por una autoridad para poder transitar por algún lugar.
samario m. elemento metálico simple.
samaritano, na adj. natural de Samaria; fig. persona caritativa.
sambenito m. capotillo que se ponía a los penitentes por la Inquisición.
samblaje m. ensambladura.
samovar m. tetera rusa con hornillo.
san adj. apócope de santo.
sanalotodo m. cierto emplasto negro; fig. medio con que se juzga reparable cualquier daño.
sanar tr. restablecer al enfermo la salud. U.t.c. intr.
sanatorio m. lugar apropiado para albergar enfermos.
sanción f. acto de autorizar una ley o estatuto; pena que la ley establece para el que la quebranta.
sancionable adj. que merece sanción.
sancionar tr. dar fuerza de ley a una disposición; aplicar una sanción o castigo.
sancochar tr. guisar sin sazón.
sandalia f. calzado que consta únicamente de suela y correas.
sándalo m. árbol cuya madera es muy olorosa.
sandez f. simpleza.
sandía f. planta cuya fruto esférico y de pulpa encarnada es de sabor agradable.
sandio, dia adj. tonto, necio. U t.c.s.
sandunga f. gracia, donaire.
sandwich m. emparedado.
saneado, da adj. dícese de la renta pagada.
sanear tr. garantizar la indemnización del daño futuro; remediar algo.
sanedrín m. consejo supremo de los judíos; lugar o sitio donde se reunía este consejo.
sangradera f. lanceta.
sangradura f. dícese de la articulación del brazo opuesta al codo.

sangrar tr. abrir las venas para sacar sangre.
sangre f. líquido que circula por las venas y por las arterias.
sangriento, ta adj. perteneciente y relativo a la sangre; que arroja sangre.
sanguijuela f. anélido contráctil que se alimenta de la sangre de los animales a los que se agarra.
sanguinaria f. piedra semejante al ágata, de color grana.
sanguíneo adj. que contiene sangre o abunda en ella; dícese de las personas en cuya complexión predomina este humor; de color de la sangre.
sanguinolento, ta adj. sangriento.
sanidad f. calidad de sano; salubridad.
sanitario, ria adj. perteneciente y relativo a la salubridad.
sano, na adj. saludable; que goza de cabal salud.
sanseacabó expr. fam. con que se da por terminado un asunto.
sansón m. fig. hombre de mucha fuerza.
santabárbara f. dícese del sitio destinado a guardar la pólvora.
santiamén (en un) m. fig. fam. es decir en un instante.
santidad f. calidad de santo; tratamiento que se da al Papa.
santificar tr. convertir en santo, la gracia y la virtud, a alguno. U. t.c.r.
santiguada f. acción de santiguar o santiguarse.
santiguador, ra adj. dícese de quien santigua a otro.
santiguar tr. hacer cruces desde la frente hasta el pecho y desde el hombro izquierdo al derecho. U.t.c.r.
santísimo, ma adj. dícese de Jesucristo; aum. de santo.
santo, ta adj. inmaculado de mancha o pecado; dícese de quienes la iglesia santifica y rinde culto. U.t.c.s.
santónico m. planta cuyas cabezuelas son empleadas como tónico.
santonina f. materia medicinal que se seca del santónico.
santoral m. libro de vidas de santos.
santuario m. templo donde se venera a algún santo.
santurrón, na adj. dícese de la persona fanática en cuestiones de religión.
saña f. enojo; furor.
sañudo, da adj. propenso a la furia o saña.
sápido adj. dícese de las sustancias que tienen algún sabor.
sapiencia f. sabiduría.
sapiente adj. sabio. U.t.c.s.
sapo m. batracio de color verde con el cuerpo rechoncho, ojos saltones y muy saltarín.
saponáceo adj. jabonoso.
saponificar tr. hacer que un cuerpo graso se convierta en jabón. U.t.c.r.
sapotáceo, a adj. perteneciente y relativo al zapote.
saquear tr. hurtar los soldados de lo que encuentran en una plaza conquistada. U.t.c.r.
saqueo m. acción y efecto de saquear.
sarampión m. enfermedad infantil y eruptiva.
sarao m. reunión; fiesta; recepción.
sarasa m. fam. aplícase al hombre afeminado.
sarcasmo m. ironía; mofa sangrienta.
sarcófago m. sepulcro.
sarcoma m. med. tumor maligno constituído por tejidos conjuntivo embrionario, crece y se reproduce con facilidad.
sardina f. pez semejante al arenque, aunque más pequeño.
sardinero, ra adj. relativo o perteneciente a las sardinas; el que vende o trata con sardinas.
sardónico, ca adj. dícese de la risa convulsiva.
sarga f. tela cuyo tejido forma líneas diagonales; arbusto salicíneo.
sargazo m. dícese de cierta alga del Atlántico, donde cubre una inmensa superficie que se nombra "mar de sargazo"
sargento m. militar de grado superior inmediato al de cabo.
sargentona f. fam. y desp. mujer de dura condición y hombruna.
sargo m. zool. pez teleósteo marino de cuerpo comprimido lateralmente y con el dorso y el vientre muy encorvados junto a la cola.
sarmiento m. vástago de la vid.

sarna f. padecimiento de la piel que da mucha picazón y es infeccioso.
sarnoso, sa adj. s. que tiene sarna.
sarpullido m. erupción cutánea leve.
sarraceno, na adj. dícese de los moros.
sarro m. sedimento adherido al fondo y paredes de las vasijas por falta de aseo; sustancia verdosa que se forma en la dentadura.
sarta f. cosas ensartadas.
sartén f. utensilio de cocina.
sartenazo m. golpe dado con la sartén.
sasafrás m. árbol de madera medicinal y olorosa.
sastre, tra s. el que tiene por oficio o se dedica a cortar y coser vestidos generalmente masculinos.
sastrería f. oficio y taller del sastre.
satanás m. dícese de Lucifer o del demonio.
satánico, ca adj. perteneciente y relativo a Satanás.
satélite m. astro que gira alrededor de un planeta.
satinar tr. dar lustre a las telas o al papel.
sátira f. escrito o discurso mordaz y burlesco.
satirión m. planta cuya raíz tiene aplicación medicinal.
satirizar intr. ironizar; herir con sátiras.
sátiro m. monstruo mitológico mitad hombre y mitad cabra.
satisfacción f. acción de satisfacer; placer; contento.
satisfacer tr. calmar un apetito; pagar lo que se debe.
saturar tr. saciar; impregnar de otro cuerpo algún fluido. U.t.c.r.
saturnino, na adj. perteneciente y relativo al plomo; dícese de la persona melancólica y triste.
saturnismo m. intoxicación con
Saturno m. astro poco menor que Júpiter; dícese también del plomo. plomo.
sauce m. árbol que se desarrolla en las riberas de los ríos, cuyas ramas son péndulas.
saurio, a adj. reptiles de la familia del cocodrilo y del lagarto.
savia f. jugo de las plantas.
saxofón m. instrumento músico con varias llaves y boquilla.
saya f. vestimenta exterior de las mujeres que va desde las cintura a los pies.
sazón f. madurez; ocasión; coyuntura.
sazonar tr. dar sazón a los manjares; poner las cosas en su punto debido.
schottis m. bailable semejante a la polca.
sebo m. sustancia sólida de los animales herbívoros.
secadero m. lugar especial para secar alguna cosa.
secante p. a. de secar; que seca; dícese también de las superficies que se cortan en otras. U.t. c. adj.
secar tr. quitar la humedad de un cuerpo; perder el agua los ríos. U.t.c.r.
sección f. división o parte de un todo.
seco, ca adj. que le falta lozanía; flaco; árido.
secretar tr. elaborar alguna sustancia las glándulas.
secretaria f. mujer con oficio de secretario.
secretaría f. oficina del secretario.
secretario m. dícese del encargado de correspondencia y de las actas en alguna oficina.
secretear intr. charlar en secreto.
secreter m. escritorio.
secreto, ta adj. misterioso; oculto; ignorado.
secta f. doctrina privada de algún maestro célebre.
sector m. parte de un círculo situada entre un arco y dos radios.
secuaz adj. partidario de otro.
secuela f. consecuencia; derivación.
secuestrar tr. embargar; esconder a una persona.
secular adj. seglar.
secularizar tr. convertir en secular lo eclesiástico. U.t.c.r.
secundar tr. cooperar; ayudar; favorecer.
secundario, ria adj. segundo en orden o lugar.
sed f. ansia de beber.
seda f. hebra fina y delgada que laboran algunos gusanos.
sedante adj. dícese del medicamento que aminora la acción exagerada de un órgano.

sedativo, va adj. que calma el dolor.
sede f. diócesis; silla de un prelado.
sedente adj. que está sentado.
sedeño, ña adj. que es de seda.
sedería f. tienda de sedas.
sedición f. levantamiento popular contra el gobierno.
sediento, ta adj. con sed. U.t.c.s.
sedimento m. hez de los líquidos.
sedoso, sa adj. semejante a la seda.
seducir tr. engañar con maña; inducir a realizar algo.
segadora f. máquina que sirve para segar; mujer que siega. U.t.c.s.
segar tr. cortar la mies.
seglar adj. perteneciente y relativo al siglo; lego.
segmento m. fracción de una cosa; dícese del espacio de un círculo entre un arco y su cuerda.
segregar tr. secretar; separar algo de otras cosas. U.t.c.r.
seguido, da adj. sin interrupción; continuo.
seguir tr. seguir a alguien; continuar lo comenzado.
segundar tr. asegundar; ser segundo.
segundo, da adj. que sigue inmediatamente al primero; sexagésima parte de un minuto.
seguridad f. calidad de seguro; fianza.
seguro, ra adj. libre de peligro; firme.
selección f. acción de seleccionar; elección.
selecto, ta adj. escogido; excelente.
selenita f. dícese del habitante de la Luna.
selva f. terreno inculto y con abundante vegetación.
sellar tr. poner sello a algo.
semáforo m. telégrafo óptico establecido en las costas.
semana f. período de tiempo equivalente a siete días.
semanal adj. perteneciente a la semana.
semanario, ria adj. que se publica cada semana.
semblante m. rostro.
semblanza f. semejanza; bosquejo biográfico.
sembrado m. terreno sembrado.
sembrar tr. regar o esparcir las semillas en la tierra para el cultivo.
semejante adj. que semeja.
semejar intr. parecerse alguna cosa a otra. U.t.c.r.
semen m. materia generativa que tienen los animales del sexo masculino.
semental adj. perteneciente y relativo a la siembra.
sementera f. acto de sembrar; terreno preparado para sembrar; tiempo en que se siembra.
semestre m. período de tiempo equivalente a seis meses.
semilla f. parte de la planta que la reproduce.
semillero m. lugar donde se crían las plantas que se han de transplantar.
seminal adj. perteneciente y relativo al semen o a la semilla.
seminario m. casa de educación; semillero.
semitono m. medio tono.
senado m. cuerpo de legislación suprema.
senador m. miembro del senado.
sencillo, lla adj. simple.
senda f. camino estrecho.
sendero m. senda.
senectud f. edad senil.
senil adj. perteneciente y relativo a la vejez.
seno m. concavidad o hueco; regazo; concavidad del pecho.
sensación f. impresión que se experimenta por medio de los sentidos.
sensato, ta adj. cuerdo; juicioso; razonable.
sensibilidad f. poder de sentir.
sensibilizar tr. hacer sensible una placa fotográfica.
sensible adj. que puede sentir.
sensitiva f. planta de hojas muy fáciles de marchitarse al más leve contacto.
sensitivo, va adj. perteneciente y relativo a los sentidos.
sensorio, ria adj. perteneciente y relativo a la sensibilidad; centro general de todas las sensaciones.
sensual adj. sensitivo; placer de los sentidos.
sentar tr. asentar. U.t.c.r.
sentencia f. resolución judicial; frase que contiene una doctrina.
sentenciar tr. dictar una sentencia; fig. fam. destinar o aplicar una cosa para un fin.
sentido, da adj. que tiene sentimiento; que se ofende fácilmen-

te; dícese de las facultades del ánimo para recibir las impresiones externas.
sentimental adj. que provoca sentimiento de ternura.
sentimiento m. acción y efecto de sentir; dolor; pena.
sentir tr. experimentar sensaciones.
seña f. indicio; señal determinada; nota.
señal f. marca; huella; signo.
señalado, da p.p. de señalar; adj. el que tiene fama o es insigne.
señalar tr. dejar señal en alguna cosa; designar; hacer señales. U. t.c.r.
señor, ra adj. dueño; tratamiento dado a cualquier hombre. U. t.c.s.
señorear tr. mandar; dominar.
señoría f. tratamiento dado a alguna dignidad.
señorial adj. relativo o perteneciente al señorío; majestuoso, noble.
señoril adj. perteneciente y relativo al señor.
señorío m. poder sobre algo.
señorón, na adj. muy señor o muy señora. U.t.c.s.
señuelo m. figura de ave que sirve para atraer a otras aves; fig. cosa o medio que se emplea para persuadir.
separación f. acto de separar.
separar tr. apartar.
separatismo m. doctrina y partido de los separatistas.
sepelio m. entierro.
septena f. reunión de siete cosas.
septenio m. período de tiempo de siete años.
septentrión m. osa mayor; norte.
septentrional adj. perteneciente y relativo al septentrión.
septicemia f. pat. género de enfermedades infecciosas de la sangre causado por gérmenes.
septiembre m. dícese del noveno mes del año.
séptimo, ma adj. que sigue inmediatamente al sexto.
septisílabo, ba adj. hectasílabo.
sepulcro m. sepultura.
sepultar tr. enterrar un cadáver; esconder.
sepultura f. acción de sepultar; hoyo para enterrar un cadáver.
sequedad f. calidad de seco; expresión de dureza.
sequía f. espacio seco de larga duración.
séquito m. acompañamiento con pompa.
ser m. ente; esencia.
ser verbo auxiliar útil para la conjugación pasiva.
serafín m. dícese del espíritu bienaventurado del segundo coro; persona hermosa.
serafín m. instrumento de música semejante al armonio.
serenar tr. calmar; sosegar; aclarar. U.c. intr. y c.r.
serenata f. música tocada al aire libre y durante la noche para celebrar a alguna persona.
serenidad f. calidad de sereno; título dado a algunos principales.
serenísimo, ma adj. dícese así a los príncipes.
sereno, na adj. sosegado; calmado; apacible; el que vela por oficio.
sergas f. pl. proezas, azañas, hechos.
sericina f. quím. materia nitrogenada que es extraída de la seda.
serie f. conjunto de cosas íntimamente relacionadas y que se suceden en orden.
serija f. dim. de seda.
sermón m. discurso religioso; reprensión.
sermonear tr. reprender con frecuencia.
seroja f. hojarasca seca que cae de los árboles; residuo o desperdicio de la leña.
serpentina f. piedra de silicato y hierro, de color verdoso; cinta de papel arrollada para arrojarla en fiestas y carnavales.
serpiente f. dícese de la culebra de gran tamaño.
serpollo m. retoño de una planta; rama nueva que brota al pie de un árbol.
serranía f. territorio compuesto de sierras y montañas.
serrano, na adj. y s. de la sierra.
serrar tr. aserrar.
serrín m. aserrín.
serrucho m. sierra con una manija y una hoja ancha.
servicial adj. que sirve con diligencia.
servicio m. acción y efecto de servir; favor; obsequio; oficio de sirviente.
servidor, ra m. y f. persona servicial.

servidumbre f. oficio de siervo; condición de sirviente.
servil adj. perteneciente y relativo a los siervos; humilde; bajo.
servilleta f. paño que emplean en la mesa los comensales
servir intr. estar al servicio de alguno; aprovechar; valerse de una cosa para hacer algo. U.t.c.r.
sésamo m. dícese de la alegría.
sesear intr. pronunciar como s la c.
seseo m. acto de sesear.
sesgado, da p.p. de sesgar; adj. pacífico, sosegado.
sesgadura f. acción y efecto de sesgar.
sesgar tr. cortar en sesgo. U.t.c.r.
sesgo, ga adj. que está cortado oblicuamente.
sesión f. junta; reunión para celebrar algo.
seso m. cerebro; prudencia.
sesteadero m. sitio donde sestean los ganados.
sestear intr. pasar la siesta durmiendo; recoger el ganado para que descanse en un paraje, y librarlo de los rigores del sol.
sesudo, da adj. de buen juicio, cuerdo.
seta f. hongo de casquete.
seudo adj. falso, supuesto.
seudónimo m. nombre supuesto con que algunos autores firman.
severo, ra adj. riguroso rígido; duro.
sevicia f. crueldad excesiva.
sexagenario, ria adj. dícese del anciano que ha cumplido sesenta años.
sexo m. condición orgánica que distingue al hombre de la mujer, al macho de la hembra.
sextante m. instrumento de precisión utilizado en observaciones marítimas.
sexteto m. composición musical para seis instrumentos o voces.
sexto, ta adj. ordinal de seis; una de las seis partes iguales en que se divide un todo. U.t.c.s.
sextuplicar tr. multiplicar por seis. U.t.c.r.
sexual adj. perteneciente y relativo al sexo.
si m. séptima nota de la escala musical.
sí adv. expresa afirmación o consentimiento para hacer algo.
siamés, sa adj. y s. natural de Siam.
sibarita adj. y s. fig. persona dada al placer y regalos refinados.
sibaritismo m. vida sensual y regalada.
siberiano, na adj. natural de Siberia. U.t.c.s.
siberita f. miner. variedad roja de turmalita muy abundante en Siberia.
sibil m. pequeña despensa hecha en las cuevas, para conservar frescas las carnes y demás provisiones.
sibila f. mujer que en la antigüedad, se decía, que tenía espíritu profético.
sibilino, na adj. relativo o perteneciente a la sibila.
sicalipsis f. pornografía.
sicalíptico, ca adj. relativo o perteneciente a la sicalipsis.
sicario m. dícese del asesino pagado.
siciliano, na adj. y s. natural de Sicilia.
siclo m. moneda hebrea equivalente a media onza de peso.
sicoanálisis f. psicoanálisis.
sicofanta m. sicofante.
sicofante m. calumniador, impostor; esbirro, soplón.
sicología f. psicología.
sicológico, ca adj. psicológico.
sicólogo, ga s. psicólogo.
sicópata. com. psicópata.
sicopatía f. psicopatía.
sicosis f. psicosis.
sicoterapia f. psicoterapia.
sideral adj. relativo o perteneciente a los astros.
siderurgia f. arte de extraer y trabajar el hierro.
sidra f. vino de manzanas.
siega f. acción y efecto de segar.
siembra f. acción y efecto de sembrar.
siempre adv. tr. en todo tiempo.
sien f. parte de la cabeza situada junto a la frente.
sierpe f. dícese de la serpiente.
sierra f. cordillera de montes; instrumento que consiste en una hoja de acero sujeta a un bastidor útil para dividir cosas duras.
siervo, va m. y f. esclavo.
siesta f. sueño que se toma después de comer.
sietemesino, na adj. niño nacido a los siete meses de engendrado.
sífilis f. enfermedad que se trans-

mite por el coito por herencia o contacto.
sigilo m. secreto; sello.
sigla f. dícese de la letra inicial que se usa como abreviatura.
siglo m. período de tiempo de cien años; dícese del mundo y de la sociedad.
signar tr. colocar el signo; hacer la señal de la cruz; firmar.
signatura f. señal o marca.
significación f. acción de significar; sentido de una frase o palabra.
significar tr. hacer saber; ser una cosa signo o señal de otra.
signo m. lo que representa la idea de una cosa; letra de escritura o de la imprenta.
sílaba f. conjunto de letras pronunciadas en una sola emisión de la voz.
silabear intr. pronunciar por separado cada sílaba. U.t.c. tr.
silábico, ca adj. perteneciente o relativo a la sílaba.
silbar intr. dar silbidos.
silbatina f. Amér. rechifla.
silbo m. sonido agudo que hace el aire o que se produce con algún instrumento o con la boca.
silenciador, ra adj. que silencia; m. aparato para amortiguar el ruido que producen los motores de explosión.
silencio m. falta de ruido; abstención de hablar.
silencioso, sa adj. que calla; que no produce ruido.
Sileno mit. dios frigio maestro de Baco.
silente adj. tranquilo, sosegado.
silepsis f. gram. figura de construcción en que se quebrantan las reglas de la concordancia; ret. tropo.
sílfide f. ninfa del aire.
silfo m. dícese del espíritu de los aires.
silicio m. metaloide que se extrae de la sílice.
silo m. lugar subterráneo y seco en donde se guarda el trigo u otros granos.
silogismo m. argumento que consta de tres proposiciones, la última de las cuales se deduce necesariamente de las otras dos.
silueta f. dibujo que se obtiene siguiendo las formas y contornos de la sombra de alguna cosa.
silvestre adj. criado y desarrollado naturalmente y sin cultivo.
silvícola adj. dícese de quien vive en los bosques. U.t.c.s.
silla f. asiento con respaldo; asiento especial para montar a caballo.
sillar m. piedra labrada en cuadro para un edificio; parte del lomo de la caballería, donde sienta la silla, el albardón, el aparejo, etc.
sillín m. silla de montar más ligera y sencilla que la común; asiento que tiene la bicicleta y otros vehículos semejantes.
sillón m. silla grande con brazos.
sima f. abismo; hoyo de gran profundidad.
simbolizar intr. representar una cosa por medio de otra. U.t.c.tr.
símbolo m. manifestación sensible de algo inmaterial.
simiente f. semilla.
símil adj. parecido; semejante.
similar adj. análogo.
similitud f. semejanza.
simio m. mono.
simonía f. compra o venta ilícita de cosas espirituales; propósito de efectuar esa compraventa.
simpatía f. afición; inclinación mutua.
simpático, ca adj. que produce simpatía.
simpatizar intr. sentir simpatía; congeniar.
simple adj. que es inmaculado y puro; sin mezcla.
simpleza f. necedad; bobería.
simplificar tr. hacer más fácil alguna cosa.
simulación f. acto de simular.
simular tr. representar alguna cosa, fingiendo lo que no es.
simultáneo, a adj. que acontece al mismo tiempo que otra cosa.
sinagoga f. templo de los judíos; congregación religiosa de los mismos.
sincerar tr. justificar la inocencia de alguno. U.t.c.r.
sinceridad f. veracidad.
sincero, ra adj. puro; veraz.
síncope m. gram. síncopa; med suspensión súbita y momentánea de la acción del corazón.
sincronismo m. circunstancia de ocurrir o verificarse dos o más cosas al mismo tiempo.
sindicato m. reunión de síndicos; agrupación para defender intereses comunes

síndico m. concejal encargado de defender los intereses públicos.
sinfonía f. unión armónica de sonidos, de instrumentos o de voces.
singular adj. único; dícese del número que señala la existencia de un solo ser.
singularizar tr. distinguir; particularizar. U.t.c.r.
siniestra f. dícese de la mano izquierda.
sino m. hado; destino.
sinónimo, ma adj. dícese de las voces de igual o semejante significado.
síntoma m. fenómeno característico de alguna enfermedad; indicio; huella.
sirena f. ninfa marítima que se representa con busto de mujer y cuerpo de pez.
sismógrafo m. aparato que da la dirección de las oscilaciones del terremoto.
sistema m. dícese del conjunto de principios acerca de una materia; conjunto de cosas que contribuyen a un fin.
sitio m. lugar; paraje; cerco de una fortaleza.
sito, ta adj. situado o fundado.
situación f. colocación; posición; disposición.
situar tr. colocar a alguien en un lugar o situación.
soberanía f. poderío y dominio.
soberbia f. orgullo y amor propio exagerados.
sobornar tr. corromper con dádivas.
sobrar tr. exceder; sobrepujar; estar de más.
sobremesa f. tapete; tiempo que permanecen los comensales en la mesa después de haber comido.
sobrenatural adj. que es más que natural.
sobrenombre m. nombre con que se distingue a una persona; apodo.
sobrentender tr. entender lo que no se expresa. U.t.c.r.
sobreponer tr. poner una cosa sobre otra. U.t.c.r.
sobresaliente p.a. de sobresalir; que sobresale.
sobresalir intr. exceder; descollar. U.t.c.r.
sobrio, a adj. moderado; templado.
socarrón, na adj. astuto; taimado; disimulado.
socavón m. cueva subterránea.
sociable adj. perteneciente y relativo a la sociedad.
social adj. sociable.
sociedad f. conjunto de personas, familias o países; reunión de personas para determinado fin.
socorro m. acción y efecto de socorrer.
soez adj. indecente; grosero.
sofisticar tr. adulterar.
sofocar tr. ahogar; abochornar; avergonzar.
soga f. cuerda gruesa.
sojuzgar tr. sujetar y ordenar con violencia.
solanáceo, a adj. planta de la especie del tabaco. U.t.c.s.
solapar tr. poner solapas.
solar adj. perteneciente y relativo al Sol.
solaz m. recreo; distracción.
solazar tr. dar solaz. U.t.c.r.
soldado m. miembro de la milicia.
soldadura f. acción y efecto de soldar; material adecuado para soldar.
soldar tr. unir dos cosas.
soledad f. sitio desierto; falta de compañía.
solemne adj. formal; grave; imponente.
soler intr. acostumbrar.
solfear tr. cantar pronunciando las notas y marcando el compás.
solicitar tr. pretender algo con diligencia.
solícito, ta adj. cuidadoso; diligente.
solicitud f. cuidado; diligencia.
solidificar tr. hacer sólido un fluido.
solitario, ria adj. falto de compañía; desierto.
solsticio m. época del año en que el Sol está en uno de los dos trópicos.
soltar tr. desatar; adquirir soltura. U.t.c.r.
soltero, ra adj. célibe.
solución f. acción de disolver; satisfacción de una duda.
solventar tr. cubrir las deudas adquiridas.
solvente p.a. de solver; que resuelve.
sollozar intr. llorar cortando el llanto con gemidos.

sombra f. oscuridad; falta de luz; espectro.
sombrear tr. dar sombra.
sombría f. umbría.
sombrío, a adj. tétrico; de poca luz.
someter tr. sujetar.
somnífero, a adj. que causa sueño.
sonaja f. conjunto de dos chapas metálicas que pasadas en un alambre se ponen a algunos instrumentos; juguete infantil.
sonar intr. hacer ruido algo; limpiarse los mocos. U.t.c.r.
sonatina f. mús. sonata corta y de fácil ejecución.
sonda f. acción de sondar; cuerda con un peso de plomo, que sirve para medir la profundidad de las aguas y explorar el fondo.
sondear tr. sondar.
sonetear intr. sonetizar; componer sonetos.
sonetillo m. dim. de **soneto;** soneto de versos de ocho o menos sílabas.
soneto m. composición poética que consta de dos cuartetos y dos tercetos.
sonido m. sensación producida en el órgano del oído por la vibración de los cuerpos; valor fonético de las palabras; significación y valor literal que tienen en sí; fama.
sonoridad f. calidad de sonoro; propiedad de los cuerpos sonoros.
sonoro, ra adj. que puede sonar.
sonreir intr. reirse levemente. U. t.c.r.
sonrojar tr. hacer salir los colores al rostro.
sonrosar tr. dar, poner o causar color de rosa. U.t.c.r.
sonsacar tr. sacar u obtener algo con maña. U.t.c.r.
soñar tr. representarse cosas en la fantasía mientras se duerme; discurrir fantásticamente.
soñarrera f. fam. acción o acto de soñar mucho; fam. sueño pesado.
soñoliento, ta adj. persona muy inclinada al sueño; fig. tardo o perezoso.
sopa f. pedazo de pan empapado en cualquier líquido; plato de caldo y pan, fideos, arroz u otras pastas.
sopalancar tr. meter la palanca debajo de alguna cosa para levantarla o moverla.
sopalanda f. hopalanda.
sopanda f. madero horizontal apoyado por ambos extremos en jabalcones para fortificar otro que está encima de él.
sopapa f. galicismo por válvula.
sopapear tr. fam. acción de dar sopapos.
sopapo m. golpe que se da con la mano debajo de la papada; fam. bofetada.
sopesar tr. levantar una cosa para calcular su peso o para reconocerlo.
sopetón m. pan tostado que en los molinos se moja en aceite.
sopetón m. golpe fuerte y repentino dado con la mano; **de sopetón.** m. adv. de improviso.
sopitipando m. fam. accidente, desmayo.
sopladero m. abertura por donde sale con fuerza el aire de las cavidades subterráneas.
soplador, ra adj. que sopla; fig. dícese del que delata o denuncia.
sopladura f. acción y efecto de soplar.
soplamocos m. fig. y fam. golpe que se da en la cara especialmente en las narices.
soplar tr. despedir o arrojar aire por la boca; correr el viento. U t. c. intr. y r.
soplete m. instrumento para producir, soplando, una llama de elevada temperatura.
soplo m. acción de soplar; instante.
soplón, na adj. y s. fam. dícese de la persona que acusa en secreto y cautelosamente. U.t.c.s.
sopor m. sueño morboso.
soporífero, ra adj. que produce sueño
soportar tr. sufrir; tolerar; llevar a algo sobre sí.
sorber tr. beber aspirando.
sorna f. lentitud; bellaquería, maldad para decir algo.
sorprender tr. coger desprevenido; maravillar. U.t.c.r.
sorpresa f. acción y efecto de sorprender.
sosegar tr. calmar; aplacar; reposar.
sosiego m. quietud; tranquilidad.
sospechar tr. imaginar; deducir algo por conjeturas.
sostener tr. mantener; defender; sustentar. U.t.c.r.

sotana f. vestimenta talar sin mangas.
soto m. lugar poblado de árboles en las vegas.
suave adj. blando; liso; apacible.
suavizar tr. alejar la aspereza.
subasta f. venta pública hecha al mejor postor.
subcutáneo, a adj. que está debajo de la piel.
súbito, ta adj. repentino; impetuoso.
sublimar tr. engrandecer.
sublime adj. excelso.
subordinar tr. someter algo a la dependencia de alguno. U.t.c.r.
subscribir tr. firmar un escrito; comprometerse a pagar determinada cantidad para algún fin. U.t.c.r.
subscripción f. acción y efecto de subscribir.
subsistencia f. estabilidad; permanencia.
subsistir intr. permanecer; durar.
substancia f. cosa con que otra se nutre; naturaleza de las cosas.
substanciar tr. resumir; compendiar.
substituir tr. poner a una persona o cosa en lugar de otra.
substracción f. acción y efecto de substraer.
subterráneo, a adj. situado debajo de tierra.
subvenir tr. auxiliar; socorrer.
subyugar tr. dominar; sojuzgar.
suceder intr. acontecer; heredar; continuar.
sucesión f. acción y efecto de suceder; prole.
suceso m. acontecimiento.
sucumbir intr. rendirse; ceder.
sucursal adj. establecimiento que depende de otro principal. U. t.c.s.
sudar intr. trabajar intensamente; arrojar el sudor. U.t.c. intr.
sudario m. lienzo que sirve para cubrir el rostro de los muertos.
sudor m. serosidad que sale por los poros del cuerpo del animal.
sudorífico, ca adj. que hace sudar.
suegro, gra adj. padre de uno de los esposos, respecto del otro. U. t.c.s.
suela f. parte del zapato que toca el suelo.
sueldo m. salario; paga.
suelo m. superficie de la tierra; piso.
sueño m. acto de dormir, o de soñar.
suero m. parte líquida de la sangre, de la leche o de la linfa.
suerte f. encadenamiento de los acontecimientos favorable o desfavorable.
sufrir tr. soportar; padecer.
sugestionar tr. inspirar a alguna persona hipnotizada palabras o actos involuntarios.
suicidarse r. quitarse la vida; matarse voluntariamente.
sujetar tr. dominar; asegurar.
sumergir tr. meter algo debajo de un líquido. U.t.c.r.
sumidero m. canal por donde se sumen las aguas.
suministrar tr. proveer de lo indispensable.
sumir tr. hundir; sumergir.
sumisión f. acción de someter o someterse.
sumiso, sa adj. obediente.
suntuoso, sa adj. esplendoroso; magnífico.
supeditar tr. sujetar violentamente. U.t.c.r.
superávit m. dícese del exceso de los ingresos sobre los gastos.
superficie f. parte exterior que limita un cuerpo.
superior adj. que está más alto.
suplantar tr. ocupar con malas artes el puesto o el nombre de otro.
suplente p.a. de suplir; que suple.
súplica f. acción de suplicar; ruego.
suplicar tr. rogar; pedir humildemente alguna cosa.
suponer tr. fingir algo; asentar.
surtir tr. proveer de lo indispensable. U.t.c.r.
susceptible adj. capaz de modificarse; quisquilloso.
suscitar tr. causar.
suspender tr. levantar; detener temporalmente el curso de algo.
sustentar tr. mantener; sostener; alimentar. U.t.c.r.
sustento m. mantenimiento.
sustituir tr. substituir. U.t.c.r.
susto m. miedo; sobresalto del ánimo.
susurro m. murmullo; ruido suave.
sutil adj. delgado; fino.
sutilizar tr. adelgazar; discurrir ingeniosamente.

T

t f. vigésima tercera letra del abecedario, su nombre es **te**.
tabaco m. planta solanácea, narcótica y de olor penetrante.
tabalada f. fam. tabanazo; fam. tamborilada.
tabalear tr. mecer.
tabaleo m. acción de tabalear.
tabanazo m. fam. golpe que se da con la mano; fam. bofetada.
tabanco m. tienda o puesto para la venta de comestibles, en las calles.
tábano m. zool. insecto díptero de color pardusco, que molesta con sus picaduras, principalmente a las caballerías.
tabanque m. rueda de madera que mueven con el pie los alfareros para hacer girar el torno.
tabaque m. clavo poco mayor que la tachuela común y menor que el clavo de media chilla.
tabaquear intr. fumar tabaco.
tabaquera f. caja para tabaco en polvo; caja con agujeros para sorber el tabaco en polvo; hueco de la pipa donde se deposita el tabaco.
tabaquería f. sitio o tienda donde se expende o vende tabaco.
tabaquismo m. intoxicación crónica producida por el abuso del tabaco.
tabaquista com. persona que entiende o se precia de entender la calidad del tabaco; persona que toma mucho tabaco.
tabardete m. tabardillo.
tabardillo m. med. tifus; insolación; fig. persona alocada y bulliciosa.
tabardina f. prenda similar al tabardo.
tabardo m. prenda de abrigo que usan los labradores y otras personas en el campo; ropón blasonado, usado por los heraldos o reyes de armas.
taberna f. lugar donde venden vinos y licores.
tabernáculo m. sagrario.
tábido, da adj. med. podrido o corrompido.
tabique m. pared delgada.
tabla f. pieza plana y delgada de madera o de otra materia dura
tablado m. suelo hecho de tablas. y mucho más larga que ancha.
tablar m. conjunto de tablas.
tablear tr. dividir en tablas un terreno o un madero; igualar la tierra arada o cavada.
tablero m. tabla grande y ancha.
tabú m. prohibición de comer o tocar algún objeto, impuesta por algunas religiones.
tabuco m. aposento pequeño, incómodo.
tabular adj. de forma de tabla.
taburete m. asiento sin brazos ni respaldo para una persona.
tacaño, ña adj. bellaco; astuto; pícaro; miserable.
tácito, ta adj. callado, silencioso; que no se entiende, percibe o dice formalmente, sino que se supone o infiere.
taciturno, na adj. melancólico; triste; sombrío.
tacón m. pieza semicircular unida a la suela del zapato en la parte del talón.
tacto m. sentido corporal con que se capta la aspereza y suavidad de las cosas.
tacha f. falta, defecto.
tachar tr. poner tacha.
tachón m. raya que se hace en lo escrito; clave grande de adorno.
tachonar tr. adornar con tachones.
tachuela f. clavillo corto con cabeza grande.
tafetán m. tela de seda delgada y tupida.
tahona f. molino de harina movido por caballos.
taimado, da adj. bellaco; astuto; pícaro
tajar tr. cortar alguna cosa con un instrumento.
tajo m. corte hecho con instrumento.
tal adj. igual; semejante; tanto o tan grande como.
talabartería f. taller del talabartero.
talabartero m. dícese de la persona que hace guarniciones.
taladrar tr. horadar con taladro.
taladro m. instrumento para horadar.
tálamo m. nombre que se da a la cama de los desposados.
talar adj. ropa larga; exterior y muy holgada.
talar tr. cortar árboles; devastar.
talco m. mineral de textura hojosa, blando y lustroso.
talega f. costal.

talento m. dícese de las virtudes intelectuales de una persona.
talismán m. dícese de todo aquello a lo que se le atribuyen virtudes portentosas.
talla f. obra de escultura; estatura del hombro.
tallarín m. tira larga y estrecha de pasta para sopa.
talle m. proporción del cuerpo; cintura.
taller m. oficina de arte mecánico.
tallista com. persona que hace obras de talla.
tallo m. órgano de los vegetales que contiene las flores y los frutos.
talludo, da adj. que tiene tallo grande.
tamaño, ña adj. comp. tan grande o tan pequeño; m. dimensiones.
tamarindo m. árbol cuyo fruto se usa como laxante; fruto de ese árbol.
tambalear intr. menearse algo de un lado a otro. U.t.c.tr.
también adv. asimismo, además.
tambor m. instrumento músico de forma cilíndrica, hueco y cubierto de piel restirada.
tamiz m. cedazo.
tamo m. pelusa de lino, algodón o lana; polvo o paja.
tampoco adv. negat. usado para negar nuevamente.
tan adv. tanto.
tanda f. vez, turno; grupo que se alterna en un trabajo.
tangencia f. contacto de líneas o superficies tangentes.
tangente adj. que se tocan sin cortarse.
tangible adj. que puede tocarse.
tango m. baile popular.
tanino m. sustancia astringente que se extrae de la corteza de algunos árboles.
tanque m. aljibe; carro de combate blindado.
tantear tr. comparar una cosa con otra para ver si encaja en ella; explorar, examinar.
tanto, ta adj. del mismo tamaño, de las mismas dimensiones; hasta tal grado o cantidad.
tañer tr. tocar un instrumento musical.
tapa f. pieza para cubrir la parte superior de una caja, cofre, etc.
tapaboca f. bufanda.
tapadera f. cubierta de una olla, etc.
tapafunda f. faldilla que cuelga de la boca de las pistoleras.
tapar tr. y r. cubrir; cerrar.
tapete m. alfombra pequeña.
tapia f. pared de tierra; muro.
tapiar tr. cerrar con tapia.
tapicería f. juego de tapices; arte y tienda del tapicero.
tapioca f. fécula que se obtiene de la raíz de la yuca.
tapir m. mamífero americano semejante al jabalí.
tapiz m. paño tejido en que se reproducen paisajes, escenas campestres, etc.
tapizar tr. poner tapices.
tapón m. pieza con que se tapan botellas, frascos, etc.
taponar tr. obstruir una herida con tapones.
tapujar tr. embozar, disfrazar.
tapujo m. embozo o disfraz; disimulo.
taquigrafía f. arte de escribir rápidamente mediante signos convencionales.
taquígrafo, fa s. persona que se dedica a la taquigrafía.
taquilla f. despacho de billetes.
tara f. parte de peso que se rebaja por ser el embalaje.
taracea f. labor de embutido.
tarambana com. persona de poco juicio.
tarántula f. araña grande y venenosa.
tararear tr. cantar entre dientes.
tarascada f. mordedura.
tardanza f. detención, lentitud.
tardar intr. y r. retrasarse, demorarse; emplear demasiado tiempo en hacer algo.
tarde f. última mitad del día; adv. a hora avanzada; fuera de tiempo.
tardío, a adj. que sucede tarde.
tardo, da adj. perezoso, despacioso.
tarea f. obra, trabajo.
tarifa f. tabla de precios .
tarima f. estrado o suelo movible.
tarjeta f. dim. de **tarja**; cartulina rectangular con el nombre y dirección de una persona.
tarjetero m. cartera para llevar tarjetas.
tarlatana f. linón fino.
tarro m. vasija de barro vidriado.
tarso m. dícese de la parte posterior del pie.

tarta f. torta.
tartamudear intr. pronunciar las palabras torpemente y repitiéndolas.
tártaro, ra adj. originario de Tartaria.
tartera f. tortera.
tarugo m. clavija de madera.
tasa f. acción de tasar; medida; regla.
tasajo m. trozo de carne salada.
tasar tr. colocar o fijar tasa o precio; valuar.
tascar tr. morder el caballo el freno.
tatarabuelo, la m. y f. dícese del tercer abuelo.
tataranieto, ta m. y f. dícese del tercer nieto.
tatuar tr. grabar dibujos indelebles en el cutis.
taurino, na adj. perteneciente y relativo al toro.
tauro m. dícese del segundo signo del Zodiaco.
tauromaquia f. arte de lidiar toros.
tautología f. repetición de un pensamiento que resulta inútil.
taxidermia f. habilidad de disecar los animales muertos.
taxímetro m. aparato que en los coches de alquiler fija el valor del recorrido.
taza f. vasija con asa y pequeña.
tea f. astilla resinosa que al encenderse alumbra.
teatro m. sitio destinado a la representación de obras teatrales o dramáticas.
teclado m. reunión de teclas de algunos instrumentos musicales, como el piano.
teclear intr. mover las teclas.
tecnicismo m. conjunto de voces técnicas de algún arte o ciencia.
técnico, ca adj. perteneciente y relativo a las artes; individuo especializado en algún arte o ciencia. U.t.c.s.
tecnología f. lenguaje de las ciencias y las artes.
techar tr. cubrir con techo algún edificio.
techo m. parte de un edificio que lo cubre en la parte superior.
techumbre f. techo.
tedio m. hastío.
tegumento m. membrana o tejido.
teísmo m. creencia basada en la existencia y poder de Dios.
tejado m. parte más alta del edificio, cubierta de tejas.
tejedor, ra adj. que teje. U.t.c.s.
tejer tr. entrelazar; discurrir; formar la tela con la urdimbre.
tejo m. ladrillo; pedazo de teja.
tejón m. mamífero carnicero con piel dura y pelo largo.
tela f. obra tejida de diverso material; dícese del tejido formado por la araña.
telar m. máquina para tejer.
telaraña f. tela de araña.
telefonear tr. comunicarse por medio del teléfono.
telefonema m. comunicación por medio del teléfono.
teléfono m. aparato que permite transmitir a larga distancia los sonidos.
telegrafía f. arte de usar los telégrafos.
telegrafiar tr. comunicar a través del telégrafo.
telégrafo m. aparato que sirve para transmitir recados a larga distancia.
telegrama m. despacho telegráfico.
telescópico, ca adj. que sólo puede verse con el telescopio.
telescopio m. anteojo de gran alcance.
tema m. idea fija; asunto de un discurso.
temblar intr. agitar con movimiento continuo y repetido.
temblor m. movimiento repetido e involuntario.
tembloroso, sa adj. que tiembla constantemente.
temer tr. tener miedo.
temerario, ria adj. que provoca miedo; medroso.
temor m. inquietud del ánimo debida al mal que amenaza.
temperamento m. constitución del individuo.
temperatura f. grado de calor de un cuerpo.
temperie f. dícese de la situación de la atmósfera.
tempestad f. violenta alteración de la atmósfera, de las aguas del mar o del espíritu.
tempestivo, va adj. que ocurre a tiempo.
tempestuoso, sa adj. que provoca tempestades.
templanza f. virtud mediante la cual se acallan las pasiones.
templar tr. moderar; suavizar.

temple m. temperie.
templo m. edificio consagrado a un culto.
témpora f. tiempo de ayuno en cada época del año.
temporada f. espacio de tiempo de diversa duración.
temporal adj. perteneciente y relativo al tiempo; tempestad.
temporal adj. anat. dícese de cada uno de los huesos del cráneo correspondientes a las sienes. U.t.c.s.m.
temporario, ria adj. que dura solamente algún tiempo.
tempranero, ra adj. temprano.
temprano, na adj. que acontece antes de tiempo; adelantado; anticipado.
tenacear intr. porfiar pertinaz y tercamente en algo.
tenacidad f. calidad de tenaz.
tenalgia f. dolor en los tendones.
tenante m. figura de ángel u hombre que sostiene un escudo.
tenar adj. perteneciente y relativo a la palma de la mano.
tenaz adj. que se pega o adhiere fuertemente; terco; pertinaz.
tenaza f. instrumento de hierro en forma de tijeras para coger y sujetar las cosas.
tenazada f. acto y efecto de asir o agarrar con la tenaza.
tenca f. pez fisóstomo de agua dulce, comestible.
tendajo m. tendejón.
tendal m. tendedero.
tendedero m. lugar donde se tiende.
tendejón m. tienda pequeña.
tendencia f. inclinación; propensión.
tender tr. extender lo que está doblado; propender. U.t.c. intr.
tendero, ra m. y f. dícese de la persona que tiene tienda.
tendón m. cordón de fibras que une los músculos con los huesos.
tenducha f. desp. tienda pobre y de mal aspecto.
tenducho m. desp. de tenducha.
tenebrosidad f. condición de tenebroso.
tenebroso, sa adj. cubierto de tinieblas; falto de claridad.
tenedor, ra adj. dícese de las personas que poseen títulos, documentos, etc. U.t.c.s.
teneduría f. puesto u oficio de tenedor de libros; contabilidad.
tenencia f. posesión de algo; cargo de teniente.
tener tr. asir alguna cosa y así mantenerla; poseer.
tenería f. curtiduría.
tenia f. helminto parásito del intestino.
teniente p.a. de tener; que tiene o posee algo; oficial de grado inferior al de capitán.
tenífugo, ga adj. y s. que tiene eficacia para expulsar la tenia.
tenis m. juego que se practica entre dos o cuatro personas, con raquetas y pelotas.
tenista com. persona que juega el tenis.
Tenitas mit. diosa de la suerte.
tenor m. contenido literal de un escrito.
tenor m. mús. voz que se encuentra entre la del contralto y el barítono; persona que posee esta voz.
tensión f. estado de un cuerpo estirado por el poder de una fuerza.
tentación f. instigación que obliga a algo malo.
tentáculo m. apéndice de los moluscos.
tentar tr. tocar; inducir; instigar.
tentativa f. acción y efecto de intentar.
tenue adj. sutil; delicado.
teñible adj. que se puede teñir.
teñir tr. dar a alguna cosa diferente color del que tenía.
teocracia f. gobierno cuyo poder supremo está en manos del sacerdocio.
teocrático, ca adj. perteneciente a la teocracia.
teodolito m. instrumento útil para calcular y medir ángulos.
Teófana mit. doncella de gran belleza a quien Neptuno convirtió en oveja, siendo ésta quien dio a luz al famoso carnero del vellocino de oro.
teología f. ciencia que trata de Dios.
teólogo, ga adj. perteneciente y relativo a la teología.
teorema m. proposición que sostiene algo demostrable.
teoría f. conocimiento especulativo únicamente racional; serie de leyes que relacionan alguna orden de fenómenos.
teórico, ca adj. relativo o perteneciente

ciente a la teoría; que considera las cosas sólo especulativamente.
teoso, sa adj. aplícase a la madera que sirve para fabricar teas.
teosofía f. doctrina religiosa que afirma el contacto con la divinidad.
teosófico, ca adj. relativo a la teosofía.
terapeutica f. rama de la medicina que trata de los medios más eficaces de curación.
teratología f. estudio de las anomalías del organismo de los animales y vegetales.
tercería f. dícese del oficio de tercero.
tercero, ra adj que continúa en orden inmediato al segundo; alcahuete. U.t.c.s.
tercerola f. arma de fuego más corta que la carabina.
terceto m. dícese de la composición para tres voces o instrumentos; composición métrica de tres versos de once sílabas cada uno.
terciana f. dícese de la fiebre intermitente que repite cada tres días.
terciar tr. colocar una cosa al sesgo; interponerse entre los contendientes.
tercio, cia adj. tercero; tercera parte de un todo. U.t.c.s.
terciopelo m. tela de seda velluda.
terco, ca adj. necio; pertinaz; obstinado.
teresiano, na adj. perteneciente a Santa Teresa de Jesús.
tergiversación f. acto de tergiversar.
tergiversar tr. desfigurar la relación de los hechos; torcer las razones.
tergo m. zool. espalda, dorso.
termal adj. perteneciente a las termas.
termas f. pl. baños de aguas calientes minerales.
termes m. insecto nuróptero que corroe la madera dejando intacta la superficie.
térmico, ca adj. relativo al calor.
terminacho m. fam. voz inculta o deshonesta; término bárbaro.
terminal adj. final.
terminante p.a. de **terminar;** que termina; concluyente. U.t.c. adj.
terminar tr. acabar; finalizar; concluir.
término m. fin; límite.
terminología f. conjunto de términos característicos de alguna ciencia o arte.
termita f. termes.
termocauterio m. dícese del cauterio hueco de platino que se conserva caliente al emplearlo.
termómetro m. instrumento para medir la temperatura.
ternera f. cría hembra de la vaca.
ternero m. cría macho de la vaca.
terneza f. suavidad; ternura; delicadeza.
ternilla f. tejido cartilaginoso que separa o une los músculos de los animales vertebrados.
terno m. conjunto de tres cosas homogéneas; traje completo de hombre.
ternura f. calidad de tierno.
terquear f. mostrarse terco.
terquedad f. calidad de terco.
terracota f. escultura de barro cocido.
terraplenar tr. llenar de tierra un hueco; formar terraplén.
terráqueo, a adj. que está integrado por tierra y agua.
terrateniente com. poseedor de haciendas o tierras.
terraza f. jarra vidriada con dos asas; terrado.
terremoto m. sacudida violenta de la Tierra.
terrenal adj. perteneciente y relativo a la Tierra.
terreno, na adj. terrestre; terrenal.
terrero, ra adj. m. terrado; montón de tierra.
terrestre adj. terrenal.
terrible adj. que causa miedo, terror.
terrícola com. habitante de la Tierra.
terrífico, ca adj. que causa espanto.
territorio m. espacio de superficie terrestre de algún país.
terrón m. masa de tierra compacta o de otra sustancia.
terror m. miedo; pavor.
terrorismo m. dominación por el terror.
terroso, sa adj. perteneciente y relativo a la tierra.
terruño m. lugar espacioso de tierra; dícese del pueblo natal.
tersar tr. poner tersa una cosa.
terso, sa adj. limpio; claro; bruñido.
tertulia f. reunión social de personas.

tesar tr. mar. poner tirantes las velas, cabos, etc.
tesis f. conclusión de algún tema.
tesón m. perseverancia; constancia; firmeza.
tesorería f. oficina o cargo del tesorero.
tesorero, ra m. y f. dícese del encargado de la administración de caudales.
tesoro m. erario; depósito de objetos de gran valor.
testa f. dícese de la cabeza; frente.
testáceo, a adj. dícese de los animales que tienen cubierto el cuerpo por una concha. U.t.c.s.
testador, ra m. y f. dícese del individuo que declara su testamento.
testamentaría f. reunión de testamentarios; realización de lo que se dispuso en un testamento.
testamentario, ria adj. perteneciente y relativo al testamento; persona que está encargada de cumplir la voluntad del testador.
testamento m. documento que contiene la declaración solemne de la última voluntad de alguno.
testar intr. hacer testamento. U. t.c.tr.
testarudo, da adj. terco; necio.
testera f. cara anterior de una cosa; asiento en que se va de frente en un carruaje.
testículo m. nombre de cada una de las glándulas que secretan el semen.
testificar tr. afirmar o probar algo mediante documentos o testigos; declarar.
testimonial adj. que hace declaración o fe.
testimoniar tr. afirmar como testigo; atestiguar.
testimoniero, ra adj. que gusta de la hazaña y mentira.
testimonio m. aseveración o afirmación con pruebas de alguna cosa.
testuz f. frente de ciertos animales.
tesura f. tiesura.
teta f. glándula mamaria.
tétanos m. rigidez y tensión convulsiva de los músculos.
tetar tr. amamantar.
tetera f. dícese de la vasija especial para el té.
tetilla f. dícese de la teta del mamífero macho.
tétrico, ca adj. sombrío; triste.
tetuda f. hembra con tetas muy abultadas.
textil adj. materia para tejerse.
texto m. lo escrito por un autor; pasaje de alguna obra literaria.
textual adj. que está hecho o escrito apegado al texto.
tez f. dícese de la superficie del rostro humano.
tía f. dícese de la hermana o prima del padre o de la madre.
tibia f. hueso principal de la pierna; flauta; dícese de alguna cosa templada.
tibieza f. calidad de tibio.
tibio, bia adj. templado; poco fervoroso.
tibor m. jarrón grande de la China.
tiburón m. pez enorme y voraz terror de los navegantes.
tiempo m. duración de los seres sujetos a mutación; ocasión; estado atmosférico; edad de una persona; período en que sucedió algo o sucede algo.
tierno, na adj. delicado; afectuoso; amable; propenso al llanto.
Tierra f. nombre del planeta en que habitamos; materia de que está compuesto el suelo.
tieso, sa adj. duro; rígido; tenso; tirante.
tiesto m. maceta; pedazo de alguna vasija de barro.
tifo m. enfermedad de carácter endémico y contagiosa.
tifón m. dícese de los huracanes en el mar de la China; tromba marina.
tigre m. mamífero semejante al gato y se distingue por su ferocidad.
tijeras f. pl. instrumento para cortar, consistente en dos hojas trabadas por un eje.
tilín m. dícese del sonido de la campanilla.
timar tr. hurtar o robar con engaños.
timbal m. dícese del tambor de un solo parche.
timbrar tr. poner el timbre.
timbre m. sello; instrumento para llamar; distintos caracteres de los sonidos.
timidez f. temor; falta de carácter; encogimiento.
timo m. acción de timar.
timón m. palo del arado; pieza que gobierna la nave.

timonel m. el que gobierna el timón de la nave.
timorato, ta adj. que tiene temor de Dios.
tímpano m. membrana del oído; atabal.
tina f. vasija grande parecida a una caldera; tinaja.
tinaco m. tina grande de madera.
tinaja f. vasija más ancha por el medio que por la boca.
tinglado m. cobertizo.
tiniebla f. oscuridad; falta de luz; dícese también de la ignorancia.
tino m. juicio; destreza; acierto.
tinta f. tinte.
tinte m. acto de teñir; color con que se tiñe.
tintero m. vaso pequeño para la tinta de escribir.
tintorería f. oficio de tintorero; casa donde se tiñe.
tintorero m. el que da tintes o tiñe.
tintura f. acción y efecto de teñir.
tiña f. arañuelo que perjudica a las colmenas; padecimiento de la piel del cráneo.
tío m. hermano o primo del padre o de la madre.
típico, ca adj. simbólico, característico.
tiple m. dícese de la voz humana más aguda.
tipo m. ejemplar; letra de imprenta.
tipografía f. imprenta.
tipógrafo m. impresor.
tirabuzón m. sacacorchos.
tirano, na adj. persona que ejerce tiranía. U.t.c.s.
tirar tr. lanzar; disparar un arma de fuego.
tiritar intr. temblar de frío.
tiroides adj. dícese de la glándula situada delante de la tráquea.
tirotear tr. disparar varios tiros.
tísico, ca adj. enfermo de tisis. U. t.c.s.
tisis f. tuberculosis pulmonar.
titán m. gigante.
títere m. individuo ridículo o necio; figurilla que se hace mover por algún artificio.
titubear intr. dudar vacilar, oscilar.
titular adj. persona con algún título; facultativo oficial de un partido; letra mayúscula muy grande.
titular tr. poner título o nombre a alguna cosa.
título m. inscripción; documento que acredita la posesión de algo.
tiznar tr. manchar con tizne. U. t.c.r.
tizne m. dícese del humo que se adhiere a las vasijas que están cerca de la lumbre.
toalla f. paño para secar.
tobillo m. protuberancia de la garganta del pie.
tobogán m. declive especial para deslizarse por él.
tocado m. adorno y peinado de la cabeza en las mujeres.
tocador, ra adj. que toca; mueble con espejo y otros utensilios. U. t.c.s.
tocar tr. tañir un instrumento; ejercitar el tacto.
tocayo, ya m. y f. dícese de la persona que tiene igual nombre que otra.
tocino m. carne salada del puerco.
todavía adv. aún.
todo, da adj. cabal, íntegro, entero.
todopoderoso, sa adj. Dios; que todo lo puede.
toga f. vestidura que usan encima del traje los magistrados.
toldilla f. cubierta puesta a popa en el alcázar del buque.
toldo m. cubierta de tela.
tolerar tr. sufrir con paciencia; disimular o consentir.
tolva f. caja sobre la rueda del molino para echar el grano.
tolvanera f. remolino de polvo.
toma f. conquista por la acción de las armas; acto de tomar.
tomar tr. conquistar por la fuerza de las armas; coger; beber; recibir.
tomate m. fruto de la tomatera.
tómbola f. lotería.
tonada f. composición hecha para cantarse.
tonalidad f. sistema de sonidos.
tonel m. cubeta grande.
tonelada f. unidad de peso igual a mil kilogramos.
tonelero, ra m. y f. persona que hace toneles.
tónico, ca adj. nombre de la primera nota de una escala; que da vigor.
tonificar tr. entonar; dar vigor.
tonina f. atún.
tono m. grado de elevación del sonido.

tontería f. necedad.
tonto, ta adj. necio. sandio; U. t.c.s.
topacio m. piedra fina amarilla y resistente.
topar tr. tropezar; chocar una cosa con otra.
tópico, ca adj. perteneciente y relativo a determinado sitio; medicamento de aplicación externa. U.t.c.s.
topo m. mamífero insectívoro que habita en galerías subterráneas construidas por él.
topografía f. arte de delinear terrenos.
topógrafo, fa m. y f. dícese del que practica la topografía.
toque m. acto de tocar; tañido de las campanas.
torácico, ca adj. perteneciente y relativo al tórax.
tórax m. pecho.
torbellino m. remolino de viento.
torcaz adj. nombre de la paloma silvestre.
torcedor, ra adj. que puede torcer. U.t.c.s.
torcer tr. dar vueltas a alguna cosa sobre sí misma.
torcijón m. retortijón de tripas.
tórculo m. prensa pequeña.
tordillo, la adj. tordo. U.t.c.s.
tordo, da adj. bestia con el pelo mezclado de negro y blanco; cierto pajarillo de pico negro.
torear tr. lidiar toros. U.t.c. intr.
torería f. dícese del conjunto de toreros.
torero, ra adj. perteneciente y relativo al toro; dícese del individuo que lidia toros. U.t.c.s.
toril m. lugar donde se encierran los toros de lidia.
tormenta f. borrasca; tempestad.
tormento m. sufrimiento; pena; dolor: acto de atormentar.
tornaboda f. día siguiente al de la boda.
tornadizo, za adj. versátil; voluble.
tornado m. dícese del huracán en el Golfo de Guinea.
tornar tr. devolver; regresar; restituir. U.t.c. intr.
tornasol m. girasol; sustancia vegetal empleada en tintorería.
torneo m. combate a caballo.
tornero m. el que hace tornos.
tornillo m. cilindro que entra en la tuerca.
torno m. aparato simple que consiste en un cilindro que gira sobre su propio eje.
toro m. rumiante que tiene la cabeza con dos cuernos.
toronjil m. planta de tipo medicinal.
torpe adj. falto de habilidad; sin movimiento.
torpedear tr. lanzar torpedos.
torpedo m. aparato submarino que hace explosión; pez que produce un choque eléctrico a quien lo toca.
torpeza f. calidad de torpe.
torre f. edificio alto.
torrencial adj. perteneciente y relativo al torrente.
torrente m. fuerte corriente de agua.
torreón m. torre grande.
tórrido, da adj. muy ardiente.
torsión f. acción de torcer.
torso m. tronco de una estatua.
tortilla f. fritada de huevos en figura de torta.
tórtola f. ave semejante a la paloma y más pequeña.
tortuga f. nombre de reptil quelóneo.
tortuoso, sa adj. complicado; con muchas vueltas y rodeos.
tortura f. calidad de tuerto; tormento.
torvo, va adj. fiero.
tos f. movimiento ruidoso del aparato respiratorio.
tosco, ca adj. ordinario; grosero.
toser intr. padecer de tos.
tósigo m. ponzoña.
tostada f. rebanada de pan tostado untada con alguna sustancia.
tostado, da adj. color oscuro.
tostar tr. calentar algo hasta que tome color.
total adj. que lo abarca todo en su especie; suma. U.t.c.s.
totalizar tr. generalizar; sumar.
tóxico, ca adj. sustancia venenosa U.t.c.s.
toxicología f. rama de la medicina que estudia los venenos.
toxina f. sustancia venenosa que elaboran los seres vivos.
tozudo, da adj. terco; necio; obstinado.
traba f. ligadura.
trabajador, ra adj. persona que trabaja; jornalero. U.t.c.s.
trabajar intr. dedicarse a cualquier oficio o ejercicio

trabajo m. acto de trabajar; obra; dificultad.
trabar tr. echar trabas.
trabazón f. conexión, unión.
trabuco m. arma de fuego semejante a la escopeta.
tracción f. acto de arrastrar.
tradición f. noticia de cosas antiguas transmitida de padres a hijos.
traducir tr. decir en una lengua lo expresado en otra.
traer tr. llevar alguna cosa al sitio donde se halla.
tráfago m. tráfico.
traficar intr. comerciar; negociar.
tráfico m. acción de traficar.
tragacanto m. árbol de cuyo tronco se extrae una goma de mucha utilidad.
tragadero m. dícese de la faringe.
tragaluz m. ventana situada en lo alto de un muro o en un techo.
tragar tr. hacer que algo pase por la faringe; comer demasiado y atropelladamente.
tragedia f. poema dramático de acción lastimosa; suceso desgraciado.
tragicomedia f. poema dramático que lleva unidos el elemento trágico y el cómico.
trago m. porción de líquido que se bebe de una vez.
tragón, na adj. dícese del que come mucho. U.t.c.s.
traición f. atentado contra la fidelidad; deslealtad.
traidor, ra adj. que hace alguna traición.
traína f. conjunto de redes de fondo.
traje m. vestido.
tramitar tr. hacer que algo pase por los trámites necesarios.
trámite m. paso de una parte o de un cosa a otra; diligencia por la que marcha algún asunto.
tramo m. espacio de una escalera comprendida entre dos rellanos.
tramontana f. cierzo.
tramontar tr. pasar más allá de los montes. U.t.c. intr. y c.r.
tramoya f. enredo teatral.
trampa f. artificio para cazar; puerta abierta en el piso.
trampolín m. plano inclinado que ayuda al salto del deportista.
tramposo, sa adj. que gusta de hacer trampas en el juego.

tranca f. palo grueso para atrancar puertas y ventanas.
trancazo m. golpe que se da con una tranca.
trance m. momento crítico; situación difícil y decisiva.
tranquilidad f. calidad de tranquilo; calma; quietud.
tranquilizar tr. sosegar; calmar.
tranquilo, la adj. sosegado; pacífico; sin ningún cuidado.
transacción f. pacto; trato entre dos o más.
transatlántico, ca adj. de más allá del Atlántico.
transbordar tr. trasladar personas o cosas de un medio de transporte a otro.
transcontinental adj. que atraviesa el continente.
transcribir tr. copiar algún escrito.
transcurrir intr. pasar; correr el tiempo.
transcurso m. curso del tiempo; paso.
transeúnte adj. dícese del que está de paso. U.t.c.s.
transferir tr. llevar algo de un punto a otro; conceder a otro algún derecho.
transfigurar tr. cambiar la forma o la figura de alguna cosa. U.t.c.r.
transformar tr. transfigurar. U.t.c.r.
transgredir tr. quebrantar; alterar alguna ley.
transición f. acto de pasar de un estado a otro.
transigir tr. aceptar en parte lo que no se considera razonable.
transitar intr. pasar de un lugar a otro por sitios públicos.
transitivo, va adj. nombre del verbo activo.
tránsito m. acción de pasar.
transitorio, ria adj. temporal; pasajero.
transmisor, ra adj. que puede transmitir.
transmitir tr. trasladar; ceder lo que se posee.
transmontar tr. tramontar. U.t.c. intr. y c.r.
transparente adj. cuerpo a través del cual pueden verse las cosas.
transpiración f. acto de transpirar.
transpirar intr. salir los humores al exterior a través de los poros de la piel.
transportar tr. conducir algo de un puesto a otro.

transversal adj. que pasa de uno a otro lado.
transverso, sa adj. colocado al través.
tranvía m. ferrocarril.
tranzar tr. tronchar; cortar.
trapacista adj. tramposo; embustero. U.t.c.s.
trapaza f. engaño; fraude.
trapecio m. palo suspendido y sujetado en sus extremos por dos cuerdas.
trapero, ra adj. individuo que vende y compra trapos. U.t.c.s.
trapisonda f. desorden; riña; bulla.
trapo m. pedazo de tela desgarrada.
traque m. ruido continuo que produce el estallido de los cohetes.
tráquea f. conducto cartilaginoso colocado en el interior del esófago.
traquear intr. producir ruido o estrépito.
traqueteo m. traqueo.
traquido m. traque.
trascendencia f. consecuencia; resultado; sagacidad.
trascendental adj. perteneciente y relativo a la trascendencia; que se comunica a otras cosas.
trascendente p.a. de **trascender**; que trasciende.
trascender intr. divulgarse o extenderse algo; despedir olor vivo.
trasegar tr. trastornar; revolver; alterar.
trasera f. parte posterior de algunas cosas.
trasero, ra adj. dícese de la parte posterior de los animales; que se queda o está atrás.
trashojar tr. hojear.
trasiego m. acción de trasegar.
traslación f. traducción.
trasladar tr. conducir algo de un lugar a otro; copiar.
traslado m. traslación; copia.
traslúcido, da adj. translúcido.
traslumbrar tr. deslumbrar con luces vivas y repentinas.
trasluz m. dícese de la luz que pasa a través de un cuerpo transparente.
trasnochada f. velada por una noche.
trasnochar intr. pasar la noche en vela.
trasoír tr. escuchar algo con error.
traspapelar tr. desaparecer o confundirse un papel.
traspasar tr. pasar una cosa de un sitio a otro; exceder de lo debido.
trasplantar tr. cambiar de lugar alguna planta.
trasponer tr. transponer. U.t.c.r.
traspunte m. dícese del que avisa al actor para salir a la escena.
trasquilar tr. esquilar o cortar el pelo a los animales.
trastada f. dícese de las acciones de una persona de poca formalidad.
traste m. filete metálico colocado en el mástil de algunos instrumentos.
trastear tr. cambiar de lugar los trastos; manejar a alguno.
trastería f. conjunto de trastos viejos.
trastero, ra adj. lugar de la casa para guardar trastos.
trastienda f. aposento situado detrás de la tienda.
trasto m. mueble; utensilio.
trastornar tr. volver las cosas de arriba a abajo; alterar el orden público; alterar los sentidos.
trastocar tr. cambiar el estado de alguna cosa. U.t.c.r.
trasudar tr. exhalar trasudor.
trasudor m. sudor leve debido a alguna pena o temor.
trasver tr. ver a través de algo.
trasvolar tr. volar de un lugar a otro.
tratable adj. de trato afable.
tratado m. ajuste; convenio; tema o escrito acerca de alguna materia.
tratamiento m. método terapéutico; trato; título.
tratante p.a. de **tratar**; que trata.
tratar tr. tener relación con alguien; intentar algo; manejar alguna cosa.
trato m. acto de tratar; tratamiento.
traumático, ca adj. perteneciente al trauma.
traumatismo m. cir. lesión casi siempre producida por agentes mecánicos externos.
través m. torcimiento; inclinación.
travesaño m. pieza de madera o hierro que se atraviesa de una parte a otra; almohada larga.
travesear intr. hacer travesuras.
travesía f. camino transversal; viaje marítimo.
traviesa f. dícese de los maderos

colocados en las vías férreas para asentar los rieles.
trayecto m. espacio que se recorre de un punto a otro.
trayectoria f. línea descrita en el espacio por un punto móvil.
trazar tr. delinear; hacer trazos.
trazo m. línea; delineación.
trebejar intr. travesear; juguetear.
trebejo m. cualquier trasto o utensilio portátil; pieza del ajedrez.
trébol m. planta forrajera.
trebolar m. Amer. campo cubierto de treool.
trecho m. espacio; distancia.
tredécimo, ma adj. decimotercio.
tremebundo, da adj. horrendo; espantoso.
tremedal m. lugar cenagoso, cubierto de césped que retiembla cuando se pasa sobre él.
tremendo, da adj. terrible.
trementina f. jugo casi líquido que segregan los pinos y otros árboles.
tremesino, na adj. que tiene o dura tres meses.
tremolar tr. mover en el aire las banderas. U.t.c. intr.
tremolina f. movimiento del aire; bulla.
trémolo m. mús. sucesión rápida de notas iguales, y de duración idéntica.
trémulo, la adj. que tiembla.
tren m. serie de carruajes de ferrocarril enganchados a una locomotora; ostentación.
treno m. canto fúnebre.
trenza f. dícese de la unión o enlace de ramales entretejidos.
trenzar tr. formar trenzas.
trepa f. adorno que se coloca en el borde de los vestidos; fam. engaño.
trepanar tr. perforar el cráneo.
trepar intr. subir a un lugar de difícil acceso.
trepidar intr. temblar.
tresalbo, ba adj. dícese de los caballos que tienen tres pies blancos.
tresillo m. juego de naipes que se efectúa entre tres personas; mús. unión de tres notas semejantes que se ejecutan en el tiempo de dos de ellas.
treta f. artimaña; trampa.
tri prefijo que significa tres.
triaca f. preparación farmacéutica antigua en que el opio era su principal ingrediente; fig. paliativo.
tríada f. grupo de tres.
triángulo, la adj. triangular; figura formada por tres líneas que se cortan entre sí.
tribu f. conjunto de familias sujetas a un solo jefe.
tribulación f. angustia; congoja.
tribuna f. púlpito en las reuniones y asambleas.
tribunal m. sitio destinado a la administración de la justicia; conjunto de magistrados que administran la justicia.
tribuno m. dícese del orador de gran elocuencia.
tributar tr. pagar contribución.
tributo m. homenaje; lo que se tributa.
triciclo m. vehículo de tres ruedas.
tricolor adj. de tres colores.
tricornio adj. de tres cuernos; aplícase al sombrero de tres picos. U.t.c.s.
tridente adj. que tiene tres dientes.
triduo m. ejercicio devoto que dura tres días.
trienio m. espacio de tres años.
triforme adj. que tiene tres formas.
trigal m. campo de trigo.
trigo m. planta gramínea de cuyos granos molidos se saca la harina para hacer pan.
trigonometría f. rama de las matemáticas que resuelve los triángulos por medio del cálculo.
trigueño, ña adj. de color de trigo.
trilingüe adj. que habla tres lenguas.
trillado, da adj. dícese de lo muy conocido y divulgado.
trillar tr. quebrantar la mies con el trillo.
trillo m. instrumento para trillar.
trimestral adj. que acontece o se repite cada tres meses.
trimestre adj. período de tiempo igual a tres meses.
trinado m. gorjeo; trino.
trinar tr. hacer trinos; rabiar.
trinchante p.a. de trinchar; que trincha; utensilio para trinchar algunas cosas.
trinchar tr. partir la vianda en pedazos.
trinchera f. resguardo o defensa de tierra.
trinchero m. mueble de comedor

trineo m. carro sin ruedas propio para caminar en el hielo.
trinidad f. distinción de las tres divinas personas en una sola esencia.
trinitaria f. planta de bellas flores, de tres colores llamada vulgarmente **pensamiento**.
trinquete m. palo de proa.
trío m. terceto musical.
tripa f. intestino; vientre; panza.
tripe m. terciopelo.
triple adj. número que contiene otro tres veces.
triplicar tr. multiplicar por tres.
trípode m. dícese del banco de tres pies.
triptongo m. reunión de tres vocales que se pronuncian en una sola emisión de voz.
tripulación f. personal de la nave.
tripular tr. dotar de tripulación a un barco.
tris m. leve ruido que produce al quebrarse alguna cosa pequeña.
trisagio m. himno de alabanza a la Santísima Trinidad.
trisílabo, ba adj. que tiene tres sílabas.
triste m. afligido; apenado; desgraciado. U.t.c. adj.
triturar tr. moler; desmoronar.
triunfar tr. lograr el honor y la victoria; vencer.
triunfo m. acción y efecto de triunfar.
triunvirato m. magistratura compuesta por tres miembros.
trivial adj. vulgar; común.
trocar tr. cambiar.
trocisco m. fragmento de alguna masa medicinal.
trofeo m. lo que se despoja al enemigo; señal de un triunfo.
troglodita adj. que vive en cavernas. U.t.c.s.
trompeta f. instrumento músico especie de clarín.
trompo m. peón.
tronada f. dícese de la tempestad acompañada de truenos.
troncal adj. perteneciente y relativo al tronco.
troncar tr. truncar.
tronco m. tallo más importante de los vegetales.
tronchar tr. romper el tronco.
tronzar tr. hacer trozos.
tropel m. movimiento atropellado de personas o cosas.
tropelía f. atropello; aceleración confusa.
tropezar intr. dar con los pies en algún estorbo.
tropezón, na adj. que tropieza.
trópico, ca adj. dícese de los círculos menores del globo terrestre; paralelos al ecuador; perteneciente y relativo al trópico.
tropiezo m. culpa; yerro; golpe de pie contra alguna cosa.
troquel m. molde de acero para acuñar monedas.
trote m. marcha de las cabalgaduras.
trovador, ra adj. que trova. U.t.c.s.
trovar intr. hacer versos; componer trovas.
trovero m. poeta.
trozo m. pedazo de alguna cosa.
truculento, ta adj. cruel; sanguinario.
trucha f. pez de agua dulce.
trueco m. trueque.
trueno m. ruido ocasionado en las nubes producido por descarga eléctrica.
trueque m. acto de trocar.
trufar tr. rellenar de trufas los manjares.
truhán, na adj. que vive de estafas. U.t.c.s.
truncar tr. cortar.
tubérculo m. parte abultada y feculenta de las raíces de ciertas plantas.
tuberculosis f. tuberculación; tisis.
tuberculoso, sa adj. perteneciente y relativo a la tuberculosis.
tubería f. conjunto de tubos.
tuberosa f. nardo.
tubo m. pieza cilíndrica y hueca.
tubular adj. perteneciente y relativo al tubo.
tuerca f. pieza con un hueco labrado en hélice, donde ajusta el tornillo.
tuerto, ta p.p. de torcer; adj. falto de vista en un ojo.
tuetano m. médula.
tufo m. olor desagradable y penetrante.
tul m. tejido de malla.
tulipán m. planta de flores grandes y globosas.
tullir tr. perder el uso de los miembros. U.t.c.r.
tumba f. sepultura.
tumbar tr. derribar.
tumbo m. vaivén rápido.
tumor m. hinchazón.

tumulto m. motín; reyerta popular.
tuna f. fruto del nopal; dícese de la vida del estudiante vagabundo.
tunante adj. taimado, malhechor.
túnel m. pasadizo subterráneo.
túnica f. vestimenta exterior larga y amplia.
tupé m. copete.
tupido, da adj. espeso.
tupir tr. apretar demasiado una cosa.
turba f. combustible vegetal; muchedumbre.
turbación f. desorden, confusión.
turbar tr. alterar el orden; confundir. U.t.c.r.
turbulencia f. alteración que opaca una cosa.
turbulento, ta adj. alborotado; turbio.
turismo m. afición a recorrer naciones por placer.
turista adj. que gusta del turismo. U.t.c.s.
turnar intr. alterar con orden.
turno m. orden para hacer algo.
turquí adj. color azul intenso. U.t.c.s.
turulato, ta adj. estupefacto.
tutear tr. hablar de tú a una persona. U.t.c.r.
tutela f. cargo de tutor.
tutor, ra m. y f. persona que administra los bienes de un menor.

U

u f. vigésima cuarta letra del abecedario; conjunción disyuntiva.
uacari m. mono platirrino cébido sudamericano, de talla pequeña.
ubérrimo, ma adj. sup. muy fértil y abundante.
ubicar intr. permanecer en cierto espacio o lugar. U.t.c.r.
ubicuidad f. calidad de ubicuo; poder o facultad de encontrarse a un mismo tiempo en todas partes.
ubicuo, cua adj. que tiene el don de la ubicuidad; fig. dícese del que se mete en todo.
ubre f. tetilla de la hembra.
ubrera f. pequeña llaga que suele aparecer en la boca de los niños durante la lactancia.
ucraniano, na adj. s. natural de Ucrania.
¡uf! interj. con que se expresa repugnancia, asco, fatiga, etc.
ufanarse r. jactarse.
ufano, na adj. engreído, jactancioso, arrogante.
ujier m. portero de los tribunales.
úlcera f. solución de continuidad en los tejidos con supuración.
ulceración f. acto de ulcerarse una herida o llaga.
ulcerar tr. provocar úlcera. U.t.c.r.
ulceroso, sa adj. con úlceras.
uliginoso, sa adj. aplícase a las tierras húmedas y a las plantas que en ellas se reproducen.
ulterior adj. que se encuentra al otro lado; lo que ha de decirse o hacerse después, posterior.
ultimar tr. terminar, concluir.
ultimátum m. conclusión terminante.
último, ma adj. que está en lugar postrero.
ultra pref. que se agrega a la palabra a que va unido, a la significación de más allá, al otro lado de o exageradamente.
ultraísmo m. exageración de las ideas u opiniones.
ultrajar tr. mancillar, despreciar, ofender.
ultraje m. desprecio, ofensa, mancilla.
ultramar m. dícese del lugar situado más allá del mar.
ultramarino, na adj. de allende el mar.
ultramicroscópico, ca adj. aplícase a lo que por pequeño sólo puede ser visto por medio del ultramicoscopio.
ultramicroscopio m. sistema óptico que se emplea para los objetos de dimensiones no visibles al microscopio.
ultramontano, na adj. que radica o viene de más allá de los montes.
ultranza (a) m. adv. a todo trance.
ultrarrojo adj. fís. dícese del rayo invisible del espectro luminoso que sigue al violeta.
ulular intr. proferir gritos o alaridos.
umbilicado, da adj. que tiene figura de ombligo.
umbilical adj. perteneciente y relativo al ombligo.
umbral m. dícese de la parte inferior de la puerta.
umbrático, ca adj. relativo a la sombra o que la produce.

umbría f. lugar con mucha sombra.
umbrío, a adj. sombrío.
umbroso, sa adj. que tiene sombra o la produce.
unánime adj. aplícase a personas que tienen un mismo parecer.
uncir tr. sujetar las bestias al yugo.
undécimo, ma adj. que sigue inmediatamente al o a lo décimo.
undoso, sa adj. que tiene ondas o se mueve haciéndolas.
undulación f. acción y efecto de undular; fís. onda.
undular intr. moverse una cosa haciendo giros en forma de eses.
undulatorio, ria adj. dícese del movimiento de undulación.
ungido, da p.p. de ungir; persona que ha recibido el óleo santo.
ungir tr. signar con el óleo sagrado.
ungüento m. sustancia útil para ungir o untar.
ungulado, da adj. que tiene pezuñas.
único, ca adj. que es solo en su especie; singular.
unicolor adj. de un solo color.
unidad f. dícese de la singularidad en calidad o en número.
unificar tr. reunir varias cosas en una sola. U.t.c.r.
uniforme adj. vestimenta que distingue a un cuerpo; semejante. U.t.c.s.
unigénito, ta adj. hijo único.
unilateral adj. que se refiere a un aspecto o parte de alguna cosa; for. se dice del contrato que solamente obliga a una de las partes.
unión f. acto de unir; alianza; conformidad.
unípede adj. de un pie.
unipersonal adj. de una sola persona.
unipétalo, la adj. bot. de un solo pétalo.
unir tr. juntar, incorporar, aliar. U.t.c.r.
unisexual adj. con un solo sexo.
unísono, na adj. con el mismo sonido o tono que otra cosa.
unitario, ria adj. que gusta de la unidad.
unitivo adj. que sirve para unir.
universal adj. que abarca, conviene o es común a todos en su género.
universalidad f. calidad o condición de universal.
universidad f. lugar de enseñanza superior donde se estudian las diferentes facultades.
universo m. mundo.
unívoco, ca adj. y s. se dice de lo que con una misma expresión significa cosas diversas.
uno, na adj. único.
untar tr. ungir.
untaza f. gordura, unto.
unto m. gordura; materia grasosa para ungir.
untura f. untadura.
uña f. parte córnea y dura que crece en el extremo de los dedos; pezuña.
uñero m. inflamación en la raíz de la uña.
uranio m. metal semejante al níquel.
urbanidad f. buen modo; cortesía; cortesanía.
urbanizar tr. poblar un terreno; hacer cortés a alguno.
urbano, na adj. perteneciente y relativo a la ciudad; cortés.
urbe f. ciudad grande y muy populosa.
urce m. brezo.
urdimbre f. estambre después de urdido; fig. maquinación, trama.
urdir tr. maquinar algo; arreglar los hilos en la urdidera.
urea f. sustancia que abunda en la orina.
uremia f. padecimiento causado por el exceso de urea en la sangre.
urémico adj. perteneciente a la uremia; aplícase a quien la padece. U.t.c.s.
urente adj. ardiente.
uréter m. conducto por donde pasa la orina de los riñones a la vejiga.
uretra f. conducto por donde se expele la orina.
urgencia f. precisión; necesidad urgente.
urgir intr. apremiar; precisar.
urinario, ria adj. perteneciente y relativo a la orina.
uro m. animal salvaje semejante al bisonte.
urología f. med. tratado o estudio de las enfermedades del aparato urinario.
urólogo m. el que profesa o estudia

las enfermedades del aparato urinario.
urraca f. pájaro doméstico que imita palabras y cantos.
urticaria f. pat. padecimiento eruptivo cutáneo que se distingue por violenta comezón y grandes ronchas.
usado, da adj. gastado.
usanza f. estilo, uso.
usar tr. emplear algo; acostumbrar. U.t.c. intr.
usía com. síncopa de usiría, vuestra señoría.
uso m. estilo, costumbre, acto de usar.
usted s. tratamiento cortés y familiar.
ustión f. acción de quemar.
usual adj. que se hace comúnmente.
usufructo m. derecho para usar alguna cosa y difrutar de sus utilidades.
usufructuar tr. gozar el usufructo de algo.
usura f. interés de los préstamos.
usurario, ria adj. dícese del contrato con usura.
usurero, ra adj. dícese del que presta con usura.
usurpar tr. arrebatar a alguien lo suyo.
utensilio m. objeto manual de uso frecuente.
uterino, na adj. perteneciente y relativo al útero.
útero m. matriz.
útil adj. que tiene utilidad.
utilidad f. provecho; calidad de útil.
utilizar tr. valerse de algo.
utopía [utopia] f. plan halagador que no es realizable.
utópico, ca adj. concerniente a la utopía.
utrero, ra s. novillo o novilla de dos o tres años.
uva f. fruto de la vid.
uvada f. abundancia de uva.
uxoricidio m. muerte violenta que el marido da a la esposa.

V

v. f. vigésima quinta letra del alfabeto, su nombre es ve.
vaca f. hembra del toro.
vacabuey m. árbol cubano de madera muy estimada.
vacación f. suspensión temporal de los negocios; tiempo que dura. U.m. en pl.
vacada f. conjunto de animales vacunos.
vacante adj. dícese del cargo desocupado.
vacar intr. estar vacante un empleo.
vacarí adj. de cuero de vaca.
vaciadero m. sitio en que se vacía una cosa; conducto por donde se vacía.
vaciado m. figura de yeso que se forma en el molde.
vaciar tr. hacer una figura en un molde; dejar vacía una cosa. U.t.c.r.
vaciedad f. necedad.
vacilación f. acto de vacilar.
vacilar intr. titubear.
vacilatorio, ria adj. aplícase a los movimientos inciertos de equívoca fluctuación.
vacío, a adj. vacuo; sin contenido.
vacunar tr. inocular la vacuna.
vacuno, na adj. relativo al ganado de vacas.
vacuo, a adj. vacío.
vadear tr. pasar el río por un vado.
vadera f. vado ancho por donde puede pasar el ganado y carruajes.
vade retro loc. lat. que se usa para rechazar alguna cosa o persona.
vado m. lugar de un río por donde se puede pasar a pie.
vagabundo, da adj. errante. U.t.c.s.
vagancia f. acto de vagar.
vagante intr. andar sin rumbo; andar libre y suelta alguna cosa.
vagar intr. errar.
vagoroso, sa adj. que vaga o que continúa y fácilmente va de un lado a otro.
vagido m. gemido o llanto del recién nacido.
vagina f. conducto comprendido desde la vulva hasta la matriz.
vaginal adj. perteneciente y relativo a la vagina.
vago, ga adj. indeciso; que vaga.
vagón m. carruaje de los ferrocarriles.
vagoneta f. vagón cubierto y pequeño.
vaguada f. línea que marca el fondo de un valle, por donde corren las aguas.
vaguedad f. calidad de vago.

vaguido, da adj. turbado; vahído. U.t.c.s.
vaharina f. fam. vapor o niebla.
vaho m. vapor que arroja un cuerpo.
vaina f. cáscara de alguna simiente.
vainica f. deshilado fino que se hace en las telas a modo de adorno.
vainilla f. planta de fruto oloroso que se emplea para aromatizar diferentes cosas.
vaivén m. movimiento alternativo de un cuerpo que oscila.
vajilla f. conjunto de platos, vasos, etc., para servicio de la mesa.
val. m. apócope de valle.
vale documento que se canjea por dinero efectivo.
valedor, ra adj. defensor.
valentía f. esfuerzo, arrojo.
valentísimo, ma adj. sup. de valiente.
valentón, na adj. bravucón. U. t.c.s.
valentonada f. bravuconada.
valer tr. defender; equivaler. U. t.r. intr.
valeriana f. planta cuyo rizoma se emplea en medicina.
valeroso, sa adj. esforzado.
valet m. galicismo por criado, sirviente.
valía f. aprecio.
validación f. acto de validar.
validar tr. dar fuerza o firmeza a una cosa; hacerla válida.
válido, da adj. que vale.
valido m. el que disfruta del favor de otro.
valiente adj. esforzado, fuerte.
valija f. maleta de cuero.
valioso, sa adj. de gran estimación.
valor m. precio; grado de utilidad de los objetos.
valorar tr. determinar el precio de algo.
vals m. baile.
valsar intr. bailar el vals.
valuar tr. valorar.
válvula f. pieza de las máquinas que cierra una abertura.
valla f. vallado.
valladar m. vallado.
vallado m. cerco para defensa; obstáculo.
vallar tr. cerrar un sitio con vallados.
valle m. llanura entre montañas.
vampiro m. murciélago enorme que se alimenta de chupar la sangre de las personas.
vanagloria f. presunción; jactancia.
vanguardia f. fuerza armada que precede al cuerpo principal.
vanidad f. presunción.
vanidoso, sa adj. jactancioso.
vano, na adj. irreal; presuntuoso.
vapor m. fluido aeriforme en que se convierten algunos cuerpos.
vaporar tr. evaporar.
vaporizar tr. convertir en vapor algún cuerpo. U.t.c.r.
vaqueriza f. corral para el ganado mayor.
vaquero, ra adj. perteneciente a los pastores de ganado vacuno.
vaqueta f. cuero de res vacuna.
vara f. palo delgado.
varar intr. encallar el barco en la arena.
varear tr. medir con vara.
variable adj. que puede variar.
variar tr. hacer que una cosa sea diferente de lo que era; cambiar
varice [várice] f. dilatación de una vena.
varicela f. erupción del cutis semejante a la viruela benigna.
variedad f. calidad de vario.
varilla f. barra delgada.
vario, ria adj. mudable, diferente.
varón m. hombre.
varonil adj. perteneciente y relativo al varón.
vasallaje m. vínculo que obligaba a una persona a ser fiel a otra y a estar bajo su dependencia.
vasallo, lla adj. sujeto a vasallaje.
vascuence adj. dícese de la lengua de los vascongados.
vasija f. pieza de forma cóncava para contener líquidos.
vástago m. retoño de una planta.
vasto, ta adj. muy extendido.
vate m. poeta.
vaticano m. palacio donde habita el Papa.
vaticinar tr. profetizar.
vecinal adj. perteneciente y relativo al vecindario.
vecindad f. calidad de vecino.
vecindario m. conjunto de vecinos de una calle o de un pueblo.
vecino, na adj. que habita con otros en un mismo lugar. U.t.c.s.
vedado m. sitio prohibido por la ley.
vedar tr. prohibir

vegetación f. acción de vegetar.
vegetal adj. que vegeta; ser orgánico que crece y se reproduce pero carece de sensibilidad.
vegetar intr. germinar las plantas. U.t.c.r.
vegetariano, na adj. persona que se alimenta de vegetales. U.t.c.s.
vehemente adj. impetuoso, ardiente.
vehículo m. cualquier artefacto de transporte.
vejar tr. molestar, maltratar.
vejestorio m. persona anciana.
vejez f. senectud.
vejiga f. bolsa de la orina.
vela f. velación; prisma de cera o sebo con un pabilo para alumbrar.
velada f. velación; fiesta nocturna.
velador, ra adj. que vela. U.t.c.s.
velar intr. permanecer sin dormir el tiempo destinado al sueño.
velero, ra adj. embarcación ligera.
velo m. cortinilla que cubre algo; prenda de tela transparente con que las mujeres se cubren el rostro o la cabeza.
velocidad f. ligereza en el movimiento.
velocípedo m. vehículo cuyas ruedas se hacen rodar con los pies.
veloz adj. rápido, ligero.
vello m. pelo sutil en algunas partes del cuerpo.
vellosidad f. abundancia de vello.
velloso, sa adj. con mucho vello.
vena f. vaso por donde circula la sangre.
venablo m. dardo.
venado m. ciervo.
vencejo m. pájaro parecido a la golondrina.
vencer tr. rendir al enemigo.
vencimiento m. acto de vencer; cumplimiento de un plazo.
vendaval m. viento fuerte.
vender tr. ceder la propiedad de algo mediante un precio.
vendetta f. venganza.
vendí m. certificado que da el vendedor, corredor o gente de una venta.
vendimia f. cosecha de la uva.
vendimiar tr. recolección de la uva.
veneno m. sustancia perjudicial a la salud.
venenoso, sa adj. que contiene veneno.
venerable adj. digno de veneración.
veneración f. acto de venerar; tributo de máximo respeto que se rinde a Dios y a los santos.
venerador, ra adj. que venera. U. t.c.s.
venerar tr. honrar; respetar.
venéreo, a adj. relativo al placer sensual.
venero m. manantial de agua; fig. origen, principio; min. filón de mineral.
venezolano, na adj. y s. natural de Venezuela.
venganza f. desquite de una ofensa.
vengar tr. tomar venganza. U.t.c.r.
vengativo, va adj. inclinado a la venganza.
venia f. permiso, perdón.
venial adj. dícese de la faltas leves.
venida f. acto de venir.
venidero, ra adj. que ha de venir o suceder.
venir intr. pasar desde un sitio a aquél en que se encuentra el que habla.
venoso, sa adj. que tiene venas.
venta f. acto de vender; posada.
ventada f. golpe de viento.
ventaja f. superioridad de una persona o cosa respecto de otra.
ventana f. abertura en la pared de un edificio; abertura de la nariz.
ventanal m. ventana grande.
ventanazo m. fuerte golpe que se da al cerrar una ventana.
ventanillo m. dim. de ventano; postigo pequeño de puerta o ventana.
ventano m. ventana pequeña.
ventarrón m. viento huracanado.
ventear impers. soplar con fuerza el viento.
ventero, ra m. y f. persona encargada de una venta.
ventilación f. acto de ventilar o ventilarse.
ventilar tr. hacer que entre el aire en algún lugar; discutir U.t.c.r.
ventisca f. borrasca de viento y nieve.
ventisco m. ventisca.
ventola f. mar. viento moderado y variable.
ventolera f. golpe de viento pasajero.
ventorrillo m. ventorro.
ventorro m. venta de mala categoría.

ventosear intr. expeler del cuerpo las ventosidades.
ventosidad f. gas intestinal.
ventoso, sa adj. que contiene viento o aire; aplícase también al sitio, tiempo o día en que hace aire.
ventral adj. relativo o perteneciente al vientre.
ventrecha f. vientre de los pescados.
ventregada f. conjunto de animales nacidos de un parto.
ventrículo m. estómago; cada una de las dos cavidades internas del corazón.
ventura f. felicidad; buena suerte.
venturero, ra adj. aventurero.
venturoso, sa adj. afortunado.
venus f. fig. mujer muy hermosa; m. astr. el segundo de los planetas de nuestro sistema solar.
Venus mit. diosa del amor y la belleza, nacida de la espuma del mar.
ver tr. percibir por medio de los ojos; comprender, juzgar.
vera f. orilla.
veracidad f. calidad de veraz.
veranear intr. pasar el verano en sitio distinto del acostumbrado.
veraneo m. acción de veranear.
veraniego, ga adj. relativo y perteneciente al verano.
veranillo m. tiempo breve de calor que suele hacer en otoño.
veras f. pl. verdad, realidad.
veraz adj. sincero, que dice la verdad.
verbal adj. de palabra; relativo al verbo.
verbena f. planta medicinal; feria nocturna.
verberar tr. azotar el viento o el agua.
verbigracia adv. por ejemplo.
verbo m. segunda persona de la Santísima Trinidad; parte variable de la oración que expresa la acción realizada por el sujeto.
verborragía f. fam. verborrea.
verborrea f. fam. verbosidad excesiva, locuacidad.
verbosidad f. riqueza de vocabulario.
verdad f. armonía del entendimiento con las cosas.
verdadero, ra adj. que contiene verdad.
verde adj. dícese del color semejante al de la esmeralda; no maduro; no marchito.
verdear intr. mostrar color verde alguna cosa; tirar a color verde.
verdecer intr. reverdecer.
verdemar m. color semejante al verde del mar.
verderón m. pájaro semejante al gorrión con plumaje verdoso.
verdinegro, gra adj. dícese del color verde oscuro.
verdolaga f. planta cariofilea cuyas flores se emplean como verdura.
verdor m. color verde intenso de los vegetales.
verdugo m. renuevo del árbol; azote; ejercutor de la justicia.
verdulera f. mujer que vende verduras.
verdura f. hortaliza.
vereda f. camino estrecho.
veredicto m. declaración sobre algún hecho dictaminada por el jurado.
vergel m. huerto con abundantes árboles frutales y flores.
vergonzoso, sa adj. que causa vergüenza; que se avergüenza fácilmente.
vergüenza f. turbación; pundonor; timidez.
vericueto m. lugar alto y quebradizo.
verificador, ra adj. que verifica. U.t.c.s.
verificar tr. demostrar que es verdadera una cosa; probar la verdad.
verisimilitud f. calidad de verdadero.
verja f. enrejado.
verjel m. vergel.
vermífugo, ga adj. medicina que mata las lombrices.
vernáculo, la adj. doméstico.
vernal adj. perteneciente y relativo a la primavera.
verónica f. planta medicinal.
verruga f. excrecencia cutánea pequeña.
versado, da adj. ejercitado; instruído.
versal adj. dícese de la letra mayúscula.
versar intr. tratar de determinados temas un libro.
versátil adj. que se vuelve con facilidad.
versículo m. división de un capítulo.
versificar intr. hacer versos.

versión f. traducción; modo particular de cada uno para referir alguna cosa.
versista m. persona que tiene la manía de hacer versos.
vértebra f. hueso del espinazo.
vertebrado, da adj. que tiene vértebras. U.t.c.s.
verter tr. derramar.
vertible adj. que puede volverse.
vertical adj. que es perpendicular al plano del horizonte.
vértice m. punto en que se unen los lados de un ángulo.
vértigo m. vahido; turbación repentina del juicio.
vesícula f. ampolla.
vesicular adj. de forma de vesícula.
vespertino, na adj. perteneciente y relativo a la tarde.
vestíbulo m. portal; atrio.
vestido m. ropaje para cubrir el cuerpo.
vestidura f. vestido.
vestigio m. huella.
vestimenta f. vestido.
vestir tr. cubrir el cuerpo con el vestido.
vestuario m. conjunto de vestidos indispensables para un espectáculo.
veta f. vena.
veterano, na adj. dícese del militar ejercitado. U.t.c.s.
veterinario m. profesor de veterinaria.
vetusto, ta adj. muy antiguo.
vez f. alteración sucesiva de las cosas.
vía f. riel; carril; camino.
viable adj. que puede vivir.
viador, ra adj. que va de camino.
viaducto m. puente de paso sobre una hondonada.
viajante m. empleado comercial que viaja para colocar mercancías.
viajar intr. realizar un viaje.
vial adj. relativo a la vía.
vianda f. comida de los hombres.
viático m. sacramento de la Eucaristía que se administra al moribundo; prevención de provisiones para el viaje.
víbora f. culebra pequeña y venenosa.
vibrar intr. producir vibraciones.
vicaría f. oficina del vicario.
vicariato m. vicaría.
vicario m. segundo superior de las órdenes seculares.
viceversa loc. al revés.
viciar tr. corromper.
vicio m. costumbre de actuar mal; daño; imperfección.
vicioso, sa adj. que tiene vicio o lo provoca.
vicisitud f. sucesión o mudanza de las cosas.
víctima f. ser sacrificado.
victorear tr. vitorear.
victorioso, sa adj. que ha conseguido algún triunfo o victoria. U.t.c.s.
vicuña f. rumiante semejante a la llama.
vid f. planta trepadora cuyo fruto es la uva.
vida f. tiempo transcurrido desde el nacimiento hasta la muerte de un ser orgánico; fuerza interior del ser orgánico.
vidente m. profeta; adivino.
vidriar tr. dar a las cosas de loza o barro barniz vítreo.
vidriera f. bastidor provisto de vidrios.
vidrio m. sustancia frágil y transparente pero de gran dureza.
vidrioso, sa adj. quebradizo; lustroso; transparente.
viejo, ja adj. de edad avanzada; antiguo. U.t.c.s.
viento m. corriente natural de aire atmosférico.
vientre m. abdomen; panza.
viernes m. sexto día de la semana.
viga f. madero largo y grueso.
vigente adj. dícese de lo que está en vigor.
vigía f. atalaya.
vigilante m. que vela o permanece alerta. U.t.c. adj.
vigilar intr. velar o cuidar alguna cosa. U.t.c.tr.
vigilia f. acto de velar; víspera.
vigor m. fuerza; actividad.
vigorizar tr. dar vigor. U.t.c.r.
vigoroso, sa adj. con mucho vigor.
viguería f. conjunto de vigas.
vigueta f. viga de tamaño mediano.
vihuela f. guitarra.
vihuelista m. guitarrista.
vil adj. despreciable; indigno; infame.
vileza f. calidad de vil; acto indigno.
vilipendiar tr. tratar con vilipendio.
vilipendio m. desprecio.
villa f. población; casa de campo.
villancico m. composición poética

de tipo popular, escrita para cantarse.
villanería f. villanía.
villanía f. bajeza de nacimiento; acción ruin y despreciable.
villano, na adj. vecino de una villa; plebeyo; ruin; miserable.
villorrio m. aldea pequeña.
vinagre m. líquido de gusto agrio que se produce de la fermentación ácida del vino.
vinagrera f. vasija especial para el vinagre.
vinagreta f. salsa compuesta de cebolla, aceite y vinagre.
vinagroso, sa adj. que tiene sabor a vinagre.
vinajera f. jarrillo con que se sirve el agua o el vino durante la celebración de la misa.
vincular tr. perpetuar; sujetar algo a un vínculo.
vínculo m. lazo; unión; sujeción de las propiedades al perpetuo dominio de la familia.
vindicar tr. vengar. U.t.c.r.
vindicativo, va adj. vengativo.
vínico, ca adj. perteneciente y relativo al vino.
vinícola adj. dícese de la industria del vino.
vinicultura f. elaboración del vino.
vino m. licor hecho del zumo de las uvas y alcohol.
vinoso, sa adj. con las propiedades del vino.
viña f. terreno plantado de vides.
viñador m. el que cultiva vides.
viñedo m. terreno plantado de vides.
viola f. instrumento músico muy parecido al violín.
violáceo, a adj. de color semejante al de la violeta.
violado, da adj. de color morado claro.
violar tr. alterar o quebrantar las leyes; forzar a una mujer; profanar.
violencia f. calidad de violento; acto de violentar.
violentar tr. vencer alguna resistencia con medios violentos.
violento, ta adj. que obra con violencia.
violeta f. planta medicinal cuyas flores moradas son de aroma fragante.
violín m. instrumento músico de cuatro cuerdas.
violoncelo m. violón.
violonchelo m. violoncelo.
viperino, na adj. perteneciente y relativo a la víbora.
virar tr. cambiar de rumbo una nave.
virginal adj. puro; inmaculado.
virginidad f. entereza corporal de quien no ha tenido cópula carnal.
viril adj. varonil.
virilidad f. calidad de viril; edad viril.
virolento, ta adj. con viruelas o picado de ellas.
virreina f. mujer del virrey.
virreinato m. dignidad y cargo del virrey.
virrey m. el que gobierna en nombre del rey.
virtud f. actividad o fuerza de las causas para producir sus efectos y disposición del ánimo para las buenas acciones.
viruela f. enfermedad contagiosa con erupción de pústulas.
virulento, ta adj. ocasionado por algún virus.
virus m. humor maligno; germen de enfermedades infecciosas.
viruta f. hoja delgada sacada con el cepillo al labrar la madera.
visaje m. mueca; gesto.
visar tr. reconocer algún documento poniendo en él el visto bueno.
víscera f. entraña.
visceral adj. perteneciente y relativo a las vísceras.
visco m. liga.
viscoso, sa adj. glutinoso.
visera f. ala pequeña de la parte anterior de las gorras.
visible adj. que puede verse.
visillo m. cortinilla.
visión f. acto de ver.
visita f. acción de visitar; persona que visita.
visitar tr. asistir el médico a un paciente; ir a ver a alguna persona en su casa; verificar una inspección.
vislumbrar tr. ver confusamente algo.
víspera f. día inmediato anterior al de hoy.
vista f. sentido que permite ver las cosas; visión.
vistazo m. mirada ligera y disimulada.
vistoso, sa adj. escandaloso; llamativo.

visual adj. perteneciente y relativo a la vista.
vital adj. perteneciente y relativo a la vida.
vitalicio, cia adj. que dura hasta el fin de la vida.
vitalidad f. calidad de tener vida.
vito m. baile andaluz.
¡vítor! interj. expresa alegría.
vitorear tr. aplaudir y aclamar con vítores.
vítreo, a adj. semejante al vidrio.
vitrificar tr. transformar en vidrio alguna sustancia.
vitrina f. escaparate; armario con puertas de cristal.
vitriolo m. sulfato.
vitualla f. conjunto de víveres.
vituallar tr. avituallar.
vituperar tr. censurar; reprobar.
vituperio m. censura; oprobio.
viudez f. estado de viudo o viuda.
vivacidad f. viveza.
víveres m. pl. provisión de comestibles.
vivero m. lugar donde se crían los arbolillos, peces, etc.
viveza f. prontitud en obrar, celeridad; sagacidad; ingenio.
vividor, ra adj. que vive; el que vive a expensas de los otros. U. t.c.s.
vivienda f. habitación, residencia.
vivificar tr. dar vida.
vivíparo, ra adj. y s. zool. aplícase a los animales que paren vivos a sus hijos, a diferencia de los ovíparos que ponen huevos.
vivir intr. tener vida; habitar.
vivo, va adj. con vida; ingenioso, sutil. U.t.c.s.
vizcacha f. roedor sudamericano, parecido a la liebre.
vizcaíno, na adj. y s. natural de Vizcaya.
vizconde, desa s. título de nobleza inferior al de conde.
vocablo m. palabra.
vocabulario m. léxico.
vocación f. tendencia al estado monástico; inclinación a una profesión.
vocal adj. perteneciente y relativo a la voz; miembro de una junta.
vocálico, ca adj. relativo y perteneciente a la vocal.
vocalizar tr. solfear usando sólo una vocal.
vocear intr. dar voces, pregonar.
vocejón m. voz muy áspera y bronca.
vocero m. el que habla en nombre de otro.
vociferación f. acto de vociferar
vociferar intr. gritar.
voladero, ra adj. que puede volar; precipicio. U.t.c.s.
volador, ra adj. que vuela.
voladura f. acto de volar alguna cosa con explosivos.
volanta f. carruaje abierto de dos ruedas.
volantón, na adj. y s. dícese de los pájaros que empiezan a volar.
volar intr. ir por el aire; hacer saltar algo con explosivos.
volatería f. conjunto de aves amaestradas.
volátil adj. que vuela.
volatilidad f. quím. condición de volátil.
volcán m. abertura de la corteza terrestre por donde salen materias ígneas.
volcánico, ca adj. perteneciente y relativo a los volcanes.
volición f. fil. acto de la voluntad.
volitivo, ca adj. fil. dícese de los actos y fenómenos propios de la voluntad.
volquete m. carro en forma de caja que se vacía haciéndolo girar sobre su eje.
volt m. fís. voltio.
voltaje m. conjunto de voltios de un sistema eléctrico.
voltear tr. dar vueltas a una persona o cosa.
voltio m. unidad eléctrica de fuerza electromotriz.
volumen m. magnitud de algún cuerpo; libro encuadernado.
voluminoso, sa adj. con mucho volumen.
voluntad f. facultad del ánimo que obliga a hacer o a dejar de hacer algo; cariño, afecto.
voluntario, ria adj. que nace espontáneamente.
voluntarioso, sa adj. caprichoso.
voluptuosidad f. placer en las pasiones sensuales.
volver tr. dar vueltas a algo; devolver.
vomitar tr. arrojar por la boca lo contenido en el estómago.
vomitivo, va adj. que ocasiona el vómito. U.t.c.s.
voracidad f. calidad de voraz.
voraz adj. que come mucho y desordenadamente.

votar intr. hacer voto a Dios; emitir cada quien su voto.
votivo, va adj. perteneciente y relativo al voto.
voto m. juramento; promesa.
voz f. sonido que produce en la laringe el aire expelido de los pulmones; vocablo.
vuelco m. acto de volcar.
vulcanizar tr. mezclar azufre con la goma elástica.
vulgar adj. perteneciente y relativo al vulgo.
vulgarizar tr. hacer vulgar alguna cosa.
vulgo m. plebe.
vulnerar tr. dañar, perjudicar.
vulva f. partes que forman la abertura exterior de la vagina.

W

w f. letra propia de los alfabetos eslavos y germánicos; en español equivale a v.
wagón m. vagón.
walón, na adj. valón.
wat m. vatio.
water-closet m. retrete.

X

x f. vigésima sexta letra del alfabeto; su nombre es equis.
xantina f. quím. materia colorante amarilla, que se encuentra en la orina, el té, etc.
xenofilia f. tendencia a querer lo extranjero.
xenofobia f. aversión al o a lo extranjero.
xenófobo, ba adj. que tiene odio a lo extranjero.
xenografía f. estudio de las lenguas extranjeras.
xenomanía f. pasión o manía por lo extranjero.
xenón m. cuerpo gaseoso, simple, que se encuentra en el aire.
xerasia f. pat. enfermedad que seca el cabello y no lo deja crecer, parecida a la alopecia.
xerófilo, la dícese de las plantas en climas demasiado secos. U. t.c.s.
xi f. decimocuarta letra del abecedario griego, que corresponde a la equis del nuestro.
xileno m. quím. carburo de hidrógeno que se saca al destilar la hulla.
xilófono m. instrumento musical de percusión.
xilografía f. arte de grabar en madera.
xilográfico, ca adj. perteneciente y relativo a la xilografía.

Y

y f. vigésima séptima letra del abecedario; su nombre es ye, y también y griega; conjunción copulativa.
ya adv. tr. en el tiempo presente, haciendo relación al pasado; finalmente; ahora mismo; en el tiempo pasado; m. conj. condicional, una vez que; aunque.
¡ya! interj. fam. con que se expresa recuerdo de algo, o con la que denotamos no hacer caso de lo que se nos dice. U.t. repetida.
yaba f. árbol leguminoso de flores pequeñas y violáceas.
yacaré m. cocodrilo americano.
yacente p. a. de yacer; aplícase a todo lo que está tendido o echado.
yacer intr. estar un cadáver en la sepultura; estar echado o tendido.
yacimiento m. lugar donde se encuentra naturalmente un mineral.
yaguar m. mamífero carnicero vulgarmente llamado tigre americano.
yámbico, ca adj. relativo o perteneciente al yambo.
yambo m. árbol mirtáceo de las Antillas.
yanqui adj. norteamericano. U. t.c.s.
yapó especie de comadreja propia de América del Sur, que vive en el agua.
yarda f. medida de longitud inglesa, que equivale a 91 centímetros.
yare m. jugo venenoso que se extrae de la yuca amarga.
yate m. embarcación de recreo.
yaya f. planta anonácea propia de las Antillas.
ye nombre de la letra y.
yeco, ca adj. lleco.
yedra f. hiedra.
yegua f. hembra del caballo.
yeguar adj. relativo o perteneciente a las yeguas.

yeísmo m. defecto que consiste en pronunciar la elle como ye.
yelmo m. parte de la armadura que protegía la cabeza y el rostro.
yema f. porción de color amarilloso en el huevo de las aves; punta del dedo en la parte contraria a la uña; botón de la planta.
yen m. moneda japonesa.
yerba f. hierba.
yerbajo m. desp. de **yerba**.
yerbatero, ra adj. relativo o perteneciente a la yerba mate.
yerbera f. recipiente pequeño donde se guarda la yerba.
yermo, ma adj. terreno inhabitado.
yerno m. esposo de la hija de una persona.
yerro m. falta o error.
yerto, ta adj. rígido, tieso.
yesal m. cantera de yeso.
yesca f. materia muy seca que se prepara a modo de que cualquier chispa prenda en ella.
yeso m. sulfato de cal hidratado.
yesquero m. bolsa de cuero en que se guarda la yesca y el pedernal.
yeyuno m. parte del intestino delgado, comprendida entre el duodeno y el íleon.
yo nominativo del pronombre personal de primera persona.
yodo m. metaloide de brillo metálico y color grisáceo.
yuca f. planta de cuya raíz se extrae harina alimenticia.
yugo m. ley; instrumento con que se uncen los bueyes.
yugular adj. dícese de cada una de las dos venas que hay en los lados del cuello.
yunque m. pieza de hierro que se emplea para trabajar los metales a martillo.
yunta f. par de bueyes de labranza que son uncidos al yugo.
yute m. materia textil que se saca de una planta de la India.
yuxtaponer tr. poner una cosa cercana a otra.

Z

z f. vigésima octava y última letra del abecedario; su nombre es zeta.
zabullir tr. zambullir. U.t.c.r.
zafar tr. escapar; excusar. U.t.c.r.
zafarrancho m. pendencia, riña.
zafiamente adj. m. con zafiedad.
zafio, fia adj. ignorante, grosero.
zafir m. zafiro.
záfiro m. barbarismo por **zafiro**.
zafiro m. corindón cristalizado de color azulado.
zaga f. carga que se acomoda en la parte trasera de un vehículo; parte posterior de algunas cosas.
zagal m. mozo adolescente; pastor.
zagala f. pastora joven; muchacha soltera.
zagalejo m. falda suelta y amplia que usan las mujeres encima de las enaguas.
zagual m. remo corto de una pieza que no se apoya en la embarcación.
zaguán m. vestíbulo.
zaherir tr. criticar solapadamente y con mala intención.
zahón m. prenda de cuero que usa la gente de campo para proteger los pantalones. U. m. en pl.
zahondar tr. ahondar la tierra.
zahorí m. persona que se cree que adivina lo oculto.
zahurda f. pocilga.
zaino, na adj. disimulado, falso, traidor; dícese de las caballerías de color castaño oscuro. U.t.c.s.
zalamería f. demostración de cariño falsa y empalagosa.
zalamero, ra adj. que hace zalamerías. U.t.c.s.
zalea f. piel de oveja o carnero curtida, que conserva la lana.
zalema f. reverencia que demuestra sumisión, humildad; zalamería.
zamarra f. chaqueta de piel que conserva su pelo o lana; piel del carnero.
zamarrear tr. zarandear o sacudir violentamente a persona o cosa.
zámbigo, ga adj. y s. aplícase a las personas de piernas zambas.
zambo, ba adj. que tiene separadas las piernas hacia afuera.
zambullir tr. meter debajo del agua bruscamente. U.t.c.r.
zampar tr. comer aprisa y demasiado.
zanahoria f. planta fusiforme amarilla o rojiza que es comestible.
zanate m. pájaro dentirrostro de plumaje negro.
zanca f. pierna larga y delgada de las aves.
zancada f. paso muy largo.
zanco m. cualquiera de los dos palos altos en que se apoyan los pies y que sirven para caminar.
zancón, na adj. fam. zancudo.

zancudo, da adj. que tiene las zancas largas.
zanfonía f. instrumento musical que se hace sonar, girando un cilindro armado de púas.
zangamanga f. fam. ardid, treta.
zanganada f. fam. dicho o hecho impertinente y torpe.
zanganear intr. fam. vagabundear, holgazanear.
zángano m. macho de la abeja reina; hombre que vive a expensas de otro.
zangolotear intr. sacudir continuamente algo.
zanjar tr. abrir zanjas; allanar las dificultades.
zapa f. pala herrada con un corte acerado.
zapador m. soldado que maneja la zapa.
zapapico m. herramienta adecuada para demoliciones.
zapata f. calzado que llega a mitad de la pierna.
zapatear tr. golpear con el zapato; golpear en el suelo con los pies.
zapatería f. oficio o tienda de zapatero.
zapato m. calzado exterior que no pasa del tobillo.
zaque m. odre pequeño; fig. y fam. persona borracha.
zarandajas f. pl. fam. conjunto de cosas menudas accesorias.
zarandear tr. cribar. U.t.c.r.
zarco, ca adj. de color azul claro.
zarina f. cónyuge del zar.
zarpa f. garra de algunos animales; acto de zarpar.
zarpar tr. levar anclas. U.t.c. intr.
zarpazo m. zarpada; golpe dado con la zarpa.
zarza f. arbusto de tallos largos cuyo fruto es la zarzamora.
zarzal m. lugar poblado de zarzas.
zarzamora f. fruto de la zarza; consiste en una mora pequeña y redonda.
zarzuela f. obra dramática y musical en que alternan el canto y la declamación.
zebra f. cebra.
zenit m. cenit.
zepelín m. globo dirigible.
zigzag m. línea quebrada que forma ángulos entrantes y salientes.
zócalo m. frisco; cuerpo inferior de una construcción.
zoclo m. zueco.
zollipo m. fam. sollozo con hipo.
zona f. extensión de terreno en forma de banda o faja; lista o banda.
zonote m. receptáculo o depósito de agua en una caverna.
zooterapia f. terapéutica animal.
zopenco, ca adj. rudo, tonto. U.t.c.s.
zopetero m. ribazo.
zoquete m. mendrugo; hombre tonto y rudo.
zorra f. mamífero carnicero de hocico agudo y cola gruesa; mujer astuta.
zorro m. macho de la zorra, hombre astuto.
zozobra f. inquietud, congoja.
zozobrar intr. naufragar.
zueco m. zapato de madera.
zumbar intr. producir una cosa ruido continuo y bronco.
zumbido m. ruido de una cosa que zumba.
zumo m. líquido extraído de los vegetales.
zurcir tr. coser en forma sutil alguna rotura.
zurdo, da adj. que emplea por costumbre la mano izquierda, izquierdo.
zurito, ta adj. torcaz.
zurra f. acción de zurrar.
zurrar tr. curtir las pieles; castigar con golpes; ensuciar. U.t.c.r.
zurrir intr. provocar alguna cosa un ruido bronco, aturdidor y desapacible.
zurrón m. bolsa grande.
zutano, na m. y f. fulano y mengano.

APENDICE GRAMATICAL

RESUMEN DE GRAMÁTICA CASTELLANA

MORFOLOGÍA

Toda lengua es como un reloj. Tiene muchas piezas, muchos elementos o partes. Conocer cada uno, su nombre y su función, colocarlos en su lugar exacto, significa asegurar la formulación correcta de lo que queremos comunicar, algo así como la hora exacta en el reloj.

En la lengua castellana (como en casi todas las lenguas modernas derivadas del latín: francés, italiano, portugués), tenemos nueve elementos con los que nos es posible hablar y escribir. Son éstos: *nombre, artículo, adjetivo, pronombre, verbo, adverbio, preposición, conjunción e interjección.*

Con estos nueve elementos de la oración nombramos las cosas, les atribuimos cualidades, expresamos su acción o pasión, construimos las frases, que son las que traducen nuestras ideas mentales, las que llevan nuestros mensajes y nos expresan las opiniones de los demás. En definitiva, mediante ellas nos intercomunicamos.

La ciencia que estudia estos nueve elementos de la oración, con los cuales podemos hablar y escribir correctamente una lengua se llama *Morfología.*

I. EL NOMBRE O SUSTANTIVO

A) Es: la palabra con la que designamos a las personas, animales y cosas: *Juan, perro, árbol...*

B) Sirve: para nombrar, aludir, designar a todos los seres, animados e inanimados, de existencia real o imaginaria: *pájaro, aire, ángel, hierro, agua, hada, bondad...*

C) Se divide:

1. Según la referencia:

a) Común: es el que conviene a todas las personas, animales o cosas de una misma clase o especie: *hombre, ave, piedra...*

b) Propio: es el que se da a una persona, animal o cosa determinada para distinguirla de las demás de su misma especie: *Francisco, Fido, Bayo...*

2. Según el origen:

a) Primitivo: es el que no se deriva de ninguna otra palabra de nuestra lengua: *casa, verde, tierra...*

b) Derivado: es el que se forma a partir de un sustantivo primitivo: *casero* (de casa), *terrenal* (de tierra).

c) Adjetival: es el que se forma a partir de un adjetivo: *profesional, verde, bárbaro.*

d) Verbal: se deriva de un verbo y participa más o menos de su significado: *caminante* (de caminar), *hacedor* (de hacer), *amante* (de amar).

e) Gentilicio: proviene del nombre de lugares y regiones: *mexicano, oaxaqueño, africano, francés*...

f) Patronímico: es el que sirve para designar de quién es hijo una persona. Proviene de un nombre propio al que se le añade el sufijo *-ez*: *Sánchez* (de Sancho), *Martínez* (de Martín), *López* (de Lope)...

3. Según la composición:

a) Simple: es el nombre a cuya formación no contribuye ninguna otra voz: *mesa, cielo, piso*...

b) Compuesto: es el que consta de una palabra simple y de otra u otras voces: *gentilhombre, bocacalle, pasodoble*...

c) Parasintético: es un sustantivo derivado y compuesto a la vez: *endulzar, enseres, destronado*...

4. Según la concreción:

a) Concreto: es el que designa seres reales o que nos podemos representar como tales: *niño, oveja, raíz*...

b) Abstracto: es el que define las cualidades de estos seres y que no se pueden representar: *bondad, inocencia, amargura*...

5. Según la extensión:

a) Colectivo: es el sustantivo que en singular designa a un grupo de personas, animales o cosas de una misma especie: *multitud, rebaño,*

b) Partitivo: es el nombre que significa alguna de las diferentes partes en que se puede dividir un todo: *décimo, mitad, vigésimo*.

c) Múltiplo: es el que indica el número de veces que una cantidad comprende en sí a otra inferior: *doble, triple, céntuplo*...

6) Según su significado o intención:

a) Aumentativo: añade la idea de mayor intensidad o tamaño mediante los sufijos *-on, -azo, -acho, -ote*, con sus femeninos correspondientes: *hombrón, cochazo, mesota*...

b) Diminutivo: añade la idea de pequeñez mediante los sufijos *-ececito, -cito, -ito, -ico, -illo, -uelo*, con sus femeninos correspondientes: *piececito, perrito, pequeñuelo, pollito*...

c) Despectivo: añade una idea peyorativa o de desprecio mediante los sufijos *-ucho, -astro, -uza*: *maestrucho, poetastro, gentuza*...

D) Accidentes gramaticales del nombre:

1. Género: indica el sexo de las personas, animales o cosas. Se divide en:

a) Masculino: es el accidente gramatical con que designamos al varón o al animal macho y a las cosas que nos imaginamos con este sexo: *hombre, gato, ladrillo*...

Son masculinos los sustantivos:

- acabados en vocal que no sea *a*: *aceite, auto, maniquí*;
- que terminan en consonante que no sea *d* y *z*: *comedor, portal, vaivén*;
- los plurales que no terminen en *as*: *modales, manzanos, libros*.

b) Femenino: es el accidente gramatical con que designamos a la mujer o al animal hembra y a las cosas que nos imaginamos con este sexo: *mujer, gata, teja*...

Son femeninos los sustantivos:

- acabados en *a*: *casa, cocina, piedra*;
- los sustantivos femeninos que comienzan con *á acentuada*, a pesar de que llevan el artículo masculino para evitar la cacofonía por la conjunción de las dos *aes*: *agua, hacha, hada, asa, alma, ave,*

- los que acaban en las consonantes *d* y *z*: *bondad, cruz, perdiz;*
- los que terminan en *-ción: administración, oración, dirección;*

c) Neutro: es el género con que designamos a los nombres que no son ni masculinos ni femeninos: *esto, eso, aquello...*

d) Epiceno: es el género que sirve para designar tanto al macho como a la hembra: *elefante, jirafa, avestruz.*

e) Común: es el género que se aplica a los nombres de personas que, sin variar de naturaleza, se usan indistintamente para el masculino y el femenino: *testigo, turista, indígena, cónyuge, juez, comediante.* La diferenciación del género se realiza mediante el artículo o el adjetivo.

f) Ambiguo: es el género que se aplica a los nombres de las cosas inanimadas que, sin variar de estructura, se aplican indistintamente para el masculino y el femenino: *el* o *la* mar, *el* o *la* lente, *el* o *la* linde, *el* o *la* calor.

2) Número: indica la unidad o pluralidad de los seres. Se divide en:

a) Singular: se refiere a un solo individuo: *hombre, río, pez...*

b) Plural: se refiere a dos o más individuos: *hombres, ríos, peces...*

¿Cómo se forma el plural? El plural se forma a partir del singular.

-Si el singular acaba en vocal no acentuada o en *é* acentuada, simplemente toma una *-s* para formar el plural: hombre(*s*), río(*s*), café(*s*)...

-Si el singular acaba en consonante o en vocal acentuada, el plural se forma añadiendo *-es*: clavel(*es*), jabalí(*es*), bambú(*es*). Excepciones: papá(*s*), mamá(*s*), sofá(*s*).

-Los terminados en *-s*, no agudos, tienen el plural igual al singular: *dosis, crisis, lunes, tesis...*

-Los patronímicos acabados en *-z*, con el acento en la penúltima sílaba, tienen el plural igual al singular: *Los* Martínez, *los* García, *los* Rubio...

- Si el singular acaba en *z*, el plural lo hace en *-ces*: cruz(*ces*), perdiz(*ces*), avestruz(*ces*).

-Si el singular acaba en *-x*, el plural no cambia: *tórax, antrax, fénix.*

-Los sustantivos que expresan un conjunto de partes o acciones carecen de singular: *albricias, añicos, creces, tijeras, enseres...*

-Las palabras extranjeras aceptadas ya en español deben sujetarse a las normas del castellano para la formación del plural: estándar(*es*), club(*es*), yogur(*es*), líder(*es*).

-Para la formación del plural de las palabras extranjeras generalmente se añade una *-s*, ya sea que terminen en vocal o en consonante: pullman(*s*), cabaret(*s*), boutique(*s*).

I. EL ARTÍCULO

A) Es: la parte de la oración que determina al nombre y a las palabras sustantivadas. En otras palabras, indica la extensión en que se ha de considerar el nombre al que se antepone. *Las* aves vuelan por *los* campos.

B) Sirve:

1. para individuar o concretar el nombre: indica si es *el* libro o *un* libro;
2. para sustantivar cualquier palabra a la que acompañe (adjetivo, verbo, adverbio: *Lo* bello, *el* caminar, *el* hacia) u oración a la que preceda un artículo: *El* comer mucho y bien...

C) Se divide en:

1. Determinado (*el, la, lo; los, las*): indica un nombre concreto y anteriormente conocido: *El* perro *del* hortelano.

2. Indeterminado (*un, una; unos, unas*): no determina ni circunscribe el nombre ni tampoco lo supone conocido: *Un* perro de la calle.

D) Formas contractas del artículo: Cuando una preposición se junta con un artículo determinado, ambos se contraen para evitar la cacofonía: *de + el = del; a + el = al.*

E) Es un error: anteponer el artículo determinado a los nombres propios, puesto que éstos se hallan determinados por sí mismos: *La* Juana, *el* Pancho, *el* Israel, *el* Japón, *el* México, *La* Francia. Esto no sirve para los artículos incluidos en las designaciones oficiales de los países o simplemente de las ciudades, como *El Salvador, La Habana, La Haya, El Cairo.*

III. EL ADJETIVO

A)Es : la palabra que califica o determina al sustantivo o nombre: niño *estudioso; este* libro; *nuestra* casa.

B) Sirve: para indicar la cualidad o determinación de un sustantivo o palabra sustantivada: *estudioso; este; nuestra.*

C) Se divide en:

1. Calificativo: indica una cualidad del sustantivo: tierra *bonita,* desierto *caliente,* niño *ejemplar.*

Se divide en:

a) Especificativo: califica al sustantivo con cualidades que no le son intrínsecamente necesarias: libro *grueso,* comida *caliente,* pez *alado...*

b) Epíteto: califica al sustantivo con cualidades que le son intrínsecamente inseparables: *blanca* nieve, *amargo* vinagre, *dulce* miel...

2. Determinativo: delimita la extensión en que se toma el significado del sustantivo: *mi* casa, *esta bicicleta, diez* pájaros.

Se divide en:

a) Posesivo: indica posesión o pertenencia. Es:

Para un solo poseedor:

Mío, tuyo, suyo — *Mía, tuya, suya*
Míos tuyos, suyos — *Mías, tuyas, suyas*

Para varios poseedores:

Nuestro, vuestro, suyo — *Nuestra, vuestra, suya*
Nuestros vuestros, suyos — *Nuestras, vuestras, suyas*

b) Demostrativo: indica una relación de espacio y tiempo. Es de:

Proximidad:	*Este*	*Esta*	*Estos*	*Estas*
Cercanía:	*Ese*	*Esa*	*Esos*	*Esas*
Lejanía:	*Aquel*	*Aquella*	*Aquellos*	*Aquellas*

c) Indefinido: determina el sustantivo de forma muy vaga. Son: *alguno(s), ninguno(s), poco(s), mucho(s), cierto(s), cual(es)quiera, bastante(s), varios, demás, demasiado(s)...,* con sus femeninos correspondientes.

d) Interrogativo: determina el sustantivo mediante una interrogación. Son: *¿qué?, ¿cuál?*

e) Exclamativo: sirve para expresar diversas emociones. Son: *¡qué, cuál!*

f) Numeral: determina cuantitativamente al sustantivo. Se dividen en:

- cardinales: son los números de la serie natural: *uno, dos, tres, cuatro, cinco, seis, siete...*
- ordinales: indican orden y sucesión: *primero, segundo, tercero, cuarto, quinto...*
- partitivos: indican las partes de un todo: *media, tercera parte, cuarta parte...onceava, doceava parte...*
- múltiplos: son los adjetivos que contienen a otro un determinado número de veces: *duplo, triple, cuádruple, quíntuple...*

g) En cuanto a su origen, extensión, formación, etcétera, los adjetivos se dividen igual que los sustantivos (véase página 261); es decir, en *primitivos, derivados, simples, compuestos, parasintéticos, verbales, aumentativos, diminutivos* y *despectivos*.

h) De igual manera, en la formación del femenino y del plural siguen las mismas normas enumeradas antes para los nombres o sustantivos (véanse páginas 262-263).

D) Grados de los adjetivos:

1. Positivo: se limita a enunciar sin más la cualidad del sustantivo: *bueno, bello, grande...*

2. Comparativo: establece una comparación de esa cualidad con otro sustantivo: *mejor, más bello, mayor que...* Hay comparativos de

a) Igualdad: se expresa con las partículas *igual... que, tan... como.*

b) Inferioridad: se expresa con las partículas *menos... que.*

c) Superioridad: se expresa con las partículas *más... que.*

3. Superlativo: expresa la cualidad en su máximo grado: *óptimo, bellísimo, grandísimo.*

Éste puede ser:

a) Relativo: cuando existe un término de comparación: La *más bella* mujer de todas las de la tierra.

b) Absoluto: cuando no existe ningún término de comparación: *La más bella* mujer.

E) Observaciones sobre los adjetivos numerales:

1. Los cardinales del 1 al 10 suelen escribirse con letras, sobre todo cuando se usan como ordinales: el capítulo *tres*, el artículo *siete*, el siglo *veinte.*

2. Los cardinales que van del 16 al 19, cuando se escriben con letras, se escriben en una sola palabra. Lo mismo ocurre con la decena del 21 al 29: *dieciséis, diecisiete, veintidós, veinticinco.*

3. En los cardinales no debe decirse *veinte y uno, treintiuno, cuarentidós, sietecientos, nuevecientos,* sino *veintiuno, treinta y uno, cuarenta y dos, setecientos, novecientos.*

4. En los números ordinales es incorrecto decir: *onceavo, doceavo, treceavo...* para indicar orden y sucesión, ya que esta terminación es propia de los partitivos; sino *undécimo* o *decimoprimero, duodécimo* o *decimosegundo, decimotercero...*

IV. EL PRONOMBRE

A) Es: la palabra que sustituye al nombre, que hace sus veces: *Tú*, Gerardo Diego, autor de sonetos eternos...

B) SIRVE: para suplir al nombre y, por tanto, para ponerlo en su lugar y hacer sus mismas funciones. *Tú* eres autor de sonetos eternos.

C) SE DIVIDE EN:
1. Personales: designan a cada una de las tres personas gramaticales:

	Sujeto	Complemento Directo	Complemento Indirecto	Complemento Circunstancial
1a. persona	*Yo*	*me*	*me (mí)*	*conmigo*
	Nosotros	*nos*	*nos*	*con nosotros*
2a. persona	*Tú*	*te*	*te (ti)*	*contigo*
	Vosotros	*os*	*os*	*con vosotros*
	(Ustedes)	*le, lo, la*	*le*	*con usted*
3a. persona	*Él*	*le, lo*	*le*	*con él*
	Ella	*l e, la*	*le*	*con ella*
	Ello	*lo*	*le*	*con ella*
	Ellos	*los*	*les*	*con ellos*
	Ellas	*las*	*les*	*con ellas*

2. Demostrativos: indican el lugar o el tiempo respecto de la persona que habla o de quien se habla. Son:

	Singular			Plural	
Proximidad:	*Éste*	*ésta*	*esto*	*Éstos*	*éstas*
Cercanía:	*Ése*	*ésa*	*eso*	*Ésos*	*ésas*
Lejanía:	*Aquél*	*aquélla*	*aquello*	*Aquéllos*	*aquéllas*

3. Posesivos: indican posesión y pertenencia, además de designar a la persona gramatical:

Un solo poseedor			Varios poseedores		
1a.	2a.	3a.	1a.	2a.	3a.
Mío(a)	*tuyo(a)*	*suyo(a)*	*Nuestro(a)*	*vuestro(a)*	*suyo(a)*
Míos(as)	*tuyos(as)*	*suyos(as)*	*Nuestros(as)*	*vuestros(as)*	*suyos(as)*

4. Relativos: sirven para referir al nombre o pronombre a quien representan. Son: *que, cual(es), quien(es), cuyo(a), cuyos(as), cuanto(a), cuantos(as).*

5. Interrogativos: sustituyen a sustantivos que son objeto de pregunta. Tienen la misma forma y los mismos accidentes gramaticales que los relativos. Llevan acento ortográfico para distinguirse de éstos. Son: *qué, cuál(es), quién(es), cúyo(a), cúyos(as), cuánto(a), cuántos(as).*

6. Exclamativos: suplen a sustantivos que son objeto de exclamación. Tienen la misma forma y los mismos accidentes gramaticales que los relativos. Llevan

acento ortográfico para distinguirse de éstos. Son: *qué, cuál(es), quién(es), cúyo(a), cúyos(as), cuánto(a), cuántos(as).*

7. Indefinidos: sustituyen a sustantivos de una forma imprecisa. Son: *alguien, nadie, cual(es)quiera, quien(es)quiera, alguno(s), ninguno, demás, algo, nada, bastante(s), poco(s), mucho(s), demasiado(s).*

8. Numerales: suplen a sustantivos que tienen una relación con los números. Se dividen igual que los adjetivos numerales.

D) Algunas observaciones:

1. En castellano se omiten siempre los pronombres personales que no se consideran indispensables. Así, en lugar de decir: *yo* voy al parque, *tú* te fuiste de excursión, *él* estudia italiano, *ustedes* ganaron la partida, se dice sencillamente: *voy al parque, te fuiste de excursión, estudia italiano, ganaron la partida.*

2. Asimismo se omiten las redundancias o pleonasmos como: *su* casa *de usted, mi* coche *mío, tu* cuaderno *tuyo.* De igual manera conviene evitar el abuso en el uso de los posesivos: Dejó aquí *su* sombrero; le dio *sus* joyas, hablamos de *sus* problemas; me lavaré *mis* manos; córtate *tu* cabello, etcétera.

V. EL VERBO

A) Es : la palabra que expresa la existencia del sujeto, la acción que éste realiza o el estado en que se encuentra. El niño *corre* por el parque con la bicicleta. Es el elemento mas importante de la oración.

B) Sirve: para indicar lo que hace o recibe el sujeto. El niño *corre*, los soldados *luchan*, el enfermo *es* operado.

C) Accidentes gramaticales del verbo:

1. Voz: es la categoría gramatical que indica si la acción expresada por el verbo es originada o recibida por el sujeto. Se divide en:

a) Activa: en ella, el sujeto realiza la acción expresada por el verbo: Yo *amo.*

b) Pasiva: en ella, el sujeto recibe el efecto de una acción que no ha realizado. Se conjuga con el verbo auxiliar *ser* y con el participio pasado del verbo que se conjuga: Yo *soy amado.*

2. Modo: es cada una de las diferentes maneras de expresar los distintos matices de un verbo:

a) Indicativo: es el modo verbal que expresa la acción del verbo de forma objetiva, real, afirmando o negando algo: *Juega.*

b) Subjuntivo: expresa duda, posibilidad, deseo: Ojalá *estudie.*

c) Potencial: expresa la posibilidad condicionada de que se realice una acción: *Triunfaría.*

d) Imperativo: expresa orden y mandato: *Haz la tarea.*

e) Infinitivo: es un modo no personal del verbo que da nombre al verbo en forma abstracta, sin expresar tiempo, número ni persona. Puede equivaler a un sustantivo: *Leer.*

f) Participio: es un modo no personal del verbo que carece también de tiempo, número y persona. Puede equivaler a un adjetivo. Se divide en:

- de presente (activo): termina en *-ante, -ente, -iente (amante, absorbente, perteneciente).*
- de pasado (pasivo): acaba en *-ado, -ido (amado, temido).*

g) Gerundio: es un modo no personal del verbo que en ocasiones puede tomar un sentido adverbial. Puede ser:

- Simple: tiene un significado imperfecto. Termina en *-ando, -iendo* (*amando, temiendo, partiendo*).

- Compuesto: tiene un significado perfecto. Se forma con el gerundio del verbo *haber* y el participio del verbo que se conjuga: *habiendo amado.*

3. Tiempo: es el accidente gramatical que indica la época, el momento en el que se realiza la acción del verbo. Los tiempos fundamentales son tres: *presente, pretérito y futuro.* Estos tres tiempos tienen dos formas: una *simple* y una *compuesta*. Tenemos así:

TIEMPOS SIMPLES:

INDICATIVO

Presente: indica que la acción expresada por el verbo se realiza actualmente, con simultaneidad al acto de hablar: *amo, temo, parto.*

Pretérito imperfecto: expresa una acción realizada en el pasado, con carácter perdurable, pero sin indicar cuándo se terminó de realizar: *amaba, temía, partía.*

Pretérito indefinido: expresa un hecho pasado totalmente terminado en el momento en que se habla: *amé, temí, partí.*

Futuro imperfecto: indica una acción futura, pero sin especificar cuándo se terminará de realizar: *amaré, temeré, partiré.*

SUBJUNTIVO

Presente: indica una duda, deseo, posibilidad presente en el momento en que se habla: *ame, tema, parta.*

Pretérito imperfecto: al igual que el de indicativo, señala una acción pasada de carácter perdurable, pero incompleta, y con el sentido de duda, deseo o posibilidad: *amara, temiera, partiera.*

Futuro imperfecto: indica una acción futura, pero sin señalar cuándo terminará: *amaré, temeré, partiré.*

POTENCIAL

Simple: expresa la posibilidad condicional de que se realice una acción, en el presente o en el pasado, pero sin indicar el momento preciso en que se realizará: *amaría, temería, partiría.*

TIEMPOS COMPUESTOS

INDICATIVO

Pretérito perfecto: expresa una acción realizada en el pasado, pero cuyos efectos perduran todavía y no han concluido: *he amado, he temido, he partido.*

Pretérito anterior: señala una acción realizada en el pasado y que es anterior a otra acción también pasada, ambas ya concluidas: *hube amado, hube temido, hube partido...* cuando tú llegaste.

Pretérito pluscuamperfecto: indica una acción pasada y anterior a otra también pasada, pero sin señalar el tiempo en que había concluido: *había comido, había temido, había partido...* cuando tú llegaste.

Futuro Perfecto: expresa una acción futura ya terminada cuando se realice otra también futura: *habré amado, habré temido, habré partido...* cuando tú llegues.

Subjuntivo

Pretérito perfecto: expresa una acción posible pero pasada respecto del momento en que se habla: Tal vez *haya llegado* ya.

Pretérito pluscuamperfecto: indica una acción posible, pero pasada y anterior a otra también pasada, sin señalar el tiempo en que concluyó: Si *hubiera llegado* antes.

Futuro Perfecto: expresa una acción posible futura y ya terminada cuando se realice otra también futura: En caso de que *hubiéremos llegado* a casa.

Potencial

Potencial compuesto: expresa la posibilidad condicionada de que se realice en una accion en el pasado: *Habría aprobado* el examen si...

4. Número: es el accidente gramatical que indica si quien ejecuta o recibe la acción del verbo es uno o varios sujetos. Son dos: *singular* y *plural*.

5. Persona: accidente gramatical que indica si quien ejecuta la acción del verbo es la persona que habla (*1a.* = *yo, nosotros*), con la que se habla (*2a.* = *tú, vosotros*) o de la que se habla (*3a.* = *él, ellos*).

D) Conjugación:

1. Es la serie ordenada de las distintas formas que puede asumir un verbo al combinar entre sí todos los accidentes gramaticales antes mencionados.

2. Elementos. En la conjugación de un verbo entran en juego dos elementos:

a) El radical: es la parte del verbo que no varía: *am-(ar), tem-(er), part-(ir).*

- Cuando el radical no varía tenemos la *conjugación regular*.

- Por el contrario, cuando éste varía, estamos entonces ante una *conjugación irregular*. Por ejemplo: el radical invariable de *cerrar* sería *cerr*; sin embargo, la 3a. persona del singular es *cierra*..

b) La desinencia: es la parte variable del verbo y que se añade al radical. Ella es la que posibilita la conjugación verbal de los accidentes gramaticales de modo, tiempo, número y persona, a la vez que determina las tres conjugaciones que existen en español, terminadas en *-ar, -er, -ir.*

3. Conjugación regular: (Ponemos entre paréntesis la terminología de Andrés Bello, seguida en algunos países de Latinoamérica):

INDICATIVO

TIEMPOS SIMPLES

Presente (Presente)

Yo	amo	temo	parto
Tú	amas	temes	partes
El	ama	teme	parte
Nosotros	amamos	tememos	partimos
Vosotros	amáis	teméis	partís
Ellos	aman	temen	parten

Pretérito Imperfecto (Copretérito)

Yo	amaba	temía	partía
Tú	amabas	temías	partías
Él	amaba	temía	partía
Nosotros	amábamos	temíamos	partíamos
Vosotros	amábais	temíais	partíais
Ellos	amaban	temían	partían

Pretérito Indefinido (Pretérito)

Yo	amé	temí	partí
Tú	amaste	temiste	partiste
Él	amó	temió	partió
Nosotros	amamos	temimos	partimos
Vosotros	amásteis	temísteis	partísteis
Ellos	amaron	temieron	partieron

Futuro Imperfecto (Futuro)

Yo	amaré	temeré	partiré
Tú	amarás	temerás	partirás
Él	amará	temerá	partirá
Nosotros	amaremos	temeremos	partiremos
Vosotros	amaréis	temeréis	partiréis
Ellos	amarán	temerán	partirán

TIEMPOS COMPUESTOS

Pretérito Perfecto (Antepresente)

Yo	he	amado	temido	partido
Tú	has	amado	temido	partido
Él	ha	amado	temido	partido
Nosotros	hemos	amado	temido	partido
Vosotros	habéis	amado	temido	partido
Ellos	han	amado	temido	partido

Pretérito Pluscuamperfecto (Antecopretérito)

Yo	había	amado	temido	partido
Tú	habías	amado	temido	partido
Él	había	amado	temido	partido
Nosotros	habíamos	amado	temido	partido
Vosotros	habíais	amado	temido	partido
Ellos	habían	amado	temido	partido

Pretérito Anterior (Antepretérito)

Yo	hube	amado	temido	partido
Tú	hubiste	amado	temido	partido
Él	hubo	amado	temido	partido

Nosotros	hubimos	amado	temido	partido
Vosotros	hubísteis	amado	temido	partido
Ellos	hubieron	amado	temido	partido

Futuro Perfecto (Antefuturo)

Yo	habré	amado	temido	partido
Tú	habrás	amado	temido	partido
Él	habrá	amado	temido	partido
Nosotros	habremos	amado	temido	partido
Vosotros	habréis	amado	temido	partido
Ellos	habrán	amado	temido	partido

SUBJUNTIVO

TIEMPOS SIMPLES

Presente (Presente)

Yo	ame	tema	parta
Tú	ames	temas	partas
Él	ame	tema	parta
Nosotros	amemos	temamos	partamos
Vosotros	améis	temáis	partáis
Ellos	amen	teman	partan

Pretérito Imperfecto (Pretérito)

Yo	amara(se)	temiera(se)	partiera(se)
Tú	amaras(ses)	temieras(ses)	partieras(ses)
Él	amara(se)	temiera(se)	partiera(se)
Nosotros	amáramos(semos)	temiéramos(semos)	partiéramo(semos)
Vosotros	amarais(seis)	temierais(seis)	partierais(seis)
Ellos	amaran(sen)	temieran(sen)	partieran(sen)

Futuro Imperfecto (Futuro)

Yo	amare	temiere	partiere
Tú	amares	temieres	partieres
Él	amare	temiere	partiere
Nosotros	amáremos	temiéremos	partiéremos
Vosotros	amareis	temiereis	partiereis
Ellos	amaren	temieren	partieren

TIEMPOS COMPUESTOS

Pretérito Perfecto (Antefuturo)

Yo	haya	amado	temido	partido
Tú	hayas	amado	temido	partido
Él	haya	amado	temido	partido

Nosotros	hayamos	amado	temido	partido
Vosotros	hayáis	amado	temido	partido
Ellos	hayan	amado	temido	partido

Pretérito Pluscuamperfecto (Antepretérito)

Yo	hubiera(se)	amado	temido	partido
Tú	hubieras(ses)	amado	temido	partido
Él	hubiera(se)	amado	temido	partido
Nosotros	hubiéramos(semos)	amado	temido	partido
Vosotros	hubierais(seis)	amado	temido	partido
Ellos	hubieran(sen)	amado	temido	partido

Futuro Perfecto (Antefuturo)

Yo	hubiere	amado	temido	partido
Tú	hubieres	amado	temido	partido
Él	hubiere	amado	temido	partido
Nosotros	hubiéremos	amado	temido	partido
Vosotros	hubiéreis	amado	temido	partido
Ellos	hubieren	amado	temido	partido

POTENCIAL

Simple (Pospretérito)

Yo	amaría	temería	partiría
Tú	amarías	temerías	partirías
Él	amaría	temería	partiría
Nosotros	amaríamos	temeríamos	partiríamos
Vosotros	amaríais	temeríais	partiríais
Ellos	amarían	temerían	partirían

Compuesto (Antepospretérito)

Yo	habría	amado	temido	partido
Tú	habrías	amado	temido	partido
Él	habría	amado	temido	partido
Nosotros	habríamos	amado	temido	partido
Vosotros	habríais	amado	temido	partido
Ellos	habrían	amado	temido	partido

IMPERATIVO

Presente (Futuro)

Ama	teme	parte	tú
Ame	tema	parta	él
Amemos	temamos	partamos	nosotros
Amad	temed	partid	vosotros
Amen	teman	partan	ellos

FORMAS NO PERSONALES

		INFINITIVO		
Simple:		amar	temer	partir
Compuesto:	haber	amado	temido	partido
		PARTICIPIO		
Pasado:		amado	temido	partido
		GERUNDIO		
Simple:		amando	temiendo	partiendo
Compuesto:	habiendo	amado	temido	partido

E) DIVISION DE LOS VERBOS

1. Según la conjugación:

a) Regulares: no cambian el radical y toman sus desinencias de los modelos de las tres conjugaciones regulares: *amar, temer, partir.*

b) Irregulares: sufren modificaciones tanto en el radical como en las desinencias, y a veces en ambos: *nevar, soldar, caber, proveer...*

c) Defectivos: carecen de algunos tiempos, modos o personas en su conjugación: *balbucir, abolir, aterir...*

2. Según el paso de la acción:

a) Transitivos: en ellos, la acción pasa del sujeto al objeto directo. Lleva o puede llevar complemento directo: *amar, comer, partir.*

b) Intransitivos: en ellos, la acción se queda en el sujeto. No llevan complemento directo: *regresar, sufrir, reír.*

3. Según el sujeto:

a) Impersonales: no tienen sujeto. Se usan en tercera persona del singular: *llueve, nieva, hiela, relampaguea.*

b) Unipersonales: son verbos que se refieren a actos no humanos. Se conjugan en tercera persona tanto del singular como del plural: *ladrar, piar, rebuznar, relinchar.* (Evidentemente, sólo en sentido metafórico o translaticio se puede decir: *Yo ladro, yo relincho,* etcétera).

4. Según la unión de los pronombres:

a) Reflexivos o reflejos: en ellos, la acción vuelve al sujeto mediante un pronombre: *arrepentirse, peinarse, sentarse.*

b) Recíprocos: indican reciprocidad o intercambio mutuo de la acción expresada entre dos o más sujetos: *amarse, temerse, sufrirse.*

5. Según la función:

a) Copulativos: son los que unen el sujeto con el predicado: *ser, estar, parecer.*

b) Predicativos: constituyen el núcleo de la predicación: *pensar, comer, salir.*

c) Auxiliares: forman parte de los tiempos compuestos o de las perífrasis verbales: *haber, ser, estar.*

VI. ADVERBIO

A) Es: la palabra o parte de la oración que modifica (calificándolo o determinándolo) al verbo, al adjetivo o a otro adverbio, para señalar las diferentes circunstancias (modo, tiempo, lugar, etc.): Corre *velozmente*; Es *muy aplicado*; Me encuentro *muy bien.*

B) Sirve :para modificar al verbo, adjetivo y adverbio.

C) Division:

1. De lugar: *aquí, ahí, allí, arriba, abajo, cerca, lejos, acá, allá, acullá, enfrente, dentro, fuera, delante, detrás, encima, debajo, junto, aquende, allende.*

2. De tiempo: *hoy, ayer, anteayer, mañana, ahora, antes, después, entonces, temprano, presto, mientras, luego, tarde, nunca, pronto, todavía, antaño, hogaño, cuando.*

3. De modo: *así, bien, como, mejor, peor, mal, apenas, quedo, sólo, recio, duro, deprisa, despacio, alto, bajo, excepto, conforme, adrede, aposta, gratis, buenamente, malamente, ligeramente*, y muchos de los terminados en *-mente.*

4. De cantidad: *más, menos, poco, mucho, casi, tanto, nada, harto, bastante, tan, cuanto, harto, demasiado, medio.*

5. De afirmación: *sí, cierto, ciertamente, verdaderamente, también, realmente, absolutamente.*

6. De negación: *no, ni, nunca, jamás, nada, tampoco.*

7. De duda: *quizá, quizás, acaso, tal vez.*

8. De comparación: *tan, más, menos, igualmente, mejor, peor, tal.*

VII. LA PREPOSICIÓN

A) Es: la parte de la oración que indica la relación de dependencia que existe entre dos palabras o términos: Vamos *de* vacaciones. Estamos *a* punto *de* partir.

B) Sirve: para relacionar o unir dos palabras o términos. En los ejemplos anteriores se unen *vamos* y *vacaciones, estamos* y *punto; punto* y *partir* por medio de la preposición.

C) Se divide:

1. Propias: *a, ante, bajo, cabe, con, contra, de, desde, en, entre, hacia, hasta, para, por, según, sin, so, sobre, tras.*

2. Impropias: son preposiciones latinas que se han conservado tal cual en castellano: *ad-, des-, ex, in-, -inter, trans-*

VIII. LA CONJUNCIÓN

A) Es: la parte de la oración que enlaza dos palabras o dos oraciones, sin establecer una relación de dependencia: Juan *y* Andrés llegaron *cuando* yo ya me había ido.

B) Sirve: para relacionar dos palabras o frases de la misma categoría sintáctica (*coordina*: Quisiera estar presente, *pero* no me va a ser posible) o dos oraciones que no siempre son de la misma categoría sintáctica (subordina: *Aunque* me lo prometas, no lo creo).

C) Se divide:

1. Coordinadas: unen palabras o frases con la misma categoría sintáctica e independencia entre sí. Se dividen en:

a) Copulativas: unen simplemente unas palabras u oraciones con otras: *y, e, ni, que.*

b) Disyuntivas: establecen una opción entre dos o más términos que se contraponen: *o (u), ya... ya, bien... bien, ora... ora.*

c) Adversativas: contraponen dos o más conceptos: *mas, pero, sin embargo, no obstante.*

d) Explicativas: unen dos frases aclarando en la segunda el contenido de la primera: *o sea, es decir, esto es, por ejemplo, verbigracia.*

2. Subordinadas: unen dos frases, una de las cuales está subordinada o depende sintácticamente de la otra. Se dividen en:

a) Finales: expresan el fin de la oración principal de la que dependen: *para que, a fin de que, con el objeto de.*

b) Consecutivas: expresan una consecuencia de la oración principal: *de tal manera que, tan... que.*

c) Causales: indican la causa de la oración principal: *porque, pues, puesto que, ya que.*

d) Ilativas: denotan una deducción o enlace respecto de lo dicho anteriormente en la oración principal: *conque, luego, así pues, por tanto, por consiguiente.*

e) Continuativas: expresan una continuación de la idea expresada en la oración principal: *así que, pues bien, además, sobre todo.*

f) Comparativas: establecen una comparación entre la oración principal y la subordinada: *como, así como, tan... como, tal... como, lo mismo que, más que.*

g) Condicionales: indican una condición para que se realice la oración principal: *si, con tal que, siempre que, supuesto que, a condición de que.*

h) Concesivas: niegan la oración principal al tiempo que le conceden algo para que se realice: *aunque, a pesar de que, aun cuando, si bien, por más que.*

i) Temporales: indican el tiempo en que se realiza la oración principal: *cuando, antes de que, después de que, mientras, hasta que.*

IX. LA INTERJECCIÓN

A)Es: una palabra que por sí sola expresa un estado de ánimo o intención, como admiración, dolor, alegría, sorpresa, susto, desprecio, admiración, llamado, ruego... : *¡Ah,* qué aburrimiento! Equivale a una oración completa.

B) Sirve: para llamar, invocar, manifestar los sentimientos... *¡Eh,* tú, dame ese libro! *¡Bravo,* eres un cantante consumado!

C) Se divide:

1. Propias: actúan siempre como interjecciones: *¡ah! ¡oh! ¡ay! ¡bah! ¡ca! ¡cáspita! ¡ea! ¡eh! ¡guay! ¡hola! ¡huy! ¡ojalá! ¡caramba! ¡ea! ¡huy! ¡puf! ¡sus! ¡tate! ¡uf! ¡zape!*

2. Impropias: son otras partes de la oración que pueden funcionar en un determinado momento como interjecciones: *¡anda! ¡bravo! ¡vaya! ¡ánimo! ¡bien! ¡arriba! ¡fuego! ¡viva!*

SINTAXIS

El conocimiento individual de cada uno de los elementos de la oración nos debe conducir a conocer su uso colectivo. Este estudio es tarea de la *Sintaxis*. A ella corresponde el estudio de las agrupaciones de palabras relacionadas entre sí.

A) DEFINICIÓN: es la parte de la gramática que estudia la estructura de la oración, los elementos que la componen y sus clases.

B) PARTES: La sintaxis abarca tres partes:
1. la *oración* y sus *clases*;
2. las *funciones* de los elementos de la oración;
3. la *concordancia* entre sí de los diversos elementos de la oración.

I. LA ORACIÓN Y SUS CLASES

A) Es: la unidad sintáctica básica de un idioma que tiene sentido en sí misma (*Vivo la vida*). Con ella, el hombre expresa una rica gama de afirmaciones, deseos, dudas, mandatos, posibilidades; es decir, se intercomunica.

B) ESTRUCTURA: la oración más simple responde casi siempre a esta estructura:
1. Sujeto: aquello de lo cual se dice algo;
2. Predicado: lo que se dice del sujeto. El predicado está formado por un núcleo esencial (*verbo*) y por unos elementos secundarios (*complementos: directo, indirecto, circunstancial*).

C) CLASES: la riqueza expresiva del ser humano que afirma, pregunta, manda, duda, desea, prohíbe... hace que existan diversos tipos de oraciones. Éstas se dividen:
1. Según su estructura:
a) Bimembres: tienen sujeto y predicado: *Los niños* (sujeto) *gustan a todos los adultos* (predicado).
b) Unimembres: carecen bien de sujeto bien de verbo. Se dividen en:
- Impersonales: están formadas por un verbo impersonal y carecen de sujeto. Son las formadas por los verbos metereológicos *(Truena, llueve, nieva...)* y por el pronombre personal *se (Se cuentan muchas historias)*.
- Frase nominal: consiste en una oración con predicado nominal, pero sin verbo copulativo. Es la típica del adagio, de la máxima y de los títulos: *A mal tiempo, buena cara. Poco trabajo, poco dinero.*
- Oración con sujeto tácito: en ella se sobreentiende el sujeto, ya que no aparece: *Trabajaron todo el día* (Predicado). Se sobreentiende *ellos* (Sujeto).
2. Según la naturaleza del verbo (aspecto objetivo):
a) Atributivas o copulativas: atribuyen cualidades al sujeto mediante los verbos copulativos *ser y estar: Luisa es pintora. El niño está enfermo.*
b) Predicativas: expresan un fenómeno en el que obra el sujeto, dependen del verbo y del sujeto. Se dividen en:

- Transitivas: llevan un verbo transitivo y complemento directo: *El maestro explica la lección.*

- Intransitivas: expresan todo su significado sin la necesidad del complemento directo: *El ave emigró por la noche.*

- Pasivas: el sujeto padece la acción del verbo: *La casa fue construida por el albañil.*

- Reflexivas: el mismo sujeto ejecuta y recibe la acción del verbo: *El niño se peina todos los días.*

- Recíprocas: son iguales que las reflexivas, pero con dos o más sujetos: *El profesor y los alumnos se tutean*

-Impersonales: son las de sujeto indeterminado y que se introducen con el pronombre reflexivo *se*: *Se dice por ahí...*

-Unipersonales: están formadas por un verbo impersonal y carecen de sujeto. Son las formadas por los verbos metereológicos: *truena, llueve, nieva...*

3. Según la actitud del hablante o modo del verbo (aspecto subjetivo):

a) Enunciativas: expresan un hecho real. Pueden ser:

- Afirmativas: lo afirman: *Los pájaros cantan.*
- Negativas: lo niegan: *El reloj no funciona.*

b) Potenciales: expresan un hecho posible: *Nosotros lo habríamos hecho.*

c) Volitivas (o imperativas): expresan un mandato o deseo de la voluntad: *Estudia toda la lección.*

d) Prohibitivas: prohíben algo: *No salgas hoy.*

e) Dubitativas: expresan un hecho dudoso: *Tal vez llegue mañana.*

f) Interrogativas: formulan una pregunta: *¿Estudia Ramón?*

g) Admirativas o exclamativas: indican sorpresa o admiración: *¡Qué descansada vida llevas!*

h) Elípticas: en ellas se callan o se sobreentienden elementos: *¿Qué tal?* (se sobreentiende *estás*).

4. Según su extensión:

a) Simples: tienen un solo verbo. Son todas las que hemos visto hasta ahora.

b) Compuestas: son aquellas en las que hay dos verbos o más. Pueden ser:

- Yuxtapuestas: son oraciones que aparecen una detrás de otra, sin nexo gramatical que las una: *La casa está vacía, se habrán marchado.*

- Coordinadas: son oraciones encadenadas mediante conjunciones coordinadas: *El hombre trabaja y el niño juega, pero los dos están contentos.* Éstas a su vez pueden ser:

· Copulativas: son oraciones unidas por medio de conjunciones copulativas: *El tren rueda y el avión vuela.*

· Disyuntivas: son oraciones de juicios contrarios, unidas mediante conjunciones disyuntivas: *O te quedas o te vas.*

· Adversativas: son oraciones con una cierta oposición mutua, unidas por conjunciones adversativas: *Tiene muchas ganas, pero no las demuestra.*

· Ilativas: son dos oraciones o más, una de las cuales es un efecto o consecuencia de la otra: *Pienso, luego existo.*

· Explicativas: son dos oraciones o más, una de las cuales es una explicación de la otra: *Corro, o sea, camino con rapidez.*

Subordinadas: son dos o más oraciones unidas mediante una conjunción subordinante, un pronombre relativo o un adverbio interrogativo: *Preguntó quién era y a dónde iba, porque no lo sabía cuando se lo dijeron.* Las oraciones subordinadas son de tres clases:

Sustantivas: desempeñan en la oración compuesta las funciones de un sustantivo en la simple. Completan el significado de la oración principal. Por eso se llaman también *completivas*. En realidad, pueden reducirse a un sustantivo y a sus funciones:

a. Función de sujeto: ***El que hicieras esto fue** muy malo.*

b. De complemento directo: ***Digo que no voy. Deseo que no me oiga. Pregunta quién es y a dónde va. Temo que no vengas mañana.***

c. De complemento indirecto: ***Estudio para ser hombre de provecho.***

d. De complemento circunstancial: ***Lo hizo cuando todos lo miraban.***

Relativas: se llaman también adjetivas, porque equivalen a un adjetivo o participio: *Los alumnos **que no estudian** no aprueban.*

Circunstanciales: actúan como un adverbio en la oración principal. Por eso se llaman también *adverbiales*. Se dividen en:

a. Finales: indican la finalidad de la oración principal: *Voy al campo **para pasear**.*

b. Consecutivas: expresan una consecuencia o resultado de la oración principal: *Era tan alto **que no podía entrar por la puerta.***

c. Comparativas: establecen una comparación entre la oración principal y la subordinada: *Hacemos las cosas **como nos han enseñado.***

d. Causales: manifiestan la causa por la que se realiza la oración principal: *Respiramos **porque lo necesitamos.***

e. Concesivas: indican una dificultad para que se realice la oración principal: *Iremos al campo **aunque llueva.***

f. Condicionales: ponen una condición para que se realice la oración principal: ***Si gana**, celebraremos una fiesta.*

g. Temporales: expresan el tiempo en que se realiza la oración principal, que puede ser antes, después o simultáneamente a la subordinada: *Pregunta **antes de que lo hagas**. Nevaba **cuando salimos**. Me fui **después de que lo vi.***

II. FUNCIONES DENTRO DE LA ORACIÓN

Las funciones dentro de una oración son: *sujeto, verbo y complementos*. Veamos cada una de ellas:

1. Sujeto activo: es quien realiza o sufre la acción del verbo. Suele funcionar como tal un *sustantivo*, un *adjetivo sustantivado*, un *pronombre*, un *verbo sustantivado*. No lleva nunca preposición. *Los hombres* luchan.

El sujeto suele ir al inicio de la oración (pues inicia la cláusula), delante del verbo y de los complementos, encabezando la oración. Es el puesto más correcto por ser el más noble y claro.

2. Sujeto paciente: es el sujeto de la oración pasiva, que cuando se pasa a activa se convierte en complemento directo: ***El eclipse** fue visto por todos nosotros* (pasiva) = *Todos nosotros vimos **el eclipse*** (activa).

3. Verbo: es quien indica la existencia del sujeto, la acción que éste realiza o el estado en que se encuentra: *Juan **es** hombre; las aves **vuelan**; el perro **está** enfermo.*

4. Complementos: son nombres que completan el significado del verbo. Y

lo completa como complemento directo, indirecto y circunstancial.

a) Complemento directo: es el que sufre directamente la acción del verbo realizada por el sujeto: *Luisa come manzanas*. Lleva la preposición *a* sólo cuando se refiere a personas: *Él ve a Juan todos los días*.

b) Complemento indirecto: es el beneficiario de la acción realizada por el sujeto, quien recibe el provecho o daño de la acción verbal. Sufre indirectamente la acción del verbo: *Los Reyes Magos traen juguetes a los niños buenos*. Lleva la preposición *a* o *para*.

Para distinguir el complemento directo del indirecto, el camino más sencillo es pasar la oración activa a pasiva. Si el complemento directo pasa a sujeto paciente en la oración pasiva, la oración es transitiva y el complemento es directo. Si no se puede pasar, el complemento será indirecto.

c) Complemento determinativo: es un complemento que delimita el nombre al que afecta, indicando posesión, pertenencia o propiedad: *La mitad del premio es para tu amigo*. Lleva la preposición *de*. El complemento determinativo sigue al sustantivo regente: *Los estudios de los niños*...

d) Complemento circunstancial: indica la circunstancia en medio de la cual se realiza la acción del verbo. Puede ser de lugar, de tiempo, de modo. *Voy a Roma. Lo hago por ti*. Puede llevar todas las preposiciones.

Estos complementos del verbo generalmente van detrás de él y según este orden: complemento directo, complemento indirecto, complemento circunstancial: *La contaminación afecta a todas las aves de las grandes ciudades*. Sin embargo, el castellano admite muchas variaciones en el orden de sus oraciones.

III. LA CONCORDANCIA

Es la correspondencia, la armonía, el engranaje completo entre los accidentes gramaticales (terminación que indica el *género* y el *número*, la *persona*, el *tiempo*, el *modo*...) de dos partes variables.

a) Del artículo con el sustantivo: Concuerda en género y número dentro de la oración: *Las estrellas brillan durante la noche*.

b) Del adjetivo con el sustantivo: Concuerda en género y número: *Hermosos paisajes los que se divisan desde esta colina*. Si hay varios nombres de distinto género relativos a seres animados e inanimados, la preferencia la lleva el género masculino sobre el femenino y el número será el plural: *El niño, la niña y el perro son buenos*.

Casos especiales:

1. Los adjetivos que califican a nombres de respeto, título o dignidad, no concuerdan con ellos, sino con la persona a quien se refieren: *Preguntaban si su Señoría estaba ocupado* (adjetivo *ocupado* concuerda con "el juez", no con *Señoría*).

2. En ciertos sustantivos de significado colectivo, los adjetivos no concuerdan con ellos, sino con los seres reales a que se refieren: *Bello fue una autoridad, seguido y discutido por otras autoridades* (adjetivos *seguido y discutido* concuerdan con *Bello*, no con *autoridad*).

3. En palabras compuestas en las que pueden aplicarse los dos géneros, el primer término irá siempre en masculino y el segundo será el que determine el género: *decimoséptima edición, decimocuarto capítulo, farmacodependiente*.

c) Del apuesto (nombres de cargos, dignidades, profesiones, ciudades, ríos...) con el nombre al que va apuesto: concuerda sólo en la función gramatical, conservando su género y su número: *Las flores, alegría de la*

El apuesto sigue al nombre principal (nombres de cargos, dignidades, profesiones) : *León, capital del Estado de Guanajuato, exporta muchos zapatos.*

d) Del pronombre con el nombre: concuerda sólo en género y número. La función gramatical será la que le corresponda en la oración. *Vi a **Felipe, que** es el profesor de matemáticas. Felipe* es complemento directo en la oración, mientras que ***que*** es sujeto de esta oración de relativo. En ambos casos, sin embargo, el género es masculino y el número singular.

e) Del verbo con el sujeto: concuerda en número y persona: *Yo hablo.*

Casos especiales:

1. Cuando tenemos varios sujetos, de distinta persona, que van con el mismo verbo, éste se pondrá en plural, y en cuanto a la persona se elegirá la más noble, teniendo en cuenta que la primera prevalece sobre la segunda y tercera, y la segunda sobre la tercera: *Yo, tú y Pedro **somos** muy buenos amigos.*

2. Cuando el sujeto es un sustantivo colectivo con un complemento que especifica a los integrantes, el verbo puede ir bien en singular bien en plural: *El grupo de estudiantes **se adelantó*** (o ***se adelantaron**) a recibirlo.*

3. Lo mismo sucede cuando el colectivo es de especie indeterminada: *Callóse la multitud y a los primeros tiros **comenzó** (o **comenzaron**) a dispersarse.*

4. Cuando el sujeto está constituido por varios sinónimos, el verbo puede ir en singular o en plural: *La incertidumbre, la cruel inseguridad lo **estaba** (o **estaban**) minando.*

5. Cuando el sujeto es compuesto, en forma de enumeración, y el último de los términos engloba el sentido de los demás, el verbo concuerda con este último término, en singular: *El estudio, los compañeros, el lugar, todo **era** interesante novedad.*

6. Cuando el verbo precede al sujeto compuesto y los simples van unidos por la conjunción *y*, el verbo puede ir en singular o en plural (es frecuente el singular): ***Miró** (o **miraron**) el director y el maestro hacia donde gritaban.*

7. La concordancia de un sustantivo colectivo está determinada por la presencia del sujeto; si éste no aparece, la frase irá en singular: *La mayor parte **estuvo** de acuerdo.* Cuando interviene el sujeto, la oración se pluraliza: *La mayoría de los pacientes **presentaron** síntomas de disnea.*

ORTOGRAFÍA

Ninguna persona, sea cual fuere su calidad intelectual, puede ser juzgada como culta, si no conoce perfectamente las reglas ortográficas, si no sabe escribir con corrección. Por más virtudes que tenga un escrito en cuanto a la elección de las palabras, la construcción de los párrafos y otras condiciones de la llamada "buena redacción", no tendrá validez real si carece de corrección ortográfica, entre otras cosas porque creará confusión en el caso de muchas palabras parecidas por el sonido, pero muy distintas por el significado.

I. DEFINICIÓN DE ORTOGRAFÍA

Es la parte de la gramática que trata de la correcta escritura de las palabras. Su nombre procede de las palabras griegas *orthós* (correcto) y *graphein* (escribir).

II. PARTES DE LA ORTOGRAFÍA

A) Las mayúsculas.
B) Reglas ortográficas de algunas consonantes.
C) La acentuación.
D) La puntuación.

A) LAS MAYÚSCULAS:
Se escribe mayúscula:

a) al comienzo de todo escrito;
b) después de punto seguido o final de párrafo;
c) después de los signos de interrogación y admiración;
d) en los nombres propios: *México, América, Luisa, Rocinante*;
e) en los apellidos y apodos personales: *Rodríguez Gacha "El Mexicano", Jorge Poblete "El Búfalo", El Caballero de la Triste Figura;*
f) en los títulos de dignidad, sobre todo si van con abreviatura, así como en los nombres apuestos: *Isabel la Católica, Marqués de Villena, Su Santidad, Su Majestad,* o *S.M.*;
g) en los tratamientos de cortesía, títulos profesionales y después de los dos puntos en el tratamiento de las cartas: *Su Excelencia, Excmo., Sr., Dr., Sra., Lic., Ing., Estimado señor: Recibí...;*
h) en los atributos divinos dirigidos a Dios, Jesucristo y la Virgen María: *Dios* (sólo puede escribirse *dios* con minúscula cuando es nombre común): *El Creador, El Salvador, Nuestra Señora;*
i) en las épocas, periodos históricos o hechos famosos: *La Conquista, La Colonia, La Revolución Francesa, El Neolítico, La Edad Media;*
j) en los nombres de corporaciones, colectividades o instituciones, oficiales o no: *Banco Nacional de México, Academia de la Lengua Española, Teatro Municipal, Museo de Bellas Artes;*
k) en los nombres representativos de personas que ejercen poder, dignidad o dirección, cuando éstos equivalen a nombres propios: *Presidente de la*

República, Jefe Superior de Policía, Director del Banco de la Propiedad, Embajador, Director, Ministro, Papa;

l) en los títulos de obras, películas o libros: *"El Ingenioso Hidalgo Don Quijote de la Mancha", "Nociones de Física Elemental", "Prosas Profanas", "El Guernica", "La Ultima Cena"*. Cuando éstos son muy largos, basta con escribir la primera con mayúscula. Suelen resaltarse con cursiva, entre comillas o subrayados: *Ortografía de la lengua castellana para estudiantes de bachillerato;*

ll) la mayor parte de las abreviaturas y todas las siglas (ONU, OTAN, UNAM, OEA, S.A., UNESCO, OMS, FAO, EUA. URSS, BMV);

m) en las letras dobles, sólo la primera: *Ch, Ll;*

n) los números romanos: *I, II, V;*

ñ) Los nombres de días de la semana, meses del año, estaciones y puntos cardinales *no son propios*. Por tanto, no se escriben con inicial mayúscula: *martes, diciembre, norte, verano*. Se exceptúan las fechas memorables: *Veinte de Noviembre, Catorce de Julio*. Tampoco son nombres propios los gentilicios: *español, mexicana, francesas, centroamericanos*.

B) REGLAS ORTOGRÁFICAS DE ALGUNAS CONSONANTES

a) Se escriben con *b*:

- las palabras derivadas de primitivas que llevan *b*: *bienhechor* (de bien), *abordaje* (de abordar), *escribiente* (de escribir);
- las que empiezan por *ab, ob: abdicar, abjurar, objeto;*
- las comenzadas por *abo, abu: abogado, abolengo, abuso, abulense*. Se exceptúan: *avocar, avoceta* (ave zancuda), *avutarda, avuguero* (variedad del peral), y sus derivados;
- las que empiezan por *al*: *albañil, alboroto, alba* (excepto *Álvaro, alvéolo, altavoz, altivez*);
- las terminaciones *ba, bas, bamos, bais, ban*, de los pretéritos imperfectos (copretéritos) de los verbos de la primera conjugación: *amaba, andabas, marchábamos, terminábais, hablaban;*
- las que inician por *bea*, y que no son derivadas del verbo *ver: beatitud, beaterio;*
- las palabras que comienzan con el prefijo *bene*, cuando éste significa *bien: beneficio, benevolencia, benemérito*... Se exceptúan las palabras *venenoso, venero, venéreo* y otras que tampoco tienen la raíz *bene;*
- las que empiezan con *bien*: *bienandanza, bienestar, bienvivir*. Se exceptúan *Viena, vientre* y *viento*, que no tienen la raíz *bien;*
- los verbos terminados en *bir: cohibir, escribir, exhibir, prohibir*. Se exceptúan, con sus derivados, los verbos *hervir, servir* y *vivir;*
- las que empiezan con los prefijos *bi, bis, biz, bio*, como *binario, bisectriz, bisabuelo, bisílaba, biznieto, biografía, biopsia;*
- las terminaciones *bundo, bilidad: moribundo, tremebundo, furibundo, debilidad, habilidad, notabilidad*. Se exceptúan *movilidad* y *civilidad*.
- las que comienzan por *bu, bur, bus* y *bibl: bujía, burbuja, busto, buscar;*
- los verbos terminados en *buir: atribuir, contribuir;* los que acaban en *aber: caber, saber, haber*... (excepto precaver); y el copretérito de *ir: iba, ibas, íbamos, etcétera;*
- las palabras que comienzan por *ca, ce, ci, co, cu: cabeza, cabo, cebar, cebú, cibera, coba, cubicar, cubilete*. Se exceptúan *cavar, caverna, cavilar, civil, covacha*, y sus derivados.
- las palabras que empiezan por *es: esbelto, escarbar* (excepto *esclavo, esclavina, esclavitud*);

- las comenzadas por las combinaciones *ha, he, hi, ho, hu* seguidas de sonido labial: *haber, hebilla, hubo*;

- las palabras que comienzan por *ra, re, ri, ro, ru*, como *rabia, rábano, rebelde, ribera, robar, ruboroso*, menos *rival, rivera* (arroyo), *revelar, reventar, reverbero, revólver*, y verbos que empiezan con *v*, después del prefijo *re*;

- las palabras *riba, sílaba, árabe* y sus compuestas y derivadas: *ribazo, arriba, Ribadesella, polisilábico, arábigo, mozárabe;*

- las palabras que comienzan por *sa, se, si, so, su: sábado, saborear, seboso, Sebastián, sibila, soberbio, subes*. Se exceptúan *savia* (jugo vegetal), *Sevilla, sevicia, severidad* y algunas más;

- las palabras que empiezan por *ta, te, ti, to, tu*, como *tabular, tábano, tebaida, tebano, Tiberio, tibor, tobera, tobillo, tubo, tubular*, menos *tova* (ave) y *tuvo* (del verbo tener);

- las palabras que empiezan por *tra, tre, tri*, como *traba, trébol, tribuno*. Se exceptúan *través, trivial, trivium, triunvirato* y sus derivados;

- las palabras cuya terminación fónica es labial: *Job, Achab, Moab, querub, baobab;*

- muchas palabras como *obscuro, substantivo, substancia, substracción* y otras, pueden escribirse sin la *b*: *oscuro, sustantivo, sustancia, sustracción*;

- antes de consonante se escribe *b*, nunca *v*: *blasón, blusa, bravo, bretona, abdicar, subvenir*.

b) Se escriben con *v*:

- las derivadas de palabras que tengan esa letra: *sobrevenir* (de venir), *ventoso* (de viento);

- los tiempos de verbos con sonido labial, cuyo infinitivo carece de *b* o de *v*: *tuvimos* de tener; *estuvo*, de estar; *anduvo*, de andar (con excepción de su pretérito imperfecto). Se exceptúan también las terminaciones *aba, abas*, tratadas en las reglas de la *b*.

- los nombres de los números y estaciones del año: *octavo, nueve, veinte, verano, invierno*;

- después de *b, d, n*: *subvención, adventicio, advertencia, invertir;*

- las palabras que empiezan por *ad*: *adverbio, adversario, advertir*;

- las empezadas por *eva, eve, evi, evo*: *Evaristo, evento, evitar, evocación*. Excepciones: *ébano* (árbol exótico), *ebenáceo* (de la familia del ébano), *ebionita* (hereje de los primeros años del cristianismo), *ebonita* (caucho vulcanizado y negro), y derivados;

- las palabras empezadas por las siguientes sílabas: *cal, cla, con, cur*: *clavo, convento, curva*;

- las que comienzan con *di, ol, le*: *divino, diván, levedad, levantar, jovial, olvido, polvareda*. Excepción: *dibujo*;

- las que comienzan por *lla, lle, lli, llo, llu*: *llave, llevar, llover, lluvia*;

- las palabras que empiezan por *mal, mo, na, ni, no*: *malva, mover, naval, nevada, nivel, novio*. Excepciones: *malbaratar, mobiliario, nabo, nebuloso, nobiliario*.

- las palabras que empiezan por *par, per, por, pra, pre, pri, pro*: *parvedad, pervigilio* (insomnio, falta de sueño), *porvenir, previo, privar, provecho*. Excepciones: *perborato* (sal producida por la oxidación del borato), *preboste* (jefe de una comunidad), *prebenda, probar, probeta, probo* y *proboscidio;*

- las palabras que empiezan por *sal, sel, sil*: *salve, selvático, silvestre*. Excepciones: *silbar, silbón* y derivados;

- las que comienzan por *vice, villa:* *vicepresidente, villano, Villarejo*. Se exceptúan *billar* y *bíceps*;

- los adjetivos que acaban en *ava, ave, avo, eva, eve, evo, iva, ive, ivo: brava, grave, esclavo, nueva, leve, longevo, fugitiva, proclive, redivivo*. Excepción: *célibe*;

- las que terminan en *tivo, tiva, tivamente: caritativo, activa, positivamente*;

- los verbos terminados en *servar: conservar, preservar, observar;*

- las que terminan en *viro, ívoro* y derivados: *triunviro, insectívoro, carnívora*. Hay una sola excepción: *víbora;*

c) Se escriben con *c*:

- se escriben con *c* las terminaciones *ancia: importancia, prestancia*, si sus adjetivos terminan en *ante* (*importante, prestante*).

- las terminaciones *encia*, sustantivación de adjetivos terminados en *ente: urgencia* (de urgente), *clemencia* (de clemente), *ausencia* (de ausente), *diligencia* (de diligente);

- los tiempos de verbos terminados en *ciar, cer, cir: pronuncia, deshacías, relucirán*, etc. Se exceptúan: *ansiar, asir, coser* (de costura), *toser, extasiar* y *anestesiar*;

- la terminación *ción*, en palabras cuyos primitivos acaban en *to: bendición, suscripción, maldición:* de *bendito, suscrito y maldito* respectivamente. Si el primitivo tiene *c* delante de *t*, como *lector, correcto, predilecto*, la *c* es doble: *lección, corrección, predilección*.

- los diminutivos *cico, cillo, cito,* sus femeninos y plurales: *pececito, manecilla, piececicos;*

- los plurales y derivaciones de voces terminadas en *z: perdices* (de perdiz), *torcaces* (de torcaz), *feracidad* (de feraz), *precocísimo* (de precoz).

- el subjuntivo presente de los verbos terminados en *zar*, antes de *e, i: cace, cacemos, comencéis, empiecen*; de cazar, rezar, comenzar, empezar.

d) Se escriben con *s*:

- las sílabas *abs, obs, cons, des, dis, pers, sus* o *subs, tras* o *trans: abstracto, observar, construido, desechar, distraer, perspicaz, sustraer* o *substraer, trasatlántico* o *transatlántico;*

- las palabras que comienzan por *as, es, is, os, us: asta, esternón, ismaelita, ostentoso, ustedes*. Excepciones: *azteca, izquierdo*;

- la mayoría de las palabras terminadas en *asis, esis, isis, osis: perífrasis, síntesis, crisis, equimosis* (mancha de la piel efecto de un golpe), *tesis*;

- las palabras acabadas en *ismo, ista, simo, oso* y los adjetivos en *esco: egoísmo, altruista, santísimo, gracioso, grotesco,* así como sus femeninos y plurales;

- los diminutivos de palabras que llevan *s: rosita* (rosa), *casita* (casa), *pesito* (peso);

- sin excepción, se escriben con *s* los superlativos en *ísimo: riquísimo, corrientísimo;*

- las palabras terminadas en *sión*, cuyos adjetivos acaben en *so: pretensión* (de pretenso), *extensión* (extenso), *difusión* (difuso), *confusión* (confuso).

e) Se escriben con *z*:

La z, que tiene un sonido ceceante, se confunde a veces en México y Latinoamérica, con la *s* o la *c*. Sin embargo, su uso es sumamente sencillo. Se escribe con z:

- al final de palabra, cuando el plural lo hace en *ces*: *perdiz(ces), juez(ces)*;

- los sustantivos acabados en *anza: esperanza, andanza, chanza, panza,* así como los que terminan en *azgo: mayorazgo, noviazgo*. Excepciones: *gansa, pansa* (pasa), *rasgo, trasgo* (duende) y derivados de verbos en *sar*;

- los aumentativos en *azo*, así como las voces terminadas en *azo* que denoten golpe; lo mismo que los diminutivos en *zuelo*, con sus femeninos y plurales: *hombrazo, golpazo, porrazo, escritorzuelo, mozuela,* etcétera;

- los sustantivos abstractos terminados en *ez, eza* y adjetivos en *az: estrechez, alteza, altivez, majeza, feraz, audaz*. También los patronímicos: *López, González, Márquez, Sánchez,* etc.;

- la mayor parte de las palabras que terminan en *iz, izo, iza: desliz, infeliz, pasadizo, hechizo, paliza, longaniza,* menos los derivados de verbos en *sar: descansar, pensar;*

- los tiempos de los verbos que acaban en *izar: garantizar, fiscalizar, diarizar,* siempre que la vocal que sigue no sea *e* o *i*, pues en este caso la *z* se convierte en *c*: *fiscalice, garanticéis*.

- los sonidos *za, zo, zu*, como *zalamero, azalea, zona, gozo, azúcar, zumo;*

- son pocas las palabras en que la *z* precede a la *e* o la *i*: *zeugma* (figura literaria), *zeta, zeda, zéjel* (composición poética de los moriscos), *zelandés, Zenón, zenit, Ezequiel, zinc, zíngaro, zigzag, zipizape*.

f) Combinación de la *s* y de la *c*:

La *s* y la *c* se unen para formar el conjunto *sc* en muchas palabras. En ningún caso se da la combinación *cs;*

Si se pronunciaran bien (primero el sonido silbante de la *s* y después el ceceante de la *c*) no habría dificultades, pero en México, como en América Latina, esta pronunciación no se distingue.

Su uso sólo puede aprenderse con la práctica, puesto que no existe regla alguna: *adolescencia, ascenso, asceta, consciente, descender, discernir, disciplina, discípulo, efervescencia, escena, escéptico, escisión, escita,* etcétera.

g) La doble *c*:

La doble *c*, cuyo sonido puede confundirse con el de la *c, s,* o *x*, se emplea en las terminaciones *acción, ección, icción, ucción,* derivadas o gemelas de vocablos en los que entra la combinación *ct: atracción, lección, ficción, conducción*, de *atractivo, lectura, ficticio, conductor*.

h) Se escriben con *g*:

- las palabras derivadas de verbos, cuyo infinitivo se escriba con *g: recogéis, recogiste* (de recoger); *surgen, surgirán* (de surgir);

- después de las sílabas *al, an, ar: álgido, algebraico, ángel, anginas, argivo, argelino*. Se exceptúa: *aljibe*;

- después de las sílabas *co, con: congénito, congeniar*. Se exceptúan: *cojear, cojín, cojijo, conjeturar* y sus derivados;

- después de las sílabas *fla, in, lon: flagelar, ingenio, longevidad*. Excepción: *injertar, injerto*;

- la sílaba *gen*, sea cual fuere su colocación en la palabra: *gentil, genio, gente, agente, astringencia, origen*. Excepciones: *Jenaro, ajenjo* (planta amarga), *aventajarse,* y *piojento* (que tiene piojos), así como los tiempos de los verbos terminados en *jar, jer, jir: dejen, alejen, tejen, crujen;*

- las palabras que comienzan por *geo, legi, gest* (excepto *lejitos*): *geología, geómetra, legiones, legislar, gesto, gestación;*

- los tiempos de los verbos cuyo infinitivo termine en *ger* (menos *tejer*); *gir* (menos *brujir, grujir* y *crujir*); *gerar: sobrecoger, proteger, dirigir, afligir, aligerar, morigerar;*

- después de las terminaciones *gélico, genario, géneo, génico, génito, gesimal, gético: evangélico, sexagenario, homogéneo, fotogénico, primogénito, octogesimal, vigésimo, apologético;*

- igualmente, en las terminaciones *giénico, ginal, gíneo, ginoso, gioso, gírico* y *gismo: higiénico, marginal, virgíneo, oleaginoso, panegírico, silogismo.* Se exceptúan: *espejismo* y *salvajismo;*

- las palabras terminadas en *gio, gía, gión: regio, regía, cirugía, región, religión.* Se exceptúan: *bajío, bujía, canonjía, crujía, lejía, herejía, apoplejía* (parálisis cerebral por derrame sanguíneo en el cerebro o en las meninges), *hemiplejía* (parálisis de un lado del cuerpo), y *paraplejía* (parálisis de la mitad inferior del cuerpo);

- se puede escribir indistintamente: *gnomo* (ser fantástico, enano y genio de la Tierra), *gnomon, gnóstico,* o *nomo, nomon, nóstico,* etcétera.

i) Se escriben con *j*:

- los derivados de las palabras que lleven *j*: *rojez, cajeta, ajito, cojeo,* que se derivan, respectivamente de *rojo. caja, ajo, cojo;*

- los tiempos de los verbos en que aparezca el sonido gutural fuerte y cuyo infinitivo carezca de *g* o *j*: *redujimos* (de reducir), *trajeron* (de traer), *adujiste* (de aducir);

- las palabras que comienzan por *aje, eje: ajedrez, ajetreo, ejecutar, ejercer, ejemplo.* Excepciones: *agente, agenda, agencia, agenesia* (imposibilidad de engendrar), *Agenor, Egeo;*

- las palabras terminadas en *aje, ajes: encaje, viaje, coraje, hereje, equipaje, ultrajes.* Se exceptúa *ambages;*

- los tiempos de los verbos cuyo infinitivo termina en *jear,* como *flojear, canjear, cojear hojear, carcajearse;*

- las palabras terminadas en *jero, jera, jería: consejero, relojera, cerrajería.* Se exceptúan: *ligero, flamígero, belígero.*

j) Se escriben con *x*:

- las palabras comenzadas por el prefijo *ex,* con el significado de *fuera*: *exportar, explayar, explanar;*

- la preposición *ex,* separada de un nombre, cuando significa *que fue*: *ex presidente, ex ministro, ex tesorero.* También en otras frases castellanas o locuciones latinas: *ex abrupto, ex profeso, ex cátedra;*

- las que empiezan por *extra,* también con el mismo significado: *extraño, extravío, extravagante, extranjero;*

- delante de las sílabas *pla, ple, pli, plo, pre, pri, pro: explanar, explicar, explosión, expresar, exprimir, expropiación, etc.* Se exceptúan: *esplendor, esplenio, esplique, espliego,* así como sus derivadas;

- los derivados de palabras terminadas en *xo: anexión*, de anexo; *conexión*, de conexo;
- no se escribe *x* sino *s*, delante de *b, d, f, g, l, m, q*. Excepciones: *exfoliar* y *exquisito*.

k) Se escriben con *h*:

- las palabras derivadas de otras que se escriben originariamente con esta letra, así como las compuestas de palabras que la tienen en su origen: *haber, hierba, humor, honor, deshonra, deshabituar, malhumorado*;
- las palabras que empiezan por *herm, hern: hermano, hermosa, Hermenegildo, Herminia, Hernando, Hernani, hernia*. Se exceptúan: *ermita, Ernesto* y derivados;
- las palabras que empiezan por *hia, hie, hio, hua, hue, hui: hialino, hiato, hielo, hierro, hioides, Huatusco, huasteco, huevo, huérfano, huir, huidizo*. Se exceptúa *ueste* (punto cardinal);
- las que comienzan por *hidr, hipe, hipo: hidráulico, hidrato, hiperbólico, hiperestesia* (sensibilidad excesiva), *hipócrita, hipódromo*. Excepción: *ipecacuana*;
- las que comienzan con *holg, horr, hosp: holgazán, holgado, horrendo, horro, hospital, hospedería*. Excepción: *Olga*;
- las que comienzan por *hum, moh, zah* (estas dos últimas seguidas de vocal): *humedad, humilde, humo, mohíno, moho, zaherir, zahúrda*. Se exceptúan: *umbral, umbrío, moaré* (tela fuerte de seda que forma aguas), *Moisés, zaino* (traidor, falso; ganado de color negro) y sus derivados;
- llevan también *h* las terminaciones *huelo, huela*, después de vocal, en voces diminutivas o no: *judihuelo, matihuelo* (dominguillo), *vihuela* (especie de guitarra), *pihuela* (grillos para los reos), *correhuela* (planta, correa), *aldehuela*;
- terminan en *h* las interjecciones: *¡ah! ¡eh! ¡oh! ¡bah!*
- los derivados de *hueso, hueco, huevo, huérfano* se escriben sin *h* : *óseo, osario, osamenta, oquedad, óvolo, óvalo, ovoide, ovario, orfandad, orfanato*. También *oscense* y *onubense*, derivados, respectivamente, de *Huesca* y *Huelva*, provincias españolas;

l) Se escriben con *m*:

- delante de *b* y *p*: *ámbito, ámbar, miembro, mimbre, nombre, lumbre, empresa, imperio*;
- se escribe *m* delante de *n*: *alumno, columna, himno, gimnasia, indemne*;
- cuando la palabra está compuesta por un prefijo terminado en *n*, como *con, in, non, sin*, etcétera; y de un nombre comenzado con *n*, ésta se duplica, pero no se sigue la regla anterior: *connatural, innato, innovar, innumerable, innegable, nonnato, sinnúmero*;
- la *m* precede, a veces, a la *n*, al principio de palabra: *mnemotécnico, etc*. También se acepta *nemotécnico*.
- llevan *m* al final las siguientes palabras latinas: *álbum, máximum, mínimum, vademécum, ídem, ibídem, memorándum, currículum*, etc.

ll) Se escriben con *r* y *rr*:

- al comienzo de palabra nunca se escribirá doble *rr*, aunque su sonido sea fuerte: *Ramón, Rodrigo, rancio*;

- la doble *rr* suena fuerte siempre: *carroza, carretero, arrabal, parrilla;*

- la *r* simple suena suave ante consonante: *Carlos, perla, mirlo, porte;*

- después de las consonantes *l, n* y *s* nunca se escribe doble *rr*: *Alrededor, Conrado, Israel, Enrique;*

- las palabras compuestas, en las cuales la segunda comienza por *r*, hacen que esta última se duplique: *contrarréplica, andarrío*... De otro modo, la *r* no podría sonar fuerte;

- igualmente, se duplica la *r* en los gentilicios dobles cuando éstos van juntos: *grecorromano, francorrusa*, o bien *greco-romano, franco-rusa*.

m) Se escriben con *y*:

- se escribe *y* en los tiempos de los verbos que en el infinitivo no llevan ni *ll* ni *y*: *oyes, vayas, vayas, huyas*, de *oír, ir, huir;*

- al final de palabra el sonido vocal se escribe con *i*, si va acentuada, y con *y* si no lleva acento: *reí, escribí, maniquí, rey, ley, muy, estoy, hay, voy;*

- en mitad de palabra la *y* es consonante siempre: *bayadera* (bailarina india), *bayeta, ayo, ayudar, papaya, bayoneta*.

n) Se escriben con *ll*:

- las que empiezan por *fa, fo, fu*: *fallar, folleto, fullería;*

- las palabras que terminan en *illo, illa*: *ovillo, platillo, pastilla, villa, perilla*.

ñ) Algunas reglas particulares de ortografía:

- se escribe *d* a final de palabra cuando el plural lo hace en *des*: *bondad, bondades;*

- las palabras compuestas, cuyo segundo término comience con la sílaba *es*, pueden perder la letra *e*: *evasospasmo, supraspinoso, musculosquelético, arterioesclerosis*, etcétera;

- se mantendrá doble *ee* en las palabras que comiencen por *e* y a las que les preceda el prefijo *re*: *reemplazado, reeducación, reedición;*

- se conservará doble *oo* en la palabras que comiencen por *o* y a las que les preceda el prefijo *co*: *coordinador, cooperar*, etcétera;

- puede suprimirse la letra *p* en las palabras compuestas que contengan el prefijo *pseudo*. Por ejemplo: *seudoartrosis, seudópodo, seudomotor, seudoesclerosis;*

- puede suprimirse la letra *t* en las palabras que empiecen con el prefijo *post*. Por ejemplo: *posoperatorio, posnatal, posguerra, posimagen, postraumático*. Excepto: *postsináptico;*

- en las palabras compuestas en las que se pueden aplicar los dos géneros, el primer término irá siempre en masculino y el segundo será el que determine el género de la palabra que califique: *decimoséptima edición, decimocuarto capítulo, farmacodependiente*.

- los latinismos y extranjerismos van en cursiva: *ibídem, ídem, post mortem, etc.* a menos que ya hayan sido incorporados al castellano, como *a priori, per se, per capita, estrés, suéter, jersey, naylon, dísel;*

C) ACENTUACIÓN

a) Qué es el acento: Todas las palabras, excepto las monosílabas por ser átonas, tienen una sílaba en la que se da mayor entonación al pronunciarla, que es a la que corresponde el acento prosódico o tónico. Además del acento tónico, existe el acento *escrito u ortográfico*, llamado *tilde*. Es una rayita, rasgo o virgulilla (') que se coloca sobre la vocal correspondiente, de acuerdo con las reglas de acentuación.

b) Reglas generales para la correcta acentuación: Se acentúan:

1. Las palabras *agudas* que terminan en cualquiera de las cinco vocales o en las consonantes *n* o *s*: *Alcalá, llegará, puré, jabalí, entró, Belcebú, bambú, balcón, redacción, volverás, maravedís.*

2. Todas las palabras *llanas* que terminen en cualquier consonante, excepto en *n* o *s*: *áspid, árbol, álbum, ámbar, fénix.*

3. Todas las palabras *esdrújulas* y *sobreesdrújulas*, sin excepción: *bélico, púlpito, sílfide, sólida, tabernáculo, inhóspito, dígaseme, explíquesenoslo.*

c) Reglas particulares para la correcta acentuación:

- las mayúsculas llevan acento siempre que lo requieran: *Álvaro, África, Él, Éste,* etcétera;
- aunque las palabras agudas terminen en *n* o *s*, no se acentúan cuando a estas consonantes finales preceda otra consonante distinta de *n* o *s*: No se acentúa *Escudillers, Casals*; por el contrario, se acentúa *Orleáns*;
- no llevan acento ortográfico las palabras agudas terminadas en *y*: *convoy, Paraguay, Maracay.*
- en las agudas, en las que la pronunciación deshace el diptongo, la tilde se escribe sobre la vocal débil: *Raúl, maíz, país;*
- aunque las palabras llanas acaben en *n* o *s*, deben acentuarse cuando estas letras vayan precedidas de otras consonantes que no sean, también, *n* o *s*. Se acentúan *fórceps, bíceps, tríceps;* no se acentúa *tremens*;
- en las llanas, cuando el acento tónico deshace el diptongo, también se acentúan gráficamente en la primera vocal débil: *actúa, ortografía, dirías, bonetería;*
- cuando se unen dos vocales, una fuerte con una débil, o dos débiles, sin formar tónicamente un diptongo, se acentuará la débil que lo requiera por su acentuación prosódica: *descreído, recaímos*;
- llevan acento los infinitivos de los verbos terminados en *aír, eír, oír: desoír, desvaír, freír, reír*;
- en los triptongos, la tilde va sobre la vocal fuerte: *amortiguáis, averigüéis, desliáis, aliéis*;
- si el acento tónico va sobre la primera vocal, lo que ocurre en el pretérito imperfecto -copretérito- de algunos verbos, la tilde se escribe también sobre la primera, aunque sea débil: *debíais, teníais;*
- los verbos *licuar, aguar, adecuar, evacuar,* así como los verbos cuyo infinitivo termine en *-uar*, y que llevan *c* o *g* antes de la *u*, no acentúan la *u*. Se conjugan, en cuanto al acento, como averiguar: *licuo, aguo, adecuo, etc.* En cambio, si antes de la *u* van otras consonantes que no sean *c* o *g*, la *u* lleva acento, como es el caso del verbo *acentuar*: *yo acentúo, tú acentúas, él acentúa*;
- los verbos *diferenciar, financiar, alinear, delinear* (forma popular: *alíneo;* forma correcta: *alineo:* ambas están admitidas en este caso) y sus semejantes se conjugan, en cuanto al acento, como *cambiar*: *diferencia, financia, alineo, alineas;*

- cuando una palabra simple lleva acento, lo conserva en sus compuestas: *fácilmente, habléle, contólo*. Los adverbios terminados en *-mente* conservan el acento del primer término, si es que lo llevan: *ágilmente, débilmente, comúnmente*;

- las formas verbales que llevaban acento y a las que se les añaden pronombres *(contólo)* conservan el acento que tenían cuando eran simples: *reírse, oírmelo, parecióle, freírselo*;

- los monosílabos verbales que no se acentúan llevan acento si, al añadírsele pronombres, forman palabras esdrújulas: *vióseles, fuímonos, dióselo*;

- las palabras compuestas de verbo más un nombre complementario, pierden la tilde que llevaría el verbo por sí solo: *sábelo + todo: sabelotodo;*

- las palabras compuestas de dos simples, ambas con tilde, sólo la conservan en la segunda: *vigesimoséptimo, hungarobúlgara, nucleoproteína*. Cuando la primera palabra del compuesto va unida a la siguiente con un guión, cada una conserva su tilde: *físico-químico; vagón-restaurante*;

- las palabras extranjeras, españolizadas, siguen las reglas generales de acentuación: *París, Berlín, pópulo, dómine;*

- los plurales siguen las reglas de sus singulares. Se exceptúan: *régimen, carácter, espécimen*, cuyos plurales son: *regímenes, caracteres, especímenes*;

- la conjunción *o* se acentúa cuando va entre cifras, para que no se confunda con un cero: *10 ó 20; 40 ó 45*;

- los monosílabos no llevan acento (fue, fui, vio, dio, fin, fe), salvo los que pueden confundirse con otros:

Aún: adverbio de tiempo	*Aun:* conjunción concesiva
Sí: adverbio de afirmación,	*Si*: conjunción condicional pronombre
Sé: del verbo saber o ser	*Se:* pronombre personal
Dí: del verbo decir	*Di:* del verbo dar
Él: pronombre personal	*El* artículo determinado
Más: adverbio de cantidad	*Mas:* conjunción adversativa
Mí: Pronombre personal	*Mi:* Adjetivo posesivo
Qué: Interrogativo o exclamativo	*Que:* relativo, conjunción
Té: Sustantivo	*Te:* pronombre personal
Tú: pronombre personal	*Tu*: Adjetivo posesivo
Vé: del verbo ir	*Ve:* del verbo ver
Dé: del verbo dar	*De*: preposición

- hay otras palabras que también se acentúan para evitar el confundirlas con otras que tienen la misma escritura, pero distinta función gramatical, como:

Éste, Ésta, éstos, éstas: pronombres	*Este, esta...*: adjetivos
Ése, ésa, ésos, ésas: pronombres	*Ese, esa, esos*: adjetivos
Aquél, aquélla: pronombres	*Aquel, aquella:* adjetivos
Esto, eso y aquello, formas neutras de los pronombres demostrativos, nunca se acentúan por ser exclusivamente pronombres	
Quién, quiénes: interrogativos, exclamativos	*Quien, quienes:* relativos,
Cómo: interrogativo o exclamativo	*Como:* verbo o adverbio
Cuál, cuáles: Interrogativo o exclamativo	*Cual, cuales:* relativos

Cuánto, cuánta: interrogativo o exclamativo	*Cuanto, cuanta:* relativo
*Cuándo:*interrogativo o exclamativo	*Cuando:* adverbio
Dónde: interrogativo o exclamativo	*Donde*: adverbio
Porqué: sustantivo	*Porque*: conjunción causal
Por qué: interrogativo	
Sólo: adverbio de cantidad	*Solo:* adjetivo indefinido
Solamente: nunca se acentúa	

d) ALGUNAS REGLAS PARTICULARES DE ACENTUACIÓN:

- las palabras terminadas en *cefalia* no llevan acento en la *i*: ***hidrocefalia, macrocefalia***;
- las palabras terminadas en *fagia* no llevan acento en la *i*: ***disfagia, antropofagia***;
- las palabras terminadas en *iaco* o *iaca* no llevan acento en la *i:* ***cardiaco, iliaco, celiaca, policiaco, demoniaco***;
- no llevan acento en la primera *i* las palabras que terminan en *iasis*: ***litiasis, psoriasis;***
- no llevan acento en la última *i* las palabras terminadas en *mancia*: ***hidromancia, quiromancia***;
- tampoco llevan acento en la *i* las palabras terminadas en *odia*: ***monodia, rapsodia***, etc.
- las palabras terminadas en *scopia* no llevan acento en la *i*: ***radioscopia, microscopia, necroscopia***;
- los verbos terminados en *uir* no llevan acento: ***distribuir, huir***;
- llevan acento las palabras terminadas en *opía:* ***miopía, nictalopía***.

D) PUNTUACIÓN

a) LA COMA

1. Sirve para indicar una breve pausa en la lectura de la frase
2. Se usa:

- para separar palabras que hacen el mismo oficio en la oración siempre que vayan seguidas y no unidas por una conjunción copulativa (*y, e, ni, que*). *Llueve, corre el agua, está a punto de nevar...;*
- para separar frases independientes en la misma cláusula, aunque haya conjunción entre ellas. *Las hojas se caen, el césped se seca, y muchas aves emigran*;
- para señalar el vocativo: *El estudio, hijo, es tu porvenir*;
- va entre comas la frase, palabra o periodo aclaratorio o explicativo que interrumpe la oración principal: *No me pidas, por favor, lo que no debo darte. En América, todos lo pensamos así, la deuda es un problema personal*;
- se escriben también entre comas las expresiones: *o sea, es decir, esto es, en fin, por último, finalmente, sin embargo, no obstante, mejor dicho... La alopecia, o sea, la caída del cabello...*

b) EL PUNTO Y COMA

1. Sirve para indicar una pausa más marcada que la de la coma.
2. Se usa:

- para separar oraciones que son independientes entre sí y que ya llevan coma antes: *Unos aportan mucho; otros, nada;*

- antes de las conjunciones adversativas *mas, pero, sin embargo, no obstante...* y concesivas *aunque, a pesar de que,* si la cláusula no es muy corta, porque si lo es, basta la coma: *Me esforcé con toda mi alma; sin embargo, la suerte no me acompañó.*

c) Los dos puntos

1. Sirven para indicar una pausa más prolongada que la del punto y coma.

2. Se usan:

-para separar una idea de la aclaración que figura a continuación: *Nada hay que rebaje tanto al hombre como la venganza: lo degrada al rango de los animales.*

- al comenzar una enumeración: *Tenía muchos tesoros: joyas, incunables, obras de arte*;

- para separar una o varias oraciones de otra que es su consecuencia: *Es como si me hubiera dicho: no te metas en donde no te incumbe*;

- cuando se citan palabras textuales: *Me dijo: «Te dejo toda mi herencia si me ayudas en este trance supremo»;*

- se colocan después de las expresiones de encabezamiento de cartas y documentos como: *Estimado amigo: Respondo a tus líneas...*

Después de dos puntos sólo se escribe mayúscula cuando sigue una cita de palabras textuales y cuando se trata de los encabezados de cartas y documentos.

d) Puntos suspensivos

1. Sirven para indicar que se calla algo intencionadamente, que sigue la enumeración, la frase...

2. Se usan:

-cuando interesa dejar la oración sin terminar, dejar el sentido en suspenso o cuando se quiere expresar cierto temor o duda: *No sé... me da miedo... sí, tengo miedo de que... Mejor, prefiero no hablar*;

-cuando se interrumpe la transcripción de un texto que no se quiere o no hace falta reproducir: *Y refiriéndose a sus actividades dijo: «Con diez cañones por banda...»*.

e) Punto

1. Sirve para indicar una pausa más larga.

2. Se usa al final de una frase o párrafo de sentido completo: *La voz y nombre de algunas estrellas de radio y televisión siguen sonando porque son ya, irremediablemente, parte de la historia del mundo.*

f) Interrogación

1. Sirve para indicar una pregunta.

2. Se usa al principio y al final de la frase con que se pregunta o interroga: *¿Dónde quedó tu hermano? ¿A qué hora llega?* Tras el signo de interrogación no se pone punto ni coma.

g) Admiración

1. Sirve para indicar sorpresa o exclamación.

2. Se usa:

- al principio y al final de la frase que encierra el sentido admirativo: *Y en cuanto nos referimos al dinero ¡cómo se escabulle la gente!*

-después del signo de admiración no se pone ni punto ni coma.

h) PARÉNTESIS

1. Sirven para indicar que las palabras incluidas no son necesarias para el correcto significado de la frase.

2. Se usa:

- cuando una oración aclaratoria interrumpe el sentido general de la frase: *Cuando Mao Zetung fundó la República Popular China (1 de octubre de 1949), quiso crear nuevos símbolos...;*

- cuando se añaden noticias o datos aclaratorios: *En ese año (1972) los entonces presidentes de China y Estados Unidos...*

i) LOS GUIONES

1. Tienen una doble función: indicar el inicio de diálogo y en otros casos, funcionar como un paréntesis.

2. Se usan:

- para indicar el inicio del diálogo y señalar que habla el interlocutor: *-Los chinos, hemos descubierto varias maneras nuevas de comprobar que el perro es mejor amigo que el hombre;*

- van entre guiones las palabras que no forman parte del diálogo: - *Los chinos* -dice Cheng- *somos como termos: fríos por fuera pero calientes por dentro.*

- se ponen también entre guiones las palabras aclaratorias o explicativas que no son necesarias para el sentido de la frase. Es un uso parecido al del paréntesis: *Los ancianos chinos, ataviados con trajes siempre oscuros -verdes oscuros, grises oscuros, cafés oscuros- ejercitan una gimnasia lenta y armoniosa llamada* "tai chi uan".

j) LOS CORCHETES

1. Equivalen a los paréntesis, pero sólo se utilizan en casos particulares.

2. Se usan:

- cuando se quiere poner un nuevo paréntesis dentro de una frase que ya va entre paréntesis: *Algunos países europeos (Alemania, Austria, Suiza [países germanos] particularmente) combinan los estudios con la formación en la empresa;*

- cuando en la transcripción literal de un texto, se cree conveniente añadir alguna aclaración, o alguna palabra o letra omitida en el original: *«Dispóngase el lector [el aficionado] a dar un breve paseo -ideal, fantástico- por Castilla»* (Azorín, *Los Pueblos*).

k) LAS COMILLAS

1. Sirven para resaltar un texto o una palabra.

Hay dos tipos de comillas: "..." y «...». Su uso es indiferente.

2. Se usan:

- para encerrar una frase reproducida textualmente: *Dice Jarnés: "Las edades no tienen límites fijos; hablo de las edades del conocer y del sentir";*

- para enmarcar una palabra que se quiere subrayar, un sobrenombre, apodo, o un neologismo: *Octavio Paz, «premio Nobel de Literatura». Vamos a hacer "jogging" juntos;*

- las comillas simples (' ') se usan para indicar que lo señalado por ellas es un significado de otra palabra: *«Pópulo» significa 'pueblo';*

- también suelen usarse dentro de un texto que ya va entre comillas, con la función de comillas normales: «Es infantil, no 'pueril', en todas sus reacciones».

l) La diéresis

1. se coloca sobre la *u* en las sílabas *gue, gui,* cuando se ha de pronunciar esta vocal: *cigüeña, vergüenza;*

2. en poesía, se usa para formar un hiato; es decir, para romper el diptongo, y dar una sílaba más: *Distribüido, rüido*.

ll) La llamada

1. puede ser un número ([1]) o un asterisco (*);

2. se usa:

- para advertir al lector que al pie de la página -o, a veces, al final del capítulo o de todo el libro- hay una nota complementaria sobre ese asunto;

- tanto el número como el asterisco suelen escribirse sin paréntesis. En este caso, se escriben en forma de exponente (*volados*).